统计学原理
（第三版）

刘桂荣　编著

U0951809

華東理工大學出版社
EAST CHINA UNIVERSITY OF SCIENCE AND TECHNOLOGY PRESS
·上海·

图书在版编目(CIP)数据

统计学原理 / 刘桂荣编著. —3 版. —上海:华东理工大学出版社,2016.2(2020.8 重印)

ISBN 978-7-5628-4520-1

Ⅰ.①统… Ⅱ.①刘… Ⅲ.①统计学 Ⅳ.①G8

中国版本图书馆 CIP 数据核字(2016)第 005836 号

策划编辑 / 欧丰红
责任编辑 / 周 颖
装帧设计 / 方 雷
出版发行 / 华东理工大学出版社有限公司
地址:上海市梅陇路 130 号,200237
电话:021-64250306
网址:www.ecustpress.cn
邮箱:zongbianban@ecustpress.cn
印 刷 / 广东虎彩云印刷有限公司
开 本 / 787mm×1092mm 1/16
印 张 / 22
字 数 / 534 千字
版 次 / 2006 年 2 月第 1 版
2016 年 2 月第 3 版
印 次 / 2020 年 8 月第 5 次
定 价 / 49.00 元

第三版前言

统计是作为认识社会和管理国家的工具而产生的，至今已有三百多年的历史。21 世纪是信息大爆炸的时代。不管你是否愿意，我们每天都面对大量的信息，而且要在大量的信息中搜寻到对自己有用的信息。而数据信息是信息的主体，绝大多数信息都是以数字的形式存在着的。现代人在工作和生活中，都要从这些大量的、杂乱纷繁的数据中发掘出事物的规律，做出正确的判断，以制订合适的行动方针。

统计学是关于数据的科学和艺术，作为数据处理和分析技术的统计方法已被越来越广泛地应用于科学研究、生产经营管理和普通人的日常生活之中。学习统计知识，掌握统计思想，运用统计方法已是现代社会发展的必然趋势。因此，统计学已经成为我国高校经济管理类各专业的核心课程。

《统计学原理》主要是介绍基本的统计思想、统计理论和统计方法，教会同学们用统计思想思考问题，用统计方法解决某些社会实际问题。文中结合 Excel 软件进行示范，以提高读者学习统计学的兴趣和应用统计方法分析解决实际问题的能力。

本教材共分为 8 章。

第一章是**绪论**。介绍统计学的产生和发展、统计学的性质和特点、统计学中的基本概念和中国的政府统计。

第二章是**数据资料的收集**。介绍数据资料收集的方法、收集的数据资料的类型、中国的统计报表制度和四种重要的专项调查的组织方式。

第三章是**数据资料的整理**。介绍如何对大量的数据资料进行加工处理，使数据资料系统化、条理化。本章重点介绍数据整理的技巧和方法以及数据的图形和表格展示方法。

第四章是**数据资料的分析**。介绍描述性统计数据的计算和应用，主要是综合指标、数据的集中趋势和离散趋势的测定。

第五章是**动态数列**。任何现象都是不断发展变化的，本章介绍了对现象发展进行动态水平分析、速度分析、趋势分析和季节变动分析的技巧和方法。

第六章是**指数**。介绍统计指数的种类和意义，指数分析法的应用，常见的重要统计指数。

第七章是**随机抽样方法**。介绍随机抽样调查的种类、意义、组织方式，抽样误差的计算控制，全及指标的推算以及必要样本容量的确定。

第八章是**相关与回归**。介绍相关与回归的概念及种类，重点介绍一元线性相关分析、一元线性回归分析，多元线性相关分析、多元线性回归分析和可线性化的曲线回归分析。

本书作为教材具有以下特点。第一，内容精练、语言通俗、资料翔实。全书介绍了社会经济统计学的基本原理和统计学的入门知识，内容精练。用通俗的语言叙述统计学的概念、知识点和统计方法,易于理解和掌握。丰富翔实的实证资料可以帮助学习者理解概念、掌握要领、融会贯通。第二,密切联系实际。统计学是一门应用社会科学,只有用好统计分析技术,才是真正理解和掌握了统计学。本教材提供了大量的实例,用发生在身边的事实,解释叙述统计学的概念,理论联系实际,阐述统计思想,提高学习者的学习兴趣。第三,结合Excel软件的统计分析功能。Excel是Windows环境下的电子表格系统,它操作简便,具有强大的图表功能和数据分析功能,为复杂的统计分析带来极大的便利。本教材介绍了Excel的基本图表功能和相关数据分析功能,使复杂枯燥的数据处理变得生动、直观和形象。

本书第三版保留了第二版的基本理论内容和编写体例,更新了各章的统计实例,新增了我国政府统计改革取得的实践成果,体现了较强的时代特征,同时补充完善了各章的练习题和附录内容,学习内容更加系统。

本书可作为高校经济管理类各专业的教材和参考书,也可作为统计知识爱好者、统计研究工作者的修读书。

本书的编写,参考了大量的现有文献,无法逐一列出这些文献的作者姓名。在此,对这些文献作者表示深深的谢意!

本书的顺利完成得益于以下同仁的大力帮助和支持,他们是马艳梅、陈艳华、刘桂芳。袁国华、倪坚、刘天和袁泉协助完成了本书的相关工作,作者对他们的辛勤劳动表示感谢。

由于时间和水平所限,书中难免存在疏漏和不妥之处,敬请各位同仁、读者给予批评指正,不吝赐教!

编者

2015年10月

目 录

第一章

绪　　论

本章学习目的

理解“统计”这个名词的含义。了解统计学的产生和发展过程。学习三个重要的统计学流派。掌握社会经济统计学的研究对象和特点。熟练掌握统计中的几个基本概念。了解中国的政府统计。

第一节　统计学的产生与发展

一、统计学的产生

统计学(Statistics)作为一门社会学科距今已有三百多年的历史。同任何一门学科的发展规律一样，必须先有社会实践活动，然后才有对社会实践活动的理论概括和经验总结。统计的社会实践活动最早产生于还没有书面文字的原始社会。原始社会是人类社会发展的第一个阶段，人们过着简单的部落群居生活，共同劳作，共同分享劳动成果。在对劳动成果进行记录和分配时，群居生活的部落首领必须知道本部落的人数、待分配的各种食物以及劳动成果，这就需要知道事物“量”的特征。在没有文字和数字用以表示事物“量”的特征时，古人想出了比较形象和直观的“量”的表示方式，出现了“结绳记数”和“刻石记数”。如《周易正义》中写道：“事大，大结其绳；事小，小结其绳；结之多少，随物众寡”，这就是原始社会人们对社会现象“量”的方面进行的简单的记录和表达，于是产生了最早的统计萌芽。

随着人类社会的发展，人们的社会实践活动日益丰富，社会生产关系和生产力得到了极大的发展，人类社会随之进入了奴隶社会和封建社会。原始社会的部落首领发展成奴隶社会的奴隶主和封建社会的封建主，奴隶主和封建主们为了加强自己的统治和扩大自己的势力，开始了对人口、土地和财产的基本记录和计量，统计实践活动的内容更加丰富。对事物“量”的表达和掌握事物“量”的特征已经成为对社会现象进行认识和加强管理的手段之一。

同时，国家为了加强对内统治和对外防御战争，需要进行征兵、征税等，因而统计已成为一项国家管理工具。例如,早在四千多年前的夏禹王朝,为了治国治水的需要,曾进行初步的国情统计,查明当时我国有人口约 1 355 万人,土地约 2 431 万顷,并将全国分为九州。约公元前 3000 年,埃及人为了建造金字塔,在全国对人口、财产也进行过统计。

这个时期的统计活动,范围相对狭窄,仅限于对人口、土地、财产等重要社会财富的记录和计量,统计活动是人类社会生产实践活动的附加活动,统计工作仅仅是生产者的附加职能,社会分工中还没有出现专职的统计工作人员,更没有专业的统计研究机构,公开发布各种统计数据信息。这是由当时的社会生产力和生产关系的发展程度决定的。

二、统计学的发展

统计活动产生于人类的社会生产实践活动,统计活动的理论经验在社会实践活动中经过提炼和升华,发展成统计学。统计学是随着人类社会的发展和国家管理的需要而发展起来的。

统计取得广泛迅速的发展是在资本主义社会。资本主义社会的社会分工更加细化,生产力得到快速发展,生产关系更加复杂,资本家追求利润最大化的动机更强。社会对情报、信息和统计数据的需求日益增长。对统计的需求已不限于人口、土地、财产等社会财富范畴,它逐步扩展到了更为广泛的领域,如贸易、交通运输、工业生产、商业流通、教育、银行、保险、劳动、就业、医疗、文化等,生产者需要收集社会生产和社会生活等各个方面的数据信息,作为制定生产经营计划的依据。由于社会对统计需求的增长,统计最终成为一种专门的社会职业,统计从生产者的附加职能中分离出来,形成了各种专业的社会经济统计。

1830—1849 年,是欧洲的"统计狂热"时期,各国相继成立了统计机关和统计研究机构。1853 年,在布鲁塞尔举办了首届国际统计会议(International Statistical Congress)。这种有组织的国际统计会议逐渐发展成目前的国际统计学会(International Statistical Institution)。此外,17 世纪之后,在统计学的发展历史上出现了几个比较重要的统计学流派,主要有政治算术学派、国势学派和数理统计学派。

政治算术学派。政治算术学派产生于 17 世纪中叶的英国,主要代表人物是约翰・格朗特(John Graunt,1620—1674)和英国著名的古典经济学家威廉・配第(William Petty,1623—1687)。16 世纪末到 17 世纪初,英国发生了几次鼠疫大流行,伦敦市民对出生、死亡、结婚、洗礼等含有大量数字的报告变得关心起来。约翰・格朗特根据寺院提供的关于死亡和洗礼的资料,编制了世界上第一张"死亡率"统计表,并出版了《关于伦敦死亡表的观察》。威廉・配第继承和发展了格朗特的研究工作,根据对人口、土地、财政、经济等各方面的大量观察,完成了《政治算术》(1676)一书。这里的"政治"是指政治经济学,"算术"是指统计方法。在这部著作中,配第第一次运用数字、重量、尺度等计量和比较的方法,运用大量的统计资料,将英国的国力与法国、意大利、荷兰等国家进行了比较研究,提出了一套在当时来说是较为系统的数量对比分析方法,用于对社会经济现象进行数量性的描述和比较分析,创立了政治算术学派。经过几个世纪的发展和完善,政治算术学派发展成现代的社会经济统计学。

政治算术学派是统计学发展的开端。此后,在人口统计学方面,由于研究对象的不同,出现了保险统计、卫生统计等统计学的分支;在经济统计方面,出现了农业统计、工商统计和物价指数计算方法的研究等。

政治算术学派虽然被称之为统计学的真正起源,但是,这一学派没有把对社会客观现象的数量研究方法叫作“统计学”，它“有实无名”。“统计学”这个名称实则源自“国势学派”。

国势学派(又称记述学派)。国势学派产生于18世纪的德国，创始人是赫尔曼·康林(Herman Conring，1606—1681)。他对欧洲许多国家的人口、国土面积、政体、财政、军备等方面进行了文字性的记述，并在大学开设“国势学”课程。18世纪德国政治学教授格特弗里德·阿亨瓦尔(Gottfried Achenwall，1719—1772)继承和发展了康林的“国势学”，1749年，阿亨瓦尔出版了其代表作《近代欧洲各国国势学概论》。康林和阿亨瓦尔都比较全面地记述了欧洲各国的基本情况，如人口、领土、政治结构、议会、军队、财政、经济、宗教、地理、风俗、货币、艺术等，并且用对比分析的方法研究了解国家组织、领土、人口、资源财富和国情国力，比较了欧洲各国实力的强弱，为德国的君主政体服务。因“国势”与“统计”在外文中词义相通，后来正式命名为“统计学”。该学派在进行国势比较分析中，偏重事物性质的解释，而不注重数量对比和数量计算，但却为统计学的发展奠定了经济理论基础。“统计学”的名字一直沿用至今。

数理统计学派。数理统计学派产生于19世纪的比利时，主要代表人物是凯特勒(A. Quetelet，1796—1874)，他的代表作是《社会物理学》。凯特勒发展了政治算术学派，在应用数量观察分析方法的同时，将统计方法应用于社会生活的各个方面，可以说是开创了统计学的新纪元。此外，凯特勒还率先将概率论引入到社会现象的统计研究之中，提出了社会现象的发展并非偶然，而是具有内在规律性的观点，并且提出了关于统计学的新概念。通过他的努力，统计学的方法获得了普遍应用。19世纪60年代，凯特勒又进一步将国势学、政治算术、概率论的科学方法结合起来，使之形成近代应用数理统计学，创立了“数理统计学派”，被后人称为“现代统计学之父”。凯特勒还是比利时国家统计工作的领导人，是国际统计学术会议的倡导者和组织者，在统计学的发展中，做出过巨大贡献，产生了重要影响。

在社会发展进程中，各种统计学派相互影响，相互汲取其他学派的有益之处，相互促进，共同发展，不断完善。同时概率论等数学学科的发展，也丰富和发展了统计学的数学方法，使统计学逐渐发展成一门社会科学。前文三个主要的统计学流派分别发展成现代的社会经济统计学、自然技术统计学和数理统计学。

20世纪50年代之后，随着数学和计算机技术的发展，统计理论、统计方法和统计学的应用都进入了一个全面发展的新阶段。特别是计算机技术的发展与普及，为统计学在应用上的普及开拓了广阔的前景，新的研究领域层出不穷。无论在自然科学、社会科学还是在农业、林业、医药、教育等领域，统计学都成为不可缺少的分析工具和管理工具。

21世纪是信息大爆炸的时代，政府、企业、家庭和个人即是信息生产者，也是信息需求者，互联网加快了信息的传播速度，互联网和云技术改变了信息的存储方式，加大了信息存储量。信息是有经济价值的，在瞬息万变的信息时代，最先掌握信息的人具有信息优势，可以在市场赢得先机，实现收益最大化或利益最大化，而信息最主要的表现方式即是各种统计数字，比如国内生产总值GDP、居民消费价格指数CPI、生产者价格指数PPI、制造业采购经理指数PMI、股票价格指数等。

在现代经济金融社会中，统计学更是一门非常重要的管理工具和分析工具，掌握基本的统计分析技术和了解统计数据的真实意义，对于国家管理、企业管理和个人及家庭生活都将产生重要的影响。我国著名经济学家马寅初先生曾经说过：“学者不能离开统计而研究，政治家不能离开统计而施政，事业家不能离开统计而执业。”统计是窥测奥秘的工具，是使人聪明的技术。对统计学的一知半解常常造成不必要的上当受骗，对统计学的一概排斥往往造成不必要的愚昧无知。现代社会,人人都要有统计思维,都要学习一些基本的统计方法和统计分析技术,统计无处不在。

三、统计学的分科

统计学产生于人们的统计社会实践活动,是对人类社会统计实践活动经验的高度总结和概括,是对统计实践活动经验的归纳和提炼,用于指导人们更好地进行各种统计社会实践活动。《不列颠百科全书》把统计学定义为"收集和分析数据的科学和艺术,其中标出统计方法的艺术"。维基百科(Wikipedia)对统计学的解释是:统计学是在资料分析的基础上,自17世纪中叶产生并逐步发展起来的一门学科。它是研究如何测定、收集、整理、归纳和分析反映数据资料,以便给出正确讯息的科学。

我们认为,统计学是一门关于数据的科学和艺术,研究有关数据的收集、整理和分析的基本方法,探究数据的内在规律和数量关系,研究数据的展示方法,从数量方面达到对客观事物的科学认识。

统计广泛地应用在各门学科,从自然科学、社会科学到人文学科,甚至被用在工商业及政府的情报决策之上。随着大数据 (Big Data)时代的来临,统计的面貌也逐渐改变,与资讯、计算等领域密切结合,是数据科学 (Data Science)中的重要主轴之一。统计学在发展过程中,经过不断的进化和完善,吸收了数学和概率论的基本方法,研究对象和研究方法也不断细化,形成了不同的分支学科。

(一) 描述统计学(Descriptive statistics)和推断统计学(Inferential statistics)

根据统计学的研究方法构成不同,统计学可分为描述统计学和推断统计学。描述统计学产生于20世纪20年代。生物学家达尔文在研究生物的遗传变异等进化理论时,采集了生物、地质、地理等方面的大量标本和化石,在收集、整理和权衡事实的过程中,借助了简单的统计方法,引起了很多人的兴趣。此后,一些生物学家兼科学家,将生物进化和统计研究相结合,使生命科学的研究从定性分析迈向定量分析,开创了生物统计学派。

生物统计学派的主要代表人物是高尔顿(F. Galton,1822—1911)和皮尔逊(K. Pearson,1857—1936)。高尔顿是达尔文的表弟,达尔文《物种起源》这一巨作的问世,触动和激发了高尔顿用统计方法去精确地研究智力遗传的进化问题,奠定了其生物统计学派创始人的地位。高尔顿努力探索那些能把大量数据加以描述与比较的方法和途径,结果出色地引入了诸如中位数、百分位数、四分位数、四分位差以及分布、相关、回归等重要的统计学概念与方法,对变异、相关、回归有独到的见解,为统计学的发展做出了巨大的贡献。皮尔逊是生物统计学派的主要干将,他继承和发展了高尔顿的统计思想。皮尔逊致力于生物统计学、优生学和遗传学的统计方法研究,对一般生物现象进行数量描述,创造了许多统计学的用语。例如,频数分布表、频数分布图、相关系数的计算公式、回归系数的计算公式、卡方检验等。可以说,统计中的大部分内容都是由皮尔逊整理出来的,大部分统计术语也是由他命名的,是他使描述统计学不断地发扬光大。

以皮尔逊为首的生物统计学派在研究进化遗传等生物现象时,他们的许多统计方法也能适用于社会、经济、人口等方面的统计研究。因此,生物统计学逐步被统计学家们抽象化而成为在自然科学、社会科学的广泛领域中都能通用的方法，并构成了统计学的一个极重要的组成部分。因此，现代西方统计学界把 20 世纪 20 年代样本推断统计学以前的、以大样本观察为基础的一整套统计理论与方法称为“描述统计学”。

从生物统计学派发展而来的描述统计学是以大样本近似分布为基础，重点研究数据的收集整理和对数据进行直观的描述。它的基本研究方法即是大量观察法和综合归纳法。把大量的繁杂的统计数据进行归纳整理，提炼出说明现象本质特征及规律的有用信息，是描述统计学的中心内容。描述统计学用诸如排序、分组、列表、制图等整理手段以及百分比、平均数、标准差、相关系数、回归系数等计算手段，把大量的数据简捷地浓缩到可以利用的程度。对收集到的大量数据进行加工、整理、列表、图示以及计算综合指标，用以探索数据内在的数量规律性是描述统计学的基本特征。

20 世纪 30 年代，中国的英美留学生相继回国，带回了国外先进的统计思想和统计方法，描述统计学也随之传入我国。我国最早接触描述统计学的是北洋政府时期的顾澄教授，他于 1913 年翻译出版了皮尔逊的《统计学原理导论》。二十世纪二三十年代后，传入我国的描述统计学的译作日渐增多，为描述统计学在我国的传播和应用打下了基础。我国较早以描述统计学家闻名的有刘大钧、朱君毅、金宝国三人，他们是我国最早参加国际统计学会并作为代表参加国际统计学术会议的学者。

推断统计学诞生于 1920 年前后，主要代表人物是戈瑟特（W. S. Gorsset，1876—1937）和费希尔（R. A. Fisher，1890—1962）。推断统计学主要研究如何根据样本数据去推断总体未知数量特征的方法，它是在对样本数据进行描述的基础上，对总体未知的数量特征做出以概率形式表述的推断。特别是建立在小样本基础上的推断统计学方法成为推断统计学的主流。

描述统计学和推断统计学的划分，既反映了统计方法发展的两个不同阶段，也反映了应用统计方法探索客观事物数量规律性的不同过程。由于推断统计学主要应用概率论和数理统计的基本方法，相对比较复杂，因此本书主要介绍描述统计学的基本方法和应用。

（二）理论统计学（Theoretical statistics）和应用统计学（Applied statistics）

根据统计学研究方法和统计方法的应用范围不同，统计学可分为理论统计学和应用统计学。理论统计学主要研究统计学的基本原理和基本方法，研究如何将数学原理和计算机技术应用于统计学，以发展出新的统计学方法和技术。理论统计学的发展推动和完善了统计学学科的发展。理论统计学是统计方法论的理论基础，没有理论统计学，统计学科的发展将止步不前。

应用统计学主要是研究如何将统计学的方法和原理与实际问题相结合，使用统计学的方法解决实际问题。统计学是一门关于数据的科学，现实世界中任何现象都表现为“量”和“质”两个方面，其“量”的规定性可以通过统计学的方法进行认识和把握，统计学方法的应用几乎扩展到了所有的科学研究领域。例如，将统计学的方法应用于生物学的研究，形成了生物统计学；应用于医学研究，形成了医疗卫生统计学；应用于商业，形成了商务统计学；应用于旅游业，形成了旅游统计学；应用于现代金融服务业，形成了金融统计学等。作为现代经济社会中的各个主体，都必须学习一定的统计学知识，而掌握一定的统计学知识将使你受益无穷。

此外，统计学作为一门方法论科学，能够和其他学科交叉结合，形成新的统计学分支，如社会经济统计学、农业统计学、管理统计学、商业统计学、贸易统计学、人口统计学等。

第二节　社会经济统计学的性质和特点

一、统计的含义

18 世纪,出现了"统计学"这个名词,现代社会中"统计"一词随处可见,每个人都离不开统计,从国家行政机关的构成来看,世界各国都设有专业的统计机构。中国最高的统计研究机构和统计数据信息发布机构是中华人民共和国国家统计局,各级地方政府都设有专业的统计工作机构,基层单位设有专职的统计工作人员。为了加强企业管理,各企业内部也设有统计部门或专职统计人员。"统计"一词到底有什么含义呢?根据国际统计惯例和规则,"统计"一词有三种含义——统计活动、统计资料和统计科学。

(一)统计活动

统计的三种含义是密切联系的,统计活动或统计工作是指统计工作人员对社会经济现象的数量方面进行记录、收集、整理和分析活动的过程,它是一种社会调查研究活动。例如,基层单位的统计工作人员对本单位工人出勤率的记录和分析活动;基层单位的统计工作人员对本单位的产品生产、库存、销售所进行的记录和分析工作;各级政府统计研究机关的各项工作活动;社会调查机构开展的各种社会调查工作等。统计活动或统计工作是统计分析和统计研究的基础,是开展各项统计工作的第一步。

统计工作的成果即是统计资料,包括各种原始台账、调查数据、调查表格,根据调查数据绘制的各种图表及对社会经济现象进行的定性分析和定量分析等。

(二)统计资料

统计资料是反映社会经济现象发展变化规律的重要的数据资料,对于描述现象发展的现状和发展规律、进行发展趋势的预测、开展科学研究、加强管理和国际交流、制定宏观经济政策和企业发展战略具有非常重要的意义。统计资料是统计活动或统计工作的最终成果,数据或图表是现代统计资料的主要表现形式,借助于计算机技术和统计分析软件,可以对统计资料进行深入的分析,并撰写统计分析报告。我国各级政府统计部门每年都要定期发布反映国民经济和社会发展基本情况的统计公报,国家统计局每月都要发布中国宏观经济运行的统计数据,为个人消费和投资、企业投资、生产经营管理和银行信贷的发放提供依据。

统计资料还是统计信息的主要内容,在当今信息化时代,信息的表现形式主要是各种统计数据。数据是一种资源,据互联网数据中心预计,到 2020 年,全世界所产生的数据规模将达到现在的 44 倍,无处不数据,大数据时代已经来临。

政府机关通常是国家统计数据信息的发布者,有关国家和地区国民经济和社会发展变动的统计信息数据是一种公共产品。例如,中国国家统计局发布的数据表明:2014 年,我国城镇新增就业 1 322 万人,比 2013 年增加 12 万人;城镇登记失业率为 4.09%,比 2013 年上升 0.04 个百分点;城镇居民人均可支配收入为 28 844 元,扣除价格因素实际增长 6.8%,增速比 2013 年下降 0.2 个百分点，比 GDP 增速低 0.6 个百分点；农村居民人均可支配收入为 10 489 元，扣除价格因素实际增长 9.2%，增速比 2013 年下降 0.1 个百分点，高于 GDP 增速 1.8 个百分点。城乡居民收入差距进一步缩小，2014 年全年农村居民人均可支配收入实际增速快于城镇居民人均可支配收入 2.4 个百分点，城乡人均居民可支配收入倍差为 2.75，比 2013 年缩小 0.06。

根据《中国金融稳定报告(2015)》，截至 2014 年末，中国共有证券公司 121 家，较 2013 年末新增 6 家；其中上市证券公司 22 家，较 2013 年末新增 2 家。期货公司 153 家，较 2013 年末减少 3 家。基金管理公司 95 家，较 2013 年末新增 6 家。截至 2014 年末，沪、深两市共有上市公司 2 613 家，较 2013 年末增加 124 家，其中新股发行 125 家，退市 1 家。上市公司总市值和流通市值分别为 37.25 万亿元和 31.56 万亿元，同比分别增长 55.83% 和 58.14%。流通市值占总市值的 84.72%，较 2013 年末上升 1.24 个百分点。这些统计资料对信息使用者具有重要的使用价值。

(三) 统计科学

统计科学是统计实践活动的经验总结和归纳，是从统计活动中提炼出来的关于正确进行统计活动，更好地发挥统计作用的科学原理和方法，对统计活动具有指导作用，是“统计”的最高层次含义。

现代社会生活中，统计学已经成为一门重要的方法论科学。它提供一整套数据分析的方法和技术。没有统计学提供的数据收集方法、数据整理方法、数据分析方法和分析技术，我们就无法深刻了解现象发展的现状，无法进行现象发展趋势的预测，也就根本不可能做出科学的规划和决策。在大数据时代，数据无处不在。数据不仅仅是事物具体的“数量”特征表现，还可以把各种行为数字化。比如，利用一个人坐着的时候，他的身形、姿势、姿态和质量特征，把它们转化成数据，进行量化和数据化，日本就此研发出了汽车车主识别系统，如果驾驶员的特征不符合识别系统的要求，汽车就会自动熄火，达到防盗的目的。

由此可见，在“统计”一词的三种含义中，统计活动是基础，没有统计活动，就没有统计资料，也不会有统计工作经验的总结和概括，统计科学也就不可能形成和发展。在具体的环境条件下，“统计”一词的含义不尽相同，我们要学会根据现实条件，判断“统计”的含义。

二、社会经济统计学的性质

社会经济统计学是统计学的一大分支，是从数量方面入手研究社会经济现象的现状及其发展规律的手段。社会经济统计学是一门系统论述社会经济统计方法的应用社会科学。

辩证唯物主义告诉我们，任何事物都有“质”和“量”两个方面，都是“质”和“量”的辩证统一体，没有“质”就没有“量”，没有“量”也就没有“质”，量变引起质变，质变促进新的量变。辩证唯物主义关于质量互变的原理给人们指出了认识社会的一种途径，即通过把握事物的数量特征和从数量关系入手，经过调查研究，探索社会经济现象的本质和规律性。社会经济统计正是在认识事物“量”的基础上认识事物的“质”，为其他实质性学科提供数理指导，成为认识社会的方法之一。因此，社会经济统计学是一门研究大量社会经济现象总体数量方面的方法论科学。

截至当前，中国仍然是一个发展中国家，农村人口占有较大的比重，贫困人口主要分布在农村。改革开放后，各届政府都把减贫脱困作为政府的发展目标和基本任务。据统计，按当年价现行农村贫困标准衡量，1978 年中国农村居民贫困发生率为 97.5%，农村贫困人口规模达 7.7

亿;2014 年中国农村贫困人口规模为 7 017 万,贫困发生率为 7.2%。从 1978 年到 2014 年,中国农村贫困人口减少了 7 亿,年均减贫人口规模为 1 945 万人;贫困发生率下降 90.3 个百分点,贫困人口年均减少 6.4%。这些统计数据说明了中国政府在减贫脱困方面取得了巨大的成就。

又比如,2014 年末,全国电话用户总数达到 153 552 万户,其中固定电话用户为 24 943 万户,移动电话用户为 128 609 万户。固定电话普及率下降至 18.3 部/百人,移动电话普及率上升至 94.5 部/百人。固定互联网宽带接入用户为 20 048 万户,比 2013 年增加 1 157 万户;移动宽带用户为 58 254 万户,比 2013 年增加 18 093 万户。互联网上网人数为 6.49 亿人,比 2013 年增加 3 117 万人,其中手机上网人数达 5.57 亿人,比 2013 年增加 5 672 万人。这些数据说明了我国移动通信产业的发展状况。

社会经济统计为我们提供了大量反映我国国民经济和社会发展基本情况的经济数据,这些数据使我们可以更好地把握我国国民经济的运行状况,发展规律,作为制定计划和规划、进行决策和预测的依据。

三、社会经济统计学的特点

社会经济统计学具有以下特点:总体性,数量性和具体性。

(一) 总体性

总体性是指社会经济统计是从总体上反映和分析社会经济现象的数量方面,而不是着眼在个别事物上。这是因为我们必须从整体上观察现象的本质和发展规律,才能做出全面准确的判断。个别事物千差万别,发展容易受到许多偶然因素的影响,其数量特征并不能反映总体的全貌。从总体上研究社会现象的数量方面,也是使统计学区别于其他社会科学的一个主要特点。然而,这并不意味着统计研究可以抛开个别事物的数量特征,相反,只有从个别事物入手,先掌握个别事物的数量情况,才能统计出总体的数量特征,因此,个体的数量资料是统计研究的基础。例如,要了解某班级同学的统计学考试情况,必须先登记每个同学的考试成绩,然后才能统计出反映全班考试情况的最高分、最低分、平均分、及格率和不及格率等;要对宏观经济进行调控,就必须了解宏观经济中基本行业的发展现状,如生产、消费、储蓄、投资、农业、工业、房地产业、金融业等的发展情况;要判断经济中是否存在通货膨胀的趋势,就要了解居民消费品和服务商品的价格变化情况。

(二) 数量性

数量性是指社会经济统计是从数量方面入手认识社会的工具。任何事物都有"质"的规定性,也有"量"的规定性,而"数量"是最具有说服力的,统计学用大量的数据资料说明事物的规模、水平、结构、速度、比例关系、差别程度、普遍程度、密集程度、强弱程度等。比如,根据 2015 年 2 月国家统计局发布的《2014 年中国统计公报》:经初步核算,2014 年全年国内生产总值为 636 463 亿元,比 2013 年增长 7.4%。其中,第一产业增加值为 58 332 亿元,增长 4.1%;第二产业增加值为 271 392 亿元,增长 7.3%;第三产业增加值为 306 739 亿元,增长 8.1%。第一产业增加值占国内生产总值的比重为 9.2%,第二产业增加值所占比重为 42.6%,第三产业增加值所占比重为 48.2%。这些数字都实实在在地说明了 2014 年中国国民经济发展的规模、水平、结构和比例关系。

值得注意的是，统计学并不是孤立认识事物的量，而是在质与量的密切联系中研究事物的数量方面。

（三）具体性

社会经济统计学研究的社会经济现象总体的数量方面，都是客观存在的、具体的，是可以通过某种规则实际测量出来的，而不是抽象的数量关系，或抽象的数量描述。比如，上海的土地面积仅占全国的0.06%，却承载了全国人口的1%。《2014年上海市国民经济和社会发展统计公报》表明，2014年全年上海实现旅游产业增加值1 449.33亿元，比2013年增长1.5%。至2014年末，全市已有星级宾馆255家，旅行社1 357家，A级旅游景区(点)89个，红色旅游基地34个。2014年全年接待国际旅游入境者791.3万人次，比2013年增长4.5%。在国际旅游入境者中，过夜旅游者639.62万人次，增长4.2%。全年接待国内旅游者26 818.11万人次，增长3.2%，其中，外省市来沪旅游者13 040.91万人次，增长14.7%。全年入境旅游外汇收入57.05亿美元，增长6.8%；国内旅游收入2 950.13亿元，下降0.6%。所有这些数据都是具体的、现实的、真实的。

社会经济统计学研究的社会经济现象数量方面具体性的特点，使它和研究抽象数量关系的数学区别开来。但是，统计在研究现象数量方面和数量关系时，必然要用到数学方法和遵循客观现象的量变规律。

四、社会经济统计学的研究对象

社会经济统计学的研究对象，也是社会经济统计学的研究范围或研究领域。明确了社会经济统计学的研究对象，即可知道哪些现象可用统计学的方法进行研究，哪些现象不能用统计学的方法进行研究。

关于社会经济统计学的研究对象，不同时期、不同学派有不同的观点，曾经引起很大的争论，对此笔者不作详细论述。在各种流派的不同观点中，笔者比较倾向于认同：社会经济统计学是一门系统论述社会经济统计方法的应用社会科学，它是在“质”和“量”的辩证统一中，研究社会经济现象总体的数量方面；同时提供各种研究社会经济现象总体数量方面的研究方法。因此，只要涉及社会经济现象总体的数量方面，都是社会经济统计学的研究领域。社会经济现象包括自然现象以外的社会的政治、经济、文化、人民生活等领域的各种现象。比如，国民财富与资产、人口与劳动力资源、生产、流通与消费、财政与金融、教育与科技发展状况、城乡人民物质文化生活水平等。通过对这些基本的社会经济现象的数量方面的认识，达到对整个社会的基本认识。社会经济统计学的研究对象还具有社会性、广泛性和变异性的特点。

第三节 社会经济统计的作用

一、社会经济统计的作用

社会经济统计学的应用十分广泛。21世纪是信息爆炸的时代，信息的生产、收集、整理、发布、传播和应用是社会发展的主流。在全球经济一体化进程中,谁先掌握并能够开发利用各种信息资源,谁就在激烈的竞争中掌握了主动权。我国著名统计学家陈希孺院士就曾说过:"我们现在处在一个所谓的'信息爆炸'时代,信息的一种最常见的形式就是数据。现代人在工作和生活中,不时地要从这些大量的、杂乱纷繁的数据中发掘出事物的规律,做出正确的判断,以制订合适的行动方针。可以说,这方面的能力如何,实在是衡量一个人聪明与否的一个极重要的外现指标。"统计信息是社会经济信息的主要内容,因而大至国家的宏观管理,小到基层单位的核算和家庭的日常生活,个人的工作、学习,各行各业,各种经济主体都要利用统计信息,统计无处不在,人人离不开统计。

(一) 在管理工作中的作用

统计是基于国家管理的需要而产生和发展的市场经济充满了机遇、竞争和风险,加强科学管理,防范风险,可提高竞争优势和效率。社会经济统计为制定管理措施和做出管理决策提供可靠依据。企业管理者根据上一年产品的产量和生产总成本,制订下一年成本控制的计划;根据生产进度和材料库存量,做出材料的采购计划;央行把企业投资额、存款额和贷款额,作为调节宏观经济和制定货币政策的依据;根据商品和服务贸易、直接投资、外债等因素确定人民币汇率的"一篮子货币";家庭根据平均月收入制订消费支出的计划等。社会经济统计在管理中的作用可以概括为提供信息、实行监督、提供咨询和参与决策四个方面。

(二) 在国家宏观调控中的作用

宏观调控是政府的主要职能。政府通过适当的财政政策和货币政策调控国民经济的运行。政府根据宏观经济的运行状况、社会投资额的增长速度和货币投放量来制定调控政策;央行根据房产贷款额的增长量、房产价格和居民可支配收入,通过利率调控房地产业。微观经济运行情况的基本统计资料,社会经济统计提供的各种数据是制定宏观调控政策的各种依据。

2008 年,全球经济衰退引起了中国经济的萎缩。各种统计数据表明,中国经济有陷入衰退的迹象,为了保持 2009 年我国国民经济增长速度不低于 8%,中央政府依据经济统计信息作出了加大 4 万亿元政府投资的政策决定,使中国经济在国际金融危机期间能够保持原有的发展速度。

为了控制中国的人口总量规模,20 世纪 70 年代末,中国倡导"独生子女"的计划生育政策,除少数民族和部分特殊情况外,实行一对夫妻只生一个孩子的计划生育基本国策。在此后的 30 多年时间里,中国政府积极倡导晚婚晚育,优生优育,对于控制中国人口规模,提高人口素质发挥了重要作用。根据中国计生委相关机构的研究,截至 2000 年,计划生育政策使中国共少生 2.5 亿个孩子。

近年来,统计数据显示,中国人口的结构问题凸显,总和生育率已接近世界最低水平,老龄化严重,儿童性别比畸高。计划生育的目标和理论依据都受到质疑。2015 年,全国 21 所高校及科研机构的 39 位人口学者联名提交建议书,呼吁全面放开二孩生育、取消对公民的生育限制;50 位法律学者联名提交建议书,呼吁尽快废除生育审批制度,实现公民自主生育。

(三) 在科学研究中的作用

科学研究需要掌握大量的文献资料和有关信息,文献资料是进行科学研究的基础,是进行比较研究的依据。更重要的是，科学研究需要收集第一手的研究资料，为此，研究者必须进行广泛的调查。社会经济统计的调查方法可以为研究者提供问卷设计的方法、统计调查的方法，便于研究者收集原始资料。社会经济统计不仅可提供信息资料的收集、整理和分析的原理与方法，还可以为科学研究提供必要的数字信息，分析涉及的数量关系及其发展变化，得出有说服力的科学研究成果。

2008 年 12 月至 2009 年 3 月，墨西哥有多人感染了呼吸道疾病。直到 2009 年 4 月，这种呼吸道疾病才被确诊为 H1N1 流感，俗称“猪流感”。H1N1 流感在墨西哥首先爆发，迅速传遍欧洲各主要国家。亚洲的韩国、日本和中国香港都发现了 H1N1 流感病例。为了防范和阻止 H1N1 流感病毒的传播，美国科学家利用提取自美国和墨西哥患者身上的 A 型 H1N1 流感病毒株进行研究，培育疫苗所需的核心物质，即病毒“候选株”。美国总统奥巴马 4 月 28 日向国会申请 15 亿美元拨款，专门用于增加抗流感病毒药品储备、开发猪流感疫苗等。

2015 年诺贝尔生理学奖或医学奖颁给了中国中医科学院终身研究员兼首席研究员屠呦呦，屠呦呦成为首位华人诺贝尔生理学奖或医学奖获得者。屠呦呦领导的研究小组查阅大量古代医学典籍，查访民间药方，拜访各地在世的老中医，选出约 2 000 个有关对抗疟疾的药方，筛选后集中针对 200 种中草药的 380 个可能药方进行研究，最终确定从青蒿中提取抗疟疾药，经过 190 次失败后，终获成功，挽救了数百万疟疾患者的生命。

（四）在国际交流中的作用

当今的世界经济是开放的经济，因特网技术将世界变成一个地球村落。国际交流是社会经济发展的必要条件，而政治、经济、文化、教育、服务、劳务、投资、科学技术等统计信息的交流是国际交流的主要内容。社会经济统计可以提供多方面的统计信息，对开展对外合作，进行国际交流，有十分重要的作用。

2009 年 4 月，我国与俄罗斯结束了 20 年的谈判长跑，签订了“贷款换石油”的一揽子中俄能源合作协议。根据双方签署的协议，我国将向俄罗斯提供总额为 250 亿美元、固定利率 6%左右的长期贷款。俄罗斯则以石油为抵押，从 2011—2030 年的 20 年间，每年向中国提供 1 500 万吨的石油。

2015 年 9 月 22 日至 9 月 25 日，中国国家主席习近平对美国进行国事访问。访问期间，中美双方在政治、经贸、反腐、网络安全等多个领域进行交流，并达成重要成果，共涉及 5 大类 49 项内容。其中涉及互联网领域的成果有 6 项，中美在应对恶意网络活动、制定网络空间国家行为准则等方面达成一致，决定建立打击网络犯罪及相关事项的高级别联合对话机制。

二、统计工作的职能

统计工作的职能是指统计工作在社会经济发展中具有的功能。统计工作是关于事物数量方面的数据资料的收集整理和分析的实践活动。统计有多种功能，基本功能是信息功能。根据研究的目的和任务的需要，统计工作要如实有效地对国民经济和社会发展情况进行调查、研究分析、提供统计资料、发挥统计的信息化功能。

21 世纪信息成为时代的主宰，谁掌握了信息也就意味着掌握了机遇，对信息的甄别和处理显得尤为重要。信息正成为国家、企业和行业追逐的目标。在当今大数据时代，政府机构、企业、家庭和个人等大量的行政活动、商业活动和日常生活都被计算机等信息技术设备记录和存储下来。从大数据中提炼和挖掘出有价值的信息是统计工作的一项基本职能。

除信息职能外,统计还有咨询和监督两项功能。2009 年新修订的《中华人民共和国统计法》明确规定:“统计的基本任务是对国民经济和社会发展情况进行统计调查、统计分析、提供统计资料和统计咨询意见、实行统计监督。”

统计工作的功能是通过正确地完成统计工作的基本任务,及时地提供优质的统计服务和实施统计监督来实现的。具体表现为:

第一,全面正确地反映国民经济和社会经济发展的水平、规模、结构、速度、比例和效益,预测其发展趋势,阐明经济和社会发展的规律,为党政领导决策和进行有效的宏观管理提供依据。

第二,系统地检查国家政策的实施和计划完成进度,分析政策和计划执行情况,阐明国民经济发展的平衡情况,考核经济效益、社会效益和工作实绩,揭示国民经济和社会发展中出现的问题,实行全面的、严格的统计监督。

第三,广泛地向社会公众宣传国民经济和社会发展的成果,宣传和推广统计知识,动员和鼓舞社会公众的积极性和创造性,为共建和谐社会提供指导。

三、统计工作过程

统计工作是一项复杂系统的工作。一般地说,一项统计工作可以分为统计设计、统计调查、统计整理、统计分析和统计资料的提供与开发五个阶段。

(1) 统计设计是统计工作过程的第一个阶段,是根据统计研究任务的需要和统计研究对象的特点,对统计工作涉及的各个方面和各个环节的通盘考虑和安排,因而它是整个统计研究工作的规划。如界定统计研究总体的边界、设计统计问卷、设计统计分组和统计分类标志、设计统计指标和指标体系、设计资料整理的方法和步骤、统计工作时间进度安排和统计力量的组织与协调等。统计设计的结果表现为各种统计工作方案,是保证统计工作顺利进行的基础。

(2) 统计调查是统计工作过程的第二个阶段,是在统计设计的基础上,采用科学的调查方法,有计划、有组织地收集社会经济现象的实际资料的活动过程,是认识社会经济现象的起点,也是统计整理和统计分析的基础。通过统计调查收集到的材料越充实,就越能为认识社会现象打下牢固的基础。统计调查的数据质量必须符合统计研究的需要,要快、精、准,即满足统计的时效性、精确性和准确性。在瞬息万变的市场经济时代,统计信息的时效性和准确性更加重要。

(3) 统计整理是统计工作过程的第三个阶段,是在统计设计的基础上,根据统计研究的任务和目的,采用科学的方法对统计调查的数据资料进行加工处理,利用统计方法提炼出数据中的有用信息,利用统计指标对经济现象进行定量描述,得出客观经济现象的发展规律,为统计分析服务。它是从对现象的反映,过渡到对现象的规律性的认识,进而作出判断和评价。统计整理就是对统计调查来的数据进行科学的汇总综合,使数据具有条理性和规律性。当代计算机技术的快速发展为统计数据整理提供了必要的技术保障,统计软件技术提高了数据整理的效率和准确性,互联网技术加快了数据的存储和传输。

(4) 统计分析是统计工作过程的第四个阶段,是在统计整理的基础上,采用各种统计分析的方法对统计整理的结果计算各种分析指标,揭示社会经济现象和过程的数量特征和规律性,对研究对象的现状和发展趋势进行描述和推断,并根据分析研究,做出科学的结论。统计分析工作是统计工作过程中的重要步骤,需要掌握基本的统计分析技术和统计理论,把统计整理的结果进行客观的描述和统计分析。

(5)统计资料的提供与开发是实现统计信息社会化的重要步骤。在全球经济一体化和信息大爆炸的时代,统计信息的重要作用越来越明显,政府统计部门根据各种统计研究的结果,收集整理丰富的统计资料,建立数据库、信息库和信息网,并且定期公开发布,为国家、企业、个人提供统计资料和统计信息咨询,为各级领导和决策部门提供优质服务,使其充分利用统计信息资源,更好地发挥统计的功能。统计工作过程的各个阶段并不是孤立的,而是紧密联系的一个整体。

第四节 统计学中的几个基本概念

一、总体和总体单位

总体亦称为统计总体,是根据统计研究的任务和目的的要求,由客观存在的、在同一性质基础上结合起来的许多基本单位组成的整体。例如,为了了解自2010年以来,中国人口的变动情况,依据2010年6月1日起实施的《全国人口普查条例》的规定,国务院决定2015年将开展全国1%人口抽样调查。2015年全国1%人口抽样调查的标准时间点是11月1日零点,此次全国1%人口抽样调查将涉及全国近500万个家庭和1 400多万人。11月1日零时,在中华人民共和国境内的自然人以及在中华人民共和国境外但未定居的中国公民,组成了2015年1%人口抽样调查的总体,不包括在中华人民共和国境内短期停留的境外人员。

2013年中国决定进行第三次全国经济普查,普查对象包括我国境内从事第二产业和第三产业的全部法人单位、产业活动单位和个体经营户,它们组成了第三次全国经济普查的统计总体。

统计总体是统计研究工作的基础,是统计学中最基本的一个概念。统计总体具有以下特征:①客观性。统计总体是客观存在的,看得见、摸得着,有一定的实物性。如2013年全国经济普查总体;2015年全国1%人口抽样调查的总体;2015年上海市所有的金融机构组成的总体等都是客观存在的。总体的客观性是进行统计调查研究的基础。②同质性。组成统计总体的基本单位至少有一个共同的性质,这也是总体存在的前提条件。2015年全国1%人口抽样调查总体是标准时点上在中华人民共和国境内的自然人以及在中华人民共和国境外但未定居的中国公民,不包括在中华人民共和国境内短期停留的境外人员,这是他们共同具有的一个基本性质。③大量性。大量性是指组成统计总体的基本单位数是大量的、较多的。2015年全国1%人口抽样调查的总体;2013年全国经济普查的统计总体等都是由大量的基本调查单位组成的。④变异性。变异性是指组成统计总体的基本单位在个体性质上是有差异的,是不完全相同的。总体基本单位的变异性是进行统计研究的必要条件和客观需求。例如,2015年全国1%人口抽样调查总体中,每个自然人都有性别、年龄、职业、籍贯、工作单位、月工资收入、个人业余爱好、户口所在地等差异;2013年全国经济普查总体中的每个基本单位都有机构名称、注册地址、注册资本金、业务经营范围、行业代码等差异。

统计总体可以根据总体中所包含的基本单位数的情况分为有限总体和无限总体。如果一个总体所包含的基本单位数是有限个,称之为有限总体。例如某企业有生产工人2 548

人;某地区有零售商店 127 家;某企业一年内生产的产品共 10 万件;某高校的在校学生有 20 000人等。如果总体所包含的基本单位数有无限多个,则称之为无限总体。如某企业连续生产的某种产品的数量;某地区可能的理论降雨量;海洋资源;原始森林等。由于现有的统计技术的局限性,这些统计总体中的基本单位数无法准确测量出来。一般来说,社会经济统计研究的总体大都是有限总体。

统计总体还可以根据总体与时间的联系状态分为静态总体和动态总体。如果一个总体不随时间的变化而变化即是静态总体,如果一个总体随时间的变化而变化即是动态总体。静态是相对的,动态是绝对的。宇宙万物都随着时间的变化而发生相应的改变,不改变只是暂时的。社会经济统计研究的总体大多数是动态总体。

组成总体的基本单位称为总体单位。总体单位是统计数据资料的承担者。在明确统计总体的情况下,总体单位不需要再进一步的细分。如果要研究某企业职工的工资收入情况,该企业的全体职工是总体,每一名职工即是总体单位。也可以把该企业全体职工的工资收入作为总体,每一个职工的工资收入作为总体单位。要研究某地区的商业零售网点情况,该地区的所有零售商业企业是总体,每一家零售商店是总体单位。2015 年 11 月 1 日零时,在中华人民共和国境内的自然人以及在中华人民共和国境外但未定居的中国公民,不包括在中华人民共和国境内短期停留的境外人员,都是本次人口抽样调查的总体单位。

与统计总体相比,总体单位具有相对性,是相对于统计研究总体而言的独立基本单位,随着研究目的的不同,总体和总体单位可以相互转化。比如,某高校调查 2015 年新生入学报到情况,可以以专业为单位进行统计调查,也可以以学院作为统计单位进行调查,还可以以班级为基本单位进行统计调查。统计总体是调查研究的对象,总体单位是原始资料收集的对象。

二、标志与变量

(一) 标志

标志是总体单位所具有的属性和特征的名称。任何总体单位都具有一些不同的属性和特征,所有这些属性和特征,统称为总体单位的标志。如研究某企业生产的产品质量时,每一件产品是总体单位,它们都有名称、规格、产品功能、生产日期、出厂价格等特征,这些特征统称为产品标志。要研究金融机构的效益时,每家金融机构是总体单位,它们都有金融机构的名称、经营范围、资产规模、所有制性质、注册资本金、注册地址等标志。要研究某高校的全体在校大学生,每位在校大学生是总体单位,都有姓名、籍贯、年龄、爱好、性别、高考成绩、专业等标志。之所以要学习标志,是因为,统计研究的是社会现象总体的数量方面,而这些数量方面是必须从总体单位上来获得的,所以要了解总体单位的某些标志。

1. 标志按其表现形式,可分为品质标志和数量标志

品质标志是说明总体单位品质方面特征的,一般不能用数值表示,只能用文字描述。如产品的颜色、名称、生产厂家;职工的性别、职称、学历;金融机构的名称、经营范围、注册地址、所有制性质等,这些都是品质标志。

数量标志说明总体单位量方面的特征,大都能用数值表示,如产品的质量、价格、尺寸大小;职工的年龄、工龄、月工资收入;金融机构的资产规模、注册资本金、客户量、分支机构数、营业网点数等,这些都是数量标志。据哥伦比亚《时代报》报道,人体具有许多有趣的数量特

征，统计显示，每个人每周要眨眼2.5万次左右，以保持眼睛润滑；喷嚏在口腔中的运行时速为965公里；红细胞的平均寿命是120天，白细胞寿命是12小时左右；普通人一生坐在电视机前的时间可达12年，与人对话的时间也是12年；人一生中要流65升眼泪；咳嗽是身体排斥异物的反应，咳嗽的平均时速是140公里。

2. 标志按其在总体单位上的表现，可分为不变标志和可变标志

不变标志是指在同一个总体的所有总体单位上的表现都相同的标志，如某高校在校大学生的学籍；某班级每位同学的专业；某地区户籍人口的户籍；某企业的职工工作单位等。不变标志是组成总体的基本条件，没有不变标志，就不称其为总体。可变标志是指在同一个总体的各单位上的表现不全相同的标志，如某高校在校大学生的姓名、籍贯、年龄、专业、爱好等；某企业生产的产品的型号、外观颜色、规格、销售地区等；某金融机构的业务范围、注册成立的时间、注册地址等，这些都是可变标志。可变标志表明总体单位的差异性或变异性，是进行统计研究的根本目的。

任何一个统计总体至少应有一个标志在所有总体单位上的表现都是相同的，该标志就是不变标志，它是总体存在的必要前提。不变标志一般都是品质标志，可变标志可以是品质标志也可以是数量标志。

现代社会中，几乎每个人都有手机号、电子邮箱号、QQ号、微信号、身份证号，这些号码是数量标志还是品质标志呢？

（二）变量

统计中的变量是指数量标志或品质标志在总体单位上的不同表现，如某企业集团内各个企业的产量、产值、职工人数、利润额，某学校在校学生的性别、籍贯、年龄、身高、考试成绩，亚洲地区各国的国内生产总值、进出口贸易额、人口数、利率水平、汇率水平等。

变量的取值叫变量值，也称标志值，即可变标志的具体数值。如某班级4名同学的统计学考试成绩分别为60分、68分、80分、95分，这里的统计学考试成绩是变量，60分、68分、80分和95分是变量值；某企业集团4家企业2015年的产值分别是102万元、210万元、508万元、1 230万元，这里的企业产值是变量，102万元、210万元、508万元、1 230万元是变量值；某地区小微金融机构的中小企业贷款额分别是2 356万元、1 258万元、5 000万元、8 910万元，这里中小企业贷款额是变量，2 356万元、1 258万元、5 000万元、8 910万元是变量值；某小组4名同学的籍贯分别是安徽、上海、浙江和广东，其中籍贯是变量，安徽、上海、浙江和广东是变量值。

变量反映了总体单位的基本特征，是统计研究资料收集的对象，统计研究收集的原始资料大都是总体单位的各种标志值。

1. 变量按其取值情况，可分为离散型变量和连续型变量

由于社会经济现象的复杂性，用来描述总体单位基本特征的变量也是多种多样的。只能取整数值的变量是离散型变量，如出生人口数、企业数、可数产品的产量等。离散型变量的取值在数轴上是分散的，它们的所有取值不能前后呼应，两个取值之间还有很多其他的数值。既能取整数也能取非整数的变量是连续型变量，如产值、成本、利润、房屋的建筑面积、产品的价格等。连续型变量的取值在数轴上是连续的，它们的所有取值前后呼应，连续型变量能够取到数轴上的任何数值。离散型变量和连续型变量的划分非常形象直观。

2. 变量按其所受影响因素的不同，可分为确定性变量和随机性变量

受确定性因素影响的变量称为确定性变量。确定性变量和其影响因素之间的因果联系

非常密切,如商店的营业额受商品的销售价格和销售数量变动的影响,销售价格和销售数量是影响销售额的最直接因素,销售额由销售量和销售价格确定。

受随机性因素影响的变量称为随机性变量,如农产品的产量受施肥量和气候变化的影响。随机性变量与其影响因素之间的因果关系带有很大的偶然性,除施肥量和气候变化以外,还有种子质量、耕种方式、土地的肥沃程度等因素直接影响农产品的产量。因此,农产品产量不能完全由施肥量和气候确定,在施肥量和气候变化情况一定时,农产品的产量仍然表现出一定的偶然性。

将变量区分为确定性变量和随机性变量有助于了解变量的基本特征。社会经济现象中的变量既有随机性变量,也有确定性变量。对这些变量的认识和研究既要采用社会经济统计学的方法,也要运用数理统计学的方法。社会经济统计学主要研究社会经济现象总体的数量方面,因而随机性变量才是统计研究的主要内容。

3. 变量按其观察结果不同,可分为定性变量和定量变量

社会经济现象是复杂多样的,有的观察结果直接表现为具体的数字,可以用数值计量其观察结果和变化,如旅游景点游客数、金融机构高管的年薪、某地区消费者信心指数等。这样的变量称为定量变量或数值变量,前面介绍的变量都有具体的数值表现,都是定量变量。

统计总体具有变异性,所谓变异即是指品质标志在总体单位上的不同表现,如人的性别、职称、民族;产品的型号、颜色;企业的注册地址、法人代表、经营范围等。变异是客观存在的,是总体单位质的规定性的不同客观表现,是进行统计研究的目的所在。这种品质标志上的差异依据观察结果表现,可以用不同的类别来表示。如“性别”表现为“男”或“女”;“专业”表现为“经济学”“法律”“管理学”“金融学”等;“学院”表现为“商学院”“理学院”“法学院”“体育学院”等,这些观察结果不表现为具体的数字,仅表现为不同的类别,所以称为分类变量。而职工的“技术职称”表现为“初级”“中级”“高级”等;“人的受教育程度”表现为“文盲”“小学”“中学”“大学”“大学以上”等,这些观察结果既表现为不同的类别,又表现为不同的等级,有优劣顺序差别,称为顺序变量。分类变量和顺序变量统称为定性变量。定性变量是对现象质的方面的认识,定量变量是对现象量的方面的把握。统计主要研究现象的数量特征,定量变量是研究的重点。

三、统计指标与指标体系

(一) 统计指标

统计指标是反映统计总体综合特征的数据资料。例如,2013 年全国第三次经济普查表明,截至 2013 年底,我国规模以上高技术制造业企业共有 26 894 家,比 2008 年增加 1 077 家,占规模以上制造业企业数的比重为 7.8%。2013 年我国高技术制造业从业人员 1 293.7 万人,比 2008 年增长 36.9%,占全部制造业企业的比重为 15.1%。2013 年我国高技术制造业实现主营业务收入 116 048.9 亿元,比 2008 年增长 108.2%,占全部制造业企业的比重为 12.8%。统计指标浓缩了总体某方面的数量特征,描述了总体的规模。

统计指标有指标名称和指标数值两个基本的构成要素,指标名称反映了指标的内涵,说明指标的经济范畴,是总体质的规定性;指标数值说明总体数量方面的综合特征,反映了总

体的规模、水平、速度和相互联系程度。指标既反映了总体的性质，也反映了总体的数量，对总体的认识具有定性认识和定量认识的双重作用。如某企业 2015 年 12 月份的生产总值是 1 000 万元，这里的生产总值是指标名称，说明该企业 2015 年 12 月份的生产经营综合情况，1 000万元是指标的具体数值，说明该企业 2015 年 12 月份的生产经营成果，反映其 12 月份的生产经营规模和水平。又如，2014 年的《中国统计公报》表明，2014 年末全国大陆总人口为 136 782 万人，比 2013 年末增加 710 万人，其中城镇常住人口为 74 916 万人，占总人口比重为 54.77%；全年出生人口为 1 687 万人；全国人户分离的人口为 2.98 亿人，其中流动人口为 2.53 亿人。这些数字说明了 2014 年中国大陆地区人口的规模和变化情况。

统计指标还必须具有计量单位、时间特征和空间范围等构成要素。计量单位是对数字内涵的具体说明，没有计量单位的统计数据是没有任何意义的。2014 年《中国统计公报》表明，2014 年末国家外汇储备为 38 430 亿美元，比 2013 年末增加 217 亿美元。这里，国家外汇储备是指标名称；38 430 是指标值；计量单位是“亿美元”；时间是 2014 年末；并且是全国的外汇储备额。不能缺少说明指标内容和意义的任何一项。

1. 统计指标的特征

统计指标具有三个特征：第一，数量性。指标都是用数值表示的，或指标都表现为具体的数字。如截至 2014 年末，上海市共有购物中心达 150 家，其中，建筑面积 10 万平方米以上的购物中心有 63 家。全年购物中心实现营业收入 1 099.47 亿元，比 2013 年增长 14%。第二，综合性。指标是说明总体综合特征的数据资料。截至 2014 年末，上海市共有购物中心 150 家，是对上海市购物中心的综合性度量，因为每家购物中心的规模不同、建成开业的时间不同、经营特色不同、经营地址也不同。第三，经济范畴性。统计指标反映的都是一定社会经济范畴的数量。如 2015 年中国国庆阅兵式的电视收视率，说明的是符合一定条件的人群中，在电视上收看“国庆阅兵式”节目的人数占总人数的比重；国家外汇储备额说明的是截至某个时间点，国家外汇收入额和外汇支出额的差额。

2. 统计指标的分类

(1) 指标按其所反映的总体内容的不同，可以分为数量指标和质量指标。

数量指标是反映总体的规模、总量和水平的各种总量指标，一般用绝对数表示。例如，某地区的人口数为 1 700 万；某大学开设的专业课程总数为 300 门；某企业生产的总成本是 5 679万元；某商业银行的贷款总额为 890 亿元、存款总额为 970.56 亿元等。又如，截至 2013 年末，上海市共有从事第二产业和第三产业活动的法人单位 41.1 万个，比 2008 年末增加 5.0 万个；法人单位分支机构 7.0 万个，比 2008 年末增加 1.4 万个。

质量指标是反映总体的强度、密度、经济效益和工作质量等的各种相对指标和平均指标，一般用相对数或平均数表示。如劳动生产率、资金利税率、产品合格率、技术工人数占全部职工人数的比例、商业银行不良贷款率等。例如，2014 年上海市常住人口出生率为 8.35‰；死亡率为 5.21‰；常住人口自然增长率为 3.14‰。2014 年户籍常住人口出生率为 8.34‰；死亡率为 8.27‰；户籍常住人口自然增长率为 0.07‰。这些指标都说明了社会经济现象总体质量方面的特征。一般来说，质量指标都是由两个数量指标或一个数量指标与另一个质量指标相除所得到的。

(2) 指标按其计量单位不同，可以分为实物指标和价值指标。

实物指标是以实物单位计量的统计指标。所谓实物单位是根据事物的自然属性及特点所采用的计量单位,例如人口数以“人”为计量单位;电视机、电脑以“台”为计量单位;建筑楼房以“幢”为计量单位;桥梁以“架”或“座”为计量单位;教室以“间”为计量单位等。如截至2014年末,上海市民政部门共有各类提供住宿的收养性社会服务机构667个,床位11.87万张,其中,养老机构660家,床位11.49万张。在上海市养老机构中,由社会投资开办的有334家,床位5.66万张。截至2014年末,上海市有社区居家养老服务社224家,社区老年人日间服务中心381家,社区老年人助餐服务点576个,服务老年人29.4万人。

价值指标是以货币单位计量的统计指标。例如,根据法国《论坛报》公布的情况,截至2008年底,英国汇丰银行以836亿欧元的市值位居欧洲上市银行第一,西班牙的国际银行和BBVA银行以539亿欧元和325亿欧元的市值分列2008年欧洲上市银行市值的第二和第三位。又如,2014年全年上海市完成电子商务交易额13 549亿元,其中,B2B交易额10 645亿元,网络购物交易额2 904亿元。

实物指标反映事物的使用价值量,不同物品的使用价值量不同。因此,不同种类的实物指标无法进行比较和综合汇总。价值指标反映事物的劳动价值量,劳动价值量以劳动时间衡量,便于综合汇总和比较。实物指标乘上相应物品的单位价格即可转化为价值指标。实物指标反映客观事物真实的实物量,价值指标容易受到物品价格的影响,在用价值指标衡量事物的价值量时,通常可以消除物品价格的影响,以某个时期的不变价格来反映事物价值量的大小。

(3) 指标按反映的时间特点的不同,可以分为时期指标和时点指标。

时期指标反映客观事物在一段时间内发展变化的数量特征,指标值通常与时间长短有密切的关系。例如,据英国《泰晤士报》网站2008年9月8日报道,伦敦证券交易所每日证券交易量接近70万笔,交易额超过70亿英镑,一年为英国政府贡献的证券交易印花税大约为40亿英镑。2008年9月15日,因雷曼兄弟申请破产保护的影响,纽约股市收盘时,道·琼斯30种工业股票平均价格指数较前一交易日暴跌504.48点,创“9·11”恐怖袭击以来的最大单日跌幅。2014年全年上海市用于研究与试验发展(R&D)的经费支出为831亿元,相当于上海市生产总值的3.60%。

时点指标反映总体在某一时点上的数量表现,如截至2014年末,上海市共有民办普通高校20所,在校学生9.22万人;民办普通中学107所,在校学生7.44万人;民办小学174所,在校学生15.6万人。上海市共有成人中高等学历教育学校35所,成人职业技术培训机构691所,老年教育机构291所。全市共有校外教育机构23所,其中,少年宫(含青少年活动中心)17所,少年科技站5所,少年之家1所。

一般而言,时期指标值与时期长短成同向变动关系,时点指标值仅与某一个时点或时刻有关。区分时期指标和时点指标有助于我们了解事物数量方面的时间变动特征。

值得指出的是,标志和指标既有联系又有区别。所谓联系是指所有的统计指标都是由总体单位的相关标志计算而来,标志是计算指标的基础,没有具体的标志值就没有统计指标。所谓区别是指标志反映的是总体单位的属性和特征,并不全部表现为数字,而指标说明的是总体的数量综合特征,一定表现为数字。标志和指标的联系还表现在标志与指标具有相对性,在不同的研究目的下,标志和指标可以相互转化。

(二) 指标体系

一个统计指标只能说明统计总体某一个方面的数量特征,而社会经济现象的数量表现是多方面的，并且在数量上也是有联系的。例如，看一个地区房地产业的发展，可以有房地产业投资额、开发面积、建筑面积、竣工面积、销售面积、房屋质量、房屋售价、投资成本、房地产业实现的增加值等各种指标。为了更全面、深刻地认识和掌握事物总体的数量特征和数量关系，必须用一套相互联系的指标。

若干个相互联系的指标组成的一个整体称为统计指标体系。例如，固定资产原值、净值、累计折旧、年折旧额、年折旧率、使用年限、净残值等指标即构成反映固定资产情况的统计指标体系。又如，劳动生产率、工业产品销售率、工业资金利税率、工业增加值率、工业成本费用利润率、流动资金周转率等一系列指标构成一个反映工业经济效益的指标体系；注册资金、资产规模、存款余额、贷款余额、资本充足率、不良贷款率、中间业务收入、利润额等指标构成一个反映金融机构整体状况的指标体系。指标体系中的指标都是有联系的，其中的某一个指标可以用其他部分或全部指标计算或表示出来，以发挥指标体系的整体性功能，这是统计指标体系最根本的特点，没有任何关系的指标的堆积，不能称为指标体系。指标体系使我们对复杂事物的认识更加全面、综合和深刻。

四、流量与存量

流量是指事物在一定时期内发展变化的总量，是按一定时期计算出来的数量，如国内生产总值(GDP)、固定资产投资总额、储蓄存款增加额等。因此，流量都是时期指标。例如，2014 年上海市自来水日供水能力为 1 137 万立方米；全年全市用电量为 1 369.03 亿千瓦·时。事实上，社会经济体系中存在大量的流量现象，如资金流量、信息流量、客流流量、技术流量、物流流量。与居民家庭月支出密切相关的是居民家庭月度消耗的电流量、水流量和天然气流量等。

存量是指事物在一定时点上积累或结存的总量，是按一定时点计算出来的。如储蓄存款余额、年末人口数、月末材料库存数、上市公司数、外汇储备额等，存量都是时点指标。例如，截至 2013 年末，全国共有批发和零售业企业法人单位 281.1 万个，从业人员 3 314.9 万人；在批发和零售业企业法人单位中，内资企业占 98.8%，港、澳、台商投资企业占 0.5%，外商投资企业占 0.7%。内资企业中，国有企业占企业法人单位的 1%，股份有限公司占 1.1%，有限责任公司占 17.4%，私营企业占 70.1%。2013 年末，批发和零售业企业法人单位资产总计 34.2 万亿元，其中，批发业企业法人单位资产总计 27 万亿元，零售业企业法人单位资产总计 7.2 万亿元。这些都是存量指标。

流量与存量之间具有密切的联系，主要表现在：

(1) 流量与存量相互依存、相互影响。

有些社会经济现象，流量与存量相对应而存在，缺一不可，如一定时期内出生(死亡)人口数与期末人口数、库存商品数与已销商品数、现金流量与现金余额等。在这些现象中，有流量必然有存量，且数量上互相影响。一方面流量来自存量，存量越多，流量也越多；另一方面，流量也在一定程度上决定和影响存量的大小。

(2) 有流量无存量。

有些社会经济现象，只有流量没有相应的存量。如某企业一定时期内的产值，一定时期内的生产总成本；某地区一定时期的进口总额、出口总额等，这些流量指标都没有相应的存量指标。

存量和流量是社会经济统计分析中常用的两个分析指标,分析的角度和目的各不相同。对社会经济现象分别进行存量分析和流量分析可以使我们既了解现象发展变化的过程,又能把握现象发展的最终结果。

第五节　中国的政府统计

一、中国统计的组织体制

现代社会是信息社会,统计是生产信息的重要方式,统计是国家管理、制定计划和决策的依据。为了保证统计工作的顺利进行,必须建立完善的统计工作管理体制。

世界各国政府的统计管理体制,大体上有两种类型,即分散型和集中型。分散型,如美国和日本,政府所需要的统计资料,是通过不同的部门来收集的。集中型,如加拿大以及前东欧的社会主义国家,全国的统计工作,由联邦统计局、共和国和自治省统计局、区统计局等各级政府统计机构负责。

我国的统计工作目前仍然属于集中型,这是由中国的计划经济体制所决定的,统计工作必须按照集中统一的原则进行管理。2009 年 6 月新修订的《中华人民共和国统计法》总则第三条规定国家建立集中统一的统计系统,实行统一领导,分级负责的统计管理体制;第四条规定国务院和地方各级人民政府、各有关部门应当加强对统计工作的组织领导,为统计工作提供必要的保障。第二章第十七条规定国家制定统一的统计标准,保障统计调查采用的指标涵义、计算方法、分类目录、调查表式和统计编码等的标准化。国家统计标准由国家统计局制定,或者由国家统计局和国务院标准化主管部门共同制定。国务院有关部门可以制定补充性的部门统计标准,报国家统计局审批。部门统计标准不得与国家统计标准相抵触。

关于统计机构和统计工作人员,《中华人民共和国统计法》规定国务院设立国家统计局,依法组织领导和协调全国的统计工作。国家统计局根据工作需要设立的派出调查机构,承担国家统计局布置的统计调查等任务。县级以上地方人民政府设立独立的统计机构,乡、镇人民政府设置统计工作岗位,配备专职或者兼职统计人员,依法管理、开展统计工作,实施统计调查。县级以上人民政府有关部门根据统计任务的需要设立统计机构,或者在有关机构中设置统计人员,并指定统计负责人,依法组织、管理本部门职责范围内的统计工作,实施统计调查,在统计业务上受本级人民政府统计机构的指导。

关于统计监督,第三十二条规定国家统计局组织管理全国统计工作的监督检查,查处重大统计违法行为。县级以上人民政府及其监察机关对下级人民政府、本级人民政府统计机构和有关部门执行本法的情况,实施监督。

中国统计的组织体制包括政府统计和企业统计两大组成部分,其中政府统计又分为中央政府统计和各级地方政府统计。从纵向看,中国统计的组织体制包括三大层次:基层企业统计、各级地方政府统计和中央政府统计,组成统计管理体制的金字塔式的组织结构。从横向看,除中央政府统计外,各省(自治区、市)、县、乡及所属的基层单位都相应设立各自的统计组织机构,组成平行的统计系统。中国的统计组织体制可以用形象的“条块”管理加以描述，由国家统计局至基层单位的统计部门，组成自上而下的“条”，基层部门统计、地方政府统计形成了横向的“块”，“条块”结合组成严密的统计网络，实现对国民经济和社会发展情况进行统计调查、统计分析，提供统计资料和统计咨询意见，实行统计监督。

有关国民经济和社会发展情况的统计信息是社会经济信息的主体，为了建成国家重要的统计咨询和监督系统，要加强对统计工作的领导和组织，建立适合我国国情的统计管理体制。

我国的国家统计组织遵循集中统一的原则，在全国范围内建立集中统一的统计系统，实行中央政府统计部门统一领导，各级地方政府统计部门分级负责的统计管理体制。各基层企业统计部门执行统一的统计方针政策和统计调查计划，贯彻执行统一的统计制度和统计标准，使用统一的统计报表和统计资料管理制度，同时协调统计、会计、财务、审计、税务、业务核算制度和核算标准等。

（一）政府统计系统

政府统计系统由中央政府统计部门——国家统计局和各级地方政府统计机构所组成。1949 年 10 月，政务院财政经济委员会在中央财经计划局内设立统计处，后改称统计总处，开始为建立全国统一的统计制度做准备。在统计总处的基础上，1952 年的 8 月 7 日成立了国家统计局，薛暮桥为第一任国家统计局局长。1953 年起，国家统计局着手在全国范围内建立全国统一的统计工作制度。国家统计局负责组织领导全国各级和各部门的统计机构，在国务院的领导下，结合当时国民经济和社会发展的实际情况，制定统计工作的方针政策，指导各级统计部门开展统计工作，承担全国性的基本统计任务。各级地方政府统计机构负责组织本地区的统计工作，并接受上级统计机构的领导，监督检查本地区国民经济和社会发展的基本情况，为本地区党政领导提供统计信息。政府统计系统是国家宏观统计系统。

（二）企业统计系统

我国的企业统计系统由中央和地方各级业务部门的专业统计机构和基层单位的统计组织组成。企业统计系统在我国的统计组织体制中发挥着极其重要的作用。它们是各种统计工作和统计任务的具体实施者，为政府的宏观统计提供必要的微观基础。企业统计系统能为企业管理快速提供企业内外最全面、最精确的统计资料，为企业的生产经营管理服务。企业统计系统在业务上既要满足本单位的经营、管理、计划、决策的需要，也要接受政府统计机构的领导、监督和指导。随着我国市场经济的建立和发展以及改革开放的不断深入，社会对各种信息的需求越来越多。除了统计部门提供的统计信息以外，各种市场咨询公司如雨后春笋般发展起来，提供各种专业市场调查，背景数据收集、信息咨询、决策咨询、投资咨询等服务。

二、中国的统计公报制度

中国的统计公报制度是在严格的计划经济体制下建立的，由各级政府统计机构定期公开报告国民经济和社会发展基本情况的统计信息发布制度，是全国统一的统计工作制度的具体化。统计公报制度的贯彻和实施有赖于中国特有的统计报表制度。1951 年 1 月，我国开始实行全国统一的公营及公私合营工业企业定期报表制度，同时实行中财委与中央贸易部共同制定的国营贸易企业定期报表和对外贸易机构定期统计报表制度，7 月开始实行全国统一的基本建设定期统计报表制度。1951 年,中财委布置了全国统一的 1951 年农业生产年度总结基本报表。由此,拉开了中国定期统计报表制度的序幕。

统计报表制度是全面收集国民经济和社会发展情况有关信息的统计调查制度。按照《中华人民共和国统计法》第二十九条规定,统计机构、统计人员应当依法履行职责,如实收集、报送统计资料,不得伪造、篡改统计资料,不得以任何方式要求任何单位和个人提供不真实的统计资料,不得有其他违反《中华人民共和国统计法》规定的行为。

各基层单位依据《中华人民共和国统计法》的要求,根据本单位生产经营的实际情况,填报统计报表,自下而上地向上级主管部门提交统计报表,汇总综合后,逐级上报,直至报送到国家的最高统计研究机构——国家统计局,最后由国家统计局汇总综合后,得到反映国民经济和社会发展情况的统计公报,并向全国发布。在汇总过程中,地方统计部门可以发布反映本地区国民经济和社会发展情况的统计信息。

统计报表是定期报表制度收集资料的载体,是由国家统计局统一制定、颁发的,报表的格式、内容、指标,指标的计算口径、计算方法,报表的报送时间、报送周期、报送程序等,在实施范围内严格统一,以确保统计资料真实、准确、完整和及时。

中国统计公报是定期发布的,有月度、季度、半年度和年度公报,揭示国民经济和社会发展的月度、季度、半年度和年度的发展情况。其中月度的统计公报主要反映以 GDP、CPI、PPI、PMI 为核心指标的国民经济和社会发展的月度情况,同比变动情况,环比变动情况等。由于时间较短,收集的资料有限,月度公报的内容很精练。国家统计局每月中旬公开发布上一个月份的国家宏观经济月度基本数据。而年度公报较全面详细地反映国民经济和社会发展的情况,可为宏观调控、科学研究、国际交流、企业管理、信息咨询、统计监督提供充分的依据。各地方政府统计部门按照我国统计制度的规定发布本地方的年度统计公报。

现代社会,计算机技术和互联网技术飞速发展,为统计公报制度的实施提供了必要的技术条件,更好地发挥了统计监督和统计信息咨询的服务功能。此外,为了贯彻科学发展观,建设和谐社会,更好地发挥统计的功能,加强宏观经济管理,及时掌握经济发展状况,为国民经济和社会发展服务,国家统计局常常开展各种专项调查或普查,如经济普查、人口普查、1%人口抽样调查、工业普查、农业普查等。为了及时反映普查进度和普查成果,经常发布各种普查公报。

在计划经济体制下,我国实行单一的社会主义公有制,经济成分、经济类型和经营方式都比较简单,统计报表制度的实施简便易行,为国民经济的发展和社会主义经济建设做出了巨大的贡献。改革开放后,我国实行社会主义市场经济制度,国民经济出现了以公有制为主体的多种所有制、多种经济成分、多种经济类型和多种经营方式共存的局面。单纯依靠统计报表制度已无法收集到全面反映国民经济和社会发展详细情况的统计资料,因此必须广开信息渠道,改革现有的统计公报制度。

2001 年,我国正式加入 WTO,机遇与挑战并存,中国的统计管理体制和统计公报制度也逐渐与国际统计惯例接轨。

三、统计信息共享和发布制度

中央政府和地方党政机关高度重视政府统计,充分发挥政府统计的作用,把政府统计作为反映国民经济社会发展情况的有效工具,作为制定国民经济社会发展政策的重要依据。

随着社会主义市场经济的发展，经济决策主体越来越多元化，经济结构越来越复杂。政府统计正面临着巨大的社会需求，已经成为制定人口就业、收入分配、社会保障、教育卫生、住房保障、投资规划、消费信贷等一系列社会政策的重要依据。随着中国改革开放的继续深入，中国社会主义市场经济体制的确立，中国统计管理体制和统计信息化建设已逐步与国际接轨。为了统计信息的公开透明和提高统计数据的质量，中国国家统计局已经建立起一整套的统计信息共享和发布制度。

（一）统计新闻发布会制度

早在1983年，国家统计局就开始建立统计新闻发布会制度，设立统计新闻发言人，在每年或者每个季度过后20天左右，由国家统计局局长或者新闻发言人向国内外媒体发布年度或者季度的国民经济社会运行情况的主要数据，并根据社会发展和社会需求的发展变化，及时增加发布内容。

（二）建立健全国务院各部门之间的统计信息共享制度

2003年，国家统计局制定了《关于进一步增强服务意识，加强部门合作的决定》。统计部门能够及时向国务院有关部门特别是宏观经济管理部门提供他们所需的综合统计资料。同时，各有关部门也能及时、主动地向国家统计局提供行业基本统计数据和国民经济核算所需的各种资料。

（三）公开出版统计资料

从1979年开始，国家统计局每年都要发布统计公报。此外，还以统计公报的形式向社会公布重大普查结果和一次性重点调查的统计数据。从1982年开始，国家统计局逐年编辑出版《中国统计年鉴》和《中国统计摘要》，每个月都要编辑出版《中国经济景气月报》。除了综合性的统计资料数据以外，国家统计局每年出版大约40种专业统计年鉴。另外还出版了大量的普查资料。

（四）通过互联网和统计资料馆发布统计数据，开展统计咨询

1999年，国家统计局创建中国统计信息网，在网站上经常发布统计数据和统计分析报告，并以此为主要依托，开展国家统计局政府信息公开工作。中国统计资料馆2006年正式向公众免费开放，公众可以到统计资料馆查询资料，也可以咨询有关统计方面的业务技术问题。2008年4月30日，国家统计局建立了国家统计数据库，正式向社会开放，公众可以通过数据库查询统计数据。经济学家曾这样预言："新时代最重要的趋势是将世界上的信息组织起来，让每个角落的人都能够找到最有价值的信息。"为了方便外国朋友对中国统计数据的查询，国家统计局创新升级了涵盖内容更加全面，使用体验更加便捷的新版中国国家统计数据库。2015年9月，新版中国国家统计数据库（英文版）和数据中国（英文版）手机客户端正式上线运行。为了更好地实现统计数据的信息功能，提高统计数据的时效性，国家统计局开发了海量统计数据的手机应用系统"搜数"，用户可以随时随地用手机查询数据，轻松实现把数据装进口袋的梦想。为了第一时间发布权威统计信息，2013年5月16日，国家统计局开发了官方微信"统计微讯"，2014年9月17日，国家统计局建立了统计官方微博"@中国统

计”。为了提高统计数据的吸引力和可读性,国家统计局利用现代化的计算机技术和图形学、图像学原理,开发了统计数据可视化产品,如第三次经济普查数据可视化系统等。关于国家统计局开发的数据可视化产品,建议大家直接查询国家统计局网站。

(五) 加入 GDDS

2002 年 4 月 15 日,国家统计局加入了国际货币基金组织(International Monetary Funds,IMF)推荐的统计数据公布通用系统(General Data Dissemination System,GDDS),按照国际标准,在国际货币基金组织的网站上发布中国的主要统计数据,并进行数据的诠释,向全世界公布中国的主要统计数据。

随着世界经济一体化进程的加快,各国间的交流与合作越来越频繁,为减少摩擦与矛盾,也为加强国际组织对各国经济运行状况的监督,国际社会在各领域纷纷建立了国际通行标准,其中,国际货币基金组织制定的数据公布通用系统和数据公布特殊标准(Special Data Dissemination Standards,SDDS),即为统计数据公布的国际标准。1996 年 4 月和 1997 年 12 月,SDDS 和 GDDS 分别制定完成,由成员国自愿认报。IMF 建立 GDDS 的宗旨首先是鼓励成员国改善统计数据的质量;其次是提供一个评估数据改善必要性和确定改善重点的综合框架;第三,在经济和金融日趋一体化的背景下指导成员国向公众提供全面、及时、易于获得的和可靠的经济、金融以及社会人口统计数据。GDDS 的总体框架主要包括数据特征、公布数据的质量、公布数据的完整性和公众获取数据 4 个部分。2000 年已有 47 个国家加入 SDDS,9 个国家加入 GDDS。

2000 年初,经国务院领导批准,我国成立了由中国人民银行牵头,国家计委、国家经贸委、财政部、国家统计局、证监会、保监会等单位组成的跨部委的“透明度问题专门小组”,针对近年来国际上日益受到关注的透明度问题进行了较为深入的专题研究。其中“宏观经济透明度问题”子课题研究小组由国家统计局牵头,财政部、中国人民银行和国家外汇管理局共同组成。这标志着中国在宏观经济数据的透明度方面,开始向国际标准迈进。2001 年 10 月 26 日,国家统计局、财政部、中国人民银行和国家外汇管理局联合向国务院请示,建议于 2002 年以书面形式向国际货币基金组织表示中国加入 GDDS 的意愿。国务院于 11 月 16 日批准请示。此后,在国际货币基金组织、世界银行和经济合作与发展组织的专家援助下,中国加入 GDDS 的进程日益加快。2002 年 4 月 15 日,中国统计的英文数据诠释在 IMF 的公告栏上正式对全世界公开。在 4 月 19 日的 IMF 年会上,时任央行行长的戴相龙先生会见了 IMF 的科勒总裁,共同举行了中国正式加入 GDDS 的开通仪式,并向全世界宣布了这一消息。至此,中国完成了加入 GDDS 的全过程,标志着中国政府的统计工作又迈上了一个新台阶。

加入 GDDS,标志着中国统计与国际接轨迈出了实质性的一大步,各部门的统计工作更加规范、透明、公正,中国的统计数据质量有了进一步的提高。从 2002 年开始我国一直按照国际货币基金组织数据公布通用系统(GDDS)不断改进统计数据编制和发布制度。

SDDS 与 GDDS 框架基本一致,但 SDDS 对数据覆盖范围、公布频率、公布及时性、数据质量、公众可得性等方面要求更高,并且需按标准公布实体经济、财政、金融、对外和社会人口等五个部门的数据。

2014 年 11 月,我国成立了由国家统计局牵头,人民银行、财政部、海关总署和国家外汇管理局共同参与的部际 SDDS 工作领导小组及办公室,负责我国采纳 SDDS 的相关工作。近一年来，各相关部门克服困难，通力协作，完成了在国际货币基金组织官方网站上公布的各相关部门数据发布日程表和统计数据诠释文件、在国家统计局官方网站推出的国家主要数据页、在人民银行官方网站公开的国际储备和外汇流动性模板，以及在相关部门官方网站公布的本部门主要数据。经国务院批准，中国人民银行行长周小川于 2015 年 10 月 6 日以国际货币基金组织中国理事身份致函国际货币基金组织总裁拉加德，正式通报中国采纳国际货币基金组织数据公布特殊标准（SDDS）的决定。这标志着我国已完成采纳SDDS的全部程序，将按照 SDDS 标准公布相关统计数据。

采纳 SDDS 符合我国进一步改革和扩大对外开放的需要，有利于提高宏观经济统计数据的透明度、可靠性和国际可比性；有利于进一步摸清宏观经济家底，为国家宏观经济决策提供及时准确的依据；有利于国际社会和公众对中国经济的深入了解，提升我国参与全球经济合作水平。采纳 SDDS 是我国在完善统计体系、提高透明度方面所取得的又一重大进展。中国的统计工作者和统计学者都要尽心尽力地为提高中国统计数据质量的目标而锐意进取，不断努力。

（六）国家统计开放日

自第二次世界大战结束以来，世界各国的官方统计取得了前所未有的成就，为了促进全社会对于官方统计的理解并动员全社会对于官方统计予以配合和支持，联合国统计委员会积极倡导并支持官方统计日活动。2010 年 6 月 3 日，第 64 届联合国大会第 90 次会议通过决议，确定 2010 年 10 月 20 日为“世界统计日（World Statistic Day）”，第一届“世界统计日”的主题是“服务（Service），专业（Professionalism），诚信（Integrity）”，重点宣传和庆祝“官方统计的众多成就”。2015 年 10 月 20 日第二届“世界统计日”庆祝活动在中国西安举行，主题是“优化数据（Better Data），改善生活（Better Lives）”。“世界统计日”是联合国对官方统计成就的认可，为各国政府，特别是发展中国家提升官方统计能力注入了新的动力。

为了配合“世界统计日”庆祝活动，中国国家统计局开展了一系列配套活动，加强政府统计宣传工作，让统计走进公众，让公众认识统计，推进中国统计走向公开透明。为了提高政府统计公信力，2010 年 9 月 20 日国家统计局举办了第一届“中国统计开放日（China Statistic Open Day）”，以“统计和您在一起”、“走向公开透明的中国统计”和“走向规范统一的中国统计”为主题宣传统计。此后每一年的 9 月份国家统计局都会以不同主题举办统计开放日活动，在这一天，全国各地的统计机构都以不同的方式“走出去”“请进来”，主动揭开统计的神秘面纱。2015 年 9 月 23 日国家统计局举办了第六届“中国统计开放日”庆祝活动，第六届统计开放日活动主题是“统计服务民生”，国家统计局主要领导人员进入中国人民大学，为大学生上了一堂统计公开课，宣传中国统计改革创新取得的一系列成就，倡导“真实可信、科学严谨、创新进取、服务奉献”的统计核心价值观。

本章小结

1. 统计产生于原始社会末期，统计是作为认识工具和管理工具而产生的。统计学是一门关于数据的科学。

2.“统计”一词有“统计工作或统计活动”“统计资料”和“统计科学”三种含义，其中“统计工作或统计活动”是基础。

3. 描述统计学是通过大量观察法收集、整理并显示数据,进而用各种统计指标对现象总体进行描述的基本统计理论方法的总称。

4. 社会经济统计学是将统计学的方法应用于解释社会经济现象和解决社会经济问题,在国家的宏观调控、企业管理、科学研究和国际交流中有重要的作用。

5. 社会经济现象总体的数量方面是社会经济统计学的研究对象,它具有社会性、总体性、数量性、具体性和广泛性等特点。

6. 统计调查、统计整理和统计分析是统计工作的三个重要阶段。

7. 总体、总体单位、标志、变量、指标、指标体系、存量、流量是统计学中几个最重要的基本概念,是理解和学好统计学的基础。

8. 政府统计是中国统计体制的主体。深刻领会并理解中国的统计公报制度。

重要词汇

统计、统计学、政治算术学派、国势学派、数理统计学派、描述统计学、统计工作过程、总体、总体单位、标志、变量、统计指标、指标体系、存量、流量、中国统计公报制度。

练习题

一、思考题

1. 社会经济统计学的研究对象是什么?它有什么特点?
2. 总体和总体单位有何区别与联系?
3. 什么是品质标志和数量标志?
4. 什么是质量指标和数量指标?指标和标志有何区别与联系?
5. 什么是统计指标体系?并举例说明。
6. 请举例说明统计的应用领域。
7. 试举例说明存量和流量。

二、单项选择题(每题只有一个正确答案)

1.“统计”一词有三种含义,其基础是(　　)。

A. 统计活动　　B. 统计资料　　C. 统计科学　　D. 统计分析

2. 社会经济统计学是从(　　)入手认识社会的工具。

A. 数量方面　　B. 质量方面　　C. 宏观方面　　D. 微观方面

3. 欲了解 100 名同学的统计学课程考试成绩,则总体单位是(　　)。

A. 100 名同学　　B. 100 名同学的统计学考试总成绩

C. 每名同学的统计学考试成绩　　D. 100 名同学的统计学平均成绩

4. 下列属于品质标志的是(　　)。

A. 学生的年龄　　B. 学生的成绩　　C. 学生的籍贯　　D. 学生的身高

5. 下列属于数量标志的是(　　)。

A. 企业名称　B. 企业经营范围　C. 企业年产量　D. 企业所有制形式

6. 统计指标按其计量单位不同可以分为(　　)。

A. 实物指标和价值指标　B. 数量指标和质量指标

C. 时点指标和时期指标　D. 客观指标和主观指标

7. 下列是离散型变量的是(　　)。

A. 企业数　B. 企业成本　C. 企业产值　D. 工资总额

8. 考试及格率是(　　)。

A. 数量指标　B. 价值指标　C. 质量指标　D. 实物指标

9. 某商业银行 2015 年 12 月末的住房贷款余额是 848.56 亿元,该数字是(　　)。

A. 存量指标　B. 流量指标　C. 实物指标　D. 离散型变量

10. 一个统计总体(　　)。

A. 只能有一个标志　B. 只能有一个指标　C. 可以有多个标志　D. 可以有多个指标

11. 某班 5 名同学的统计学考试成绩分别是 85 分、73 分、61 分、58 分、92 分,则这 5 个数字是(　　)。

A. 指标　B. 标志　C. 变量　D. 变量值

12. 以一等品、二等品、三等品和次品来衡量某产品的质量好坏,该产品等级是(　　)。

A. 品质标志　B. 数量标志　C. 数量指标　D. 质量指标

13. 研究某市金融机构的经济效益,各金融机构的职工人数是(　　)。

A. 质量标志　B. 数量指标　C. 数量标志值　D. 质量标志值

14. 下列属于质量指标的是(　　)。

A. 企业生产总值　B. 企业利税总额

C. 企业劳动生产率　D. 企业进出口贸易总值

15. 某大学研究人员想研究一年级新生的课余自主学习时间,他观察了 200 名新生的课余自主学习时间是平均每天 4.8 小时。该研究人员的研究总体是(　　)。

A. 该学校全体在校大学生　B. 该学校全体大学生

C. 该学校全体一年级新生　D. 已观察的 200 名大学新生

三、多项选择题(每题至少有两个正确答案)

1. 社会经济统计学的特点有(　　)。

A. 数量性　B. 广泛性　C. 总体性

D. 变异性　E. 具体性

2. 下列属于质量指标的有(　　)。

A. 企业劳动生产率　B. 企业产品合格率　C. 企业产品单位成本

D. 企业工人平均工资　E. 企业资金利税率

3. 下列属于连续型变量的是(　　)。

A. 企业职工人数　B. 企业产值　C. 企业总成本

D. 企业利润总额　E. 企业总产量

4. 下列标志中属于数量标志的有(　　)。

A. 工人年龄　B. 工人职称　C. 工人工龄

D. 工人月工资　E. 工人身高

5. 数量指标反映统计总体的(　　)。

A. 规模　B. 总量　C. 水平

D. 质量　E. 强度

6. 下列属于时期指标的有(　　)。

A. 企业产值　B. 企业产量　C. 企业年销售额

D. 企业现有职工人数　　E. 企业数

7. 下列属于价值指标的有(　　)。

A. 企业利润额　　B. 企业产量　　C. 企业销售额

D. 企业产品销售量　　E. 企业产值

8.“统计”一词的含义有(　　)。

A. 统计学流派　　B. 统计资料　　C. 统计活动

D. 统计科学　　E. 统计工作

9. 下列指标中,属于流量指标的有(　　)。

A. 国内生产总值　　B. 某地区政府外债余额

C. 某企业职工总收入　　D. 某企业流动资金余额

E. 国家外汇储备增加额

10. 关于离散型变量(　　)。

A. 取值是连续不断的　　B. 取值是以整数间断的

C. 只能取整数值　　D. 可以取任意值

E. 可以用连续计数方法取得

11. 标志有品质标志和数量标志之分,因此(　　)。

A. 品质标志可以用文字说明　　B. 品质标志一般不可以用数值表示

C. 品质标志可以用数值表示　　D. 数量标志不可以用数值表示

E. 数量标志可以用数值表示

12. 在某校 500 名学生的统计学考试成绩资料中(　　)。

A. 总体是 500 名学生　　B. 学生的考试成绩是数量标志

C. 学生的平均考试成绩是指标　　D. 学生考试成绩是变量

E. 有 500 个变量值

13. 下列各项中属于统计指标的有(　　)。

A. 2015 年实现国内生产总值(GDP)为 100.26 亿元

B. 某外资银行地区分行 2015 年全年的利息收入为 1 500 万美元

C. 某职工的月工资为 6 300 元

D. 某地区 2015 年末人口数为 2 638 万人

E. 某地区 2015 年全年商品零售额为 1.8 亿元

14. 统计总体与总体单位之间、统计指标与数量标志之间会因为研究目的的变化存在变换关系,其变换方向是(　　)。

A. 两者同向　　B. 两者反向　　C. 两者无关

D. 当统计总体变为总体单位时,指标转变为标志

E. 当总体单位变为统计总体时,指标转变为标志

四、综合题

1. 要评价一家企业的生产经营情况,需要哪些统计指标?组成怎样的指标体系?

2. 要调查某高校 2015 年毕业生的毕业分配情况,试分别指出其统计总体、总体单位;品质标志、数量标志;质量指标、数量指标。

3. 一家咨询研究机构从外资金融机构从业者中随机抽取 500 人进行调查,其中 70%的人月收入在 18 000元以上,86%的人经常使用信用卡支付方式。请问:

(1) 这项调查研究的总体是什么?

(2) 月收入是什么变量?

(3) 信用卡支付方式是什么变量?

第二章

数据资料的收集

本章学习目的

了解统计数据的含义和种类。学习统计数据的各种收集方法，以及设计统计调查方案。领会中国的统计报表制度。掌握四种专项调查的组织方式。学会收集次级统计资料。

第一节　统计数据的量化尺度和种类

一、统计数据的量化尺度

统计研究的是现象总体的数量方面，这种数量方面是通过具体的数据表现出来的。所谓统计数据(Data)，是指按一定标准对客观现象进行计量或测度的结果，它是进行统计研究的基础。相同的现象，因为计量或测度的准则不同，得出的数据也有所不同。就像同学们都非常熟悉的课程考试，对课程考试结果进行的计量可以是百分制，考试成绩就表现为 0～100 分；可以用合格或不合格表示的 2 个等级的等级制；还可以用 A、B、C、D、E 表示的 5 个等级的等级制。对客观事物质量的计量可以用“磅、千克”；对长度的计量可以用“米、千米”等。可见统计数据值取决于对客观现象进行计量的尺度或标准。没有统计数据，统计研究就成了无源之水、无本之木。大千世界纷繁复杂，客观事物呈现出多样性，对客观事物进行计量的标准也是多种多样的，作为反映现象数量方面特征的统计数据也有不同的表现形式。根据现象本身的特点，数据的量化尺度主要有定类、定序、定距和定比四种。

(一) 定类尺度(Nominal scale)

定类尺度是根据现象本身的自然类别特征，依据品质标志对其进行分类或分组计量。如按照性别特征，人口总体可分为男性和女性两类；按照从事的主营业务，金融机构可分为银行、保险、证券和其他金融机构四类；在校大学生根据所学专业，可分为经济学、管理学、理学、工学等类别;超市里销售的商品根据其使用价值特点,可分为日用品、食品、办公用品、服装等若干类;企业职工按籍贯可分为若干个地区等。“物以类聚”,任何一个复杂的现象都可以进行定性的分类,区分为多种不同的类别。

定类尺度是最粗略、计量层次最低的计量尺度。各类别之间是平等的或平行的关系,不存在优劣大小之分,如超市里的商品类别、金融机构按主营业务划分的不同类别、在校学生按专业划分的类别、企业按所有制性质划分的不同类别等。为了便于日常管理或计算机处理,通常将某一类别用某种特定的符号或字符表示,而这些符号或字符之间不具有任何数学运算关系。如在超市的商品管理上,日用品用 1、01 或字母 A 表示,食品用 2、02 或字母 B 表示,办公用品用 3、03 或字母 C 表示,服装用 4、04 或字母 D 表示等。为了方便管理在校的学生,每位学生都有一个学号,不同年级的学号有不同的规律。企业对职工赋予工号;对产品设计产品型号。这种符号或数字,都是人为主观赋予的,仅仅是为了管理的方便,并不表示直接的量化结果,也无大小优劣之别,更不能进行任何数学运算。

在对客观现象进行定类尺度的计量时,一定要遵循事物本身的属性,分类必须符合穷尽和互斥原则,不重不漏,也就是每一个个体都能够并且只能够划归到某一个类别中。在对定类尺度的数据进行统计分析时,我们只能计算出每一类别中的个体个数,即频数;或计算出每一类别的个体个数占全部总数的比重,即频率。各类别的频数之和等于总体单位总数,频率之和等于 1(100%)。通过频数或频率来反映总体的分布特征。

例如,某学院 2015 年入学新生按专业分类计量的结果如表 2.1 所示。

表 2.1　某学院 2015 年入学新生的专业分类

专业	符号	频数(人)	频率(%)
管理科学与工程	15 091	150	38.46
工商管理	15 092	100	25.64
国际经济与贸易	15 093	50	12.82
会计学	15 094	30	7.70
金融学	15 095	60	15.38
合计	—	390	100

表 2.1 中,第 2 列的数字 150 代表 2015 年,9 代表某个学院,个位数字代表专业,这些数字完全是人为赋予的,不具有任何客观公正性,纯粹是为了计算机处理或管理的方便。对客观现象进行分类,可以了解复杂总体的组成类别,每个类别在总体中的状况。

(二) 定序尺度(Ordinal scale)

定序尺度是对事物本身具有的等级或顺序差别的测度,这种计量尺度既能区分事物之间不同的类别,又能对不同的类别进行优劣排序。如按受教育程度,人口总体可以分为文盲、小学、中学、大学及大学以上;按质量等级对某种产品进行分类,可分为一级品、二级品、三级品、次品;某地区的医院按质量等级,可分为特级、三级甲等、三级乙等、三级丙等、二级甲等、二级乙等、二级丙等;居民对公共服务的满意程度可分为非常满意、满意、一般、不满意、非常不满意;技术职称可分为高级、中级、初级等。此外,台风预警的颜色、军人的军衔等级、运动员的奖牌等级、奖学金的等级、大学英语水平等级等都带有一定的顺序差别。

定序尺度比定类尺度提供的信息量多，它不仅能区分出事物的类别，还能比较出各类别之间的优劣，并对类别进行排序。与定类尺度一样，为了便于日常管理或计算机处理，通常将某一类别用某种特定的数字、符号或字符表示，而这些数字、符号或字符之间不具有任何数学运算关系，只具有逻辑上的顺序关系。例如，关于居民对公共服务的满意程度可分为非常满意、满意、一般、不满意、非常不满意五类，我们可以分别用数字 1，2，3，4，5 代表。但是，对于定序尺度计量的数据除了能够进行优劣排序以外，仍然不能进行任何形式的数学运算。与定类尺度一样，我们在对定序尺度计量的数据进行统计分析时，也只能计算出各类别的频数或频率。例如，某单位职工按技术职称分类排序的结果如表 2.2 所示。

表 2.2　某单位职工的技术职称统计

职称	符号	频数(人)	频率(%)
正高	1	12	8.6
副高	2	68	48.6
中级	3	37	26.4
初级	4	23	16.4
合计	—	140	100

表 2.2 中，第 2 列的数字也是人为赋予的，并不是对现象直接测量的结果，这些数字不具有数学上的运算关系。

(三) 定距尺度(Interval scale)

定类尺度和定序尺度只能区分事物之间的不同类别，没有真正测度出每一类别的数值大小，计量的结果只是表现为不同的类别，并不直接表现为数字。定距尺度比定类尺度和定序尺度更进了一步，在计量上更加精确，它不仅能对事物进行分类、排序，还能测度出每一类别的具体数值，并能说明各类别之间的差距程度。定距尺度是对事物类别或次序之间间距的测度，它通常使用自然单位或度量衡单位作为计量尺度，如用货币度量收入或成本；用摄氏度或华氏度度量温度；用百分制度量考试成绩等。如果两名同学的统计学课程考试成绩分别是 80 分和 90 分，那么，两者的成绩相差 90－80＝10 分；如果 2015 年 8 月 28 日上海和南京两地的温度分别是 35 摄氏度和 37 摄氏度，显然，南京比上海高 2 摄氏度。定距尺度计量的结果表现为具体的数值，并可以计算类别之间的差值，对定类尺度和定序尺度的统计分析方法，同样适合于定距尺度。

值得注意的是，在定距尺度中，测度值“0”是有意义的，不表示没有的意思。如温度是 0 摄氏度的地区，不能说该地区没有温度；统计学课程考试成绩为 0 分的学生，不能说他没有成绩，更不能说他没有学习到统计学知识。对定距尺度而言，它仅能进行数学中的加减运算，不能进行乘除运算。

表 2.3　某班级统计学考试成绩统计

组别	频数(人)	频率(%)	成绩(分)	与前一组相差(分)
第一组	12	20.0	56	—
第二组	12	20.0	78	22
第三组	14	23.3	84	6
第四组	12	20.0	69	−15
第五组	10	16.7	90	21
合计	60	100	—	—

(四) 定比尺度(Ratio scale)

定比尺度与定距尺度同属一个层次,其计量的结果也表现为确切的数值,它除了具有前面三种计量尺度的所有特性外,还具有一个独特的特性,那就是可以计算两个测度值之间的比值,进行乘法或除法运算。比如甲乙两人的工资收入分别是 3 000 元和 5 000 元,那么,甲的工资收入就是乙的 60%;如果甲地的粮食平均亩产量是 600 千克,乙地的粮食平均亩产量是 450 千克,那么,甲地的粮食平均亩产量就是乙地的 1.33 倍。

在定比尺度中,测度值“0”表示没有,如工资收入为 0 时,表示没有收入;粮食亩产量为 0 时,表示没有粮食产出。这是定比尺度和定距尺度最大的区别。定比尺度的测度值可以进行任何一种数学运算,是最高级别的计量尺度,一般的数据多为定距尺度和定比尺度计量的结果。因此,定比尺度和定距尺度计量的数据是我们重点研究的统计数据。

二、统计数据的类型

根据统计数据的四种计量尺度,可以将统计数据分为四种类型,如图 2-1 所示。

(1) 定类数据(categorical data)　对客观事物进行分类计量的结果,仅表现为不同的类别,观察结果称为分类型数据。

(2) 定序数据(rank data)　对客观事物进行分类排序计量的结果,不仅表现为不同的类别,还可以对不同的类别进行优劣排序,观察结果称为顺序型数据。

(3) 定距数据(metric data)　对客观事物进行定距计量的结果,表现为具体的数值,可进行加减运算,观察结果称为数值型数据。

(4) 定比数据(metric data)　对客观事物进行定比计量的结果,表现为具体的数值,可进行加减乘除运算,观察结果称为数值型数据。

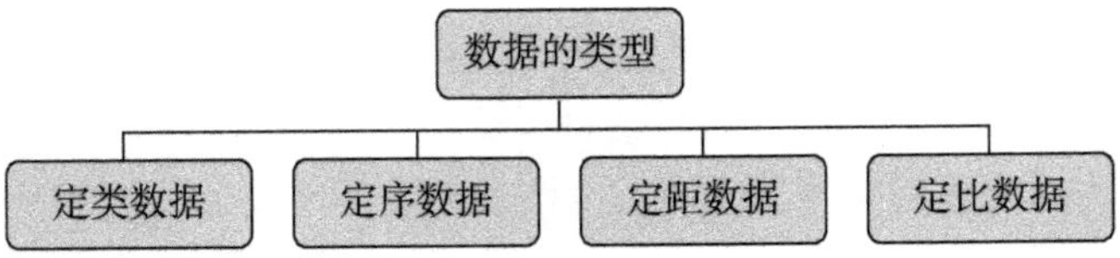

图 2-1　四种基本的数据类型

定类数据和定序数据主要说明事物的品质特征,是根据品质标志对客观现象进行分类计量的结果,称为品质数据或定性数据;定距数据和定比数据主要说明事物的数量特征,称为数量数据或定量数据。社会经济统计学重点研究数量数据。

此外,依据获得数据的方式,统计数据还可以分为:实验数据和观察数据。实验数据是对某种社会现象进行实验研究的结果,比如对某种新型药品的临床效果需要进行临床试验,同种药品因实验对象和环境条件不同,药品效果会有差异;新产品的性能测试等。观察数据主要是对自然现象进行观察记录的结果,如天气温度、湿度、火山喷发、潮汐、海浪等。社会现象的数量特征都可以通过试验获得,而自然现象的数量特征只能通过科学观测获得。

第二节　统计数据的收集

统计数据是开展社会经济统计研究的基础,数据的收集是非常重要的一步。一般而言,我们可以使用现有的各种数据,比如各种公开出版物和新闻媒体公开报道的数据,统计部门公开发布的统计信息、统计公报或各种年鉴上的数据,还可以从互联网上获取数据,从专业数据库中查询数据等。但是,统计研究要获得的数据通常是最原始的第一手资料,已经公开发布的各种数据仅仅是统计研究的背景数据,用来作为研究的背景资料或进行比较研究。本节介绍有关原始数据收集—统计调查的基本知识。

一、统计调查的意义

统计调查是统计工作过程中的一个重要阶段。它是按照统计任务的要求和研究对象的特点,运用科学的调查方法,有组织地向社会实际收集各项原始资料的过程。统计调查是获得统计数据的最直接的方法,是统计数据的直接来源,对于保证统计研究工作的顺利完成意义重大。

统计调查获得的原始数据,必须满足准确性、完整性、及时性和真实性的基本要求,力求原始数据的快、精、准、真。所谓准确性,是指统计调查收集的统计资料必须符合实际情况,准确可靠。当今,公开发布真实准确的统计数据已经成为检查社会开放度的重要标志,防止统计数据的差错,提高其可靠性,必须从统计调查开始。所谓完整性,是指所有应该调查的总体单位和应该调查的标志都必须调查到,不能有遗漏,使收集到的数据资料能够全面充分反映客观事物的本质,保证统计汇总的基本数据是全面的、充分的。所谓及时性,是指统计调查要在规定的时间内准时完成调查登记,调查资料要及时汇总发布,及时完成各项调查资料的上报任务,实现统计的时效性,以满足各级党政领导的需要。因为过时的资料,反映不了实际情况,起不了应有的监督作用,统计资料的及时性是一个关系到统计工作全局性的问题。所谓真实性,是指统计数据是客观真实的,没有虚假或人为的修改伪造。市场经济体制下,统计信息的及时发布可以提高信息的使用价值。在统计调查中,准确性要求和及时性要求是相互结合、相互依存的。及时性只有在准确性的前提下才有意义,而准确性也不能损害及时性的要求。

统计调查是收集统计数据资料的一种重要手段,统计调查收集到的数据资料主要是原始资料,也叫第一手资料,是直接获得的统计数据。

二、统计调查的种类

统计调查作为收集原始资料的基本方式,从不同的角度可以做不同的分类。

(一) 按调查的组织形式分类

所谓统计调查的组织形式,是指采取什么样的方式组织调查工作,以取得统计资料。我国统计调查的组织形式分为统计报表制度和专项调查。

统计报表制度是按照一定的报表格式、报送程序、报送周期、报送内容,自下而上地逐级上报基层单位生产经营情况,以收集统计数据的调查方式,是全面收集反映国民经济和社会发展基本情况数据信息的一种常用的调查方式。统计报表制度是借助于中国政府统计的组织体制,以了解我国国民经济整体运行状况为目的,以现有的自上而下的统计机构为平台,不需要专门组织,就可以定期收集反映国民经济和社会发展基本情况的统计数据。

专项调查是一种常用的统计调查组织方式,它是为了某一特定目的,专门组织的一种收集特定资料的统计调查。其调查形式主要有问卷调查、电话调查、媒介调查、走访调查、抽样调查、座谈调查、手机短信调查、网络调查等。如,2006 年,我国进行了第二次农业普查;2013 年我国进行了第三次全国经济普查;2015 年我国进行了 1%人口抽样调查。

专项调查的开展以当时的社会经济情况而定,具有机动性、灵活性和时效性的特点。根据专项调查的特点和应用范围,专项调查有普查、重点调查、典型调查和抽样调查四种。

国内还有针对具体业务的专项调查公司,比如,中国央视-索福瑞媒介研究有限公司,致力于专业的电视收视和广播收听市场研究,为中国大陆地区和香港传媒行业提供可靠的、不间断的视听调查服务。索福瑞媒介研究的业务涉及电视领域、广播收听率调查、体育与媒介研究、新媒介研究、媒体专项调研,拥有世界上最大的广播电视视听率调查网络,覆盖 6.11 万余户样本家庭,其电视收视率调查网络所提供的数据可推及中国内地超过 12.7 亿和香港地区 640 万的电视人口。截至 2015 年 4 月,索福瑞已建立起 164 个提供独立数据的收视率调查网络(1 个全国网,25 个省级网,以及包括香港特别行政区在内的 138 个城市网),对 1 154 个电视频道的收视情况进行全天不间断调查,其中已有 1 个全国调查网、12 个省级调查网和 78 个市级调查网采用全球领先的测量仪调查技术。在持续领跑中国电视收视率调查的同时,索福瑞积极建立和拓展独立于电视收视率调查之外的广播收听率调查网络。截至 2015 年 4 月,索福瑞已将其收听率业务拓展到 36 个重点城市和 3 个省份,对 455 个广播频率进行收听率调查,其中北京、上海、广州等在内的 28 个城市和 1 个省网为连续收听率调查,在其余 8 个城市和 2 个省网则提供波次收听率调查服务。

随着社会主义市场经济体制的建立和蓬勃发展,我们必须建立符合新世纪、新情况的统计调查方法。新的统计调查方法的目标模式为:建立以必要的周期性普查为基础,以经常性的抽样调查为主体,同时辅之以统计报表、重点调查、科学推算等多种方法综合运用的统计调查方法体系。

(二) 按调查对象包括的范围分类

统计调查按调查对象所包括范围的不同,可分为全面调查和非全面调查。

全面调查是对构成调查对象总体的每一个单位都进行调查。全面调查也称为普查。例如,2013 年全国第三次经济普查,普查对象是在我国境内从事第二产业和第三产业的全部法人单位、产业活动单位和个体经营户;2010 年全国第六次人口普查,普查登记的对象是指普查标准时点(11 月 1 日零点)在中华人民共和国境内的自然人以及在中华人民共和国境外但未定居的中国公民,不包括在中华人民共和国境内短期停留的港澳台居民和外籍人员;对入学新生进行全面的体检;作为一种福利制度,由单位组织的职工身体健康检查等。

全面调查要调查总体中的每一个基本单位,因此全面调查能够掌握比较系统、完整的统计资料,可以了解总体的全貌。但是,全面调查需要花费较多的人力、物力、财力和时间,当总体规模较大时,操作比较困难。由于要调查到全部的总体单位,对调查执行人员的素质要求也较高,否则,容易出错,调查获得的数据资料未必符合研究目的的要求。事实上,全面调查在实际中不常使用。我国每 5 年举行一次经济普查,每 10 年举行一次人口普查。

非全面调查是对被研究对象中的一部分单位进行调查。例如,对在校大学生,按照某种组织方式,选取一部分同学,调查他们的眼睛近视情况、调查他们的家庭经济情况;对某企业开发上市的新产品,选取一部分进行质量检查;对研发成功的新药品选取部分患者进行试验;2015 年我国进行的 1%人口抽样调查等,都属于非全面调查。非全面调查的实际应用非常广泛。对有些产品的质量检查,带有破坏性,如电子产品的质量检测、食品质量检查等,不可能进行全面调查,只能采用非全面调查。事实上,日常生活中处处存在非全面调查,如超市购买食品时的“先尝后买”,购买衣物时“先试穿后购买”,医生诊断病情的病理样本等。

重点调查、典型调查、抽样调查及非全面统计报表等都属于非全面调查。非全面调查涉及的调查单位少,可以用较少的时间、人力、财力和物力,调查较多的内容,并能推算和说明总体情况,收到事半功倍之效,为人们所常用。

(三)按登记事物的连续性分类

统计调查按记录事物的连续性不同,分为经常性调查和一次性调查。

这种调查方式的分类,是由事物本身发展变化的特点决定的。经常性调查是指随着调查对象的变化,连续不断地进行调查登记,以了解事物在一定时期内产生、发展的全部过程。例如,产品产量指标就是某一时期内对产量进行连续登记观察的结果。经常性调查收集的都是某一时期指标的数据资料,刻画事物在一定时期内产生、发展变化的流量,这是由事物本身的特性所决定的。

一次性调查,是指每隔一段较长的时间才对事物的变化进行一次调查,用以了解事物在一定时点上的状态。例如,要了解某地区的人口数及其构成,可以间隔较长的一段时间进行一次普查。新中国成立后,我国几乎每隔十年进行一次全国性的人口普查。2010 年,我国进行了第六次全国人口普查。又如要了解某水库蓄水量的变化,我们也没有必要每天都进行测量,只要间隔一段时间测量一次,记录下水库的蓄水量就可以了。一次性调查收集的都是时点指标的数据资料,刻画事物在一定时点上发生、发展变化的存量状况。

(四)按收集资料的方法分类

统计调查按收集资料方法的不同,主要分为直接观察法和询问调查法。

直接观察法是由调查人员到现场对被调查对象进行直接点数和计量,以收集数据资料。

例如,对库存商品的盘点;全国人口普查时,普查人员挨家挨户上门指导普查表的填写;2009年5月11日,四川省确诊了首例H1N1流感患者,随后,医学部门对所有与该患者接触的人员全部进行隔离观察;医生对病患病情的诊断;律师办案;考古;各种事故原因调查等都是直接观察法。直接观察法的优点是能够保证所收集的数据资料的真实性、准确性、及时性和完整性,但是需要花费较多的人力、物力,受到空间距离的约束,时间较长,适用范围较窄,如对历史统计资料的收集就无法直接计量和观察。因而统计调查更多地采取询问调查的方法。

询问调查法是调查者与被调查者就某个问题通过直接接触或间接接触,调查者根据被调查者的回答以收集数据信息的一种调查方法。询问调查法具体包括访问调查、邮寄调查、电话调查、电脑辅助调查、手机短信调查、微信调查、网络调查、座谈会和个别深度访问等。询问调查法利用现代先进的通信工具,可以保证调查资料的时效性,并可以对当前社会上出现的新情况、新问题及时开展调查。在上述众多的询问调查方法中,能够体现时代气息、充分利用现代化的通信工具开展调查的方法主要是电话调查、手机短信调查、微信调查和网络调查。

电话调查是调查人员以电话为工具,同被调查者进行信息交流,以收集数据资料的一种现代化的调查方式。电话调查特别适合于远距离的调查,当调查者和被调查者相距较远时,利用电话进行调查既能及时获得数据信息,又能节省调查时间和调查费用。随着电话的普及,电话调查方法的应用也越来越广泛。利用电话进行调查,还可以充分调动参与者的积极性,对某些问题设计好备选答案,让参与者不受任何影响,完全按照自己的意愿接受调查,这样的调查结果比较客观公正,最能说明问题。如2007年,上海东方电视台在东视新闻栏目中开展的东视广角调查。这种调查所涉及的问题都是普通老百姓身边每天发生的事情,备选答案主要是要求参与者表明自己的态度或观点,相对较容易,只要家中有电话,想发表自己的观点者,都可以参与调查,所以,东视新闻的东视广角调查栏目,每天都可以进行。

手机是现代化的通信工具,手机短信、微信方便快捷,是通讯交流的重要方式。近年来,电视台、广播台与电信公司合作,利用手机短信获得实时数据资料。例如,春节晚会上,利用手机短信对晚会节目进行点评;利用手机短信评选优秀节目和优秀节目表演者等。

网络调查是利用更现代化、更先进的互联网进行询问调查。调查者将事先设计好的调查问卷在网站上公布,设定好填写调查问卷的基本要求和规范标准,就可以在第一时间获得数据资料和基本信息。如《东方早报》财经版的第一调查栏目,联合上海新秦信息咨询有限公司,通过 www.searchina.net.cn 网站进行社会调查,取得了良好的效果。例如,2005年7月29日,上市公司东方明珠通过了股改方案。作为中国第一家文化类上市公司,东方明珠股份有限公司在十年内取得了巨大的成功。股改方案通过后,以摩根士丹利为首的五家著名国际投资基金合计增持公司股票幅度超过50%。此次,东方明珠的股改备受QFII(Qualified Foreign Institution Investor,合格境外机构投资者)的关注,这是否与它为一家从事文化的公司有关?另外文化产业在我国的发展究竟呈现怎样的趋势?会不会像发达国家一样成为国民经济的重点支柱产业?为此,《东方早报》财经版第一调查栏目联合上海新秦信息咨询有限公司,通过网络对来自全国各地的120名职业经理人进行了一次调查。调查结果显示,25%的职业经理人认为自己的公司不会涉足文化产业;60%的职业经理人认为董事会、监事会的运作较为规范,这是东方明珠股改方案推出后,受到多家QFII欢迎的最主要原因;有64.2%的职业经理人认为,文化产业将成为我国的支柱产业。

移动互联网技术、职能终端和计算机技术的快速发展，使得网络调查正在成为最重要的询问调查方式，网络调查突破了时空限制，问卷设计、发布、回收和数据分析操作简单、高效，能满足调查的基本要求。目前，国内比较著名的专业网络调查平台主要有：问卷星，第一调查网和问卷网。

（1）问卷星（sojump.com） 创立于2006年，是全球最大的免费问卷调查平台，截至2015年10月20日，已经有160 000家企业，1 200家高校，113家世界500强企业正在使用问卷星，已执行项目7 178个，回收有效问卷2 480 517份。

（2）第一调查网（1diaocha.com） 创立于2010年9月，是由第一在线调研公司——QQSurvey运营的网络调查平台，旨在为企业用户提供在线调研的全套解决方案，是消费者和企业之间快速有效的沟通渠道。

（3）问卷网（wenjuan.com） 专注于为企业和个人提供问卷创建、发布、管理、收集及分析服务，是中国最大的免费网络调查平台。

网络调查平台都能提供调查问卷模板、问卷设计、问卷回收和结果分析，十分方便快捷。在移动互联网技术的支持下，网络调查的手机客户端以及微信客户端也已上线。网络调查快速便捷、省时省力、节约资源，有利于环境保护，有望取代传统的统计调查方式。

综上所述，统计调查的方式多种多样，实际收集数据资料时，到底采取什么样的调查方式，利用何种方法收集数据资料，必须根据调查的具体任务和调查对象本身的特点而定，并随客观情况和工作条件的变化而适当选用。当前，应该大力推广非全面调查的方式，特别是抽样调查。同时，也要注意各种调查方法的结合运用，把全面调查和非全面调查结合起来，将直接观察法和询问法综合使用，或用非全面调查的资料核实全面调查的质量。

第三节 统计调查方案设计

统计调查是一项复杂而又细致的工作，涉及方方面面，为了使统计调查能够按计划顺利进行，在组织实施调查之前，必须设计一个周密的调查方案。统计调查方案包括以下五项基本内容。

一、明确调查的目的

设计统计调查的方案，首先要明确统计调查的目的。所谓统计调查的目的，就是指为什么要进行调查？调查要收集哪些数据资料？通过调查，希望解决哪些现实问题？统计调查的目的是统计调查中的一个根本性问题，它是根据统计研究任务所提出的要求和研究对象的特点来确定的。有了明确的调查目的，才能做到有的放矢，正确地确定调查的内容和方法，收集相关的资料，舍弃与之无关的资料，节约人力、物力，按时完成调查，提高调查资料的时效性。例如，根据《全国人口普查条例》的规定，国务院决定于2015年开展全国1%人口抽样调查，目的是了解2010年以来我国人口在数量、素质、结构、分布以及居住等方面的变化情况，为制定国民经济和社会发展规划提供依据。2015年8月上海正式启动1%人口抽样调查工作。此次调查的目的有三项：一是准确掌握人口数量的基本情况，包括人口总量、出生人口数、死亡人口数和外出流动人口数等数据;二是摸清人口素质状况,包括人口年龄结构、性别结构、职业、收入、支出、居民住房、家庭能耗、人口身体健康、受教育程度、婚姻家庭等;三是做好劳动力调查工作,包括人口就业和社会保障。又如2013年,第三次经济普查的目的是了解第二产业和第三产业的发展规模及布局,了解产业组织、产业结构、产业技术的现状以及各生产要素的构成;查实服务业、战略性新兴产业和小微企业的发展状况,摸清各类单位的基本情况,全面更新覆盖国民经济各行业的基本单位名录库、基础信息数据库和统计电子地理信息系统;夯实统计基础,健全统计工作的部门协调机制和信息共享机制。通过普查,进一步夯实统计基础,完善国民经济核算制度,为加强和改善宏观调控,科学制定中长期发展规划,提供科学准确的统计信息支持。

二、确定调查对象、调查单位和填报单位

统计调查要收集反映客观实际的数据资料,必须事先明确数据资料的载体。调查对象和调查单位就是数据资料的具体承担者,只有确定了调查对象和调查单位,才能明确应该向谁调查。调查对象和调查单位是根据调查目的和研究对象的特点来确定的。

所谓调查对象,就是我们需要进行调查研究的总体范围,即调查总体。它是由许多性质相同的基本单位所组成的。确定调查对象,就是要明确调查总体的范围,以防在调查工作中产生重复或遗漏,保证调查的数据资料符合完整性的要求。例如,2014年1月至5月,上海市开展了第三次经济普查登记工作,本次经济普查的对象是在上海市行政区域内从事第二产业、第三产业的全部法人单位、产业活动单位和个体经营户。第二产业包括采矿业(不含开采辅助活动),制造业(不含金属制品、机械和设备修理业),电力、热力、燃气及水生产和供应业,建筑业;第三产业包括农、林、牧、渔服务业,开采辅助活动,金属制品、机械和设备修理业,批发和零售业,交通运输、仓储和邮政业,住宿和餐饮业,信息传输、软件和信息技术服务业,金融业,房地产业,租赁和商务服务业,科学研究和技术服务业,水利、环境和公共设施管理业,居民服务、修理和其他服务业,教育,卫生和社会工作,文化、体育和娱乐业,公共管理、社会保障和社会组织。

确定调查对象是一个比较复杂的问题,因为社会现象彼此之间既相互联系又相互交错,所以在确定调查对象时,要把调查对象和它相近的一些现象划分清楚,区别应调查和不应调查的现象。

所谓调查单位,就是我们所要调查的、组成调查对象的总体单位,即所要登记的统计标志的承担者。例如,我国经济普查的调查单位就是在中华人民共和国境内从事第二产业、第三产业活动的每一家法人单位、产业活动单位和个体经营户。农业普查的调查单位是中华人民共和国境内的农业生产经营单位,即从事农业生产经营的法人单位,产业活动单位和基本符合法人单位条件的未注册单位。有了调查单位,就容易确定调查的标志和调查的项目。

所谓填报单位,是指负责填报统计报表、上报调查资料的基层单位。在实际工作中,必须注意,不能把调查单位和填报单位相混淆。调查单位是调查数据资料的承担者,而填报单位则是负责上报调查资料的单位,两者有时一致,有时并不一致。当收集外资银行的经营效益资料时,每一家外资银行既是调查单位,也是填报单位,调查单位和填报单位相一致;当了解入学新生的家庭经济情况时,每位入学新生的家庭是调查单位,但是新生所在的班级或学

院才是填报单位，两者并不一致。

三、确定调查项目

所谓调查项目是指统计调查的具体内容，是由调查对象的性质和统计研究的目的和任务所决定的。调查项目包括调查单位所必须登记的有关标志及其他有关内容。例如，2005年8月，上海开展的1%人口抽样调查的内容主要有人口总量、出生人口数、死亡人口数、外来流动人口数、人口的年龄结构、性别结构、职业分布、收入、支出、住房、家庭能耗、身体健康状况、受教育程度、婚姻家庭、劳动力、就业16项调查项目。2015年全国1%人口抽样调查的内容主要有：住户情况、人口状况、迁移流动、文化教育、就业失业、婚姻生育、社会保障、住房情况。

第三次全国经济普查的主要内容包括：

（1）联网直报单位　单位基本属性、组织结构情况、从业人员及工资总额、财务状况、生产经营情况、能源和水消费情况、科技情况和信息化情况等。

（2）非联网直报单位　① 法人单位：单位基本属性、从业人员、实收资本、资产总计、企业营业收入或非企业支出（费用）、税金、煤炭消费量（限工业法人单位）等，设1张普查表。② 产业活动单位：单位基本属性、从业人员、经营性收入或非经营性支出（费用）等。

（3）个体经营户　基本属性和从业人员。包括营业收入、营业支出、付给雇员的报酬、缴纳的税费等。

《中华人民共和国统计法》规定，关于国民经济和社会发展基本情况的统计调查项目包括国家统计调查项目、部门统计调查项目和地方统计调查项目。国家统计调查项目是指全国性基本情况的统计调查项目，由国家统计局制定，或者由国家统计局和国务院有关部门共同制定，报国务院备案；重大的国家统计调查项目报国务院审批。部门统计调查项目是指国务院有关部门的专业性统计调查项目，由国务院有关部门制定。地方性统计调查项目是指县级以上地方人民政府及其部门的地方性统计调查项目，由县级以上地方人民政府统计机构和有关部门分别制定或者共同制定。

调查项目就是要调查的具体内容，是必须让被调查者回答的，通常设计成各种问题。在设计调查项目时必须注意下列几个问题。

（1）调查项目要少而精，只设计所必需的调查项目。

（2）本着需要和可能的原则，只列入能够得到确切答案的调查项目。

（3）调查项目之间尽可能有逻辑关系，以便在答案上可以相互核查。

（4）对重大或敏感性较强的调查项目应该设计好多个备选答案，并且备选答案之间要互不相同。

（5）调查项目不宜设计得太长、太复杂或难以理解。

（6）调查项目及其备选答案不应掺入调查者的意图和倾向，以免误导被调查者。

调查表是指调查项目的表格表现形式。将调查项目按一定的顺序排列，形成的表格就成为调查表。调查表用于登记统计调查的数据资料。调查表也叫调查问卷。调查表一般由表题、表体和表外附加三个主要部分构成。表题是指调查表的名称，用来简要说明调查表的具体内容；表体是调查表的主体部分，主要是调查的具体项目；表外附加是说明填写调查表的注意事项。我国第三次经济普查,按照普查对象的不同类型,设置不同的调查表:对联网直报单位设置了7种普查表;对非联网直报单位设置了2张普查表;对个体经营户设置了2张普查表、1张抽样调查表和若干普查综合表。

根据调查表可以填报的调查单位的多少,可将调查表分为一览表和单一表两种形式。一览表是把至少两个调查单位和相应的调查项目按次序排列在一张表格里的一种统计调查表。当调查项目不多时,常用一览表,如2000年人口普查表以家庭户为填报登记单位,每张表可登记5个人的相关信息,就是一览表。一览表上能够填写多个调查单位的标志信息,可以节约调查成本。但是,一览表中的标志信息必须是各调查单位共有的,因而,一览表收集的调查单位的标志信息相对较少。

单一表是一张调查表格里只填写一个调查单位的标志信息,如果调查项目过多,一份调查表可以由几张表组成,如身份证、工作证等。单一表只能填写一个调查单位的相关信息,当调查对象的范围很广时,需要很多的调查表。

一览表的优点是将每个调查单位的共同事项统一组成一个调查项目,可以节省人力、时间和调查成本;其缺点是不能多登记调查单位的标志信息。而单一表的优点是可以容纳较多的标志;其缺点是每份表上都要注明调查地点、时间及其他共同事项,造成人力、时间的浪费,增加调查成本。

统计调查表是收集原始数据资料的载体。为了保证数据资料收集的真实、准确和完整,统计调查表必须看着容易,填着方便。为此,中国国家统计局在2015年1月份建成了全国唯一一个国家级统计实验室——统计调查表测试实验室。设计好的统计调查表可以在实验室进行测试。通过测试的统计调查表能够提高数据收集的质量和效率,进而提高统计的质量和效率。

四、确定调查时间和调查期限

调查时间是指调查资料所属的时点或时期。从资料的性质来看,有的资料反映的是现象在一段时期内发展变化的状况,必须指明资料所述的期间;有的资料反映的是现象在某一时点上的状态,统计调查必须规定统一的时点。对普查来说,这一时点称为标准时间。例如,2015年全国1%人口抽样调查的标准时点是2015年11月1日零时。2013年全国第三次经济普查的标准时点是2013年12月31日。规定普查的标准时点是为了避免资料登记的重复或遗漏。2013年全国第三次经济普查的时期资料为2013年1月1日至12月31日期间的流量数据,时点资料为2013年12月31日的存量数据。

调查期限是指调查工作进行的起讫时间(从开始到结束的时间),包括收集资料和报送资料的整个工作期间。例如,2013年全国第三次经济普查的登记时间是从2014年1月1日至3月31日;数据审核、检查和验收时间是2014年1月—4月;数据汇总时间是2014年4月—6月;事后质量抽查和数据评估时间是2014年5月—6月;主要数据发布时间是2014年6月—8月;普查成果的开发与应用时间是2014年7月—2015年7月。因此,2013年全国第三次经济普查的调查期限是2014年1月—5月。2015年1%人口抽样调查的调查期限是2015年11月1日—25日。

五、制订调查的组织实施计划

统计调查是一项复杂而又细致的工作，在设计调查方案时，还必须进行严密细致的组织工作，以保证统计调查工作的顺利进行。调查工作的组织计划包括确定调查机构、设计调查程序、培训调查人员、筹措调查经费等实际问题。需要注意的是，调查人员的素质往往直接影响调查的质量，因此，在组织大型调查之前必须组织好对调查人员进行必要的专门训练。同时要选择合适的调查方式和方法，认真落实经费来源，制定切实可行的组织实施计划。

为了做好2013年第三次全国经济普查，国务院设立了全国第三次经济普查领导小组及其办公室，专门负责第三次经济普查的组织和实施，具体负责第三次经济普查的日常组织和协调。国务院和地方各级人民政府有关部门设立经济普查机构，负责完成国务院和本级地方人民政府经济普查领导小组办公室指定的经济普查任务。

全国第三次经济普查工作涉及面广、难度大，涉及除第一产业外的国民经济各个行业，普查对象有6 000多万个，其中，各类单位1 000多万个，个体经营户约5 000万个。第三次全国经济普查领导小组成员单位包括：国务院办公厅、统计局、发展改革委、中央宣传部、中央编办、监察部、民政部、财政部、税务总局、工商总局和质检总局等部门，各部门的职责见表2.4所示。

表2.4　第三次全国经济普查组织部门的职责

统计局	普查领导小组办公室，负责普查的具体组织实施和协调
财政部	负责和协调涉及普查经费方面的事项
发展改革委	负责和协调涉及固定资产投资保障方面的事项
工商总局、税务总局	负责和协调涉及企业和个体工商户名录方面的事项
中央编办	负责和协调涉及机关和事业单位名录方面的事项
民政部	负责和协调涉及社团、基金会、民办非企业单位及基层自治组织名录方面的事项
质检总局	负责和协调涉及组织机构代码方面的事项
监察部	负责和协调涉及各级政府及其普查工作人员在普查工作中违法违纪行为的事项
国务院其他各有关部门	按照各自的职能，各负其责、通力协作、密切配合

经济普查所需经费，由中央和地方各级人民政府共同负担，并列入相应年度的财政预算，按时拨付，确保到位。国务院其他各有关部门，都要充分发挥各自的职能，各负其责、通力协作、密切配合。地方各级人民政府也要设立相应的普查领导小组及其办公室，认真做好本地区的普查工作。要充分发挥街道办事处和居民委员会、乡镇政府和村民委员会的作用，广泛动员和组织社会力量积极参与并认真配合做好普查工作。

统计调查方案设计的内容，即对统计调查的整体规划。这个规划方案不仅限于调查阶段的问题，也包括了统计整理阶段和统计分析阶段的问题。因此，应该把它看成是一项统计研究工作过程的总方案，需要认真对待。2015年全国1%人口抽样调查的调查方案、调查表、死亡人口调查表以及调查流程见本章附录。

第四节 统计报表

一、统计报表的意义和作用

中国政府统计制定了近50项国家常规统计调查制度，涵盖了经济、社会、人口、科技、资源和环境等方面。政府统计调查方法体系包括：周期性普查、经常性抽样调查、全面报表、行政记录和重点调查相结合的统计调查方法体系。

统计报表是我国政府定期收集反映国民经济和社会发展基本情况统计资料的一种重要的组织形式。它是按照国家统计局或上级统计部门统一规定的报表格式、填报指标、报送程序和报送时间的要求，自下而上逐级提供反映国民经济和社会发展基本情况的统计资料的一种重要调查方式。统计报表提供的基本统计资料可以满足各级政府了解本地区发展概况的需要，并作为制定规划和各项政策的依据。

统计报表主要是进行全面调查，但也有一些是非全面调查。统计报表制度的实施依赖于基层单位的原始记录和企业内部报表。我国自从建国初期就开始实行定期的统计报表制度。这种定期的、比较稳定的统计报表制度在社会主义现代化建设和国民经济管理中具有重要作用。我国目前有关国计民生的重要的统计资料绝大部分是依靠统计报表取得的。

必须指出，统计报表在使用上也存在着一定的局限性。一是缺乏灵活性。因为统计报表所反映的是现象的结果，无法反映现象发生的过程，并且统计报表是定期报送的，我们无法利用报表资料实时研究不断变化的新情况、新问题。二是取得资料的时效性较差。统计报表的报送内容在一段时间内比较固定，且涉及的面广、中间环节较多，因而时效性不强。三是在我国目前实行社会主义市场经济体制的条件下，还必须结合客观实际，采用灵活多样的专门调查形式。因此，我们决不能滥用和滥发统计报表。

二、统计报表的种类

统计报表制度是借助于统计报表来收集数据资料的。所谓统计报表，是反映各基层单位基本生产经营情况的表格文件，通常由企业以外的统计部门或主管机构制定颁发。由于我国国民经济的复杂性和社会经济主体的多样化，用于收集数据资料的统计报表也多种多样。按照不同的标准对统计报表进行分类，可使我们对统计报表制度的认识更加全面和深刻。

(一) 基本统计报表和专业统计报表

目前，按报表主管系统的不同，我国的国家统计报表可分为基本统计报表和专业统计报表。

基本统计报表是政府统计部门为了收集反映国民经济和社会发展情况的基本统计资料，由国家统计局统一制定颁发，并在规定的范围内，统一报送执行的统计报表。基本统计报表用来收集工农业生产、交通运输、邮电、商业、外贸、财政金融、劳动工资、就业、教育、居民生活、福利保障等国民经济的基本统计资料，为党和国家各级领导了解情况、指导工作、制定改革规划、制定经济发展政策、编制和检查规划提供依据。各单位必须按规定及时、准确、全面地报送，不得虚报、瞒报、拒报，不得伪造。

专业统计报表是国民经济各业务部门统计系统为收集适应本部门业务管理所需要的专业统计资料，由业务主管部门制定颁发的统计报表，也称为业务部门统计报表。部门统计报表只在本系统内执行，用来收集有关本部门的业务技术资料，作为基本统计报表的必要补充。如国家财政部门为了解财政收入和财政支出的执行情况，而制定颁发的统计报表；税务部门为了解税收计划的执行和完成情况，制定颁发的统计报表；交通部门为了解铁路客运量而制定颁发的统计报表；国家能源局、国家海洋局、国家食品药品监督管理局、国家卫计委等国务院专业部委内部颁发施行的统计报表都属于专业统计报表。

（二）全面统计报表和非全面统计报表

统计报表按填报范围的不同可分为全面统计报表和非全面统计报表。全面统计报表要求调查对象中的每个调查单位都要填报；非全面统计报表，只要求调查对象中的一部分调查单位填报。如基本单位统计报表是全面统计报表，适合于全面调查；批发零售贸易、餐饮业统计报表和企业调查统计报表是非全面统计报表，适合于非全面调查。

（三）定期报表和年报

统计报表按照报送周期长短的不同，可分为日报、旬报、月报、季报、半年报和年报等。除年报外，其他报表的报送周期都是固定的，报表的报送周期和日历年度的周期相一致，称为定期报表。另外，由于各企业注册成立的时间不同，其生产经营的年度和日历年度不一致，因此，年报不能称为定期报表。日报、旬报由于时效性强，报送的内容比较简要、精练，重点报送反映生产经营基本情况的数据资料，因此，被称为进度报表。各种报表报送周期的长短和报送的指标项目的多少有一定的相关性。通常是报表报送的周期越短，报送的指标项目就越少，内容越精练，重要性越强；报表报送的周期越长，报送的指标项目就越多，内容越广泛，指标也越详细。

年报是对一年来的生产经营情况进行全面的综合总结，其作用在于总结报告年度的计划执行情况，分析研究近几年生产发展的变动关系和发展速度，以便为各级领导机关制定方针、政策提供依据。所以，年报具有指标多、分组细、内容范围广等特点。

（四）基层报表和综合报表

统计报表按填报单位的不同，可分为基层报表和综合报表。基层报表是由基层企业、事业单位根据本单位的原始记录，汇总整理、编报的统计报表。基层报表只能反映一个基层填报单位的基本经济情况，是独立的、个体的、片面的。综合报表是由各级国家统计部门或业务主管部门根据基层报表进行汇总整理、编报的统计报表，用以反映一个地区、一个行业、一个部门或全国的整体基本情况。综合报表反映的是一个部门、行业、地区或国家的基本经济情况，是相关的、整体的、全面的、综合的。

三、企业一套表联网直报

企业一套表统计调查制度是国家统计局为提高数据质量而实行的一整套收集国民经济和社会发展基本情况数据资料的统计调查系统,是为了配合新国民经济核算体系的实施,同时也是为了消除日益严重的重复统计,国家统计局对统计制度方法进行的重大改革。通过实施企业一套表、统一企业调查制度,统一统计调查业务工作流程和信息网络应用平台,实现数据集中管理,信息共享,统一维护,全程支撑,使统计工作的整体效能达到最大化。实施企业一套表统计调查制度,能够实现企业数据一次调查,多次使用,有利于减轻企业负担,节省调查费用。

2012 年 2 月 18 日中国企业一套表统计调查制度正式实行开网运行,实现企业数据录入、审核、查询、验收、汇总的全程网上操作,即联网直报,实现了数据采集的革命性变革。统计联网直报是指调查对象和调查人员通过互联网平台直接向全国数据管理中心报送原始数据,消除中间环节对统计数据的干扰,确保原始数据资料的真实性,实现了国家对数据源头的管理,国家统计局可以直接掌控企业最原始的基础数据。

企业一套表联网直报属于全面调查,是将本行政地区本系统某类企业总体的全部单位作为调查对象,定期发放收取统计报表。具体包括以下六类企业。①规模以上工业企业:年主营业务收入 2 000 万元及以上。②有资质的建筑企业。③全部房地产开发经营业。④限额以上批发零售业:批发业年收入 2 000 万元及以上;零售业年销售收入 500 万元及以上。⑤限额以上住宿餐饮业:年收入 200 万元及以上。⑥规模以上服务业。

2012 年有 70 万家企业实现一套表联网直报;2013 年新增重点服务业调查、制造业采购经理调查、城市社会经济基本情况调查,共有 80 多万家实现一套表联网直报;2014 年新增生产者价格统计,县乡(镇)卡统计,小微企业调查等,共有 100 多万家企业实现一套表联网直报。国家统计局联网直报门户的网址是 iwzb. cn。

国家统计局正在大力推进统计的“四大工程”。①建立真实完整、及时更新的基本单位名录库,确保统计对象的真实。②建立统一规范、方便填报的企业一套表制度。③建立功能完善、统一兼容的数据采集处理软件系统。④企业通过互联网直接向国家数据中心或国家认可的分中心报送数据。概括而言,“四大工程”就是在统一的基本单位名录库中的法定调查单位按照企业一套表规范的调查内容,采用统一的处理软件,把原始数据通过互联网直接报送到国家数据中心,实现各级统计机构参与同步接收、审核、共享原始数据,确保数据的真实、准确、完整和及时。企业一套表制度的基本内容主要有:报表目录、调查表式、分类目录、指标解释和填表说明。

(一) 报表目录

根据国民经济行业分类,企业一套表统计调查制度的报表可以分为:①规模以上工业分行业报表;②资质内建筑业分行业报表;③限额以上批发和零售业分行业报表;④住宿和餐饮业分行业报表;⑤房地产开发投资分行业报表;⑥部分第三产业分行业报表。

（二）调查表式：分为年报和定期报表

表式是指统计报表的具体格式。反映国民经济和社会发展基本情况的统计报表是由一系列不同的报表组成的，对于填报单位而言，报表的具体格式非常重要。报表的格式是由国家统计部门根据研究的任务与目的的需要而专门设计的，用于收集反映国民经济和社会生产发展情况及生产经营活动主要情况的数据资料。表式是统计报表制度的主体内容，包括报表体系、报表的具体格式以及报表的结构等。就一份统计报表而言，表式主要包括主栏项目、宾栏指标等主要内容，此外，每张表还要列出表名、表号、制表单位、填报单位、审批单位、报出日期以及报送单位负责人和填表人的签名等。有了这些内容，才能称其为完整的统计报表。2012 年开始执行的企业一套表的调查表式分为年度报表（年报）和定期报表（定报）。

（三）分类目录

分类目录是统计报表中主栏项目的一览表，是填报单位的重要依据。主栏项目是统计报表中需要填报的详细类目，有了分类目录就可以确保统计报表内容的完整性。

（四）指标解释

指标解释是对列入统计报表的统计指标的概念、含义、统计口径、计算方法、填报范围和报送时间以及其他有关问题作出具体的说明，使填报人员对填报的指标有统一明确的认识，准确填报统计报表，保证原始数据的准确性。

（五）填表说明

统计报表报出的数据必须是准确的、真实的和可靠的。为了保证报出资料的准确性，必须对统计报表的填报事项加以详细的解释和说明。填表说明就是有关报表填写事项的详细说明和解释。比如，2004 年的第一次全国经济普查，其填表规定和主要指标解释共有三部分。第一部分是单位基本情况表指标解释及填报说明，包括普查基层表的填表规定和普查表主要指标解释及填写说明两部分内容。第二部分是财务状况表指标解释和填报说明，包括规模以上工业企业、总承包和专业承包建筑业企业、房地产开发业企业，限额以上批发零售和住宿餐饮业企业财务状况，规模以下工业企业、劳务分包及资质以外建筑业企业、房地产物业管理、中介服务及其他房地产业企业、交通运输和电信业企业，限额以下批发零售业企业、住宿餐饮业企业、其他服务业企业财务状况。第三部分是工业普查表指标解释，包括生产、销售总值情况，产品生产、销售、库存情况，规模以上工业企业主要工业产品生产能力，工业企业能源购进、消费及库存表和附表，工业企业主要原材料消费及科技指标解释等内容。

四、统计报表制度的意义和作用

统计报表制度是我国统计调查的一种重要的组织形式，是统计部门全面收集反映国民经济和社会发展情况的数据资料的重要手段，对我国的社会主义现代化建设有重要作用。

第一，统计报表的资料是各级党政领导了解国民经济基本情况，制定经济发展的方针政策,制定改革规划和方案,特别是制定宏观经济政策的基本依据。

第二,统计报表的资料是编制国民经济和社会发展规划并检查其执行情况的基本依据。我国国民经济发展实行"五年规划"制度,在每一个"五年规划"的初期,都要认真制定下一个"五年规划"的目标和任务,并检查当期"五年规划"任务的完成情况。

第三,统计报表的资料反映了我国社会主义现代化建设的伟大成就,表明了我国经济发展的速度和趋势,反映了人民的生活水平,是进行科学研究、开展国际交流的基本依据。

第四,统计报表的资料揭示了国民经济和社会发展的内在规律,是总结经验、加强管理和指导生产的基本依据。

第五,统计报表的资料是实现统计信息化和完善统计工作职能的基础。

统计报表制度为我国的经济管理和社会主义现代化建设发挥了巨大的作用。但是,在新的形势下,这种调查方式也有不足之处,主要表现在:一是在社会主义市场经济体制下,经济主体多元化、经济利益多元化,由于利益关系,虚报、瞒报现象无法彻底根除,影响了报表数据资料的质量。从近年来全国查处的各类统计违法行为来看,虚报、瞒报、伪造、篡改统计资料的约占60%;二是在社会主义市场经济体制下,所有制、经济类型、经济成分多种多样,因而对数据资料的需求也多种多样。单一的统计报表制度无法满足多元化的需要。2001年,我国已加入WTO,统计规则和统计数据要符合国际惯例,必须改革现有的统计报表制度,应用灵活多样的专门调查形式,完善统计报表制度,更好地发挥统计在认识社会中的巨大作用。

第五节　专项调查

统计报表制度是政府部门收集国民经济和社会发展基本情况统计资料的专用调查方式,对于社会经济中发生的突发事件,社会经济发展中出现的新情况、新问题或者要详细深入地了解某种事项的时候,统计报表制度是无法实现的。这时候,我们就需要使用专项调查的组织方式。专项调查是收集常用的统计资料的组织方式之一,根据组织方式不同,专项调查有普查、重点调查、典型调查和抽样调查四种。

一、普查

普查是专门组织的一次性的全面调查,主要是调查社会经济现象在某一时期或某一时点的状况。普查的目的是收集那些不必要或不可能采用统计报表取得总体资料的社会经济现象,如经济普查、污染源普查、人口普查、第三产业普查等。普查具有以下特点。

第一,普查是专项调查。它是专门组织的统计调查,如1993年的全国第三产业普查,1995年的第三次全国工业普查,2000年的第五次全国人口普查,2004年的第一次全国经济普查,2006年全国第二次农业普查,2008年第二次全国经济普查等,2010年全国第六次人口普查,2013年第三次全国经济普查等。

第二,普查是一次性调查。它是非连续性调查,由于普查是全面调查,涉及的面广,一般不常进行,主要用来收集属于一定时点上的社会经济现象的总体资料。

第三，普查是全面调查。调查对象中的每一个调查单位都要进行调查。普查用于收集重要的国情国力和某些重要经济现象的全面情况的统计资料。利用普查资料，可以深入反映国民经济和社会发展的状况，为各级党政领导制定规划、方针、政策和决策提供准确可靠的数字依据。

第四，普查的应用范围比较窄，只能调查某些特定的现象。由于普查是全面调查，如果调查对象范围很广，普查的工作量就很大，需要动员较多的人力，花费较长的时间，耗资也多，所以普查不宜经常进行。2013 年我国第三次全国经济普查时，涉及我国境内第二产业和第三产业的法人单位约 1 085.7 万个，产业活动单位约 1 303.5 万个，有证照个体经营户 3 279.1万个。所涉及的经济总量约占全国国内生产总值的 85%以上。整个普查工作将按普查准备、普查登记、数据处理和上报、数据评估和发布、资料开发应用、总结和评比表彰等阶段分步实施。

普查的主要作用在于掌握某些关系到国计民生和国情国力的重要数据，为党和政府制定重大的方针政策、编制国民经济长远发展规划提供基本依据。所以，普查是一项不可缺少的统计调查的组织形式，是统计报表制度的必要补充。普查的组织方式有两种：一种是成立专门的普查机构，由普查人员对调查单位直接进行调查登记。如 2010 年的第六次全国人口普查，2013 年的全国第三次经济普查，都是由国务院及各级政府组成专门的普查机构，由基层普查人员直接进行调查登记。另一种是利用调查单位的原始记录和核算资料及企业内部报表，颁发一定的调查表，由调查单位自行填报，如基本单位普查。

由于普查是一次性的全面调查，需要动用很多人力、物力，对调查的内容要求有较高的准确性和时效性，因而普查工作必须统一领导、统一要求和统一行动，并严格遵守以下几个基本原则。

第一，确定统一的普查时点。普查取得的资料说明了社会经济现象在一定时点上或一定时期内的状态，为了避免资料重复、遗漏以及受时间变化的影响，必须统一规定调查的标准时点。例如，我国第六次人口普查规定 2010 年 11 月 1 日零时为标准时点；第三次全国经济普查的标准时点是 2013 年 12 月 31 日。

第二，规定明确的普查期限。普查期限指普查的起止时间，在调查对象范围内，每个普查点应该同时进行数据登记，并在最短期限内完成，以便在方法上、步骤上保持一致，从而保证调查资料的准确性和时效性。例如，2010 年我国第六次人口普查的普查期限为 10 天，调查登记的时间规定在 10 日之内(11 月 1 日零时—11 月 10 日)。第三次全国经济普查的登记时间是 2014 年 1 月 1 日—3 月 31 日。

第三，规定统一的普查项目。普查项目是普查的具体内容，由于普查涉及的范围很广，必须规定统一的普查项目，以保证资料的完整性、一致性。对已经规定的普查项目，不能随意改变或增减，以免影响全面资料的汇总工作，降低资料质量和普查效果。同一种普查，应尽量保持各次普查项目的一致性，便于相互比较。

第四，正确选择普查时期。社会经济现象周而复始，循环往复，有一定的周期性规律，重要的普查应尽可能做到周期进行，便于对普查资料的前后期做动态分析和比较，研究事物发展的特点与规律性。中国政府组织的周期性普查都是重大的国情国力调查，涉及面广、指标多，时间性强。如全国经济普查每 5 年进行 1 次，分别在逢尾数是 3 和 8 的年份实施；农业普查每 10 年进行 1 次，在逢尾数是 6 的年份实施；工业普查在逢尾数是 5 的年份实施；人口普查在逢尾数是 0 的年份实施。

二、重点调查

重点调查是专门组织的一种非全面调查方式，主要适用于那些反映主要情况或基本趋势的调查，是在全部调查单位中，选出少数重点调查单位，对重点调查单位进行全面调查，以收集现象总体的数据资料。这些重点单位虽然只是全部单位中的一小部分，但它们的标志总量在总体标志总量中却占据了绝大部分，因而，对这些重点单位进行调查就能反映总体现象的基本情况。例如，2005 年 8 月 25 日，飓风"卡特里娜"在美国佛罗里达州登陆，当场造成人员伤亡。"卡特里娜"重创美国，新奥尔良地区是重灾区。如果要调查"卡特里娜"所造成的人员和财物损失，只要调查飓风中心地区就可以了。又如对广州、深圳、上海、天津、北京等大中城市的房屋销售价格进行调查，就可以及时了解全国大中城市的房价基本变动趋势；要了解全国的粮食收成情况，只要选取几个全国重点的产粮地区，对它们进行全面调查，就可以了解全国的粮食产出情况。

重点调查的优点是调查单位少，只要花费较少的人力、物力和时间就可以调查较多的项目和指标，获得效果较好的反映总体基本情况的数据资料。一般说来，当调查目的只是为了了解事物的发展趋势、变动水平或比例等数量方面的特征，而少数单位又具备所需条件时，便可采用重点调查。值得注意的是，由于重点单位数在全部单位中只占很小的比例，通常不能根据重点调查的结果在概率意义上推算总体的相应结果。

重点调查的关键问题在于重点单位的选取。重点单位必须满足两个基本条件：第一，重点单位数占全部总体单位数的比重较小；第二，重点单位的某一个数量标志值的总和占全部单位数量标志值的总和较大。重点单位的多少，依调查任务而定。通常情况下，选出的重点单位应尽可能大。例如，要了解中国金融机构的不良资产状况，只要选取中国银行、中国工商银行、中国建设银行和中国农业银行这四大国有商业银行，对它们不良资产的总量、结构、存量、形成原因做全面详细的调查，就能反映全国金融机构不良资产的基本情况；要了解中国宽带业务的发展情况，同样只要选取中国电信、中国网通、长城宽带等几家大的宽带公司即可。

重点调查省时省力，又能反映调查对象的基本情况，应大力推广。根据重点调查的特点，重点调查的主要作用在于反映调查总体的主要情况或基本趋势。因此，重点调查通常用于不定期的一次性调查，但有时也用于经常性的连续调查。值得注意的是，重点单位的选取带有较大的主观性，重点单位因人而异，因时而异，对不同问题的重点调查，要随着实际情况的变化而随时调整相应的重点单位。

重点调查的优点有两方面，一是要调查的单位数较少，可以节省调查时间和调查成本；二是能大大降低调查的登记性误差。缺点是重点单位的选取不具有客观性，不能根据重点单位的数量特征推断总体的数量特征。

重点调查主要采取专项调查的组织方式，也可以颁发定期统计报表，由被调查的重点单位填报。

三、典型调查

典型调查是专门组织的非全面调查方式,是在调查对象中有意识地选出若干个在性质上最有代表性的典型调查单位,进行深入细致的研究,以收集总体信息特征的一种统计调查方法。进行典型调查的主要目的不在于取得社会经济现象的总体数值,而在于了解与有关数字相关的具体情况。

例如,国有企业改革是当前中国经济改革的重点和难点,要总结国企改革的成功经验和失败教训,推广改革的成功经验,既要选取国企改革成功的典型企业,如宝钢、海尔、长虹、联想等,也要选取国企改革失败的典型企业,对它们的改革情况进行深入细致的研究,即可掌握国企改革的一般情况。又如,编制上海证券交易所上市交易的股票价格指数时,最早的上证 30 指数,选取了各行业板块最有代表性的 30 家上市交易的股票;当上市交易的股票越来越多时,上海证交所随后发布了 180 指数,选取了各行业板块最有代表性的 180 家上市交易的股票;沪深 300 指数,选取了在上海和深圳上市交易的各行业板块最有代表性的 300 家上市交易的股票。

典型调查的首要问题是选取有代表性的典型调查单位。只有选取正确的典型调查单位,才能提高典型调查的质量。所谓典型调查单位,是指在性质上最有代表性的单位。一般来说,调查单位之间差异性不大时,只要选出少数几个典型单位就可以了。

典型调查的目的在于通过典型调查单位来说明事物的一般情况或事物发展的一般规律性。当调查单位之间的差异性很大时,我们必须将调查对象进行分类,在每一类别中选出几个典型单位,全部类别的典型单位组成典型单位的整体。这种选取典型单位的方法称为"划类选典法"。如各行各业选出的劳模,上证股票价格指数中精心选出的样本股,"三好学生"及"优秀干部"等都是典型单位。通过对典型单位组成的总体进行仔细的调查研究,就可以了解总体的数量方面或质量方面的大致情况。只有调查者对情况较熟悉,研究问题的态度客观认真,才能使典型调查取得较好的效果。典型调查的具体方法主要是直接观察法和采访法。

典型调查的作用主要有:第一,可以用来研究社会经济现象中出现的新事物、新情况、新问题;第二,能对具体问题进行深入细致的分析。

典型调查的主要特点是:被调查的范围较小,调查单位少,代表性好,调查方法灵活多样;能够用较少的人力、物力,在短时间内对某一问题进行深入细致的调查研究,提高调查的时效性。然而,典型调查中典型调查单位的选取不符合随机性原则,因此,典型调查的结果未必能获得众人的认同和首肯。而且,典型调查还容易受人为因素的干扰,可能会导致调查的结论有一定的倾向性,因此,典型调查的结果一般情况下不易用于推算全面数字。

四、抽样调查

抽样调查也是专门组织的一种非全面调查方式。它是按照随机性的原则在全部调查单位中抽取一部分调查单位组成样本,对样本进行观察,并根据所获得的样本数据来推算总体的数量特征。例如,我们要检验一批电子元件的质量,只要从全部电子元件中随机抽取若干个电子元件进行检测,测得它们的平均使用时间,即可推断该批电子元件的平均使用时间,同时还可推断出该批电子元件的合格率和次品率。又如海关对进口商品和出口商品进行的质量检测等,都属于抽样调查。

抽样调查按随机性原则选取样本单位,同重点调查和典型调查相比,样本单位的选取排除了个人主观意图的影响,样本代表性好。在一定的抽样组织方式下,抽样调查的结果可以用于推断总体的数量。抽样调查是非全面调查,既节省人力、物力和财力,又能提高资料的时效性,还能取得比较正确的全面统计资料,应用范围非常广泛。日常生活中,应用抽样调查的例子随处可见,如购买食品时的"先尝后买",购买服装时的"先试穿后购买",炒菜时的"先试吃"等。抽样调查中样本的代表性会直接影响抽样调查的结果。

抽样调查有以下三个突出特点:第一,按随机性原则抽选样本单位;第二,总体中每一个单位或每一个样本都有一定的概率被抽中;第三,可以用一定的概率保证将误差控制在规定的范围之内。

有关抽样调查的详细内容,本书后面将单列一章进行介绍。

前文从不同角度介绍了统计调查的各种方式方法,每种调查都有各自的优点和局限性,在实际工作中,各种调查只有结合运用,才能更好地发挥统计认识社会的重要作用。各类统计调查的特点如表 2.5 所示。

表 2.5　各类统计调查的特点

调查方式	调查范围	调查时间	组织形式	收集资料方法
统计报表制度	全面或非全面	经常性	报表制度	基层报告
普查	全面	一次性	专项调查	询问或基层报告
重点调查	非全面	经常或一次	专项调查	基层报告
典型调查	非全面	一次性	专项调查	询问
抽样调查	非全面	经常性	专项调查	直接观察或报告

第六节　次级资料的收集方法

前面介绍的统计调查方法都是用于收集原始数据资料的,统计研究还要收集各种次级资料或二手资料。次级资料在统计研究中主要用于比较研究或基础准备,作为研究的背景资料。

所谓次级资料是指已经公开出版或发布的各种统计数据资料。在我国,既有官方公开出版或报道的反映国民经济和社会发展基本情况的数据资料,也有民间调查公司公开的各种实时调查数据。前者如国家各级统计部门出版的各种年鉴、统计数据库,后者如零点调查公司等市场调查公司公开的各种社会调查数据资料等。因此,可以通过以下途径收集二手资料。

(1) 各级统计部门的公开出版物。如国家统计局和各省市地方统计局出版的《统计年鉴》、《经济年鉴》、统计数据库以及其他专业年鉴等。

(2) 各级专业研究机构公开出版的研究报告或调研报告。中科院、中国工程院、国务院所属的研究机构以及其他各级专业研究机构的公开出版物如中国金融年鉴、中国金融稳定报告等。

(3) 报纸、杂志、图书、广播、电视等媒体中公开的各种数据资料。

(4) 互联网。在当今互联网普及的时代,可以通过网络搜索和查询次级数据资料。

(5) 各种专业数据库。

本章小结

统计数据是采用一定标准对客观现象进行计量或测度的结果。根据客观现象本身的特点,计量尺度主要有:定类尺度、定序尺度、定距尺度和定比尺度。相应的统计数据就有定类数据、定序数据、定距数据和定比数据四种。每种统计数据都有自己的特点。这四类统计数据又分为品质数据和数量数据两大类。

统计调查是取得原始数据的重要方法,通过统计调查可以获取重要的第一手资料。统计调查也是统计研究工作的一个重要阶段。

根据收集统计数据资料的方式和方法的不同,统计调查分为统计报表制度和专项调查;全面调查和非全面调查;经常性调查和一次性调查;直接观察法和询问法等。

统计调查方案是关于统计调查具体实施的全面规划和策略措施,能够保证在一定条件下,统计调查工作的顺利实施。

统计报表制度是我国收集全面反映国民经济和社会发展基本情况重要数据资料的政府统计方式。

普查是重要的全面调查方式,用于收集现象在一定时点上或一定时期内的数据资料。

抽样调查、典型调查和重点调查是重要的非全面调查方式,其中抽样调查的应用范围最为广泛,社会经济中的调查方式绝大多数都是抽样调查。

我们可以利用网络、媒体、报纸、杂志、电视、广播和专业研究机构的公开出版物收集次级数据资料。

重要词汇

统计数据、定类尺度、定序尺度、定距尺度、定比尺度、统计调查、统计报表、专项调查、调查对象、调查单位、调查表、重点调查、典型调查、抽样调查。

练习题

一、思考题

1. 统计调查收集的原始数据资料有哪几种类型?

2. 统计调查的组织形式有哪几种? 请分别比较它们的特点、作用和适用场合。

3. 如何设计统计调查方案?

4. 如何理解统计报表制度和抽样调查的重要作用?

5. 重点调查和典型调查各有哪些特点?

6. 怎样才能更好地收集二手资料?

二、单项选择题(每题只有一个正确答案)

1. 在国有工业企业的设备普查中,每一家国有工业企业是(　　)。

A. 调查对象　B. 调查项目　C. 报告单位　D. 调查单位

2. 调查时间是(　　)。

A. 调查工作的期限　B. 调查所收集的数据资料所属的时间

C. 标准时间　D. 调查登记的时间

3. 全国人口普查中,调查单位是(　　)。

A. 全国总人口　B. 每一个人

C. 每一户　D. 每一个基层单位的人

4. 人口普查中规定统一的标准时间是为了(　　)。

A. 确定调查的范围　B. 确定调查的单位

C. 避免登记的重复与遗漏　D. 登记的方便

5. 某地区为了掌握该地区水泥生产的质量情况,拟对占该地区水泥总产量 86% 的五个大型水泥厂的生产情况进行调查,这种调查方式是(　　)。

A. 普查　B. 典型调查　C. 重点调查　D. 抽样调查

6. 某工厂对生产的一批电子元件进行质量检查,这种检查应采用(　　)。

A. 普查　B. 典型调查　C. 重点调查　D. 抽样调查

7. 某些不能够或不宜用定期统计报表收集的全面统计资料,一般应采取的方法是(　　)。

A. 普查　B. 典型调查　C. 重点调查　D. 抽样调查

8. 抽样调查和典型调查都是非全面调查,两者的根本区别是(　　)。

A. 组织方式不同　B. 作用不同

C. 选取调查单位的方法不同　D. 灵活程度不同

9. 统计调查中,调查单位是(　　)。

A. 调查对象　B. 调查总体

C. 负责向上级汇总报告调查内容的单位　D. 调查对象中的每一个基本单位

10. 在统计调查中,调查单位和调查对象之间(　　)。

A. 是一致的　B. 是毫无区别的

C. 是毫无关联的两个概念　D. 一般是有区别的

11. 中国电子商务交易发展迅猛,2014 年"双十一"当天,阿里巴巴的网上交易额达到创纪录的 500 多亿元,为了研究电子商务的发展趋势,调查部门对中国最大的互联网公司 BAT(百度、阿里、腾讯)进行了详细的调查研究,这种调查属于(　　)

A. 全面调查　B. 重点调查　C. 典型调查　D. 经常性调查

12. 重点调查所选取的重点调查单位,必须是在调查对象中(　　)。

A. 具有较大标志值的那一部分单位　B. 具有代表性的调查单位

C. 按随机原则选出的调查单位　D. 填报调查数据的基本单位

13. 统计调查中的专项调查有(　　)。

A. 统计报表、重点调查和抽样调查　B. 经常性调查和一次性调查

C. 全面调查和非全面调查　D. 普查、重点调查、典型调查和抽样调查

14. 某些产品在检验和测量时,常常带有破坏性,一般宜采用(　　)。

A. 全面调查　B. 普查　C. 专门调查　D. 抽样调查

15. 收集原始资料的主要方法是(　　)。

A. 统计调查　　B. 原始记录　　C. 统计报表　　D. 综合表

三、多项选择题(每题至少有两个正确答案)

1. 典型调查属于(　　)。

A. 全面调查　　B. 非全面调查　　C. 专项调查
D. 经常性调查　　E. 一次性调查

2. 某地区对集市贸易个体户的偷税漏税情况进行调查,1 月 1 日抽选 3% 样本检查,6 月 1 日抽选 5% 样本检查,9 月 5 日抽选 8% 样本检查,这种调查是(　　)。

A. 定期调查　　B. 非全面调查　　C. 不定期调查
D. 经常性调查　　E. 一次性调查

3. 非全面调查包括(　　)。

A. 普查　　B. 典型调查　　C. 重点调查
D. 抽样调查　　E. 统计报表

4. 下列调查中,调查单位与填报单位不一致的有(　　)。

A. 全国规模以上工业企业主要生产设备的抽样调查
B. 全国规模以上工业企业的生产情况调查
C. 全国人口普查
D. 某市高三学生学习状况调查
E. 某城市食品生产企业产品产量调查

5. 下列说法正确的有(　　)。

A. 抽样调查是非全面调查,因而也无法最终推广得到总体的全面资料
B. 现行的统计报表制度是采用报表报送法收集资料的
C. 重点调查既可以是一次性调查,也可以是经常性调查
D. 典型调查要和其他调查结合起来使用,以避免调查结构的片面性
E. 统计报表制度的内容包括表式、填表说明两个方面

6. 专项调查的组织形式包括(　　)。

A. 普查　　B. 典型调查　　C. 重点调查
D. 抽样调查　　E. 全面调查

7. 抽样调查和典型调查的主要区别是(　　)。

A. 选择调查单位的原则不同　　B. 调查单位的多少不同　　C. 调查的项目不同
D. 调查的组织方式不同　　E. 在能否计算和控制误差上不同

8. 调查单位是指(　　)。

A. 调查对象中的基本单位
B. 组织并实施统计调查的基本单位
C. 进行调查研究的那些社会现象的总体
D. 调查资料的承担者
E. 负责向上级汇报统计资料的全体

9. 典型调查的特点是(　　)。

A. 根据调查目的有意识选择出少数具有代表性的调查单位
B. 调查结果具有代表性
C. 调查单位少,具有一定的代表性
D. 调查方法机动灵活,省时省力

E. 可以推断总体

10. 人口普查属于(　　)。

A. 经常性调查　　B. 一次性调查　　C. 专项调查

D. 统计报表制度　　E. 全面调查

11. 原始资料是指(　　)。

A. 尚需汇总整理的资料

B. 已经经过初步加工整理的资料

C. 通过各种统计调查方法收集到的资料

D. 能够说明总体特征的基本资料

E. 各种初级资料

12. 统计调查的基本要求是(　　)。

A. 连续性　　B. 客观性　　C. 准确性

D. 及时性　　E. 完整性

13. 下列属于非全面调查的有(　　)。

A. 城乡居民生活状况调查　　B. 城乡居民出行方式调查　　C. 电视节目收视率调查

D. 人口普查　　E. 经济普查

14. 调查问卷的设计必须注意(　　)。

A. 问卷形式要满足调查目的要求

B. 问卷形式需适合调查对象的特点

C. 备选答案必须穷尽和互斥

D. 问题的表述要客观公正,不能掺杂设计者的主观意图

E. 问题的表述要用简单通俗的语言

15. 抽样调查是(　　)。

A. 专项调查　　B. 非全面调查

C. 调查单位是随机选取的　　D. 不宜用调查结果推断总体

E. 调查单位少、应用范围小

四、综合题

要研究上海市互联网金融的发展状况,例如 P2P、众筹、第三方支付、互联网证券交易等,(1)你认为应采用何种调查方式?(2)调查对象和调查单位分别是什么?(3)调查项目有哪些?(4)收集资料的方法有哪些?(5)应采用哪种调查表?

附录 2-1

2015 年全国 1%人口抽样调查方案

根据《国务院办公厅关于开展 2015 年全国 1%人口抽样调查的通知》(国办发〔2014〕33 号)和《全国人口普查条例》(中华人民共和国国务院令第 576 号),制定 2015 年全国 1%人口抽样调查方案。

一、调查目的和组织实施

(一) 2015 年全国 1%人口抽样调查的目的是了解 2010 年以来我国人口在数量、素质、结构、分

布以及居住等方面的变化情况，为制定国民经济和社会发展规划提供科学准确的统计信息支持。

（二）调查工作按照“统一领导、分工协作、分级负责、共同参与”的原则组织实施。

国家和县以上地方各级人民政府成立2015年全国1%人口抽样调查工作领导机构及其办公室，被抽中的乡、镇和街道办事处成立1%人口抽样调查办公室，领导和组织实施全国和本地区的1%人口抽样调查工作。

2015年全国1%人口抽样调查领导机构各成员单位要按照各自职能分工，认真做好相关工作。

（三）2015年全国1%人口抽样调查所需经费，按照分级负担原则，由中央和地方各级人民政府共同负担，并列入相应年度的财政预算，按时拨付、确保到位。

（四）各级调查机构及其工作人员要坚持依法调查。严格执行《中华人民共和国统计法》和《全国人口普查条例》的有关规定。调查取得的数据，严格限定用于调查目的，不得作为任何部门和单位对各级行政管理工作实施考核、奖惩的依据，不得作为对调查对象实施处罚的依据。

（五）各级宣传部门和调查机构应采取多种方式，积极做好1%人口抽样调查的宣传工作，为1%人口抽样调查工作的开展营造良好的社会氛围。

（六）各级1%人口抽样调查领导机构对本行政区域的调查数据质量负责，确保调查数据真实、准确、完整、及时。

二、调查标准时点、对象、内容和方式

（七）调查的标准时点为2015年11月1日零时。

（八）调查对象为抽中调查小区内的全部人口（不包括港澳台居民和外国人）。

应在抽中调查小区内登记的人包括：2015年10月31日晚居住在本调查小区的人；户口在本调查小区，2015年10月31日晚未居住在本调查小区的人。

中国人民解放军现役军人由军队领导机关统一进行调查。

（九）调查内容主要包括姓名、性别、年龄、民族、受教育程度、行业、职业、迁移流动、社会保障、婚姻、生育、死亡、住房情况等。

（十）调查以户为单位进行登记，户分为家庭户和集体户。

（十一）调查采用调查员手持电子终端设备（PDA）入户登记与互联网自主填报相结合的方式。

住户可以选择由调查员手持电子终端设备（PDA）入户登记的方式，也可以选择在互联网上填写调查表直接上报的方式。

（十二）调查表分为《2015年全国1%人口抽样调查表》、《2015年全国1%人口抽样调查死亡人口调查表》。

三、抽样方法、调查小区划分和绘图

（十三）全国调查的样本量约占全国总人口的1%左右。调查以全国为总体，各地级市为子总体，采取分层、二阶段、概率比例、整群抽样方法，其中群即最终样本单位为调查小区。

（十四）二阶段抽样的方法为：第一阶段抽取村级单位，第二阶段抽取调查小区。在第一阶段抽样时，抽取方法为分层、概率比例抽样。

样本的抽取由全国1%人口抽样调查办公室负责实施。

（十五）调查小区的划分、编码和绘图。2015年全国1%人口抽样调查小区规模划分原则为80个住房单元，常住人口大约250人左右。在划分调查小区的同时，绘制抽中村级单位内调查小区分布图、并给调查小区升序编码，绘制抽中调查小区内所有建筑物的分布图。

四、调查的宣传、试点和物资准备

（十六）各级宣传部门和调查机构要组织协调新闻媒体，通过报刊、广播、电视、互联网、新媒

体和户外广告等多种渠道，宣传调查的重大意义、政策规定和工作要求，积极营造良好的调查氛围。

（十七）全国1%人口抽样调查办公室负责组织国家级试点。省级1%人口抽样调查办公室负责组织本地区的试点。

（十八）调查所需的物资由各级1%人口抽样调查办公室根据所承担的工作任务负责准备。

五、调查指导员和调查员的借调、招聘和培训

（十九）每个调查小区至少配备一名调查员，每个被抽中的乡、镇、街道至少配备一名调查指导员。

（二十）调查指导员和调查员应当由具有初中以上文化水平、身体健康、经培训能够使用手持电子终端设备(PDA)，工作认真负责、能够胜任调查工作的人员担任。

（二十一）调查指导员和调查员的借调、招聘工作由县级1%人口抽样调查领导机构负责。

（二十二）调查指导员和调查员可以从党政机关、社会团体、企业事业单位借调，也可以从村民委员会、居民委员会或者社会招聘。

（二十三）培训工作分级进行。全国1%人口抽样调查办公室负责对省级1%人口抽样调查办公室的业务骨干进行培训；省级1%人口抽样调查办公室负责对市、县级1%人口抽样调查办公室的业务骨干进行培训；市、县级1%人口抽样调查办公室共同负责培训调查指导员和调查员。

培训工作应于2015年10月15日前完成。

六、调查摸底、登记

（二十四）调查登记以前，调查员和调查指导员要对调查小区的人口状况进行摸底工作，明确调查登记的范围、绘制调查小区图、编制调查小区户主姓名底册。

摸底工作应于2015年10月31日前完成。

（二十五）现场登记工作从2015年11月1日开始，采用调查员手持PDA入户询问、现场填报，或由住户通过互联网自主填报的方式进行。

对完成PDA登记的住户，调查指导员应及时组织调查员进行复查，经核实无误后上报。

选择互联网填报的住户应于2015年11月7日前完成调查表的填写和提交。对在规定时间内没有完成的住户，调查员将再次入户使用PDA进行登记。

全部登记工作应于11月15日前完成。

七、事后质量抽查

（二十六）登记工作完成后进行事后质量抽查。全国1%人口抽样调查办公室负责事后质量抽查样本的抽取，省级1%人口抽样调查办公室负责事后质量抽查工作的组织实施。

（二十七）事后质量抽查工作应于2015年11月25日以前完成。

（二十八）事后质量抽查结果只作为评价全国调查数据质量的依据。

八、调查数据的汇总、发布和管理

（二十九）登记工作结束后，县级1%人口抽样调查办公室负责组织调查表的行业和职业编码。编码前应对编码人员进行严格培训。

编码工作应于2015年11月20日以前完成。

（三十）调查数据的处理工作由1%人口抽样调查办公室负责。汇总程序由全国1%人口抽样调查办公室统一下发。

（三十一）国家统计局和全国1%人口抽样调查办公室对数据进行审核后发布主要数据公报。各省、自治区、直辖市的主要数据应于国家公报发布之后发布。

（三十二）调查的原始数据由全国和省级1%人口抽样调查办公室负责管理。

九、其他

（三十三）调查工作全部结束后，各级1%人口抽样调查办公室要对这次调查工作进行全面的总结，并报同级人民政府和上级调查领导机构。

（三十四）交通极为不便的地区，需采用其他登记时间和方法的，须报请全国1%人口抽样调查工作协调小组批准。

（三十五）全国1%人口抽样调查办公室根据本方案制定各项工作实施细则和有关技术文件。

（三十六）本方案由全国1%人口抽样调查办公室负责解释。

附录2－2

2015年全国1%人口抽样调查表

表　　号：　R501表
制定机关：　国家统计局
文　　号：　国统字(2015)50号
有效期至：　2015年12月

一、住户项目

问题1　您家现住房的详细地址？ ______________

问题2　您家2014年11月1日至2015年10月31日期间的人口变化情况？

出生人口________人

死亡人口________人

问题3　您家的住户类别？

○ 家庭户

○ 集体户(转至个人项目)

问题4　您家的住房类型？

○ 普通住宅

○ 集体宿舍和工棚（转至个人项目）

○ 工作地住宿(转至个人项目)

○ 无住房（转至个人项目）

问题5　您家住房的建筑面积？ ________平方米

问题6　您家的住房间数？ ________间

问题7　您家住房所在的建筑物一共有多少层？

○ 平房

○ 2～3 层楼房

○ 4～6 层楼房

○ 7～9 层楼房

○ 10 层以上楼房

问题 8　您家住房的建成年代?

○ 1949 年以前

○ 1949—1959 年

○ 1960—1969 年

○ 1970—1979 年

○ 1980—1989 年

○ 1990—1999 年

○ 2000—2009 年

○ 2010 年以后

问题 9　您家住房内有无厨房?

○ 独立使用

○ 与其他户合用

○ 无

问题 10　您家住房内有无厕所?

○ 独立使用抽水/冲水式

○ 合用抽水/冲水式

○ 独立使用其他样式

○ 合用其他样式

○ 无

问题 11　您家住房的来源?

○ 购买新建商品房

○ 购买二手房

○ 购买原公有住房

○ 购买经济适用房、两限房

○ 自建住房

○ 租赁廉租房、公租房

○ 租赁其他住房

○ 其他

问题 12　您家拥有家用汽车的情况?

○ 拥有 100 万元以上的汽车

○ 拥有 50 万～100 万元的汽车

○ 拥有 30 万～50 万元的汽车

○ 拥有 20 万～30 万元的汽车

○ 拥有 10 万～20 万元的汽车

○ 拥有 10 万元以下的汽车

○ 没有汽车

二、个人项目

每个人都填报的项目(问题1～问题11)

问题1　姓名?

姓名________

问题2 与户主关系?

○ 户主

○ 配偶

○ 子女

○ 父母

○ 岳父母或公婆

○ 祖父母

○ 媳婿

○ 孙子女

○ 兄弟姐妹

○ 其他

问题3　性别?

○ 男

○ 女

问题4　出生年月?

出生年________

出生月________

问题5　民族?

________族

问题6　户口登记地址?

○ 户口登记地址与本户现住房地址相同

○ 户口登记地址与本户现住房地址不同(请填报户口登记地址)(跳至问题8)

________省(区、市)

________市(地)

________县(市、区)

________乡(镇、街道)

________村(居)委会

○ 户口待定(跳至问题11)

问题7　调查时点居住地址?

○ 现住房

○ 其他地区(请填报具体地址)

________省(区、市)

________市(地)

________县(市、区)

(跳至问题 9)

问题 8　在本市居住时间?

○ 不满半年

○ 半年至一年

○ 一至二年

○ 二至三年

○ 三至四年

○ 四至五年

○ 五至十年

○ 十年以上

问题 9　离开户口登记地的时间?

○ 没有离开户口登记地(跳至问题 11)

○ 不满半年

○ 半年至一年

○ 一至二年

○ 二至三年

○ 三至四年

○ 四至五年

○ 五至十年

○ 十年以上

问题 10　离开户口登记地的原因?

○ 工作就业

○ 学习培训

○ 随同迁移

○ 房屋拆迁

○ 改善住房

○ 寄挂户口

○ 婚姻嫁娶

○ 为子女就学

○ 其他

问题 11　是否有农村土地承包权?

○ 有

○ 无

1 周岁及以上的人填报的项目(问题 12)

问题 12　一年前常住地?

○ 现住房

○ 其他地区(请填报具体地址)

________省(区、市)

_________市(地)

_________县(市、区)

_________乡(镇、街道)

_________村(居)委会

5 周岁及以上的人填报的项目(问题 13)

问题 13　五年前常住地?

○ 现住房

○ 其他地区(请填报具体地址)

_________省(区、市)

_________市(地)

_________县(市、区)

6 周岁及以上的人填报的项目(问题 14～问题 16)

问题 14　是否识字?

○ 是

○ 否

问题 15　受教育程度?

○ 未上过学(跳至问题 17)

○ 小学

○ 初中

○ 普通高中

○ 中职

○ 大学专科

○ 大学本科

○ 研究生

问题 16　学业完成情况?

○ 在校

○ 毕业

○ 肄业

○ 辍学

○ 其他

15 周岁及以上的人填报的项目(问题 17～问题 27)

问题 17　上周工作情况?

○ 在工作

○ 在职休假、在职学习培训、临时停工或季节性歇业

○ 未做任何工作(跳至问题 22)

问题 18　行业?

单位详细名称:_________

单位的主要产品或主要业务：________

问题19　职业？

本人从事的具体工作：________

(设区的地级市和直辖市以外的人跳至问题25)

问题20　工作地点？

○ 现住房所在的街道(乡、镇)

○ 本市其他街道(乡、镇)(请填报具体地址)

________区(县)

________街道(乡、镇)

○ 本市以外

问题21　前往工作地所乘主要交通工具及所需时间？

○ 步行

○ 自行车

○ 电动车

○ 摩托车

○ 小轿车

○ 公共汽车

○ 轨道交通

○ 其他

时间：________分钟

(跳至问题25)

问题22　未工作原因？

○ 在校学习(跳至问题25)

○ 丧失工作能力(跳至问题25)

○ 毕业后未工作

○ 因单位原因失去工作

○ 因本人原因失去工作

○ 承包土地被征用

○ 离退休

○ 料理家务

○ 其他

问题23　三个月内是否找过工作？

○ 在职业介绍机构求职

○ 委托亲友找工作

○ 应答或刊登广告

○ 参加招聘会

○ 为自己经营作准备

○ 其他

○ 未找过工作

问题 24　如果有合适的工作，能否在两周内开始工作？
○ 能
○ 不能

问题 25　参加社会养老保险的情况？
○ 城镇职工基本养老保险
○ 城镇（乡）居民社会养老保险
○ 新型农村社会养老保险
○ 机关事业单位养老保险
○ 未参加以上四种社会养老保险

问题 26　参加社会医疗保险的情况？
○ 职工基本医疗保险
○ 城镇（乡）居民基本医疗保险
○ 新型农村合作医疗
○ 公费医疗
○ 未参加以上四种基本医疗保险

问题 27　婚姻状况？
○ 未婚（跳至问题 31）
○ 有配偶
○ 离婚（跳至问题 29）
○ 丧偶（跳至问题 29）

15－50 周岁的妇女填报的项目（问题 28～问题 30）

问题 28　夫妇为独生子女情况？
○ 双独
○ 单独，女方为独生子女
○ 单独，男方为独生子女
○ 均非独生子女

问题 29　生育子女数？
○ 未生育（结束）
○ 有生育（请填报生育的子女数）
生过几个孩子：
男________人
女________人
其中现在存活几个孩子：
男________人
女________人

问题 30　过去一年（2014 年 11 月 1 日至 2015 年 10 月 31 日期间）的生育情况？
○ 未生育（结束）

○ 有生育(请填报生育时间和孩子的性别)

生育时间是:

________月

婴儿性别是:

○ 男

○ 女

如果一年内有两次生育或生育多胞胎的,请填报其他孩子的生育时间和性别。

60 周岁及以上的人填报的项目(问题 31～问题 32)

问题 31　主要生活来源?

○ 劳动收入

○ 离退休金养老金

○ 最低生活保障金

○ 财产性收入

○ 家庭其他成员供养

○ 其他

问题 32　身体健康状况?

○ 健康

○ 基本健康

○ 不健康,但生活能自理

○ 生活不能自理

附录 2-3

2015 年全国 1%人口抽样调查死亡人口调查表

(2014.11.01—2015.10.31 死亡的人口登记)

表　号:　R502 表

制定机关:　国家统计局

文　号:　国统字(2015)50 号

有效期至:　2015 年 12 月

每个死亡人口都登记的项目(问题 1～问题 5)

问题 1　姓名?

姓名________

问题 2　性别?

○ 男

○ 女

问题3　出生年月？

出生年________

出生月________

问题4　死亡时间？

死亡月________

问题5　民族？

________族

死亡时满6周岁的人登记的项目(问题6)

问题6　受教育程度？

○ 未上过学

○ 小学

○ 初中

○ 普通高中

○ 中职

○ 大学专科

○ 大学本科

○ 研究生

死亡时满15周岁的人登记的项目(问题7)

问题7　婚姻状况？

○ 未婚

○ 有配偶

○ 离婚

○ 丧偶

附录2－4

2015年全国1%人口抽样调查流程

1. 选调培训调查员。

2. 调查摸底(10月16日—10月31日)。

3. 调查登记(11月1日—11月15日)，调查员使用PDA入户登记，网络调查住户自主填报(11月1日—11月7日)。

4. 入户补登(11月8日—11月15日)，调查员对没有完成网络填报的住户，使用PDA上门入户补登。

5. 事后质量抽查(11月20日—11月25日)。

6. 数据审核上报。

第三章

数据资料的整理

本章学习目的

了解数据资料整理的重要意义。熟悉数据资料整理的基本步骤。掌握统计分组的原则和技巧。学会编制统计频数分布表。能够用 Excel 制作各种统计图形和统计表格。

第一节　数据资料整理的基本问题

一、数据资料的整理

统计调查收集到的原始数据资料是大量的、零乱的，资料中的数据信息被掩盖在个别单位的、分散的、不系统的原始资料之中。调查来的数据资料只能反映问题的表面现象，不能全面深刻地解释事物的本质，更不能反映现象发展变化的数量规律和数量关系。统计研究的是社会经济现象总体的数量特征，统计调查收集的资料仅仅反映了总体单位的特征，因此，我们必须对统计调查来的数据资料进行基本的加工处理，即数据资料的整理。

统计数据资料整理，也称为统计整理，是统计研究工作的重要阶段。它是根据统计研究的目的和任务的要求，采用科学的方法，对统计调查所收集到的大量原始资料进行加工汇总，提炼出数据中的有用信息，使调查资料系统化、条理化、科学化和档案化，最终得出反映总体数量特征和数量关系的有用的综合数字资料。统计整理的基本任务是：对调查来的数据资料去伪存真、去粗取精、科学分类和浓缩简化。从认识论的角度看，统计整理是人们对客观现象从感性认识上升到理性认识的过渡阶段，是进一步开展统计分析的前提，是统计研究工作的中间阶段，在统计研究工作中起着承前启后的作用。统计资料整理工作的质量，将直接影响整个统计工作的效果和质量。

统计数据整理在整个统计研究工作中起着十分重要的作用，必须以正确、科学的原则和方法对数据资料进行加工处理，以保证统计研究工作的顺利完成。

二、数据资料整理的基本步骤

数据资料的整理是一项复杂而又细致的工作，整理的内容主要包括以下几个方面。

(1) 对收集到的原始数据资料进行审核和检查，也就是对收集到的数据资料进行预处理。通过审核和检查，以保证作为数据资料整理基础的原始资料的真实性、准确性、完整性和及时性。对原始数据进行审查的方法主要有：第一，逻辑审查方法。从逻辑关系上审查调查项目之间或数据之间有无矛盾，是否合乎理论逻辑。如在人口普查中，如果某人在普查表的“年龄”一项中填写的是“6 岁”，而在“文化程度”一项上填写的却是“博士研究生”，很显然，这两个项目之间是不符合理论上的逻辑关系的，可以肯定，它们之中至少有一项填错了。又比如，中国人口普查条例规定，人口普查以家庭户为单位进行登记，如果户主的年龄是 32 岁，而子女的年龄是 22 岁，这显然也是不符合理论逻辑的。第二，计算审查。检查收集到的数据资料的计算方法和口径是否正确，有联系的数据之间能否互相验证，合计数与各项数据之间是否平衡等。例如，在人口普查中，如果某调查点上的家庭户数大于该调查点上的人口总数，这显然有错误。又如企业调查中，如果该企业的一线生产工人数小于本企业的技术人员数，很有可能是计算加总的错误。原始资料的审查是统计数据整理的基础工作，必不可少，意义重大，只有对准确无误的原始资料进行整理，才是有意义的资料整理。数据资料的整理是从源头上对数据进行把关，把统计研究的差错消灭在萌芽状态，我们必须对收集到的所有原始资料进行严格的审核与检查。

(2) 对原始资料进行分类或分组。统计调查收集到的原始资料是零星分散的、大量的，毫无规律可言。为了对资料进行分析，必须根据统计研究的目的和任务的需要，按一定的标准，将原始资料进行分类或分组。对原始数据资料的分组，遵循“组内同质性，组间差异性”的原则，也就是使性质相同的总体单位分在同一组，把性质不同的总体单位区别开来；同时还要保持“穷尽和互斥”，“不重不漏”，即收集到的所有数据都能分在而且只能分在某一组中。对原始资料进行分类或分组，只能是定性的归类，主要是采用某些品质标志对资料总体进行分组。

(3) 对分组资料进行综合汇总，计算各种指标，以反映总体的综合数量特征。通过分组可以计算出数据资料分布在各组中的个数(频数)和各组频数占全部数据总数的百分比(频率)，反映数据的分布特征。还可以计算各组数据中的最大值、最小值、平均值、极差等。

(4) 将汇总整理的结果以图形或表格的形式进行显示，以备后续统计分析之用。统计数据是枯燥的、呆滞的，大量的统计数据容易使人眼花缭乱，产生疲劳。现代计算机科学技术的发展，大量统计分析软件技术的发明和应用，使得统计数据可以用直观形象的图形或表格的形式进行显示，便于存储，以备统计分析之用。最常用的办公自动化软件 Excel 提供了大量的统计图型和表格模板，还可以对表格进行形象直观的编辑制作。

(5) 做好统计资料的系统积累工作，以备统计资料的开发之用，发挥统计的信息功能。现代社会，数据是大多数信息的表现形式，统计整理的结果能够反映研究现象的数量规律特征，可以作为统计信息发挥作用。

为了保证数据整理工作的质量，在进行资料整理之前，通常需要编制切实可行的资料整理方案或资料整理规划，对资料整理的各个环节作出具体的安排与规定；明确数据资料分组的标准和方法;确定应汇总的指标;选择合理的资料汇总的方式;明确资料的审查内容与方法等。

第二节 统计分组

一、统计分组的意义

本节介绍统计整理的基本技术和方法。假定统计调查来的数据资料已经通过必要的审核和检查,符合真实性、准确性、完整性和及时性的基本要求,紧接着要进行的统计整理步骤就是统计分组。统计分组是一种定性的分类,它是根据统计研究的目的和需要,按照某种标准,从性质上将统计总体区分为若干个组成部分的一种统计方法。其中的每一个组成部分就称为一组或一类。统计分组具有"分与合"的双重意义,"分"的目的是使总体内性质不同的基本单位区分开,"合"的目的是使统计总体中性质相同的基本单位结合在一起。通过统计分组可以保持组内同质性和组间差异性。即每个组内的个体至少具有一个相同的性质,而组与组之间性质都不相同。统计分组后,便于进一步地运用各种统计方法,研究现象的数量表现和数量关系,正确认识事物的数量本质和规律性。统计分组是对复杂现象进行社会认识的第一步。

统计分组是统计数据整理的基本内容之一。分组标准的选择、分组方式和分组的结果都直接影响统计数据的整理和统计分析。只有正确地进行统计分组,才能保证统计整理和统计分析的正确性。

二、统计分组的作用

统计分组是统计研究的基本方法之一,通过统计分组,可以实现划分现象的类型、揭示总体的内部结构和分析现象之间的依存关系。

1. 划分现象的类型

社会经济现象是复杂多样的,同一个复杂总体内部是由大量性质不完全相同的个体组成的,各种性质不同的个体有着不同的特点以及不同的发展规律。在进行数据资料整理时,只有将现象总体划分为不同的类型,分别进行研究,才能全面深刻地了解社会经济现象总体。比如,某地区的居民可以按街道分组,便于我们了解该地区居民按街道的分布情况;按年龄段,可以把我国人口总体分为少儿人口组、成年人口组和老年人口组三种人口类型;按自然资源的性质和特点,可以把自然资源分为土地资源、矿产资源、水利资源和森林资源等;大学入学新生可以按生源地分为本地生源学生和外地生源学生两种类型;国民经济按产业分为第一产业、第二产业和第三产业三种产业类型;技术职称按级别分为初级、中级和高级三类;按所有制性质划分,我国现有 8 种经济类型:国有经济、集体经济、私营经济、个体经济、联营经济、股份制经济、外商投资经济、港澳台投资经济等。通过分组,我们能够了解复杂总体的组成类型,对总体有更加直观和详细的认识。

当面对一个复杂的现象总体时，通过分类或分组，我们可以了解该总体的组成类别，是我们对复杂总体进行认识的第一步。比如，截至 2015 年 10 月 21 日，上海证券交易所上市交易的证券按性质分为股票、债券、基金和衍生品四大类，共有上市公司 1 071 家，上市 A 股 1 062只，B 股 53 只；上市债券 3 552 只，其中债券现货 2 943 只，债券回购 18 只；基金管理公司 100 家，上市基金 84 只；50ETF 股票期权 1 只。通过分类，我们可以详细地了解上海证券交易所上市交易证券品种的类别或种类。

2. 揭示总体的内部结构

将统计总体按某种标准分组后，用总体中某一组的数量指标值除以总体相应的数量指标值，可以计算出各组对总体所占的比重大小，以研究总体内部各部分之间存在的差别和相互联系，这种比重指标值反映了总体内部各部分的组成状况。其中比重指标相对大的组，对总体的性质起决定性的作用。比如，改革开放前，我国实行高度集中的计划经济体制，公有经济占绝大部分比重，非公有经济几乎是零。改革开放后，在社会主义市场经济体制下，公有经济的比重逐渐下降，非公有经济的比重逐渐增大。当前，我国正在进行国民经济的结构调整，提升产业结构，实现经济转型，在国民经济中第二、第三产业的比重逐年增加，第一产业的比重逐年降低。又如，中国进行的股权分置改革，就是为了增加流通股股份，彻底改变上市公司的股权结构。将同一个总体不同时期的结构变化加以比较研究，可以反映现象发展变化的规律。

从表 3.1 可以看出，2014 年末，我国总人口数为 13.68 亿人。从城乡结构上看，城镇人口占 54.77%，乡村人口占 45.23%；从性别结构上看，男性占 51.2%，女性占 48.8%；从年龄结构上看，60 周岁以上的占 15.5%，其中 65 周岁以上的占 10.1%。

表 3.1　2014 年年末中国人口数及其构成

指　　标	年末数(万人)	比重(%)
全国总人口	136 782	100.00
其中：城镇	74 916	54.77
乡村	61 866	45.23
其中：男性	70 079	51.20
女性	66 703	48.80
其中：0～15 岁(含不满 16 周岁)	23 957	17.50
16～59 岁(含不满 60 周岁)	91 583	67.00
60 周岁及以上	21 242	15.50
其中：65 周岁及以上	13 755	10.10

资料来源：国家统计局 2014 年国民经济和社会发展统计公报

3. 分析现象之间的依存关系

万物皆有联系。一切社会现象都不可能孤立存在，而是处于广泛的相互联系、相互依存和相互制约之中。通过统计分组，可以揭示和分析这种依存关系及其在数量上的表现。例如，人的年龄与某种疾病的发病率有依存关系；吸烟量与患肺病有一定的依存关系；妇女受教育程度与生育率水平之间有一定的依存关系；收入与恩格尔系数之间的关系等。美国联邦储备银行的研究分析师克里斯蒂·恩格曼和经济学家迈克尔·奥扬的研究结果表明,人的收入和外表长相有一定的依存关系,如果以普通长相者的收入作为基准,那么,长相不及普通长相的人收入要比基准数低 9%;相反,容貌姣好的人的收入要比基准数高出 5%。再者,学生课后自学时间长短与考试成绩也具有依存关系。2008 年,起源于美国华尔街的金融海啸,引起世界经济全面衰退,很多公司裁员降薪,留在工作岗位上的员工思想负担重、精神压力较大。为了缓解紧张情绪,金融经济危机期间,长毛绒玩具的销售量反而看涨。表 3.2 说明了恩格尔系数与生活状况的依存关系。恩格尔系数是居民家庭食品消费支出占家庭消费总支出的比重,恩格尔系数越低,说明人民生活越富裕。2015 年 3 月,国家统计局统计科学研究所对江西经济增长动力分析及"十三五"展望的研究表明,2020 年,江西省预计城镇和农村居民恩格尔系数分别由 2013 年的 37.7%和 42.5%下降到 30%和 35%以下,人民生活水平将大幅度提高。

表 3.2 恩格尔系数与生活状况

恩格尔系数(%)	生活状况
>59	绝对贫困
50～59	勉强度日
40～50	小康水平
30～40	富裕
<30	最富裕

三、统计分组的方法

统计分组在资料整理中具有重要的作用,要掌握统计分组的方法,必须了解下面的几个步骤:分组标志、分组方法和分组体系。

(一) 分组标志

要进行统计分组,必须先选择分组的标志。所谓分组标志就是统计分组的标准和依据,分组标志选择得是否恰当,关系到能否正确反映总体的数量特征及其变化规律。例如,国民经济按产业分为第一、第二、第三产业 3 组;按所有制性质分为国有经济、集体经济、私营经济、个体经济、联营经济、股份制经济、外商投资经济、港澳台投资经济等 8 组;上市公司按经济行业分组;商品按使用功能分组等。分组标志可以是品质标志也可以是数量标志。正确选择分组标志,必须遵循以下三个基本原则。

1. 根据研究的目的与任务选择分组标志

调查对象有许多标志,分组标志是对调查对象进行分组时所依据的标准,统计分组的目的是为了更全面深刻地认识现象总体,这就要求我们必须根据统计研究的目的与任务,选择适当的分组标志。例如,要研究中国人口总体中的男女性别比例是否协调,就要把人口总体按照性别进行分组。根据 2014 年国家统计局发布的《国民经济和社会发展统计公报》,2014 年末中国人口总体中男性占 51.2%,女性占 48.8%,从绝对数上看,男性比女性多 3 000 多万人。要了解 2014 年上海市国民经济发展的基本情况,可以按国民经济的行业分组,也可以按三大产业分组，不同分组标志决定了分组的结果，见表 3.3。研究的目的和任务不同，选择的分组标志也有所不同。

表 3.3　2014 年上海市生产总值

指标名称	2014 年产值(亿元)	比上年增长 (%)
生产总值	23 560.94	7.0
农林牧渔业	128.62	0.0
工业	7 362.84	4.3
建筑业	825.10	4.0
批发和零售业	3 809.31	6.9
交通运输、仓储和邮政业	1 044.46	9.4
住宿和餐饮业	329.28	1.6
金融业	3 268.43	14.0
房地产业	1 530.96	3.2
信息传输、软件和信息技术服务业	1 211.83	12.5
⋮	⋮	⋮
第一产业	124.26	0.1
第二产业	8 164.79	4.3
第三产业	15 271.89	8.8

资料来源：上海市统计局 2014 年国民经济和社会发展统计公报

2. 要选择能够反映事物本质特征的标志

调查单位具有多种标志，必须根据统计研究的目的和任务，选择最主要的、最能反映事物本质特征的标志作为分组标志。例如，要研究 20 世纪 90 年代以来，上海市居民房屋居住改善情况，就要首选人均居住面积为分组标志，而房屋的建筑面积、结构、朝向、层次、产权情况等都不能反映真实的居民房屋居住改善情况。又如，要研究中国人口老龄化状况，就要对总人口按年龄进行分组；要研究中国金融业改革开放的进程，就要选择金融机构的市场化程度作为分组标志。

3. 要根据现象所处的历史条件及经济条件选择分组标志

社会经济现象随时间发展而不断发生变化，在不同的历史条件和不同的经济条件下，选用的分组标志也应不同，要根据具体情况的变化而选择适当的分组标志。最近几年，上海市居民的人均 GDP 逐年增长，不少家庭购买了经济舒适的商品房，在研究居民的居住条件改善情况时，也可以选用房屋的产权、结构、地段等作为分组标志。

(二) 分组方法

选定了分组标志后，就可以进行具体的分组工作。常用的分组方法主要有以下两种。

1. 根据分组标志选用的多少，统计分组可以是简单分组，也可以是复合分组

(1) 简单分组。只采用一个分组标志对所研究的现象总体进行的分组，称为简单分组，

简单分组只能从某一方面反映事物的分配状况和内部结构。例如,人口总体按性别分组;经济主体按所有制情况分组;在校学生按年级分组;金融机构按主营业务分组;国民经济按地区分组等。简单分组由于只反映现象总体在某一标志特征方面的情况,因而不能反映现象在其他标志特征方面的差异,说明的问题比较简单,不够全面、详细和深刻。

(2) 复合分组。采用两个或两个以上的标志层叠起来对总体进行的分组,称为复合分组。比如,对现有的金融机构按所有制和主营业务范围进行层叠复合分组;对在校大学生按年级和专业以及性别进行层叠复合分组;对现有人口总体按性别和受教育程度进行层叠复合分组;对国民经济按产业和地区进行层叠复合分组;对社会商品按功能和生产厂家进行层叠复合分组等。复合分组比简单分组能够更全面更深入地分析问题,但是,复合分组的标志不宜选得过多,否则,分组标志越多,分得的组数越多,每组中的总体单位数就会减少。特别是不能对规模较小的总体进行复合分组。

2. 按分组标志的不同,统计分组可以有品质标志分组和数量标志分组

(1) 品质标志分组。品质标志说明事物的品质属性,是事物质的规定性,按品质标志分组可以深入了解组成总体的不同品质特征。如人口总体按民族分组;企业职工按职称分组;在校大学生按专业分组;企业按产权特征分组;产品按功能分组;国民经济按行业分组;股票按上市地分组等。品质标志分组比较简单,在对品质标志分组的结果进行数量分析时,能够统计出各组的频数和频率,还能对各组的有关数量特征进行简单的统计分析。

(2) 数量标志分组。数量标志说明事物量的规定性,是事物量的特征,按数量标志分组可以深入了解总体量的规律,从数量方面认识事物的本质特征。如企业按产值分组;在校大学生按年龄分组;人口总体按受教育年限分组;企业职工按工龄分组;外贸企业按进出口额分组等。数量标志分组是统计分组的主要方式,按数量标志分组可以对事物进行客观深入的数量分析。

(三) 分组体系

无论是简单分组,还是复合分组,都只是对社会经济现象从一个方面或几个方面进行观察和分析研究,而社会经济现象是复杂多样的,必须从多个方面同时进行观察和分析研究,才能对现象的全貌有所认识和了解。这就要将多种有联系的、互相补充的分组标志结合起来,对现象总体进行多种分组,形成分组体系。

将社会经济现象总体按多个标志分别进行简单分组,分组结果形成平行分组体系。例如:某高校的全体在校大学生按不同标志分组形成的平行分组体系如下。

全体在校大学生

按年级分:一年级,二年级,三年级,四年级;

按学科分:理科,文科,工科……

按学院分:商学院,理学院,文化艺术学院,哲学与政治学院……

按生源地分:本地,外地,港澳台,海外……

按专业分:数学,物理,物流,国际经济与贸易,金融,会计,工商管理……

多个分组标志复合分组组成的分组体系,称为复合分组体系。复合分组体系在实际应用中比较广泛。例如,某高校的全体在校大学生,按学科和性别的复合分组,按专业和年级的复合分组,按学院和生源地的复合分组,就组成了层叠的复合分组体系等,见表 3.4 和表 3.5。

表 3.4 在校大学生按学科和性别分组

单位：人

年份	理科		工科		文科		其他学科	
	男	女	男	女	男	女	男	女
2014	3 500	2 800	3 560	2 780	2 400	2 580	2 200	2 285
2015	3 580	2 810	3 548	2 769	2 425	2 569	2 210	2 265

表 3.5 在校大学生按学院和生源地分组

单位：人

年份	商学院		理学院		法学院		化学院	
	本地	外地	本地	外地	本地	外地	本地	外地
2014	2 100	2 115	2 200	2 218	1 100	1 080	1 258	1 295
2015	2 125	2 130	2 210	2 230	1 223	1 098	1 270	1 290

第三节 频数分布

一、频数分布的概念和种类

（一）频数分布的概念

将总体单位按某一标志分组，再将分组的结果按一定顺序排列，并且列出每组中的总体单位个数，从而形成总体单位在各组中的分布，这种表格或数列称为统计频数分布数列或次数分布数列，也称为频数分布表。分布在各个组中的总体单位数称为每一组的次数或频数，各组的频数与总频数之比称为频率，频率反映了每组的总体单位数占全部单位数的比重，频率是一种相对频数。频数分布表是统计分组的一种重要形式，它可以反映总体的结构分布状况和分布特征。编制频数分布表是统计数据整理的基本步骤。

（二）频数分布表的种类

根据分组标志的不同，频数分布表有品质型频数分布和变量型频数分布之分。

1. 品质型频数分布

将统计总体按品质标志分组所形成的频数分布，称为品质型频数分布。品质型频数分布可以反映总体中不同属性单位在各组中的分布情况。例如，上海作为开放型的国际大都市，比较重视人才培养和教育。2014 年，上海市各级各类学校学生数的频数分布如表 3.6 所示。品质型频数分布的各组排列顺序没有客观标准，仅能说明总体的组成状况。

表 3.6　2014 年上海市各级各类学校学生情况

类别	在校学生数(万人)	比上年增长(%)	毕业学生数(万人)	比上年增长(%)
普通高等学校	50.66	0.4	13.24	−1.0
普通中等学校	69.66	−4.1	19.20	2.3
普通中学	58.42	−1.6	14.32	−2.5
高中	15.74	0.4	5.10	−3.2
初中	42.68	−2.3	9.22	−2.0
中等专业学校	7.74	−16.1	3.55	28.6
职业学校	2.71	−16.4	1.04	2.0
技工学校	0.79	−2.5	0.29	−3.3
普通小学	80.30	1.3	13.12	−2.5
特殊教育学校	0.46	−2.1	0.08	持平

资料来源：http://www.stats-sh.gov.cn

2. 变量型频数分布

将总体按数量标志分组所形成的频数分布，称为变量型频数分布。变量型频数分布可以反映总体中各组间的数量差异和结构状况。例如，某班级 35 名同学某一次统计学考试，按成绩分组所形成的变量型频数分布如表 3.7 所示。变量型频数分布必须按各组变量值的大小顺序排列，这是变量型频数分布与品质型频数分布的不同之处。

表 3.7　35 名同学统计学考试成绩分组

按考试成绩分组(分)	学生数(人)	比重(%)
50～60	2	5.71
60～70	6	17.14
70～80	12	34.29
80～90	10	28.57
90～100	5	14.29
合计	35	100

统计学主要研究社会经济现象的数量方面，变量型频数分布是我们学习的重要内容。变量型频数分布必须有两个基本的构成要素：一个是作为分组标志的变量，通常用字母 x 表示；另一个是总体分布在各组中的次数或频数，用 f 表示。

统计研究的总体都是由许多性质相同的基本单位组成的，在编制频数分布表时，主要是研究按数量标志分组的变量型频数分布。根据变量的类型和每组中变量值的多少，变量型频数分布可以分为单项式频数分布和组距式频数分布。

1. 单项式频数分布

当变量是离散型或数据个数不多时，可以将一个变量值代表一组，按顺序排列，这样形成的频数分布称为单项式频数分布，如表 3.8 所示。单项式频数分布只有在数据个数不多时采用，如果数据个数很多，单项式频数分布的组数就会很多。

表 3.8　35 名同学的年龄频数分布情况

按年龄分组(岁)	学生数(人)	比重(%)
16	3	8.57
17	11	31.43
18	12	34.29
19	4	11.43
20	3	8.57
21	2	5.71
合计	35	100

2. 组距式频数分布

当变量是连续型或数据个数很多时，为了减少组数，可以将若干个数据放在一组，按顺序排列，这样编制的频数分布称为组距式频数分布，如表 3.7 所示。组距式频数分布比单项式频数分布更为实用。统计调查收集来的数据资料都是大量的，常常要编制成组距式频数分布。

在组距式频数分布中，有几个重要的基本概念是需要掌握的。第一，组限。组限是指每一组数据值中的最大值和最小值。最大值，称为组的上限；最小值，则称为组的下限。组限是一组变量值的两个极端值，反映了一组数据值的变动区间。第二，组距。每一组变量值的上限与下限之差，称为组距。组距反映了一组变量值的变动范围。若每一组的组距都相等，这种统计频数分布称为等距式频数分布，见表 3.9。若每一组的组距不全相等，这种统计频数分布称为不等距频数分布或异距频数分布，见表 3.10。因而，组距式频数分布有等距式频数分布和不等距式频数分布之分。

表 3.9　某班统计学考试成绩分布(等距分组)

按考试成绩分组(分)	学生数(人)	比重(%)
50～60	2	5.0
60～70	7	17.5
70～80	11	27.5
80～90	12	30.0
90～100	8	20.0
合计	40	100

表 3.10　某班统计学考试成绩分布(不等距分组)

按考试成绩分组(分)	组距	学生数(人)	比重(%)
50～60	10	2	5.0
60～66	6	5	12.5
66～82	16	14	35.0
82～92	10	11	27.5
92～100	8	8	20.0
合计		40	100

当变量值变动比较均匀时,可以采用等距式频数分布的形式;当变量值的变动有一定的波动性时,只能采用不等距式频数分布的形式。等距式频数分布和不等距式频数分布的采用,还要看现象本身的特点,频数分布中的变量分组同样必须遵循“组内同质,组间有差异”及“穷尽和互斥”的原则。因而,统计频数分布的种类有:品质型频数分布和变量型频数分布;变量型频数分布有单项式频数分布和组距式频数分布;组距式频数分布有等距式频数分布和不等距式频数分布两种,见图 3-1。

- 频数分布
  - 品质型频数分布
  - 变量型频数分布
    - 单项式频数分布
    - 组距式频数分布
      - 等距式频数分布
      - 不等距式频数分布

图 3-1　频数分布的种类

实际统计工作中,当总体单位数很多时,为了控制频数分布的组数,编制变量型频数分布时,有时在最小组可用“某数值以下”,在最大组用“某数值以上”表示,这种组都缺少一个组限,因此称为“开口组”。例如,某地区 1 000 家企业的产值频数分布如表 3.11 所示。表 3.11 中的第一组“500 万元以下”和第六组“8 000 万元以上”即是开口组。设计开口组的目的完全是为了控制频数分布的组数。

表 3.11　1 000 家企业的产值分布情况

按产值分组(万元)	企业数(家)
500 以下	68
500～1 000	102
1 000～3 000	249
3 000～5 000	300
5 000～8 000	245
8 000 以上	36
合计	1 000

二、频数分布表的编制

编制频数分布表是统计整理的主要内容,也是计算各种综合指标的基础。下面介绍编制变量型频数分布表的基本步骤。

（一）确定变量的类型，测定全距

变量有离散型变量和连续型变量之分，离散型变量只能取整数值，可以采用单项式频数分布的形式，而连续型变量能取任意值，通常要采用组距式频数分布的形式。确定变量的类型，可以使我们明确所要编制的频数分布表的类型。全距是全部数据值的最大值与最小值之差，反映变量值的变动范围，全距又称为极差。例如，某商店有职工 20 人，月工资额（单位：元）分别如下：

2 400　2 400　3 600　3 600　3 800　3 800　4 800　4 800　4 820　4 820
5 840　5 840　5 790　5 790　6 798　6 798　6 900　6 900　7 940　7 940

我们知道，月工资额是个连续变量，这批数据的全距＝7 940－2 400＝5 540（元），因此，可以将该商店的职工月工资额资料，编制成组距式的频数分布表。

（二）确定组距和组数

实际统计分析中，由于收集到的数据是大量的，通常要编制成组距式的频数分布。在组距式频数分布中，组距和组数密切相关，在全距一定的情况下，组距和组数成反向变化关系。组距大，组数就少；组距小，组数就多。因此，要确定合理的组距和组数。设全距为(R)，组距为(d)，组数为(n)，在等距分组的情况下，这三者之间有如下关系：$n\times d=R$。上例中，20 名职工的工资额波动性不大，可采用等距式组距频数分布表的形式，见表 3.12。

表 3.12　某商店 20 名职工月工资额分组资料

按月工资额分组（元）	职工人数（人）
2 000～3 500	2
3 500～5 000	8
5 000～6 500	4
6 500～8 000	6
合计	20

（三）确定组限和组中值

组限通常指每一组中的上限和下限，即每组变量的最大值和最小值，变量的性质不同，组限的取值也有所不同，根据统计分组理论，分组的结果不能重复，也不能遗漏。对离散型变量，通常取相邻的两个整数，分别作为相邻两组的上限和下限。如工人日加工的零件数是离散变量，在表 3.13 中，110 和 111 分别作为第一组的上限和第二组的下限。而对连续型变量，通常用同一个整数分别作为相邻两组的上限和下限。但是，必须规定，组的上限不包括在本组之内。如表 3.12 中的 5 000 不在第二组，应在第三组；6 500 不在第三组，而在第四组。

表 3.13　某车间 50 名职工日加工零件数分组

按零件数分组(个)	职工人数(人)	比重(%)
105～110	3	6.0
111～116	5	10.0
117～122	8	16.0
123～128	14	28.0
129～134	10	20.0
135～140	6	12.0
141～146	4	8.0
合计	50	100.0

在组距式频数分布表中，每一组都有若干个变量值，为了反映分布在各组中各单位变量值的一般水平，只能用每组变量值的平均水平，即用组中值来代表。组中值是各组数据的中间值，对上限、下限都齐全的闭口组而言，其组中值的计算公式为：

$$组中值=\frac{上限+下限}{2}$$

例如，表 3.12 中，各组的组中值依次是：

$$组中值=\frac{2\ 000+3\ 500}{2}=2\ 750\ (元)$$

$$组中值=\frac{3\ 500+5\ 000}{2}=4\ 250\ (元)$$

$$组中值=\frac{5\ 000+6\ 500}{2}=5\ 750\ (元)$$

$$组中值=\frac{6\ 500+8\ 000}{2}=7\ 250\ (元)$$

对缺少上限或下限的开口组而言，其组中值按下列公式计算：

$$缺下限开口组的组中值=上限-\frac{邻组组距}{2}$$

$$缺上限开口组的组中值=下限+\frac{邻组组距}{2}$$

可见，开口组组中值的计算带有一定的假定性，例如表 3.11 中：

$$第一组的组中值=500-\frac{1\ 000-500}{2}=250\ (万元);$$

$$最后一组的组中值=8\ 000+\frac{8\ 000-5\ 000}{2}=9\ 500\ (万元)$$

（四）计算各组的频数和频率

当组限、组距和组数确定后，就要计算分布在各组中的频数和频率，频数表示总体单位分布在各组中的绝对次数，频率表示总体单位分布在各组中的相对次数，各组的频率之和应等于1(100%)。

$$频率=\frac{每组的频数}{总数}$$

（五）作出频数分布的直方图和折线图

以变量为横轴，频数为纵轴，将频数分布画在平面坐标图中，即是统计频数分布直方图。以表3.12中的资料为例，20名职工月工资分组资料的频数分布直方图如图3-2所示。直方图能直观地反映总体单位在各组中的分布情况，取直方图中各长方形顶边的中点，再取直方图的左右两端竖边的中点，将它们与直方图顶端的中点连接起来，再将连线左右延长，与横轴相交，形成一条折线，就是频数分布的折线图，如图3-2所示。之所以要使折线图与横轴相交，是为了使折线与变量横轴围成的曲边形的面积等于直方图中所有的长方形面积之和。

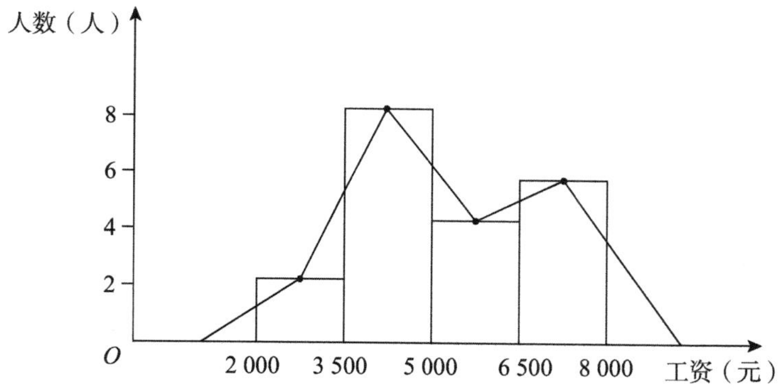

图3-2 20名工人月工资分布的直方图和折线图

图3-2频数分布的直方图和折线图是以等距式的频数分布为依据的。在不等距分组情况下，各组的频数分布还要受到组距大小的影响。为了使直方图和折线图能准确地反映频数分布的真实特征，就要消除组距因素的影响，用各组的频数密度取代频数或频率作为不等距分组的分布要素。

例如，某纺织厂105名工人完成生产定额(%)的频数分布如表3.14所示，其分布的直方图和折线图如图3-3所示。

表 3.14　105 名工人完成生产定额情况

按生产定额完成的情况分组(%)	各组工人数(人)	频数密度
70～80	2	20
80～100	22	110
100～110	32	320
110～120	29	290
120～140	20	100
合计	105	—

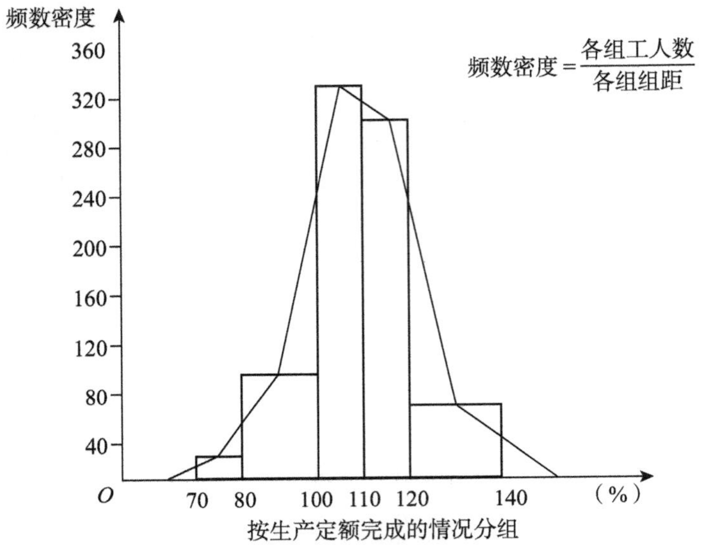

图 3-3　某纺织厂工人完成生产定额的直方图和折线图

三、累计频数分布

频数分布或次数分布，只能反映总体分布在各组中的总体单位数，如果想知道大于某个变量值的单位个数或小于某个变量值的单位个数是多少，只能靠计算各组的累计频数。某一组的累计频数是指到该组为止的各组频数之和，各组的累计频数除以总数即是各组的累计频率，它也是到每一组为止的各组频率之和。累计频数有两种计算方法：向上累计和向下累计。

(一) 向上累计

向上累计是指将各组的频数或频率，由变量值最小的组开始，依次向变量值最大的组累计。某一组的累计频数就等于到该组为止，以前各组的频数之和。某一组的向上累计频数或累计频率，表明该组上限以下的总体单位总数，即小于该组上限值的单位总数或数据总数。

（二）向下累计

向下累计是指将各组的频数或频率，由变量值最大的组开始，依次向变量值小的组累计。某一组的累计频数就等于到该组为止，以前各组的频数之和。某一组的向下累计频数或累计频率表明该组下限以上的总体单位总数，即大于该组下限值的单位总数或数据总数。

例如，某商店20名职工的月工资额分组资料的向下累计和向上累计频数见表3.15。

表3.15 20名职工的月工资额的累计频数分布

按工资额分组（元）	频数（人）		向上累计		向下累计	
	人数（人）	频率（%）	人数（人）	频率（%）	人数（人）	频率（%）
2 000～3 500	2	10.00	2	10.00	20	100.00
3 500～5 000	8	40.00	10	50.00	18	90.00
5 000～6 500	4	20.00	14	70.00	10	50.00
6 500～8 000	6	30.00	20	100.00	6	30.00
合计	20	100.00	—	—	—	—

在向上累计频数中，第三组为14，表明月工资6 500元以下的共有14人；在向下累计频数中，第三组为10，表明月工资5 000元以上的共有10人。

由表3.15看出，累计频数的特点是：同一数值的向上累计和向下累计频数之和等于总体频数，而累计频率之和等于1(100%)。计算累计频数是计算众数和中位数的基本步骤之一，将在第四章进行介绍。

四、统计频数分布的主要类型

社会经济现象的频数分布具有一定的规律性，常见的频数分布类型主要有钟形分布、U形分布和J形分布。

（一）钟形分布

钟形分布是指较大和较小的变量值出现的频数都偏小，而中等大的变量值出现的频数偏大，其分布特征是“两头小，中间大”。当我们将变量用横轴表示，频数用纵轴表示，可以把频数分布表用曲线图表示出来，因其频数分布曲线如钟形而得名钟形分布。根据变量值的分布情况，钟形分布又分为对称的钟形分布和非对称的钟形分布。

1. 对称的钟形分布

对称的钟形分布的分布特征是：中间变量值出现的频数最多，其余变量值对称地分布在中间变量值的两边，如图3-4所示。对称的钟形分布，也称为正态分布。社会经济现象中，绝大多数的频数分布是正态分布，如人的身高、体重、智力、收入分配等。我们发现，在一群自然人中，身高很高的和身高很矮的人个数相对较少，而中等身材的人较多。同样，在一群自然人中，智商极高的和智商极低的人都是少数，中等智商的人较多。

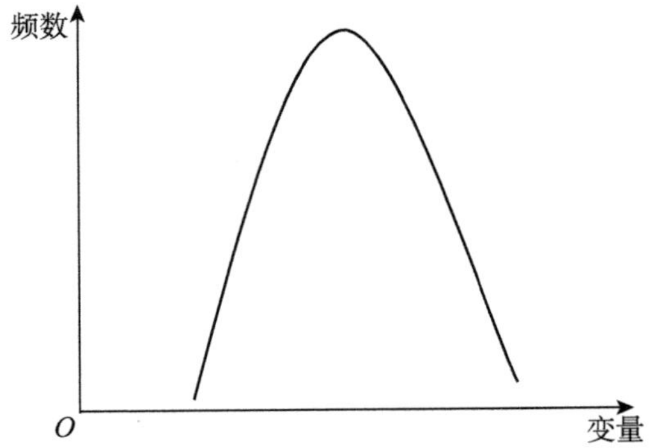

图 3-4 对称钟形分布曲线

2. 非对称的钟形分布

对称的钟形分布是钟形分布的特殊情况,一般情况下的钟形分布都是非对称的,即中等变量值分布的频数最多,其余的变量值非对称地分布在两侧,根据变量值分布的具体情况,非对称的钟形分布可分为左偏分布和右偏分布两种。

(1) 左偏分布。如果多数变量值落在左半边区域,或者频数最多的变量值偏大,从图形上看,曲线的最高点在曲线的右边,这种钟形分布就是左偏分布。如图 3-5 中的左图所示。

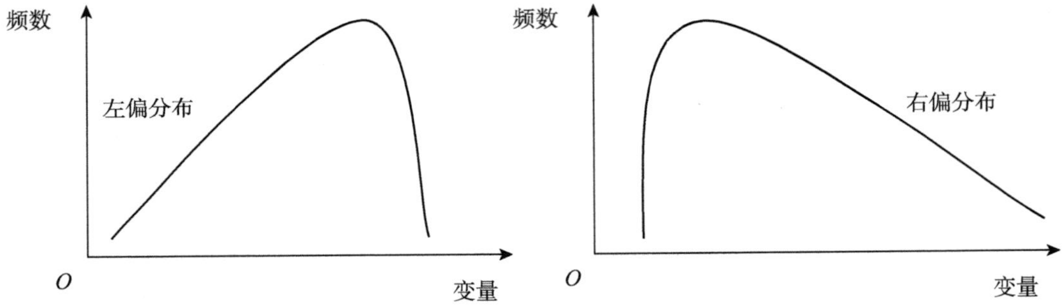

图 3-5 非对称钟形分布曲线

(2) 右偏分布。如果多数变量值落在右半边区域,或者频数最多的变量值偏小,从图形上看,曲线的最高点在曲线的左边,这种钟形分布就是右偏分布,如图 3-5 中的右图所示。

(二) U 形分布

U 形分布是指较大和较小的变量值出现的频数都偏大,而中等大的变量值出现的频数最少,其频数分布曲线很像英文字母“U”,故形象地称为 U 形分布,如图 3-6 所示。U 形分布的基本特征是“两头大,中间小”。比如,社会经济现象中,婴儿的自然死亡率较高,老年人的自然死亡率也较高,而中年人的自然死亡率偏低,所以人口自然死亡率的频数分布就是 U 形分布。

(三) J 形分布

J 形分布有正 J 形分布和反 J 形分布两种。正 J 形分布是指随着变量值的增大,数据的

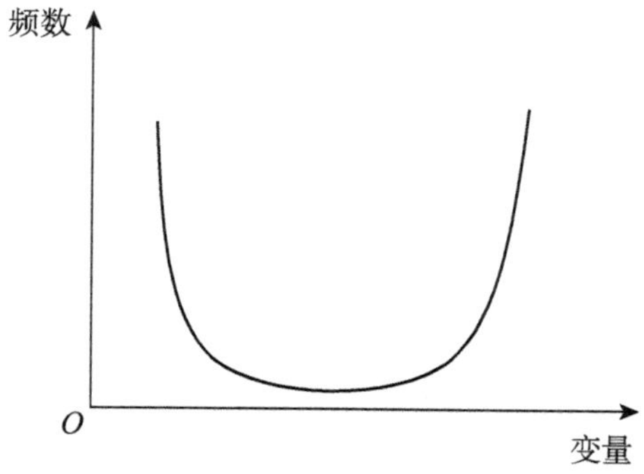

图 3-6　U 形分布曲线

频数也随之增多，变量值与频数同方向变化，大部分变量值集中分布在右边，分布曲线形如英文字母“J”，如图 3-7 的左图所示。例如，随着年龄增长，人的自然死亡率也增大。因此，老年人的自然死亡率频数分布就呈正 J 形分布。对一般商品而言，售价越高，生产者越愿意生产更多的商品，因此，一般商品的价格与供给量也服从正 J 形分布。

反 J 形分布是指随着变量值的增大，数据的频数却随之减少，变量值与分布频数反向变化，其大部分变量值集中分布在左边，分布曲线形如反写的英文字母“J”，称为反 J 形分布，如图 3-7 的右图所示。如婴儿的自然死亡频数分布就呈反 J 形分布。而一般商品售价越高，销售量就越少。因此，一般商品的价格与需求量也呈反 J 形分布。

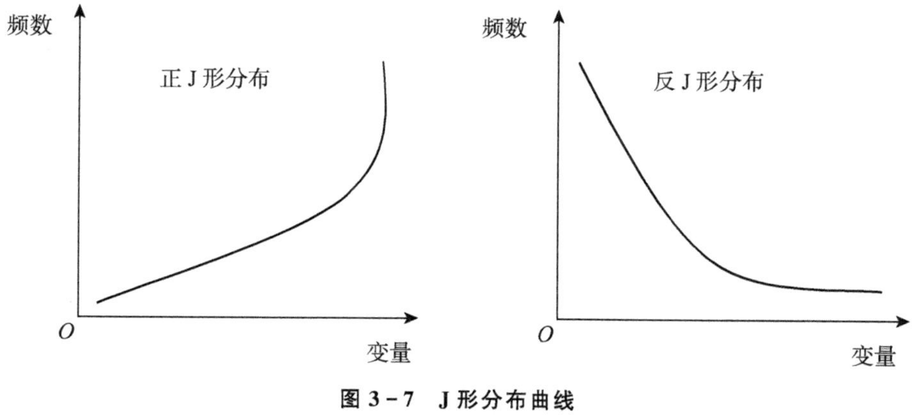

图 3-7　J 形分布曲线

第四节　统计资料的图形展示

统计资料整理好以后，可以用非常形象直观的各种图形将数据的特征、特点和信息展示出来，给读者以图文并茂的感官刺激，以留下深刻的印象，为统计分析打好基础。现代计算机技术的发展和统计软件的不断创新，为统计图形的制作提供了便利条件。最常见、最基本的办公自动化软件 Excel，就提供了大量的数据图形制作功能。Excel 的图表向导工具提供了包括条形图（Bar chart）、柱形图（Column chart）、饼图（Pie chart）、环形图（Doughnut chart）等在内的 10 多种标准类型的图形制作功能，每一种图形又有多种不同的子图形可以选择。同时，Excel 还提供了包括彩色堆积图、带深度的柱形图、管状图等在内的 20 种自定义图形制作功能,每一种自定义图形也有多种不同的子图形可以选择。Excel 简单易学,是统计图表制作的好帮手。本节简单介绍利用 Excel 制作各种统计图形,使数据整理的结果更加图像化和形象化。

一、定类数据的图形展示

定类数据属于品质数据,对于定类数据而言,我们能够计算出每个类别中的数据个数和每一类别中的数据个数占全部数据的比重,即频数和频率。鉴于定类数据的特点,我们可以用条形图和圆形图进行展示。

(一) 条形图

条形图是用宽度相等的条形表示每一类别,条形的长度表示数据的变动,长度越长,数据频数和频率越大。我们可以从条形的长短直观地判断数据的变动规律。条形图可以横置,也可以纵置,纵置时称为柱形图。例如,2005 年 7 月,开业刚过一年的经济药房上海老吉春堂大药房在上海的两家门店全部关门歇业。为此,《东方早报》的财经第一调查栏目联合上海新秦信息咨询有限公司,通过 www. searchina. net. cn 在全国范围内展开了一次调查,共有 3 635 名网民参与了此次网络调查。其中“您认为现在导致经济型药房举步维艰的原因是什么”这一问题共有四个备选答案:① 恶性竞争引起降价;② 政策不支持;③ 不能有效控制成本;④ 利润微薄。根据调查结果,29.5%的被调查者认为是恶性竞争引起降价;35.5%的被调查者认为是政策不支持;25.7%的被调查者认为是不能有效控制成本;9.3%的被调查者认为是利润微薄。因此,我们可以将调查结果列成表 3.16。利用 Excel 将上述数据做成条形图,如图 3-8 所示。

表 3.16 被调查者认为经济型药房举步维艰的原因分布

经济型药房举步维艰的原因	比重(%)
恶性竞争引起降价	29.5
政策不支持	35.5
不能有效控制成本	25.7
利润微薄	9.3
合计	100.0

条形图非常形象直观,应用广泛,制作简单,在定类数据显示中有重要意义。

(二) 饼图

饼图又叫圆形图,它是将圆形分成若干个扇形,以扇形面积的百分比表示数据的变动。圆形图适合于展示频率数据,对于频数数据不能用圆形图展示。圆形图对于研究结构性问题十分有用。我们还是利用表 3.16 中的数据,应用 Excel 的图表功能,可以将其用圆形图展示出来,如图 3-9 所示。

对于圆形图,还可以采用立体图形,如图 3-10 所示,其立体图形更加形象直观。

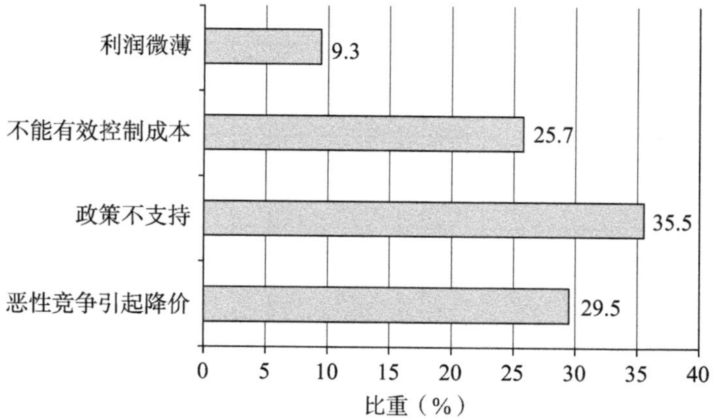

图 3-8　定类数据的条形图

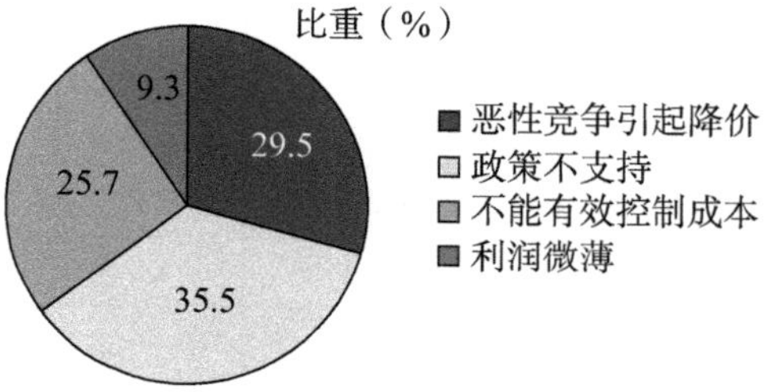

图 3-9　定类数据的圆形图

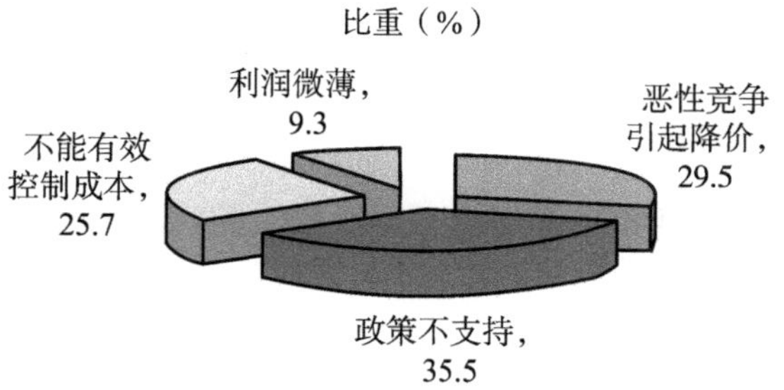

图 3-10　定类数据的立体圆形图

二、定序数据的图形展示

定序数据对客观事物的计量比定类数据又进了一步，它具有定类数据全部的特点和功能，因此，用于定类数据的图形显示方法同时也能用于展示定序数据。对定序数据而言，它还有自己独特的图形展示方法，那就是累计频数分布图和环形图。

例如：某街道对所属的两个小区的物业管理服务进行了广泛的社会调查，研究甲、乙两个小区对本小区物业服务水平的满意程度，各抽查了 320 户家庭，其中的一个问题是："您对您小区的物业服务水平是否满意"，有五个备选答案：①非常不满意；②不满意；③一般；④满意；⑤非常满意。调查结果如表 3.17 和表 3.18 所示。

表 3.17　甲小区居民对本区物业服务水平的评价

评价情况	户数	比重(%)	向上累计		向下累计	
			户数	比重(%)	户数	比重(%)
非常不满意	28	8.8	28	8.8	320	100.0
不满意	112	35.0	140	43.8	292	91.2
一般	97	30.3	237	74.1	180	56.2
满意	49	15.3	286	89.4	83	25.9
非常满意	34	10.3	320	100.0	34	10.6
合计	320	100.0	—	—	—	—

表 3.18　乙小区对本区物业服务水平的评价

评价情况	户数	比重(%)	向上累计		向下累计	
			户数	比重(%)	户数	比重(%)
非常不满意	25	7.8	25	7.8	320	100.0
不满意	103	32.2	128	40.0	295	92.2
一般	82	25.6	210	65.6	192	60.0
满意	68	21.2	278	86.8	110	34.4
非常满意	42	13.2	320	100.0	42	13.2
合计	320	100.0	—	—	—	—

将上述资料用下面两种图形展示出来。

(一) 累计频数分布图

根据表中的累计频数,利用 Excel 的折线图功能,可以作出甲、乙两个小区的累计频数分布图,见图 3-11～图 3-14。

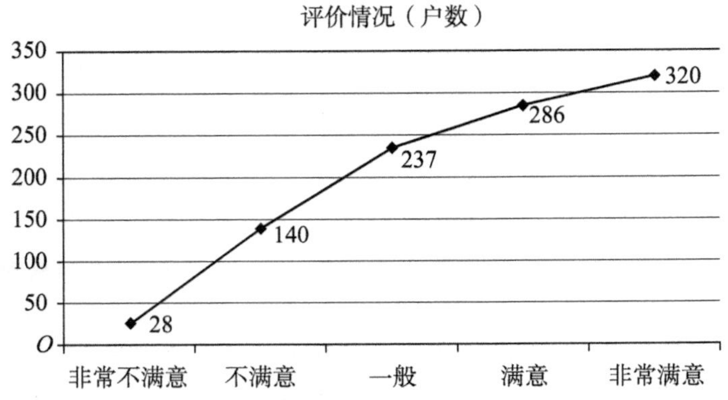

图 3-11　甲小区向上累计频数分布图

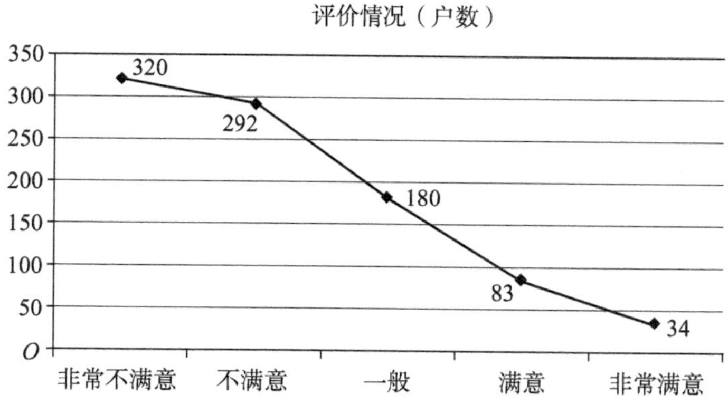

图 3-12　甲小区向下累计频数分布图

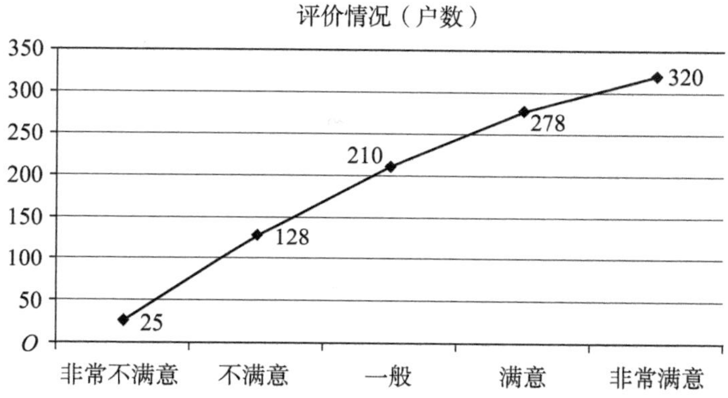

图 3-13　乙小区向上累计频数分布图

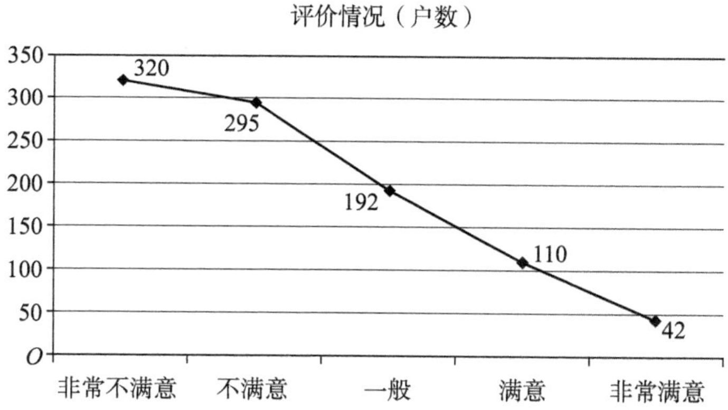

图 3-14　乙小区向下累计频数分布图

（二）环形图

环形图与圆形图相比，最大的特点是，环形图是一个空心的圆环，总体中的每部分数据用环中的一段表示。环形图可以同时展示两个以上总体的数据分布情况，便于进行比较研究。而圆形图只能展示一个总体中各部分数据所占的比重。图 3-15 是两个小区对本小区物业服务满意程度的环形图。

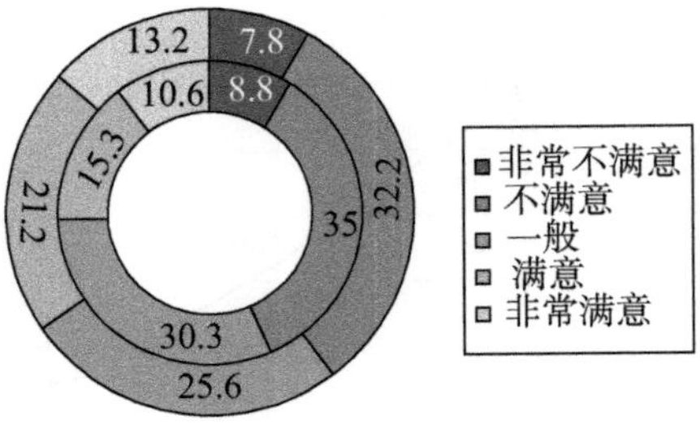

图 3-15 甲乙两个小区的环形图

三、定距数据和定比数据的图形展示

前面介绍的图形展示方法同样适合展示定距数据和定比数据。定距数据和定比数据是数值型数据,这两类数值型数据还可以用特定的图形进行展示。

(一) 直方图和折线图

直方图和折线图适合展示已分组的数据资料。关于直方图和折线图的制作已在前文作过介绍,此处不再赘述。需要说明的是,直方图和条形图之间的区别。一是条形图的宽度是任意设定的,而直方图的宽度则是分组数据的组距,也就是说,条形图的宽度是没有任何实际意义的。二是条形图的相邻条形之间是可以间隔开的,而直方图的每个小长方形必须是紧密相连的,这是因为数值型数据是连续分布的,分组时常用同一个数值作为相邻组的上下限。三是条形图是用条形的长度表示各类别数据的多少,而直方图是用面积表示各组频数的多少。

(二) 茎叶图

前面介绍的各种图形都有一个共同的特点,即图形中看不出原始数据,这对于统计资料的使用者来说,有诸多不便。茎叶图即可以展示数据的特征,又能显示出原始数据,对数据资料的使用者和分析者来说非常方便。

制作茎叶图不需要对原始数据进行分组,只要对原始数据进行大小排序即可。茎叶图由"茎"和"叶"两部分组成,"茎"由数据中的高位数字组成,"叶"由数据中的低位数字组成。茎叶图类似于横置的直方图,同时又保留了原始数据的信息。通过茎叶图,我们可以看出数据的分布形状以及原始数据。

例如,某行业管理局所属 40 家企业 2015 年的产品销售收入如下(单位:万元):152 124 129 116 100 103 92 95 127 104 105 119 114 115 103 118 142 135 125 117 108 105 110 107 137 120 136 117 108 97 88 123 115 119 138 112 146 113 126 87

试根据上面的数据,编制茎叶图。

根据上述数据的特征,对原始数据进行排序后,取每个数据高位上的数字组成"茎",高位数字分别是 8、9、10、11、12、13、14、15,相应数据的个位数字组成"叶",将"茎"和"叶"分别列示在竖线的两旁，即组成图 3－16 所示的茎叶图。

树茎	树叶	数据个数
8	7 8	2
9	2 5 7	3
10	0 3 3 4 5 5 7 8 8	9
11	0 2 3 4 5 5 6 7 7 8 9 9	12
12	0 3 4 5 6 7 9	7
13	5 6 7 8	4
14	2 6	2
15	2	1

图 3－16　未分组数据的茎叶图

上述茎叶图中的“茎”都是十位数字或百位数字，“叶”上的都是个位数字，两者结合起来就表示原始数据。如，茎上的“8”字表示“80”；“15”表示“150”，再加上叶上的数字，就组成“87”，“88”，…，“152”。例题中的茎叶图相当于原始数据分成组距为 10 的等距频数分布，当数据个数较多时，还可以将茎叶图的“茎”拉长，“叶”变短，只要将一片叶子上的数据适当地分成两片就可以了。茎叶图相当于按顺序排列的条形图。

（三）散点图

社会经济现象之间一般都是有联系的，对于两种有联系的社会经济现象，我们可以用形象直观的散点图来显示。实际上，当我们收集到任何两个现象同时发生变化的相关数据时，都可以利用散点图对这两个现象之间的变动关系进行直观的描述。散点图的形态有助于我们判断现象之间的变化关系。例如，2009—2012 年中国金融业从业人员数和金融业实现的增加值如表 3.19 所示，我们可以利用散点图将表中的数据关系显示出来，见图 3－17。由图 3－17 我们可以看出，2009—2012 年，中国金融业从业人员数与金融业实现的增加值具有同向的变化关系。

表 3.19　中国金融业从业人员数和金融业增加值

年份	从业人员数（万人）	金融业增加值（亿元）
2009	449.0	17 767.5
2010	470.1	20 980.6
2011	505.3	24 958.3
2012	527.8	28 722.7

资料来源：中国统计年鉴

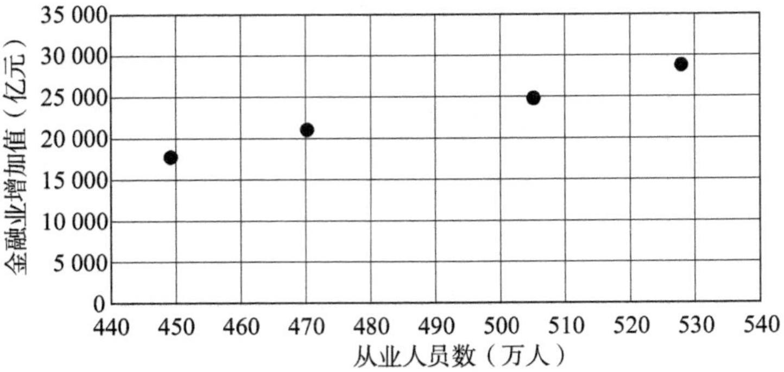

图 3-17 双变量散点图

(四) 折线图

折线图是用来描述两个现象之间的相互变化关系的统计图形,只要我们将散点图中的相邻两个散点用直线段连接起来,就可以得到折线图。折线图非常形象直观地刻画了两个变量之间的依存关系。将图 3-17 用折线图描述,见图 3-18。从图 3-18 我们可以看出,2009—2012 年间,随着从业人员数的增加,金融业实现的增加值逐年增长。此外,折线图还可以用来显示随时间变化而变化的时间序列数据的特征。表 3.20 是 2005—2013 年,我国每年实际使用的外商直接投资额,为了形象地描述我国外商直接投资额的变化,利用 Excel 的图表功能可以作出外商直接投资额随时间变化的折线图,见图 3-19。

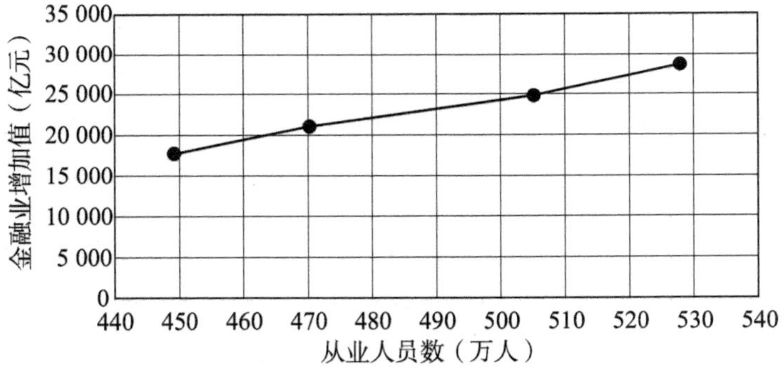

图 3-18 双变量折线图

表 3.20 2005—2013 年我国实际使用的外商直接投资额

年份	实际使用外商直接投资(亿美元)
2005	603.25
2006	630.21
2007	747.68
2008	923.95
2009	900.33
2010	1 057.35
2011	1 160.11
2012	1 117.16
2013	1 175.86

资料来源:中国统计年鉴

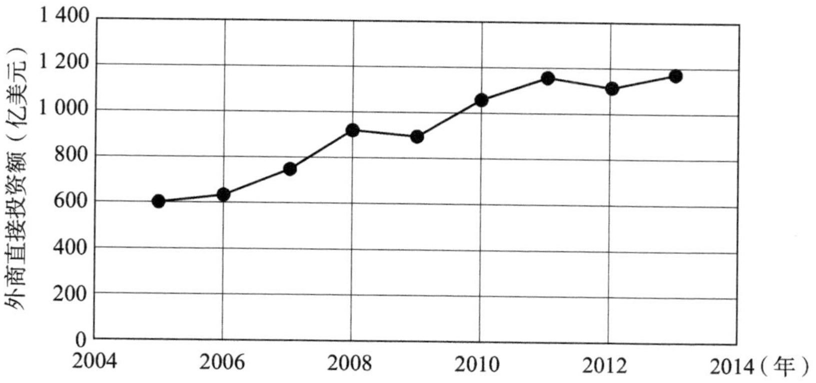

图 3－19　时间序列数据的折线图

除了前面介绍的常用统计图形外，还有箱线图和雷达图可以用来显示数据的分布特征。箱线图既能反映数据分布的特征，也能反映原始数据。用一组数据的最大值（Maximum value）、最小值（Minimum value）、中位数（Median）、两个四分位数（Quartile）共 5 个特征值可以绘制箱线图。雷达图（Radar chart）是反映多个变量之间的差异性或相似性的统计图形，适合于显示面板数据的分布特征。箱线图和雷达图不如柱形图、散点图、折线图和圆形图常用。Excel 2013 还提供了面积图、气泡图等图形的制作功能。感兴趣的同学可以参照 Excel 的图表向导功能学习其他统计图形的制作。

四、数据可视化

现在是信息大爆炸的时代。随着人类社会的进步和发展，随着现代科学技术的广泛应用，生产规模越来越大，生产方式越来越复杂，人们每天都会面对海量的数据信息，大数据科学应运而生。然而，数据本身是枯燥的、无序的、冰冷的，并且是令人生厌的。这就需要把数据和数据之间的联系和规律，用生动的、形象的、直观的、优雅的、交互的和动态的方式展现出来。计算机科学、信息科学和图形科学的发展为数据的展现方式提供了创新性的方法——数据可视化。

数据可视化是数据的视觉表现方式。美国著名的数据统计记者、数据可视化专家大卫·麦克坎德雷斯（David McCandless）在他的新作《信息之美》中提到："数据是新的石油。它是一种无处不在、只待挖掘的资源，给了我们全新的眼光来洞察世界"。数据可视化主要旨在以某种概要形式提取出数据中隐含的信息，借助于图形化手段，使用技术上较为高级的技术方法，利用图形图像处理、计算机视角和用户界面、通过建模以及对立体、表面、属性和动画显示，清晰有效地传达与沟通信息，对数据加以可视化解释。数据可视化拥有对统计数据的多种表现形式，它对数据的展示是美丽的，有趣味的，是理性和感性、"美"与"用"相结合的艺术品，让我们感受不一样的数据语言，可以换一个角度看数据。

中国国家统计局网站（http://data.stats.gov.cn/vchart.htm）提供了丰富的数据可视化产品，如第三次全国经济普查数据可视化系统，GDP、CPI、PPI、固定资产投资、民间投资、房地产投资、规模以上工业增加值、消费品零售额、第三次全国经济普查公报等。

第五节　统计表

一、统计表的作用

统计表是统计资料的一种表格表现形式，是用于统计资料登记、整理、分析和展示数据信息的一种表格。在统计研究工作中，统计表的作用主要有以下几点。

第一，能使大量的统计数据资料系统化和条理化，能更清晰地表述统计资料的基本内容，展示数据信息。

第二，简单明了、直观地反映总体的数量特征和数量关系。

第三，便于进行数据资料的比较、核查和分析。

统计表是统计工作中的重要工具，不同工作阶段有不同的统计表，如调查阶段的调查表，数据整理阶段的频数分布表及计算分析表等。

二、统计表的结构

从表的内容上来看，统计表由主词和宾词两个基本部分构成。主词是统计表所要说明的总体及其分组结果，宾词是统计表中用来说明主词的统计指标。通常情况下，统计表的主词排列在表的左方，宾词排列在表的右方。从表的构成要素看，统计表由以下几部分构成，见表 3.21。

表 3.21　2013 年我国中央和地方公共财政主要支出项目←表题

横行标题→　　←纵栏标题　　←数据资料

项目	公共财政支出(亿元)	
	中央	地方
合计	20 471.76	119 740.34
一般公共服务	1 001.46	12 753.67
外交	354.37	1.39
国防	7 177.37	233.25
公共安全	1 297.03	6 489.75
教育	1 106.65	20 895.11
科学技术	2 368.99	2 751.31
社会保障和就业	640.82	13 849.72
医疗卫生与计划生育	76.7	8 203.2
金融监管等事务支出	164.32	212.97
国债还本付息支出	338.7	2 933.09

资料来源：中国统计年鉴 2014←附加说明

（1）表题（总标题）。即表的名称，简要说明统计表的基本内容，一般列于表的正上方。

（2）横行标题。总体的名称或分类（组）名称，说明统计表统计的各种项目，列在表的左边，通常是第一列。

（3）纵栏标题。说明统计表记录的各项统计指标，列在表的上方，通常是第一行。

（4）数据资料。统计表中横行标题与纵栏标题相交汇的地方及其相应的统计数据。

（5）附加说明。对表中的分组、指标计算方法、计算口径和资料来源等项目所做的解释说明。

三、统计表的种类

按照统计表的主词是否分组以及分组的程度，可以把统计表分为简单表、简单分组表和复合分组表。

（一）简单表

表的主词未经任何分组的统计表称为简单表。简单表的主词仅按总体各单位名称排列或按时间顺序排列，当总体较简单且单位数不多时采用，如表 3.22，表 3.23 所示。

表 3.22　某小组学生的统计学考试成绩

姓名	成绩（分）
刘芳	69
张山	78
李思	85
王英	95
李明	56
卢晓雯	68
孙兵	72

表 3.23　我国证券市场境外筹资额与实际使用外资额

年份	境外筹资额（亿元）	实际使用外资额（亿元）
2000	562.21	3 370.79
2001	70.21	3 881.66
2002	181.99	4 366.87
2003	534.65	4 430.63
2004	648.08	5 014.10
2005	1 544.38	4 674.84
2006	3 130.59	4 483.17

资料来源：中国证券期货统计年鉴 2007

(二) 简单分组表

表的主词按照某一标志进行简单分组的统计表,称为简单分组表。简单分组表可以说明总体内不同类型组的数量特征,如表 3.24 所示。

表 3.24 某班级 40 名学生统计学考试成绩汇总

按考试成绩分组(分)	学生数(人)	比重(%)
50～60	3	7.50
60～70	9	22.50
70～80	16	40.00
80～90	8	20.00
90～100	4	10.00
合计	40	100.00

(三) 复合分组表

表的主词按照两个或两个以上的标志进行复合分组的统计表,称为复合分组表。复合分组表能够更深刻、更详细地反映客观现象,如表 3.25 所示。

表 3.25 某高校商学院学生构成情况

按专业和性别分组		学生数(人)
金融学	男生	35
	女生	33
会计学	男生	12
	女生	18
工商管理	男生	45
	女生	35
国际贸易	男生	16
	女生	14
市场营销	男生	15
	女生	15
管理科学与工程	男生	38
	女生	32

四、编制统计表的规则

编制统计表时应注意以下几个方面。

（1）统计表的表题应简明地概括所要反映的内容。

（2）表中必须注明数值资料的计量单位。

（3）表中上下各栏数字的位数应当对齐，同类数字要保持统一的有效数字。不要求填写或无数字的空格，用短横线“—”填入，缺少数字的或数字小而达不到规定大小的数字的空格，用省略号“……”填入。

统计表一般用开口式，即表的上下两条边通常用粗线封口，左右两边不画边线。

Excel 作为常用的办公自动化软件，提供了专业化的统计表格制作功能，我们可以利用 Excel 设计制作精美的统计表。

本章小结

1. 统计数据资料的整理是统计研究的一项重要工作，不同的数据资料有不同的整理方法，要根据数据资料的特点选用适当的整理方法。

2. 统计分组法是数据资料整理的基础，应该熟练掌握统计分组的技术和技巧。

3. 将数据资料按某种标志分组，把分组的结果按一定顺序排列，并计算出每组中的数据个数，可以看出统计数据的分布，这个表格称为统计频数分布表。

4. 频数分布表可以有品质型频数分布表和变量型频数分布表两种基本类型，变量型频数分布表是统计研究的重点。变量型频数分布表又分为单项式频数分布表和组距式频数分布表两种。如果组距式频数分布表中每组的组距都相等，就是等距式频数分布表数列，否则就是不等距式频数分布表。

5. 组限、组中值、组距是组距式频数分布表的重要概念。

6. 统计数据的图形显示使得数据的规律性能直观形象地表现出来，现代统计分析技术离不开数据的图形展示。

7. 统计表是统计资料的表格表现形式，学会设计统计表能够提高统计分析的技巧。利用 Excel 可以设计制作出精美的统计表。

重要词汇

统计整理、统计分组、分组标志、简单分组、复合分组、频数分布表、单项式频数分布表、组距式频数分布表、组限、组中值、组距、开口组、统计表。

练习题

一、思考题

1. 什么是统计频数分布表？

2. 统计分组有何作用？

3. 单项式频数分布表与组距式频数分布表有何差异?
4. 如何编制数值型频数分布表?
5. 统计表的构成要素有哪些?
6. 统计数据可视化用到了哪些技术?

二、单项选择题(每题只有一个正确答案)

1. 某连续型变量数列,其末组为500以上,又知其邻近组的组中值为480,则末组的组中值为(　　)。

A. 520　　B. 510　　C. 530　　D. 540

2. 频数分布表中各组频率的总和应该(　　)。

A. 小于1　　B. 等于1　　C. 大于1　　D. 不等于1

3. 某连续变量分为四组,第一组为400～500,第二组为500～600,第三组为600～700,第四组为700～800,那么(　　)。

A. 500在第一组,700在第四组　　B. 600在第二组,800在第四组
C. 500在第二组,700在第四组　　D. 600在第二组,700在第三组

4. 数值型频数分布表的两个构成要素是(　　)。

A. 一个是单位数,另一个是指标数　　B. 一个是指标值,另一个是频数分布
C. 一个是分组,另一个是频数　　D. 一个是总体总量,另一个是标志值

5. 指出下面哪种分组是按品质标志分组(　　)。

A. 企业按职工人数多少分组　　B. 企业按资金拥有量分组
C. 企业按经济类型分组　　D. 企业按设备拥有量分组

6. 对职工的生活水平状况进行分组研究,正确地选择分组标志应当用(　　)。

A. 职工月工资总额的多少　　B. 职工人均月收入额的多少
C. 职工家庭成员平均月收入额的多少　　D. 职工的人均月岗位津贴即奖金的多少

7. 有10名工人看管的机器台数资料如下:2,5,4,4,3,3,4,3,4,5,按以上资料编制频数分布表,应采用(　　)。

A. 单项式分组　　B. 等距式分组
C. 不等距分组　　D. 以上几种分组都可以

8. 划分连续型变量的组限时,相邻组的组限必须(　　)。

A. 相等　　B. 不等　　C. 重叠　　D. 间断

9. 将某地区40个工厂按产值多少分组而编制的频数分布表中,变量是(　　)。

A. 产值　　B. 工厂数
C. 各组的产值数　　D. 各组的工厂数

10. 下列按数量标志分组的是(　　)。

A. 学生按专业分组　　B. 学生按年龄分组
C. 学生按籍贯分组　　D. 学生按民族分组

11. 在组距式频数分布数列中,组中值代表每组变量值的(　　)。

A. 最高水平　　B. 最低水平
C. 平均水平　　D. 随机水平

12. 对离散型变量数据进行分组时,相邻组的组限是(　　)。

A. 相邻的两个数字　　B. 相邻的两个整数
C. 相等的两个数字　　D. 相等的两个整数

13. 下列属于按数量标志分组的是(　　)。

A. 金融机构按注册地分组　　B. 金融机构按国别分组

C. 金融机构按主营业务分组　　D. 金融机构按年净利息收入额分组

14. 统计分组的结果表现为(　　)。

A. 组内同质性，组间差异性　　B. 组内同质性，组间同质性

C. 组内差异性，组间差异性　　D. 组内差异性，组间同质性

15. 正常情况下，按年龄分组的人口自然死亡率的分布是(　　)。

A. U形分布　　B. J形分布　　C. 钟形分布　　D. V形分布

三、多项选择题(每题至少有两个正确答案)

1. 正确选择分组标志的原则是(　　)。

A. 应当根据研究的目的与任务选择分组标志

B. 要选择能够反映事物本质或主要特征的标志

C. 要根据现象的历史条件及经济条件来选择分组标志

D. 要根据数量标志与品质标志的不同来选择

E. 要根据数量指标分组

2. 在组距式频数分布数列中，其种类有(　　)。

A. 闭口式的　　B. 开口式的　　C. 等距式的

D. 不等距式的　　E. 有组限的

3. 在组距式频数分布数列中，组距的大小(　　)。

A. 同总体单位数的多少成正比　　B. 同组数的多少成正比

C. 同组数的多少成反比　　D. 同全距的大小成正比

E. 同全距的大小成反比

4. 按主词的分组情况，统计表有(　　)。

A. 简单表　　B. 调查表　　C. 简单分组表

D. 汇总表　　E. 复合分组表

5. 按数量标志将总体分组，形成的频数分布数列是(　　)。

A. 变量型　　B. 品质型　　C. 变量分布(分配)数列

D. 品质分布(分配)数列　　E. 次数分布(分配)数列

6. 影响频数分布的要素是(　　)。

A. 变量值的大小　　B. 变量性质不同　　C. 选择的分组标志

D. 组距与组中值　　E. 组限与组中值

7. 下列按品质标志分组的有(　　)。

A. 职工按工资分组　　B. 工人按职业分组

C. 国民经济按产业分组　　D. 国民经济按地区分组

E. 人口数按人均收入分组

8. 统计分组的主要作用是(　　)。

A. 发现事物的特点与规律　　B. 反映总体内部结构的变化

C. 研究现象之间的依存关系　　D. 将复杂的现象划分为不同类型

E. 说明总体单位的数量特征

9. 在组距式频数分布数列中，组中值的计算公式是(　　)。

A. $组中值=\frac{上限+下限}{2}$　　B. $组中值=上限-\frac{下限}{2}$　　C. $组中值=上限+\frac{下限}{2}$

D. $缺下限开口组的组中值=上限-\frac{相邻组组距}{2}$

E. 缺上限开口组的组中值=下限+$\frac{相邻组组距}{2}$

10. 下列按数量标志分组的有(　　)。

A. 工人按产量分组　　B. 职工按年龄分组

C. 学生按考试成绩分组　　D. 企业按年产量分组

E. 金融机构按资产规模分组

11. 对原始资料进行审查的方法主要有(　　)。

A. 比较审查法　　B. 逻辑检查法　　C. 计算检查法

D. 结构检查法　　E. 总体审查法

12. 社会经济现象的频数分布类型主要有(　　)。

A. U形分布　　B. J形分布　　C. 钟形分布

D. V形分布　　E. S形分布

13. 对离散型变量数据进行分组时,可采用(　　)。

A. 单项式分组　　B. 组距式分组

C. 相邻组的组限相等　　D. 相邻组的组限是相邻的整数

E. 相邻组的组限不等

14. 假设商业银行的不良资产占金融机构不良资产的87.30%,这一数字是(　　)。

A. 频数　　B. 频率　　C. 频数密度

D. 相对次数　　E. 累计次数

四、计算题

1. 某班级50名学生的统计学考试成绩如下:

56　84　85　66　51　67　99　72　53　61　72　84　76　69　75　74　70

90　72　82　63　66　87　78　75　61　93　70　59　67　61　95　41　79

92　73　75　88　86　80　84　66　78　69　87　99　74　79　72　80

试编制该班学生的统计学考试成绩频数分布,并绘制频数分布的直方图和折线图。

2. 某车间同工种的40名工人完成生产定额的百分数资料如下:

97　88　123　115　119　158　112　146　117　108　105　110　107　137

120　136　125　127　142　118　103　87　115　114　117　124　129　138

100　103　92　95　113　126　107　108　105　119　127　104

试编制等距式的频数分布,并绘制频数分布的直方图和折线图。

3. 某商店有职工20人,月工资额(单位:元)分别如下:

5 500　5 800　6 400　6 700　6 600　6 500　6 800　6 800　7 000　7 000　7 200

7 200　7 400　7 400　6 900　6 900　6 980　6 980　5 900　5 900

利用分组法,将上述20人的工资分成三个组,并说明该店职工工资的特征。

4. 某班级40名同学的年龄(单位:岁)如下:

16　18　17　17　18　18　18　19　20　17　17　18　18　19

22　19　18　18　17　18　18　17　17　22　17　16　19　18

21　20　18　20　21　18　21　20　18　20　19　18

试分别编制单项式和组距式的频数分布。

附录

学习 Excel 软件的基本统计功能

1. 用 Excel2013 制作定类数据的频数分布表和条形图

我们将通过下面的例子，来说明具体的操作步骤。

例：某高校商学院对 2015 级入学新生进行专业分布调查，随机访问了 60 名新同学，他们的专业如附表 3.1 所示。

附表 3.1　60 名新生的专业调查结果

市场营销	金融学	信息管理与信息系统	国际经济与贸易
工商管理	工商管理	工商管理	金融学
信息管理与信息系统	市场营销	金融学	会计学
会计学	国际经济与贸易	国际经济与贸易	工程管理
国际经济与贸易	物流管理	市场营销	金融学
物流管理	国际经济与贸易	市场营销	物流管理
物流管理	会计学	物流管理	会计学
金融学	国际经济与贸易	会计学	工商管理
工商管理	物流管理	金融学	金融学
会计学	金融学	会计学	会计学
工商管理	会计学	物流管理	物流管理
工商管理	物流管理	信息管理与信息系统	信息管理与信息系统
工程管理	工商管理	工程管理	工程管理
物流管理	工程管理	工程管理	信息管理与信息系统
会计学	金融学	物流管理	物流管理

我们要了解该学院入学新生的专业分布情况，利用表中的调查资料，借助 Excel 的统计分析功能，编制 60 名新生的专业频数分布表，并通过绘制条形图以显示专业分布的特征。

为了便于计算机处理，首先，必须将每个专业用数字代码表示，各专业的数字代码分别是：1 代表金融学、2 代表国际经济与贸易、3 代表市场营销、4 代表工商管理、5 代表会计学、6 代表工程管理、7 代表物流管理、8 代表信息管理与信息系统。

其次，将各专业名称和代码输入 Excel 的 A1：B61 中，并且将各专业代码输入 C4：C11 中。

第三，利用 Excel 制作次（频）数分布表和条形图，具体步骤如下所示。

第一步：点击“数据”工具栏。

第二步：点击“数据分析”选项。

第三步：在分析工具中选择“直方图”。

第四步：当出现对话框时，在“输入区域”对话框内输入 B2：B61；在“接受区域”对话框内输入 C4：C11；在“输出区域”对话框内输入 D3；然后选择“累积百分率”，选择“图表输出”，点击“确定”。

Excel 的输出结果如附表 3.2 中所示，对输出结果稍加整理编辑，即可得到令人满意的频数分布表和条形图。

我们还可以根据输出的频数分布图,利用图表功能制作条形图。具体步骤如下所示。

第一步:选定数据区域 B2:B61。

第二步:点击“图表向导”菜单,在“图表向导—4 步骤之 1—图表类型”对话框中,点击“标准类型”中的“条形图”,选中一种条形图后,点击“下一步”。

第三步:在“图表向导—4 步骤之 2—图表源数据”对话框中,选择“数据区域”中的“列”,并点击“下一步”。

第四步:在“图表向导—4 步骤之 3—图表选项”对话框中,分别点击“标题”“坐标轴”“网格线”“图例”“数据标志”的菜单,依次对图表进行编辑。

第五步:在“图表向导—4 步骤之 4—图表位置”对话框中,点击“作为其中的对象插入”,并点击“完成”。Excel 就输出条形图。再利用鼠标对图形进行编辑,直到满意为止,见附表 3.2。

附表 3.2

专业名称	代码
市场营销	3
工商管理	4
信息管理与信息系统	8
会计学	5
国际经济与贸易	2
物流管理	7
物流管理	7
金融学	1
工商管理	4
会计学	5
工商管理	4
工商管理	4
工商管理	4
物流管理	7
会计学	5
工程管理	4
市场营销	3
国际经济与贸易	2
物流管理	7
国际经济与贸易	2
物流管理	7
国际经济与贸易	2
会计学	5
国际经济与贸易	2
物流管理	7
金融学	1
会计学	5
物流管理	7

代码	接收	频数	累积
1	1	6	10.00%
2	2	8	23.33%
3	3	4	30.00%
4	4	9	45.00%
5	5	10	61.67%
6	6	5	70.00%
7	7	13	91.67%
8	8	5	100.00%
	其他	60	100.00%

专业名称	频数	频率(%)
金融学	6	10.00
国际经济与贸易	8	13.33
市场营销	4	6.67
工商管理	9	15
会计学	10	16.67
工程管理	5	8.33
物流管理	13	21.67
信息管理与信息系统	5	8.33
合计	60	1

（续表）

专业名称	代码
工商管理	4
工程管理	6
信息管理与信息系统	8
工商管理	4
金融学	1
国际经济与贸易	2
市场营销	3
市场营销	3
物流管理	7
会计学	5
金融学	2
会计学	5
物流管理	7
信息管理与信息系统	8
工程管理	6
工程管理	6
物流管理	7
国际经济与贸易	2
金融学	1
会计学	5
工程管理	6
金融学	1
物流管理	7
会计学	5
工商管理	4
金融学	1
会计学	5
物流管理	7
信息系统与信息管理	8
工程管理	6
信息系统与信息管理	8
物流管理	7

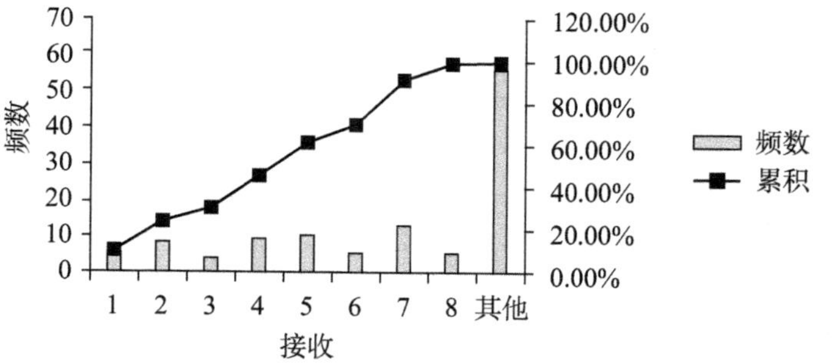

直方图

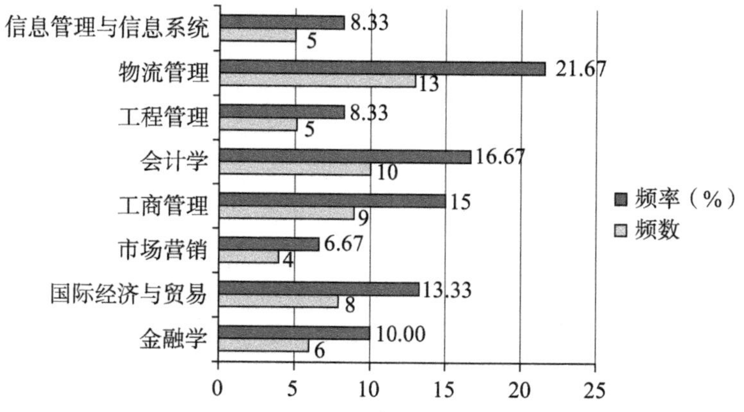

条形图

2. 用 Excel 2013 制作定量数据的频数分布表和条形图

已知 50 名同学统计学课程的考试成绩，将考试成绩数据输入 A1:A51，其中 A1 是标志行。首先，根据成绩数据的基本情况，将 50 个数据分成 6 组，每组的组距都是 10，分别是 40～50，50～60，60～70，70～80，80～90，90～100。由此可知每组的上限分别是 50，60，70，80，90，100。其次，将每组的上限输入 B2:B7。然后，利用 Excel 制作次(频)数分布表和条形图。具体步骤如下所述。

第一步：点击“数据”工具栏。

第二步：点击“数据分析”选项。

第三步：在分析工具中选择“直方图”。

第四步：当出现对话框时，在“输入区域”对话框内输入 A1:A51；在“接受区域”对话框内输入 B2:B7；在“输出区域”对话框内输入 D2；选择“图表输出”，点击“确定”。稍加修饰，即可以得到定量数据的频数分布表和直方图，见附表 3.3。

附表 3.3

考试成绩	每组上限
56	50
84	60
85	70
66	80
51	90
67	100
99	
72	
53	
61	
72	
84	
76	
69	
75	
74	
70	
90	
72	
82	
63	
66	
87	

接收	频数	频率	累积(%)
50	1	0.02	2.00%
60	4	0.08	10.00%
70	13	0.26	36.00%
80	17	0.34	70.00%
90	10	0.2	90.00%
100	5	0.1	100.00%
合计	50	1	

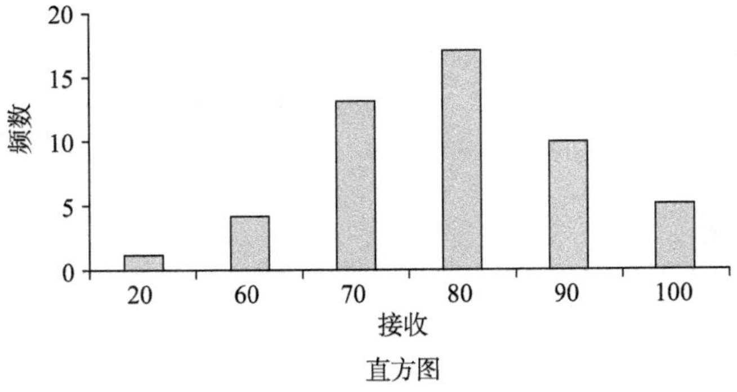

（续表）

考试成绩	每组上限
78	
75	
61	
93	
70	
59	
67	
61	
95	
41	
79	
92	
73	
75	
88	
86	
80	
84	
66	
78	
69	
87	
99	
74	
79	
72	
80	

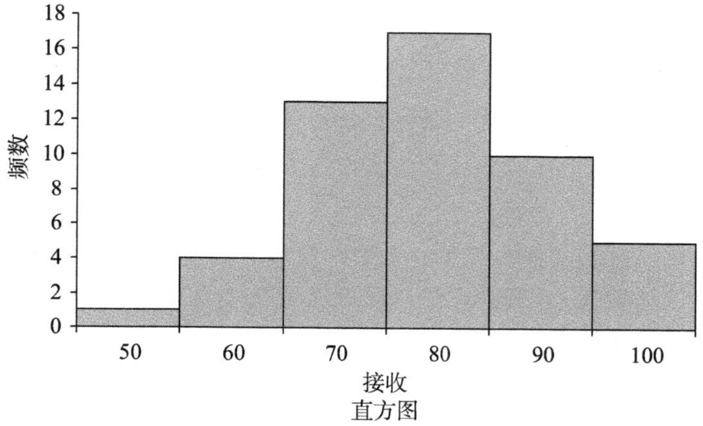

第四章

数据资料的分析

本章学习目的

学习如何对数据资料进行必要的描述统计分析。了解描述社会经济现象总体数量特征的基本指标。熟悉总量指标、相对指标、平均指标的计算和应用。掌握度量数据离散趋势的基本方法。

社会经济统计是从社会现象的数量方面来认识现象本质特征的。对于统计调查所取得的大量原始统计数据，必须按统计研究的目的和任务的需要，对数据资料进行加工处理，提炼出数据中的有用信息，反映总体各方面的相互联系和规律。万物皆有联系，统计研究还要对不同的总体进行比较，说明相互联系的程度、相互之间的差异以及效率。要达到这一目标，就要借助于各种各样的统计指标。

统计指标是根据调查单位的标志汇总加工的结果，是说明总体数量特征的综合性数字，简称为综合指标。综合指标按其反映社会经济现象数量和特点的不同，可以分为三类：即总量指标、相对指标和平均指标。总量指标表现为绝对数，相对指标表现为相对数，平均指标表现为平均数。在这三类综合指标中，总量指标是基础、是根本，相对指标和平均指标是由总量指标派生出来的。本章主要介绍有关描述性统计指标的计算和应用。

第一节　总量指标

一、总量指标的概念和作用

（一）总量指标的概念

总量指标是用绝对数形式表现的反映社会经济现象在一定时间、地点、条件下的总规模或总体水平的统计指标，其表现形式是绝对数。统计研究的是社会现象总体的数量方面，因此，我们首先需要了解总体的总量规模，这就需要用到总量指标。例如，一个国家或地区人口总数、可耕地面积、年度国内生产总值、交通运输部门的货物运输量和旅客运输量、旅游景点接待的游客总人数等都是总量指标。根据银监会的统计，2015 年第一季度和第二季度中国银行业金融机构总资产分别是 1 787 763 亿元和 1 884 776 亿元，总负债分别是 1 657 996 亿元和 1 751 783 亿元；其中大型商业银行的总资产分别是 741 986 亿元和 776 585 亿元，总负债分别是 685 674 亿元和 720 653 亿元；股份制商业银行的总资产分别是 324 286 亿元和 350 314 亿元，总负债分别是 304 024 亿元和 328 971 亿元。这些统计数据都是绝对数的总量指标，反映了中国银行业金融机构的资产规模和负债规模。

（二）总量指标在社会经济统计中的作用

1. 总量指标可以反映一个国家、一个地区、一个部门、一个行业、一个基层单位的基本情况

例如，掌握了一个国家在一定时间内的人口总数、劳动力数量、国内生产总值、进出口贸易额、粮食产量、国际收支、外汇储备等总量指标，就能对这个国家的基本国情和综合国力有个总括的认识。

住房公积金制度是我国政府推动房地产行业的市场化，为职工提供的一项福利制度。2015 年 6 月 12 日，住房和城乡建设部、财政部、中国人民银行联合发布《全国住房公积金 2014 年年度报告》，报告表明：2014 年，我国住房公积金缴存额为 12 956.87 亿元，住房公积金提取额为 7 581.96 亿元，住房公积金发放个人住房贷款 221.51 万笔，总计 6 593.02 亿元。截至 2014 年年底，全国住房公积金缴存职工达到 11 877.39 万人，公积金结余资金为 11 025.17亿元。2014 年全年住房公积金管理费用支出为 70.98 亿元，其中，全国 3.66 万从业人员人员经费达 29.13 亿元，公用经费为 11.09 亿元，专项经费为 30.76 亿元。这些数据指标反映了我国住房公积金的规模和住房公积金制度的发展状况。

又如，随着我国资本市场的发展，资本市场参与者规模逐渐壮大。根据中国证券登记结算有限公司统计，2015 年 10 月 12 日至 10 月 16 日的一周内，证券市场新增投资者 29.55 万人，参与市场交易投资者 2 228.61 万人，持仓投资者达 5 041.93 万人。各类投资者人数说明了我国证券市场的规模和市场交易的活跃程度。

2. 总量指标是制定宏观经济政策和编制发展规划的基本依据

要制定国家的宏观经济政策，必须有反映宏观经济运行情况的总量指标，如就业总人口、国民经济的总供给和总需求、货币供应量和货币需求量、信贷总额、税收收入、财政收入、财政支出、进出口总额、国际收支、外汇储备等。宏观经济中的各种总量指标是编制国民经济和社会发展规划的基本依据，也是进行国民经济宏观调控的基本依据。2016—2020 年是我国国民经济“十三五”规划发展时期。目前，全国各地都在依据“十二五”期间的发展状况和经验，编制国家和地方国民经济“十三五”发展规划。党的十八大提出到 2020 年全面建成小康社会，实现国内生产总值和城乡居民人均收入比 2010 年翻一番的目标。2020 年是“十三五”规划的最后一年，全国各地区各行业都在“十二五”规划发展的基础上，制定“十三五”的发展目标。

3. 总量指标是计算相对指标、平均指标及各种分析指标的基础

在各种综合指标中，总量指标是基础指标，相对指标和平均指标及其他各种分析指标都是由总量指标加工后而得的派生指标。例如，如果我们掌握了某地区的人口数和国内生产

总值,就可以计算出该地区的人均国内生产总值;掌握了某地区的地方财政支出额和用于教育的经费支出,就可以计算出教育经费支出占全部财政支出的比重,衡量该地区对教育的投入力度。

国家统计局统计数据表明,与 2015 年 8 月份相比,2015 年 9 月全国 70 个大中城市中,住宅销售价格下降的城市有 21 个,上涨的城市有 39 个,持平的城市有 10 个。住宅销售价格变动中,最高涨幅为 4.0%,最低为下降 0.7%。与 2014 年 9 月相比,全国 70 个大中城市中,住宅销售价格下降的城市有 58 个,上涨的城市有 12 个。住宅价格变动中,最高涨幅为 38.3%,最低为下降 7.4%。这里的住宅销售价格上涨幅度和下降幅度的数据都是由相应的绝对量指标派生出来的。

二、总量指标的分类

社会经济现象是多种多样的、复杂的,用来说明总体规模特征的总量指标也是多种多样的,依据不同的标准可以对其进行分类。对总量指标进行分类,增加了我们对总量指标的认识和理解。

(一) 总体单位总量和总体标志总量

总量指标按反映总体的经济内容不同,分为总体单位总量和总体标志总量。总体单位总量是指总体中所包含的基本单位总数,例如某地区的国有企业总数,上海宝钢集团的职工总人数,上海市百货商店总数等;总体标志总量是指总体中各基本单位的某种数量标志值之和,如 2015 年上海市国有企业职工工资总额,上海市 2015 年国有企业生产总值,2015 年宝钢集团钢产量等。总体标志总量是根据总体各基本单位的数量标志值汇总计算的结果。例如,2008 年起源于美国华尔街的金融海啸使美国、欧洲等国家的投资银行在次贷危机中损失惨重,截至 2008 年 9 月 15 日,损失排名前 16 位的投资银行见表 4.1。这里遭受次贷危机打击的投资银行作为研究的总体,美国和欧洲的 16 家投资银行总共损失 3 473 亿美元,其中的 16 就是总体单位总量,3 473 亿美元就是总体标志总量。又如,据媒体报道,2009 年 2 月份的测试表明,东京迪士尼游客的人均消费为 9 640 日元(约合 96 美元),一个 4 口之家在迪士尼游玩一天的消费将近 4 万日元。如果我们把 4 口之家作为总体,这里的总体单位数就是 4,日消费总量 4 万日元就是总体标志总量。

表 4.1 各大投资银行次贷损失排名

序号	投资银行	次贷损失额(亿美元)
1	花旗银行(美国)	551
2	美林证券(美国)	522
3	瑞士联合银行(瑞士)	442
4	汇丰银行(英国)	274
5	瓦乔维亚银行(美国)	227
6	美国银行(美国)	212

（续表）

序号	投资银行	次贷损失额(亿美元)
7	华盛顿相互银行(美国)	148
8	德国工业银行(德国)	145
9	摩根士丹利(美国)	144
10	摩根大通银行(美国)	143
11	雷曼兄弟(美国)	138
12	苏格兰皇家银行(英国)	138
13	德意志银行(德国)	102
14	瑞士信贷集团(瑞士)	101
15	威尔士法戈银行(美国)	100
16	法国农业信贷银行(法国)	86
合计	16 家	3 473

资料来源：国际金融报，2008 年 9 月 17 日

（二）时期指标和时点指标

总量指标按其反映现象的时间状况不同，可分为时期指标和时点指标。时期指标反映社会经济现象在一定时期内发展变化的总量，例如 2015 年上海自贸区的贸易交易额，2015 年全国新增出生人口数，2015 年上海证券交易所的股票交易量等。又如，据上海市高级人民法院发布的 2008 金融审判白皮书显示，2008 年上海市共受理金融纠纷案件 14 738 件，收案标的总金额为 229.53 亿元；受理一审金融犯罪案件 562 件，审结生效的金融犯罪刑事案件 523 件，其中 68%是信用卡诈骗案。这里的几个数字反映了 2008 年全年上海市金融犯罪案件的发生情况，其中案件数及案件标的总金额是时期指标。据媒体报道，2008 年财年(2008 年 4 月—2009 年 3 月)，东京迪士尼陆地乐园和海洋乐园的入园人数达 2 722 万人次，创历史新高。即便是在金融危机笼罩下的 2008 年 10 月—2009 年 3 月，迪士尼两大乐园的入园人数仍然达到 1 417 万人次，同样是历史最高纪录。这里的迪士尼乐园游园人数也是时期指标，时期指标是流量，指标值与时期长度同向变化。

时点指标反映社会经济现象在某一时刻(时点)上的状况。例如，根据国家统计局 2014 年全国统计公报，2014 年末全国总人口数为 13.68 亿人、全国就业人口数为 7.73 亿人、国家外汇储备额约 38 430 亿美元，年末全国民用汽车保有量达到 15 447 万辆。又如，据银监会公布的数据，2014 年第四季度末，全国农村金融机构的总资产为 221 165 亿元，总负债 204 833 亿元；城市商业银行的总资产为 180 842 亿元，总负债 168 372 亿元。这些指标都是时点指标。

时期指标和时点指标各有不同的特点：一是时期指标的指标值是通过连续性记录而取得的，时点指标的指标值是通过一次性记录而取得的。二是时期指标具有可加性，时点指标则不具有可加性。不同时期的时期指标值相加，表示现象在更长时间内发展变动的总量，不同时点的时点指标值相加，没有任何实际意义。三是时期指标值的大小与时期长短成同向变动关系。一般而言，时期越长，指标值越大；反之则指标值越小。时点指标值的大小与时

间的间隔长短无直接的关系,仅与某一时刻有关。

三、总量指标的计量单位

总量指标用来反映总体的规模和水平,是总和指标,只要把有关现象的数量方面进行汇总综合,即可得到反映现象在一定时间、条件和地点下的总规模和总水平的数量指标。因而总量指标的计算绝不是一个简单的加和,总量指标表现为绝对数,必须有量纲,即计量单位,没有计量单位的绝对数是毫无意义的。比如,仅有一个数字158,没有任何对158进行说明或修饰的计量单位,这个158就毫无意义,什么也不是。总量指标的计量单位主要有实物单位、货币单位和劳动单位。

(一)实物单位

实物单位是根据事物本身的自然属性和特点而采用的计量单位。它包括:① 自然单位。它是根据事物的自然属性来计算其数量的单位。例如,人口以"人"为单位,电脑以"台"为单位,大楼以"幢"为单位,桥梁以"座"为单位,教室以"间"为单位,金融衍生品的期货合约以"张"为单位,股票交易量以"手"为单位等。② 度量衡单位。它是根据国际度量衡制度的规定而采用的计量单位。例如,长度的计量单位是"千米",质量的计量单位是"千克"或"吨",体积的计量单位是"立方米",容积的计量单位是"升"等。度量衡单位是全世界统一的计量单位。③ 双重单位。有些社会现象比较复杂,需要采用两种或两种以上的计量单位来计算事物的数量。例如,发动机的功率以"千瓦/台"为单位,高炉生产能力以"吨/(立方米·座·年)"为计量单位。④ 复合单位。它是将两种以上的计量单位结合起来,以计量某事物的数量。例如,客运量为"人·次",发电量为"千瓦·时",货运量为"吨·公里",旅客运输量为"人·公里"等。

以实物单位计量的总量指标,称为实物指标。实物指标反映了具体事物的使用价值量,不同物品的使用价值量是无法比较和汇总的,因而实物指标不具有直接的可加性。在实际应用中,为了方便起见,也可以把规模不同、含量不等的同类产品的实物量直接加和,得到混合实物量。例如,将不同生产厂家、不同品牌、不同规格大小的电视机产量直接相加,可如实反映电视机的实际总产量;将不同品牌、规格、功率、质量的汽车产量直接相加,可如实说明汽车的实际总产量。为了保证数据的真实性和可比性,通常会将同类产品中不同规格或含量的产品按一定的折合系数,折算成标准实物产量,然后再加和,可得标准实物总产量。

(二)货币单位

使用货币作为价值尺度来计量物质财富或劳动成果的总量。以货币单位计量的总量指标,称为价值指标。例如,工业总产值、银行总资产、银行总负债、企业总成本、商品销售额、原材料库存额等,都是货币单位的价值指标。比如,根据国家统计局初步核算,2015年第三季度我国实现国内生产总值GDP为173 595亿元,2015年第一～第三季度,累计实现国内生产总值GDP为487 774亿元。2014年全年规模以上工业企业实现利润为64 715亿元,其中国有及国有控股企业为14 007亿元,集体企业为538亿元,股份制企业为42 963亿元,外商及港澳台商投资企业为15 972亿元,私营企业为22 323亿元。2014年,全年全国一般公共财政收入为140 350亿元,比上年增加11 140亿元,其中税收收入为119 158亿元,增加

8 627 亿元。2014 年全年全国社会消费品零售总额为 262 394 亿元;全年货物进出口总额为 264 334亿元,其中,出口为 143 912 亿元,进口为 120 423 亿元。进出口差额(出口减进口)为 23 489 亿元,比 2013 年增加 7 395 亿元。

价值指标最大的特点是具有最广泛的综合性,应用范围十分广泛。以货币单位计量的价值指标有现行价格和不变价格之分。现行价格是当期当前的实际价格,不变价格是为了消除价格变动的影响而采用的某一固定时期的价格,以不变价格计算的价值指标可以反映生产发展变动的程度。

(三) 劳动单位

使用劳动时间表示的计量单位,主要用于计量劳动力资源及其利用状况,如“工时”“工日”等。我国《劳动法》规定,劳动者每天工作 8 个小时,即 8 个“工时”;每周工作 40 个小时,5 个工作日,即 5 个“工日”。“工时”数是工人数和劳动时数的乘积;“工日”数是工人数和劳动日数的乘积,因而劳动单位也是一种复合单位。由于不同岗位工作的劳动强度不同,“工时”和“工日”难以比较,所以劳动单位不实用。

第二节 相对指标

一、相对指标的概念和表现形式

(一) 相对指标的概念

社会经济现象之间都是有联系的,任何一个现象都不可能独立存在,都要依赖于其他的社会现象。对于这种有联系的社会现象,我们要从数量上进行描述和说明,就必然用到相对指标。相对指标是社会经济现象中两个有联系的统计指标值之比,抽象了不同的研究对象的差异特征,增强了研究对象之间的可比性。相对指标都表现为相对数,也称作相对数指标。

相对指标能够反映社会经济现象之间相互联系的情况,如反映现象总体在时间、空间、结构、比例以及发展状况等方面的联系程度和对比关系等。企业的财务比率指标,如资产负债率、资产周转率、总资产报酬率、销售利润率、流动比率、速度比率等都是相对指标。

统计公报表明,2014 年全年全国服务进出口总额为 6 043 亿美元,比上年增长 12.6%。其中,服务出口总额为 2 222 亿美元,增长 7.6%;服务进口总额为 3 821 亿美元,增长 15.8%。全年非金融领域新设立外商直接投资企业 23 778 家,比上年增长 4.4%。实际使用外商直接投资金额 7 364 亿元,按美元计价为 1 196 亿美元,增长 1.7%。这里的百分比数据都是相对指标。

相对指标可以是两个绝对数指标对比的结果,也可以是两个相对数或平均数对比的结果,通过这种对比,可以把两个现象的水平及其差异抽象化,使本来不能直接对比的社会经济现象总体找到了共同比较的基础,使人们对事物有一个清晰的认识和了解,增强人们判断和鉴别纷繁复杂事物的能力。

(二) 相对指标的表现形式

1. 有名数

"名数"是指相对指标的计量单位。"有名数"是指相对指标是有计量单位的。当相对比的两种现象是不同种类的现象时,要把两种现象指标的计量单位结合使用,以表明相对比的结果和程度。例如,人口密度指标,用"人/平方公里"为计量单位;某地区家庭电脑的拥有量指标,用"台/百户"为计量单位;某地区某家银行网点的密度,用"个/平方公里"计量等。相对指标中的强度相对指标多用有名数的形式。例如,2014 年,我国固定电话普及率为 18.3 部/百人,移动电话普及率为 94.5 部/百人。上海市 2014 年统计公报表明,2014 年上海市固定电话用户普及率为 34.79 部/百人,移动电话用户普及率为 136.34 部/百人。至 2014 年末,上海市人均住房居住面积为 17.8 平方米。

2. 无名数

这种相对指标都是没有计量单位的,当相对比的两个现象是同类现象,或不同类现象但计量单位相同时,相对比的结果是没有计量单位的。无名数是以抽象化的数字来明确反映相对指标的含义,主要有:系数、倍数、成数、百分数、百分点、千分数和基点。

系数和倍数是将对比的基数作为 1,当对比的两个现象的指标值相差不大时,用系数形式表示,如积累系数、投资效果系数、恩格尔系数等;当对比的两个现象的指标值相差较大时,可用倍数形式表示。

成数是将对比的基数作为 10。当对比的两个现象的指标值相差适中时,常用成数表示。例如,2015 年第一季度的工业总产值比去年同期增加了两成,即工业总产值增加了 2/10。

百分数是将对比的基数作为 100。它是相对指标中最常用的一种表现形式,当对比的两个指标较接近时。常用百分数形式表示。比如,2014 年末,上海市城镇登记失业率为 4.2%,2014 年全年上海市受理专利申请 81 664 件,比 2013 年下降 5.5%,其中,受理发明专利申请 39 133 件,下降 0.1%。全年专利授权量为 50 488 件,增长 3.7%,其中,发明专利授权量为 11 614 件,增长 9.1%。这里的相对数都是百分数。

另外,经济分析中常用到"百分点"的概念,百分点相当于百分数的单位,一个百分点就是 1%,百分点常用于两个百分数相减的场合,用于说明百分数的增减变化。例如,股票证券交易市场上,常用百分点表示证券价格的波动情况。2015 年 10 月 23 日,上证综指较前一交易日上涨了 1.3%,沪深 300 指数较前一交易日上涨了 1.33%,创业板指数较前一交易日上涨了 3.26%,我们可以说沪综指较前一交易日上涨了 1.3 个百分点,沪深 300 指数较前一交易日上涨了 1.33 个百分点,创业板指数较前一交易日上涨了 3.26 个百分点。

百分点反映了不同时期以百分数形式表示的相对指标(速度、指数、构成等)的变动幅度。例如,2014 年统计公报显示,2014 年我国第一产业增加值占国内生产总值的比重为 9.2%,比上年增长 4.1%;第二产业增加值所占比重为 42.6%,比上年增长 7.3%;第三产业增加值所占比重为 48.2%,比上年增长 8.1%。

千分数是把 1 000 作为对比的基数,当相对比的分子指标值比分母指标值小得多时,常用千分数表示。例如,人口出生率、死亡率或某种疑难病的发病率等。

2014 年,上海市全年常住人口出生率为 8.35‰,死亡率为 5.21‰,常住人口自然增长率为 3.14‰。全年户籍常住人口出生率为 8.34‰,死亡率为 8.27‰,户籍常住人口自然增长率为0.07‰。

此外，在金融市场上，为了表示利率和汇率的变化，还可以用“基点”这个相对指标。利率和汇率都是较小的百分数，分别表示资金的价格和货币的价格。为了表示这种较小的百分数的变化，我们用“基点”表示，一个“基点”表示万分之一。当美国联邦储备委员会将联邦利率降低25个基点时，意味着联邦利率将降低0.25%。当人民币兑美元汇率上升5个基点时，意味着人民币兑美元汇率上升了0.05%。2015年10月23日晚间，央行突然宣布降息25个基点，同时降准5个基点。这意味着从2015年10月24日开始，金融机构的一年期存贷款基准利率下降0.25%，商业银行存款准备金率下降0.5%。

二、相对指标的种类和计算方法

社会经济统计分析中常用的相对指标有：计划完成相对指标、结构相对指标、比例相对指标、比较相对指标、强度相对指标和动态相对指标等。下面分别介绍每一种相对指标的计算方法。

（一）计划完成相对指标

计划完成相对指标是社会经济现象中监督和检查计划完成情况的统计指标，是一定时期内某一指标的实际完成数与计划任务数相对比的结果，一般用百分数表示，其计算公式为：

$$\text{计划完成相对指标}=\frac{\text{实际完成数}}{\text{计划任务数}}\times 100\%$$

$$\text{超额(未)完成计划数}=\text{实际完成数}-\text{计划任务数}$$

实际应用中，由于现象的不同特点，制订计划的依据指标可以是总量指标，也可以是相对指标和平均指标，因此，计划完成相对指标的计算方法也有所不同。

1. 根据总量指标计算计划完成相对指标

这种计划是关于总量指标的生产发展计划，比如企业的产值计划、销售收入计划、利润总额计划、产品总量计划等。其计划完成程度为：

$$\text{计划完成相对指标}=\frac{\text{实际完成数}}{\text{计划任务数}}\times 100\%$$

$$\text{超额(未)完成计划数}=\text{实际完成数}-\text{计划任务数}$$

例如，某企业计划2015年实现产值2 000万元，实际完成2 400万元，则该企业产值计划的完成情况是：

$$\text{计划完成相对指标}=\frac{2\ 400}{2\ 000}\times 100\%=120\%$$

$$\text{超额完成计划数}=2\ 400-2\ 000=400(\text{万元})$$

计算结果表明该企业产值计划超额完成20%，超产400万元。

2. 根据相对指标计算计划完成相对指标

在企业的生产经营管理中，通常要制订诸如劳动生产率、产品合格率、流通费用率等相对指标的计划。这种相对指标的计划有两种形式：一种是计划规定相对指标应达到的水平，如产品合格率达到98%，流通费用率达到79.8%，这种计划完成情况的检查方法同上述介绍的基本方法一致；另一种是计划规定相对指标应提高或降低的百分比，如计划将劳动生产率提高5%，计划流通费用率降低2%等。对于这种计划任务，计算计划完成情况的方法不同于前面的那一种，其计算公式为：

$$计划完成相对指标=\frac{1+实际提高的百分比}{1+计划提高的百分比}\times 100\%$$

$$计划完成相对指标=\frac{1-实际降低的百分比}{1-计划降低的百分比}\times 100\%$$

［**例4.1**］ 企业计划规定，劳动生产率2015年比2014年提高5%，实际提高了8.5%，计算该企业劳动生产率计划的完成情况。

$$计划完成相对指标=\frac{1+8.5\%}{1+5\%}\times 100\%=103.3\%$$

这说明，该企业劳动生产率超额完成计划3.3%。

［**例4.2**］ 某企业某种产品单位成本计划规定本年度比上年度降低5%，实际降低了7.5%，试计算产品单位成本计划的完成情况。

$$计划完成相对指标=\frac{1-7.5\%}{1-5\%}\times 100\%=97.4\%$$

计算结果表明，实际单位成本比计划规定的单位成本降低了2.6%，该计划超额完成。

3. 根据平均指标计算计划完成相对指标

根据平均指标制订的计划，要检查其计划完成情况，可直接利用前面的基本公式计算。

［**例4.3**］ 某上市公司计划2015年实现每股收益0.28元，由于市场行情变化的不利影响，该公司2015年实现每股收益只有0.19元。试计算该公司每股收益计划的完成情况。

$$计划完成相对指标=\frac{0.19}{0.28}\times 100\%=67.86\%$$

该上市公司每股收益的计划没有完成。

［**例4.4**］ 某上市公司计划2015年将产品单位成本降低2.8%，实际降低了2.6%。试计算该公司产品单位成本计划的完成情况。

$$计划完成相对指标=\frac{1-2.6\%}{1-2.8\%}\times 100\%=100.21\%$$

该上市公司产品单位成本降低计划没有完成。

4. 长期计划任务的检查

我国通常要制定五年或五年以上的国民经济发展规划，2016—2020年是我国第十三个国民经济五年规划期。国民经济五年规划是一种长期计划，由于计划指标有两种不同的制定方法，计算其计划完成程度相对指标时也有两种不同的方法：水平法和累计法。

(1) 水平法。当计划任务是规定某种指标在长期计划期最后一年应该达到的水平时，即这种计划只规定计划期内最后一年的计划任务，而对计划期内的前几年没有任何规定，那么，检查这种长期计划完成情况的方法称为水平法。例如，上海市国民经济和社会发展"十二五"规划明确规定，"十二五"期间，上海将继续加快发展国民经济。到 2015 年，高速公路达到 850 公里，铁路达到 450 公里，高等级内河航道达到 220 公里；加强轨道交通建设和运营组织，重点建设中心城连接郊区新城、大型居住社区、重点开发区的轨道交通项目，轨道交通运营里程达到 600 公里以上，轨道交通客运量占公共交通客运量的比重达到 50%左右；森林覆盖率达到 15%，绿化覆盖率达到 38.5%；浦东新区金融业增加值占全市比重提高到 50%左右，服务贸易进出口总额占全市比重达到 50%左右，航运业增加值比 2010 年翻一番。

这些发展规划都明确规定了 5 年期的最后一年应该完成的计划任务，对于这种计划任务完成情况的检查我们用水平法，其计算公式为：

$$\text{计划完成相对指标}=\frac{\text{计划期最后一年实际达到的水平}}{\text{计划期最后一年计划达到的水平}}\times 100\%$$

［例 4.5］ 某企业 2006—2010 年第十一个五年计划规定，2010 年某种产品的产量应达到 5 000 万台，实际产量达到了 5 100 万台，试计算这一计划完成的相对指标。

$$\text{计划完成相对指标}=\frac{5\ 100}{5\ 000}\times 100\%=102\%$$

这说明，该产品超额 2%完成五年计划，超产 100 万台。

利用水平法检查计划的执行情况时，只要在计划期内连续一年的时间所完成的任务数达到了计划规定最后一年的任务数，就算完成了五年计划，剩余的时间就是提前完成计划的时间。也可按下列公式计算提前完成计划的时间：

$$\text{提前完成计划的时间}=(\text{计划期内总的月份数}-\text{实际完成任务的月份数})+\frac{\text{超额完成计划数}}{\text{日平均计划数}}$$

［例 4.6］ 某省"十一五"计划规定至 2010 年水泥产量达到 100 万吨，从 2009 年 8 月至 2010 年 7 月水泥实际产量为 105 万吨，问：提前完成计划的时间是多少？

根据上式，可得出：

$$\text{提前完成计划的时间}=(60-55)+\frac{105-100}{100/365}=5\text{ 个月}+18.25\text{ 天}=5\text{ 个月零 }18\text{ 天}$$

(2) 累计法。这种计划任务明确规定，计划期内应该完成的工作总量，如基本建设投资额、全社会固定资产投资额等。对于长期计划期内累计需要完成任务量情况的检查可用累计法。例如，上海市国民经济和社会发展"十二五"规划中明确指出："十二五"期间，上海市力争完成本地劳动者职业培训 100 万人，完成外来农民工培训 50 万人。"十二五"期间预计新增供应各类保障性住房 100 万套(间)左右；预计新增供应经济适用住房 40 万套；预计新增供应公共租赁住房 18 万套(间)；预计新增供应动迁安置房 35 万套。"十二五"期间中心城区完成 350 万平方米左右二级旧里以下房屋改造，完成 5 000 万平方米旧住房综合改造。

这些指标都是 5 年计划期内累计需要完成的计划任务。检查这类计划任务的完成情况

时,用累计法。其计算公式为:

$$计划完成相对指标=\frac{计划期内实际累计完成的任务数}{计划期内计划累计完成的任务数}\times100\%$$

例如某地区第十二个五年计划规定,基本建设投资总额为600亿元,五年内累计完成620亿元,则该地区基本建设投资总额计划完成相对指标为

$$\frac{620}{600}\times100\%=103.3\%$$

因此,该地区基本建设投资超额完成计划3.3%,超额完成投资额20亿元。

利用累计法检查计划的执行情况,只要从计划期初至计划期内某时间为止,累计完成数达到了计划规定的任务数,就算是完成了计划,剩下的时间就是提前完成计划的时间。

[**例4.7**] 某公司计划在未来的五年内累计生产某种产品12 000台,实际完成情况如表4.2所示,该公司五年累计完成计划情况如何?

表4.2 某公司五年累计完成计划情况

时间	第一年	第二年	第三年	第四年				第五年			
				一季	二季	三季	四季	一季	二季	三季	四季
产量(台)	2 200	2 300	2 400	700	650	650	750	800	750	800	850

从第一年累加至第五年的第三季度,其产量正好是12 000台,达到了计划规定的任务数,提前一个季度完成计划。

$$计划完成相对指标=\frac{12\ 000+850}{12\ 000}\times100\%=107.1\%$$

这说明该企业超额完成计划7.1%,超产850台。

5. 计划执行进度的检查

为了掌握计划期内计划任务的执行进度,时间进度和计划任务的完成要相适应、相匹配,做到时间过半、任务过半,这就要对计划执行的进度进行检查。

其计算公式为:

$$计划执行进度=\frac{计划期初至今完成的累计数}{计划期内计划完成的任务数}\times100\%$$

$$时间进度=\frac{计划期初至今消耗的时间数}{全期计划时间数}\times100\%$$

这两个指标计算的结果应该相接近,以便于及时发现计划任务的执行是否均匀,这有利于加强计划执行进度的管理。

[**例4.8**] 某企业计划2015年完成外贸出口额2 800万美元,到第三季度末,已完成出口额1 800万美元,问:该计划的执行进度合理吗?

根据前面的公式可得出

(1) 该企业计划的时间进度,即完成任务所消耗的时间为:

$$时间进度=\frac{9}{12}\times 100\%=75\%$$

说明该企业已经用掉计划时间的 75%。

(2)
$$计划执行进度=\frac{1\ 800}{2\ 800}\times 100\%=64.3\%$$

这说明该企业在 75%的计划时间内，只完成了计划任务的 64.3%。时间进度和计划任务完成进度不匹配，可能完不成计划，或后面很紧张。

(二) 结构相对指标

社会经济现象的总体总可以按一定的标准化分成不同的组成部分，将其中某一部分的指标数值与总体相应的指标数值相对比求得的结果，称为结构相对指标。结构相对指标一般以百分数表示，其计算公式为：

$$结构相对指标=\frac{总体中某一组(一部分)的数值}{总体总数值}\times 100\%$$

结构相对指标说明了总体中各部分或各组占总体的比重或比率，能够解释现象总体的内部组成情况，各部分(组)的结构相对指标之和等于 100%。不同时期的结构相对指标可以反映客观现象发展变化的规律。

例如，瑞典人口统计学家桑德巴(Sundbary)根据人口的年龄构成，将人口构成分为以下三个类型组，如表 4.3 所示。

表 4.3　人口的年龄构成

年龄类型	0～14 岁	15～49 岁	50 岁以上
增长型	40.0%以上	50.0%左右	10.0%以下
稳定型	26.5%左右	50.5%左右	23.0%左右
减少型	20.0%以下	50.0%左右	30.0%以上

夏南新，著．新概念统计学．北京：中国财政经济出版社，2000，71

由表 4.3 可见，在三种人口的年龄构成类型中，15～49 岁的中壮年人口比重都在 50%左右，因而 0～14 岁的少儿人口组和 50 岁以上的老年人口组所占的比重大小直接影响人口的类型。少儿人口组占总人口的比重越大，老年人口组占总人口的比重就越小，则人口总体的增长潜力就越大，为增长型；反之，则为减少型。

在社会经济统计研究中，结构相对指标的计算和运用具有重要意义。它经常被用来分析现象总体的内部构成状况，说明事物的性质和特征，如国民经济中的产业结构、行业结构、地区结构，某种产品的市场结构，上市公司的股权结构，在校学生的专业结构、生源地结构等。把不同时间的结构相对指标进行对比分析，可以说明现象的变化过程和规律，预测发展趋势。总体各组的结构相对指标，可以说明该组在总体中的地位和作用，对于平均指标的计算有特殊的意义。

例如，统计公报显示，2014 年上海市全年实现 GDP 总值 23 560.94 亿元，其中，第一产业增加值为 124.26 亿元；第二产业增加值为 8 164.79 亿元；第三产业增加值为 15 271.89 亿

元。因此,上海地区 2014 年的国民经济产业结构为:

$$第一产业所占的比重=\frac{124.26}{23\ 560.94}\times 100\%=0.53\%$$

$$第二产业所占的比重=\frac{8\ 164.79}{23\ 560.94}\times 100\%=34.65\%$$

$$第三产业所占的比重=\frac{15\ 271.89}{23\ 560.94}\times 100\%=64.82\%$$

由此可见,在上海的国民经济产业结构中,第一产业所占的比重最低,对国民经济的贡献和影响也将最小;第三产业所占的比重最高,对国民经济的贡献和影响也将最大和最重要。第三产业主要是服务业,作为国际大都市的上海,这种产业结构符合上海市大力发展现代服务业和先进装备制造业的国民经济发展规划。

经国家统计局初步核算,2014 年全国实现国内生产总值 636 463 亿元。其中,第一产业增加值为 58 332 亿元,第二产业增加值为 271 392 亿元,第三产业增加值为 306 739 亿元。因此,我国国民经济的产业结构是:

$$第一产业所占的比重=\frac{58\ 332}{636\ 463}\times 100\%=9.17\%$$

$$第二产业所占的比重=\frac{271\ 392}{636\ 463}\times 100\%=42.64\%$$

$$第三产业所占的比重=\frac{306\ 739}{636\ 463}\times 100\%=48.19\%$$

由此可见,在全国的国民经济产业结构中,第一产业的比重最小,第三产业的比重最高,第一产业和第二产业比重之和超过第三产业的比重,这表明我国仍然是一个制造业大国。在发达国家的产业结构中,农业所占的比重较低,制造业和服务业所占的比重较高,类似于上海市的国民经济产业结构。

表 4.4　2014 年中国出口贸易的国家和地区结构

国家和地区	出口额(亿元)	占比(%)
欧盟	22 787	15.83
美国	24 328	16.90
东盟	16 712	11.61
中国香港	22 307	15.50
日本	9 187	6.38
韩国	6 162	4.28
中国台湾	2 843	1.98
俄罗斯	3 297	2.29
印度	3 331	2.31
合计		77.10

资料来源:2014 年中国统计公报

由表 4.4 可以看出，2014 年中国的货物出口贸易中，有 15.83%销往欧盟，16.90%销往美国，15.50%销往中国香港地区。由此可知，2014 年中国的贸易伙伴国主要是欧盟、美国、日本、东盟等国家和地区。

（三）比例相对指标

社会经济现象总体的各组成部分之间存在着各种各样的比例关系，将同一总体内不同组成部分的指标数值相对比的结果，称为比例相对指标，其计算公式为：

$$比例相对指标=\frac{总体中某一组(一部分)的数值}{总体中另一组(另一部分)的数值}$$

比例相对指标可以用百分数表示，也可以用一比几或几比一形式表示，后一种表现形式更常用。比如，理论上男女性别比例的正常范围是 103∶100～107∶100。2010 年全国第六次人口普查的总人口性别比中，中国的男女性别比是 105.2∶100。全球男女新生儿比例平均数为 105∶100，但是，有外国媒体报道，中国的出生人口男女比例已经连续 30 多年超过 107∶100 的最高警戒线，2014 年的男女比例约为 115∶100，严重超出正常值的范围。中国是世界上“出生人口性别比例失衡最严重、持续时间最长、波及人口最多的国家”。截至 2014 年底，中国共有男性 7.01 亿人、女性 6.67 亿人，相差近 3 400 万。男女性别比例不协调，可能会引发许多社会问题，这一现象已经引起中国政府的高度重视。

又如，2014 年，我国全社会固定资产投资 512 761 亿元，其中，固定资产投资(不含农户) 502 005 亿元，农户投资 10 756 亿元。东部地区投资 206 454 亿元，中部地区投资 124 112 亿元，西部地区投资 129 171 亿元，东北地区投资 46 096 亿元。在固定资产投资(不含农户)中，第一产业投资 11 983 亿元，第二产业投资 208 107 亿元，第三产业投资 281 915 亿元。根据上述数据，可以计算出各种比例关系。

固定资产投资(不含农户)∶农户投资=502 005∶10 756=46.67∶1

东部投资∶中部投资∶西部投资∶东北投资=206 454∶124 112∶129 171∶46 096
=4.48∶2.69∶2.80∶1

在固定资产投资(不含农户)中三次产业的投资比例关系是：

第一产业∶第二产业∶第三产业=11 983∶208 107∶281 915=1∶17.37∶23.53

根据计算出的比例相对指标，我们很自然地发现，全社会固定资产投资偏向不含农户领域，固定资产投资(不含农户)是农户投资的 46.67 倍，而在不含农户的固定资产投资中，主要投向第二产业和第三产业，重点投向第三产业，第三产业投资额是第一产业投资额的 23.53 倍。这种投资模式和中国实行经济结构调整及产业转型升级的国家发展规划有关。

表 4.5 2014 年末我国金融机构本外币存贷款余额

指　　标	年末数(亿元)
各项存款余额	1 173 735
其中:住户存款	506 890
其中:人民币	502 504
非金融企业存款	400 420
各项贷款余额	867 868
其中:境内短期贷款	336 371
境内中长期贷款	471 818

资料来源:2014 年中国统计公报

表 4.5 反映了 2014 年末我国金融机构本外币存贷款余额,由此可发现,我国金融机构存款中非金融企业存款和住户存款的比例关系是:

$$非金融企业存款：住户存款=400\ 420：506\ 890=1：1.27$$

金融机构各项贷款中短期贷款和中长期贷款的比例关系是:

$$短期贷款：中长期贷款=336\ 371：471\ 818=1：1.40$$

因此,2014 年末我国金融机构的各项存款中以住户存款为主,且住户存款是非金融企业存款的 1.27 倍。金融机构各项贷款中,中长期贷款是短期贷款的 1.40 倍。

比例相对指标广泛地应用于反映国民经济中各种比例关系,例如,国民收入中积累与消费的比例关系,储蓄与投资的比例关系,对外贸易总额中进口与出口的比例关系等。利用比例相对指标可以分析国民经济中各种比例关系是否合理,调整不合理的比例关系,促使国民经济稳定协调可持续发展。

(四) 比较相对指标

社会经济现象在同一时期内,由于所处的空间、场合不同,其发展的结果是有差异的,为了比较这种差异,可以用比较相对指标加以说明,其计算公式为:

$$比较相对指标=\frac{甲国(地区、单位、部门)某一指标的数值}{乙国(地区、单位、部门)同一指标的数值}$$

比较相对指标一般可以用倍数表示,也可以用系数或百分数表示。计算比较相对指标的分子、分母指标必须是同时期的同类现象,其指标的含义、口径、计算方法和计量单位必须一致,且分子与分母可以互换位置。例如,某次统计学考试,甲班平均成绩为 78 分,乙班平均成绩为 85 分,则甲班成绩为乙班的 91.76%,或甲班成绩是乙班的 0.92。如果用乙班的成绩除以甲班的成绩,那么乙班成绩是甲班的 108.97%,或乙班成绩是甲班的 1.09 倍。

比较相对指标既可以用于不同国家、地区、单位的比较,又可以用于同先进或落后的比较,还可以同国际及国家标准指标相比较。通过与先进比较可以找出自身的差距,从而为提高企业的生产水平和管理水平提供依据。比较相对指标可以用总量指标进行对比,也可以用相对指标或平均指标进行对比。由于总量指标的大小易受总体范围大小的影响，因而计算比较相对指标时，更多地采用相对指标或平均指标。表 4.6 所示是 2014 年上海、江苏、北京三个地区全年实现的生产总值和完成的全社会固定资产投资额，可以计算出江苏的生产总值是上海的 2.76 倍，是北京的 3.05 倍；北京的生产总值是上海的 0.91。江苏完成的全社会固定资产投资额是上海的 6.91 倍，是北京的 5.49 倍；北京的固定资产投资额是上海的 1.26 倍。在表 4.6 的比较相对指标中，没有考虑各省之间的人口规模和经济总量规模的差异，用国内生产总值和全社会固定资产投资额总量指标直接对比。如果用各省的人均指标相比较，可能会得出完全不同的结果。

表 4.6　2014 年上海、江苏、北京的生产总值和固定资产投资额

地区	上海 (1)	江苏 (2)	北京 (3)	$\frac{(2)}{(1)}$	$\frac{(2)}{(3)}$	$\frac{(3)}{(1)}$
生产总值(亿元)	23 560.94	65 088.3	21 330.8	2.76	3.05	0.91
固定资产投资(亿元)	6 016.43	41 552.8	7 562.3	6.91	5.49	1.26

资料来源：上海、江苏、北京 2014 年统计公报

(五) 强度相对指标

社会经济现象中在同一时期内有联系的两个不同类现象的发展指标值之比，称为强度相对指标，其计算公式为：

$$强度相对指标=\frac{某一现象的指标值}{同时期另一个与之有联系的现象的指标值}$$

强度相对指标表明现象相互联系的强度、密度或普遍程度。例如，某国家或某地区的人口密度、人均粮食产量、人均 GDP，每百户家庭中家用电脑的拥有量等都是强度相对指标。强度相对指标一般用复名数表示。特殊情况下，计算强度相对指标的分子、分母指标有相同的计量单位时，强度相对指标用百分数或千分数表示，如人口出生率、死亡率等。

计算强度相对指标的分子、分母指标是同一时期内有联系的两个不同类现象的指标值，分子、分母可以互换位置，因而强度相对指标有正指标和逆指标之分。所谓正指标，是指指标值的大小与所研究现象的发展程度或密度成同向变化关系。例如，计算人口密度时，若计量单位为“人/平方公里”，则该指标为正指标。所谓逆指标，是指指标值的大小与所研究现象的发展程度或密度成反向的变化关系。例如，人口密度的计量单位为“平方公里/人”时，则该指标值越大，表明人口密度越小，该指标为逆指标。

例如，2000 年 11 月 1 日零点，我国进行了第五次人口普查。第五次人口普查的结果是：全国总人口为 129 533 万人，那么，

$$人口密度=\frac{129\ 533}{960}=134.93=135(人/平方公里)或$$

$$人口密度=\frac{960}{129\ 533}=0.007\ 4(平方公里/人)$$

2010 年 11 月 1 日零点，我国第六次人口普查的结果是：全国总人口为 133 281 万人，我

国国土总面积为 960 万平方公里，那么

$$人口密度=\frac{133\ 281}{960}=138.83=139(人/平方公里)或$$

$$人口密度=\frac{960}{133\ 281}=0.007\ 2(平方公里/人)$$

第六次人口普查的结果表明，中国的总人口数上升了，人口密度增大了。

只要是有联系的两个不同类现象，我们想说明它们之间的数量对比关系，都可以用强度相对指标达到目的，如资金利税率，百元 GDP 能耗，某地区的商业零售营业网点等。国家工信部发布的数据表明，2014 年全国移动电话用户达 12.86 亿户，普及率达到 94.5 部/百人，其中北京、辽宁、上海、江苏、浙江、福建、广东、海南、内蒙古、宁夏 10 省区市手机普及率超 100 部/百人。

强度相对指标的应用十分广泛，它可以反映国民经济和社会发展的基本情况，考核社会经济效益，为编制计划和长远规划提供参考依据。

(六) 动态相对指标

任何社会经济现象都会随着时间的变化而发生相应的变化，我们可以用动态相对指标来描述这种动态变化。同一个社会经济现象在不同时期上发展结果的数值之比，称为动态相对指标，其计算公式为：

$$动态相对指标=\frac{现象报告期发展值}{现象基期发展值}$$

动态相对指标通常以百分数表示。它反映同一现象在不同时期上的发展变化的程度，属于纵向比较，也称为发展速度。为了反映现象动态发展的情况，要选定作为比较基础的时期的指标值，即基期的数值。报告期是用来与基期相对比的时期，是人们观察研究的当期，也称为计算期。

计算动态相对指标，基期的选择非常重要。既不能选取历史中的最高水平作为基期数值，也不能选取最低水平作为基期数值，而应选择一个比较合适的基期指标值。例如，表 4.7 是 2010—2014 年末我国外汇储备额，我们以 2010 年为基期，2010 年的外汇储备额是 28 473 亿美元，为基期发展值，分别计算我国外汇储备的动态发展相对指标，见表 4.8。由表 4.8 可知，2010—2014 年，我国的外汇储备发展得较快，2014 年末的外汇储备额是 2010 年末的 134.97%。

表 4.7 2010—2014 年末我国外汇储备

年份	2010	2011	2012	2013	2014
外汇储备额(亿美元)	28 473	31 811	33 116	38 213	38 430

资料来源：2014 年中国统计公报

表 4.8　2010—2014 年末我国外汇储备额的动态变化

年份	2010	2011	2012	2013	2014
外汇储备额动态相对指标(%)	100.00	111.72	116.31	134.21	134.97

常见和常用的相对指标就是这六种，这些相对指标在实际统计分析中都有重要的作用。表 4.9 和表 4.10 对这六种相对指标进行了比较，以帮助大家更好地理解和应用相对指标。

表 4.9　六种相对指标的比较

<table>
<tr><td rowspan="2">不同时期的比较</td><td colspan="5">同一时期的比较</td></tr>
<tr><td>不同现象的比较</td><td colspan="4">同类现象的比较</td></tr>
<tr><td rowspan="3">动态相对指标</td><td rowspan="3">强度相对指标</td><td>不同总体的比较</td><td colspan="3">同一总体的比较</td></tr>
<tr><td rowspan="2">比较相对指标</td><td>部分与部分的比较</td><td>部分与总体的比较</td><td>计划与实际的比较</td></tr>
<tr><td>比例相对指标</td><td>结构相对指标</td><td>计划完成相对指标</td></tr>
</table>

表 4.10　六种相对指标的比较

相对指标	分子、分母是否可以互换位置
计划完成相对指标	否
结构相对指标	否
比例相对指标	是
比较相对指标	是
强度相对指标	是
动态相对指标	否

三、计算和运用相对指标应注意的问题

相对指标是两个有联系的现象的指标数值相除，以反映两个现象之间的数量对比关系和差异程度。正确计算和运用相对指标应注意以下几个方面的问题。

（一）保持两个对比指标的可比性

两个对比指标的可比性是计算相对指标最基本的也是最重要的条件。所谓可比性，是指两个对比的指标要有可比的基础，对比的结果能够确切地说明所研究的问题，符合研究目的的要求。要保持两个对比指标的可比性，必须使相对比的两个指标在经济内容上有联系，在总体范围、计算方法和计量单位、计算口径等方面都要协调一致，在时间范围和空间范围上也要统一。如果不一致，必须进行适当的调整和换算，这样对比的结果才符合统计分析研究的要求，才能正确地反映社会经济现象的实质。

(二) 正确选择对比的基准指标

相对指标是通过指标之间的对比来反映现象的联系,而现象的联系是由现象的性质特点所决定的,应当根据现象的性质和特点,结合分析研究的目的,选择那些能够反映事物内在联系和本质差异的指标作为对比的基准。不合理的对比基准,常常会得出歪曲事实真相的错误结论。

(三) 相对指标与绝对指标结合应用

相对指标揭示了现象之间的联系程度和差异程度,却掩盖了现象的绝对水平之间的差异。在运用相对指标进行统计分析研究时,必须考虑到相对指标背后所代表的绝对水平。只有将相对指标与绝对指标结合起来使用,才能较全面准确地反映现象总体的数量特征。相对指标与绝对指标的结合应用,既可看到现象变化的相对程度,也可看到变化的绝对量,从而深刻认识现象变化的实质。

第三节　平均指标

一、平均指标的概念、特点和作用

(一) 平均指标的概念

总量指标反映了现象总体的规模和水平,相对指标反映了有联系的现象之间的数量联系状况。但是,在同一个总体内,各单位之间在数量上是有差异的,我们怎样才能消除各单位的数量差异,以反映总体的一般数量水平,这就要用到平均指标。所谓平均指标,是把同质总体中各单位的某一数量标志值的数量差异抽象化,用一个数值来表明这一标志在一定时间、地点、条件下的一般水平的综合指标。平均指标也称为平均数,是统计分析中十分重要的综合指标之一。例如,考试的平均成绩,企业产品的平均成本,单位职工的平均年龄、平均工资等都是平均指标。

中国人民银行 2015 年第二季度全国支付系统运行报告表明,截至 2015 年第二季度末,全国银行卡在用发卡量为 50.32 亿张,借记卡在用发卡量为 45.99 亿张,2014 年末全国人口总数为 13.68 亿人,人均在用银行卡为 3.68 张,人均在用借记卡为 3.36 张。2015 年第二季度,全国共发生银行卡交易 207.74 亿笔,消费业务 69.42 亿笔,金额为 14.11 亿元,银行卡人均消费额达 10 314.91 元,银行卡卡均消费额为 2 803.78 元,银行卡笔均消费金额为 2 032.51元。2015 年第二季度我国银行信用卡卡均授信额度为 1.62 万元。2015 年第二季度,人民银行支付系统日均处理业务 1 740.18 万笔,金额达 123 763.49 亿元;大额实时支付系统日均处理业务 315.29 万笔,金额达 117 165.54 亿元;小额批量支付系统日均处理业务 484.74 万笔,金额达 674.69 亿元;网上跨行清算系统日均处理业务 781.03 万笔,金额达 761.46 亿元。

2015 年 5 月 26 日，国家统计局公布了 2014 年全国职工平均工资数据：全国城镇非私营单位就业人员年平均工资为 56 339 元；全国城镇私营单位就业人员年平均工资为 36 390 元。分地区看，中国东部、西部、中部和东北地区的平均工资见表 4.11。可见，2014 年东部地区平均工资最高，东北地区平均工资最低。

表 4.11 2014 年各地区平均工资

地区	城镇非私营单位就业人员平均工资(元)	城镇私营单位就业人员平均工资(元)
东部	64 239	39 846
西部	51 204	33 749
中部	46 828	30 276
东北	46 512	30 548

按行业平均工资排名，2014 年非私营单位平均工资前三位的行业分别是：金融业 108 273元，信息传输业 100 797 元，科学研究业 82 220 元；后三位的行业分别是：水利环境业 39 198 元，住宿餐饮业 37 264 元，农林牧渔业 28 356 元，最高行业的平均工资是最低行业的 3.82 倍。私营单位平均工资最高的三个行业分别是：信息传输业 51 044 元，科学研究业 47 462元，金融业 41 553 元；后三位的行业分别是：居民服务业 30 580 元，住宿餐饮业 29 483 元，农林牧渔业 26 862 元，最高行业的平均工资是最低行业的 1.90 倍。

（二）平均指标的特点

1. 抽象性

平均指标是将总体单位的数量差异抽象化，用一个数值来反映总体现象的一般水平。例如，平均成绩就是把各同学之间不同的考试分数差异抽象化，用以说明同学们考试的一般水平。又如，某企业产品的平均成本，就是把各种产品在成本上的差异抽象化，以反映该企业各种产品成本的一般水平。值得注意的是，平均指标的抽象性只能对总体单位的数量标志值进行，对品质指标一般不能计算其平均数。

2. 同质性

计算平均指标的各单位必须归属于同一个总体，并且被平均的数量标志是总体单位具有的基本数量特征，这是计算平均指标的前提，只有本质相同的现象计算出的平均指标，才能正确反映客观实际情况。

3. 代表性

社会经济现象中的变量，大多数服从正态分布，其分布特征是“两头小，中间大”，因而其各种平均数都靠近分布的中间区域，这说明多数标志值集中在平均数附近，所以，平均指标测度总体单位数量标志值的集中趋势，是反映总体变量集中趋势的代表值，能代表总体变量值的一般水平。

（三）平均指标的作用

1. 平均指标可用于同一现象在不同时间上发展情况的对比分析

平均指标将总体各单位的数量标志差异抽象掉了，代表了总体的一般水平。因而，平均指标可以反映同一总体现象在不同时间上的发展变化的一般情况，解释现象的变动趋势和规律性。

2. 平均指标可用于同一现象在不同空间上发展情况的对比分析

同一个现象在同一时间内，由于所处的空间场合的不同，其发展是有差异的，对这种差异的对比分析，只能以平均指标为依据。利用平均指标比较同类现象同一时间内在不同地区、不同单位的一般水平，可以评价各单位的工作质量和工作成绩。

3. 平均指标可用于分析现象之间的依存关系

现象与现象之间都具有一定的依存关系，而依存关系的形式和程度是各不相同的，我们可以利用平均指标来分析现象之间的依存关系。

4. 平均指标可用于数量上的估计推断

平均指标代表总体变量的一般水平，可以利用样本的平均指标来推断估计总体的平均指标，利用样本平均数乘以单位总数来推断总体的标志总量等。

日常生活中，平均数还有特殊的意义，比如某班级某次考试的平均成绩是 51 分，张三的考试成绩是 58 分，虽然张三没考及格，但是他的成绩已经超过班级平均成绩，值得鼓励和表扬。

平均指标是由总量指标派生出来的，也称为平均数指标。社会经济统计中常用的平均数指标主要有五种，分别是：算术平均数、调和平均数、几何平均数、众数和中位数。前三种平均数是根据总体中各单位的数量标志值计算得到的平均数，称作数值平均数。众数和中位数是根据标志值在频数分布数列中的位置确定的，称作位置平均数。下面分别介绍每一种平均指标的计算方法。

二、算术平均数

算术平均数，用 $\bar{x}$ 表示，是平均指标中最基本、最重要的一种平均数，也是社会经济统计分析中最常用、最广泛的一种平均指标，它反映了频数分布数列中各单位标志值的一般水平和集中趋势。其基本计算公式为：

$$\bar{x}=\frac{\sum x}{n}$$

式中，x 为变量值；n 为变量个数；$\sum$ 为求和符号。

上述公式中的分子和分母必须是同属一个总体，即分子数值是分母各单位数量标志值的总和，只有这样计算出的平均指标，才能表明总体的一般水平，这也是平均指标和强度相对指标的区别之处。强度相对指标是两个有联系的不同总体的数量指标之比。

根据掌握资料的不同，算术平均数的具体计算方法有简单算术平均数和加权算术平均数两种。

(一) 简单算术平均数

简单算术平均数适用于数据资料没有分组的情况，若 $x_1, x_2, \cdots, x_n$ 为各单位的标志值，

$\bar{x}$ 为算术平均数，其基本计算公式为：

$$\bar{x}=\frac{\sum x}{n}$$

例如，某班级某小组 10 名同学的统计学考试成绩分别是 60 分，68 分，70 分，73 分，79 分，80 分，87 分，90 分，93 分，98 分，则该组同学的平均考试成绩是：

$$\bar{x}=\frac{\sum x}{n}=\frac{60+68+70+73+79+80+87+90+93+98}{10}=79.8(\text{分})$$

简单算术平均数是总体的数量标志值之和除以总体单位总数，即总体标志总量除以总体单位总量，计算简单，适合于数据资料没有分组或数据个数较少的情况。

（二）加权算术平均数

加权算术平均数适用于数据资料已经分组的情形。在分组资料中，每一组都有频数 f，根据算术平均数的基本计算公式有：

$$\bar{x}=\frac{x_1f_1+x_2f_2+x_3f_3+\cdots+x_nf_n}{f_1+f_2+f_3+\cdots+f_n}=\frac{\sum x_if_i}{\sum f_i}=\frac{\sum xf}{\sum f}$$

式中，x 为各组变量的代表值。在单项式频数分布数列中，x 为各组变量值，若是组距数列，x 为各组变量的组中值，f 为各组的频数（次数），这里称为权数。$\sum xf$ 为总体标志总量，$\sum f$ 为总体单位总数，也称为总次数或总权数。

例如，某商店 20 名职工的月工资收入资料如表 4.12 所示，试计算该商店职工的月平均工资。

表 4.12　职工工资收入分组情况

按月工资收入分组（元）	职工人数（人）
5 000～6 000	4
6 000～7 500	10
7 500～8 500	6
合计	20

这是一个组距式频数分布数列，必须先计算出各组的组中值，用组中值作为每组数据的代表值。组中值分别是 5 500，6 750，8 000。由加权算术平均数公式计算职工的月平均工资：

$$\bar{x}=\frac{x_1f_1+x_2f_2+x_3f_3+\cdots+x_nf_n}{f_1+f_2+f_3+\cdots+f_n}$$

$$=\frac{5\,500\times4+6\,750\times10+8\,000\times6}{4+10+6}=\frac{137\,500}{20}=6\,875(\text{元})$$

在分组数列中,各组的权数既可以是绝对数 f,也可以是相对数 $\frac{f}{\sum f}$,因而加权算术平均数有绝对权数形式,也有相对权数形式,即:

$$\bar{x}=\frac{\sum xf}{\sum f}=\sum\left(x\times\frac{f}{\sum f}\right)$$

例如,某织布车间全部挡车工中有 30%的人日产棉布 100~110 米,50%的人日产棉布 110~120 米,其余的人日产棉布 120~130 米,要求计算该车间平均每个挡车工的日产量。

这是根据组距式频数分布数列资料计算算术平均数,见表 4.13。

表 4.13　挡车工的平均日产量

工人按日产量分组(米)	人数比重(%)
100~110	30
110~120	50
120~130	20
合计	100

先计算各组的组中值,分别是 105 米、115 米、125 米。又知各组的人数比重即频率 $\frac{f}{\sum f}$,分别是 30%、50%、20%。由加权算术平均数的相对权数公式计算,则平均每个挡车工的日产量为:

$$\bar{x}=\frac{\sum xf}{\sum f}=\sum\left(x\times\frac{f}{\sum f}\right)=105\times0.3+115\times0.5+125\times0.2$$
$$=114(米/人)。$$

由此可见,简单算术平均数只受各变量值大小的影响,而加权算术平均数要受到变量值大小和频数的双重影响。变量值大,频数大,则算术平均值也大;变量值小,频数小,算术平均值也小。因此,频数(次数)也称为权数。在特殊情况下,若各组的权数都相等时,权数对平均数的影响作用就消失了,这时加权算术平均数就等于简单算术平均数,因此,简单算术平均数是加权算术平均数的特例。

(三) 算术平均数的性质

算术平均数有一些优良的数学性质,这些数学性质对我们理解算术平均数,更方便地计算算术平均数,有重要的意义。

(1) 变量的各个标志值与其算术平均数的离差之和等于零,即:

$$\sum(x-\bar{x})=0\quad(资料未分组时)$$
$$\sum(x-\bar{x})f=0\quad(资料已分组时)$$

(2) 变量的各个标志值与其算术平均数的离差之平方和为最小值，即：

$$\sum(x-\bar{x})^2 = \text{最小值} \quad \text{(资料未分组时)}$$

$$\sum(x-\bar{x})^2 f = \text{最小值} \quad \text{(资料已分组时)}$$

(3) 若 A 为常数，且 $A\neq 0$，将各标志值都加上、减去、乘以、除以 A，则算术平均数也要加上、减去、乘以、除以 A，即：

$$(1)\ \frac{\sum(x\pm A)}{n}=\frac{\sum x}{n}\pm A \quad \text{(资料未分组时)}$$

$$(2)\ \frac{\sum Ax}{n}=A\frac{\sum x}{n} \quad \text{(资料未分组时)}$$

$$(3)\ \frac{\sum \frac{x}{A}}{n}=\frac{1}{A}\frac{\sum x}{n} \quad \text{(资料未分组时)}$$

$$(4)\ \frac{\sum(x\pm A)f}{\sum f}=\frac{\sum xf}{\sum f}\pm A \quad \text{(资料已分组时)}$$

$$(5)\ \frac{\sum Axf}{\sum f}=A\frac{\sum xf}{\sum f} \quad \text{(资料已分组时)}$$

$$(6)\ \frac{\sum \frac{x}{A}f}{\sum f}=\frac{1}{A}\frac{\sum xf}{\sum f} \quad \text{(资料已分组时)}$$

(四) 算术平均数的简捷计算法

根据算术平均数的性质，可得到算术平均数的简捷计算方法。

(1) 设 A 为接近于算术平均数的常数，则：

$$\bar{x}=A+\frac{\sum(x-A)}{n} \quad \text{(资料未分组时)}$$

$$\bar{x}=A+\frac{\sum(x-A)f}{\sum f} \quad \text{(资料已分组时)}$$

(2) 设 A 为接近于算术平均数的常数，i 为各组的组距，则：

$$\bar{x}=A+\frac{\sum\left(\frac{x-A}{i}\right)}{n}\times i \quad \text{(资料未分组时)}$$

$$\bar{x}=A+\frac{\sum\left(\frac{x-A}{i}\right)f}{\sum f}\times i \quad \text{(资料已分组时)}$$

[例 4.9] 某企业 2015 年上半年各月的产值分别是 120 万元、135 万元、118 万元、130 万元、125 万元、128 万元,试计算该企业上半年的平均产值。

取 $A=125$,将上述各数据分别减去 125 后,得 $-5,10,-7,5,0,3$,计算它们的平均数:

$$\frac{\sum(x-A)}{n}=\frac{-5+10-7+5+0+3}{6}=\frac{6}{6}=1(\text{万元})$$

所以,该企业上半年的平均产值为 $125+1=126$(万元)。

算术平均数的计算非常简单,因而应用广泛。但是,它有一个明显的不足,即容易受到数据之中极大值或极小值的影响。实际应用时,常常先将数据中的极端值剔除后,再计算算术平均数。

例如,某减肥中心有 5 名学员,开始时,一名学员的体重高达 189 千克,经过减肥中心一个月的训练,减了 19 千克。另外四位学员不仅没有减肥成功,反而各自还增重了 1 千克。5 名学员减肥的总重量为:$-19+4=-15$,$-15/5=-3$,平均每人减肥 3 千克。事实上,5 名学员中只有一名胖学员减了 19 千克,其他 4 名学员根本没有减肥。这就是算术平均数的不足之处。如果去掉数据中的极端值 19 千克,这组学员平均来看,反而增重了 $4/5=0.8$ 千克,这说明减肥中心的减肥效果并不好。

又如,有民谣说:“张家有财 1 000 万,九个邻居穷光蛋,平均下来算一算,个个都是上百万”。这也是对算术平均数的嘲讽。因而,在计算和使用算术平均数时,必须考虑数据中的极端值,只有当原始数据的离散程度较小时,算术平均数才有实际意义。如果原始数据离散程度较大,必须考虑剔除数据中的极端值后,再计算算术平均数。这种算术平均数也称为“掐头去尾平均数”或“裁剪平均数”。

三、调和平均数

调和平均数用 $\bar{x}_h$ 表示,是分配数列中各单位标志值倒数的算术平均数的倒数,是算术平均数的变形。根据所掌握的数据资料的不同,调和平均数有简单调和平均数和加权调和平均数两种。

1. 简单调和平均数

简单调和平均数适用于数据资料没有分组的情形。设 $x_1,x_2,x_3,\cdots,x_n$ 为各单位的数量标志值,根据调和平均数的概念,简单调和平均数的计算公式为:

$$\bar{x}_h=\frac{n}{\frac{1}{x_1}+\frac{1}{x_2}+\cdots+\frac{1}{x_n}}=\frac{n}{\sum\frac{1}{x}}\quad n\text{ 为数据的个数}$$

2. 加权调和平均数

加权调和平均数是加权算术平均数的变形,适用于数据资料已分组的情形,其计算公式为:

$$\bar{x}_h=\frac{\sum f}{\frac{1}{x_1}f_1+\frac{1}{x_2}f_2+\cdots+\frac{1}{x_n}f_n}=\frac{\sum f}{\sum\frac{1}{x}f}$$

式中，x 为各组变量的代表值，单项式频数分布数列中，x 为各组变量值，组距数列中，x 为各组的组中值，f 为各组的频数或权数。

当各组的频数(权数)都相等时，和算术平均数一样，加权调和平均数就等于简单调和平均数。

实际的统计分析中，直接根据变量值计算其调和平均数是很少见的，调和平均数仅仅是作为算术平均数的变形来使用。这是因为，在一定条件下，两者的计算结果是一致的。

设 $x=\frac{m}{f}$，即 x 是相对数或平均数，要求计算 x 的平均指标。

以 x 为变量、分母资料 f 为权数的加权算术平均数为：

$$\bar{x}=\frac{\sum xf}{\sum f}=\frac{\sum m}{\sum f}$$

以 x 为变量、分子资料 m 为权数的加权调和平均数为：

$$\bar{x}_{\mathrm{h}}=\frac{\sum m}{\sum \frac{m}{x}}=\frac{\sum m}{\sum f}$$

$$\bar{x}_{\mathrm{h}}=\bar{x}$$

由此可见，算术平均数和调和平均数，两者计算形式虽不同，但计算内容却完全相同，计算结果也是一致的。下面通过具体的事例说明算术平均数和调和平均数的应用。

[例 4.10]　设某公司下属三个部门的销售资料如表 4.14 所示，试计算平均销售利润率。

表 4.14　平均销售利润率

部门	销售利润率(%)	销售额(万元)
甲	12	1 000
乙	10	2 000
丙	7	1 500
合计	—	4 500

我们知道，销售利润率$(x)=\frac{\text{销售利润额}(m)}{\text{销售额}(f)}$，$m$ 为销售利润额，是未知的，f 为销售额。要计算三个部门的平均销售利润率，必须求出各部门的销售利润额，才可计算出平均销售利润率，所以，

$$\text{平均销售利润率}=\frac{\sum xf}{\sum f}=\frac{0.12\times 1\,000+0.1\times 2\,000+0.07\times 1\,500}{1\,000+2\,000+1\,500}=9.44\%$$

[例 4.11]　若例 4.10 中已知三个部门的销售利润额(m)(表 4.15)，试计算这三个部门

的平均销售利润率。

表 4.15　三个部门的销售资料

部门	销售利润率(%)	销售利润额(万元)
甲	12	120
乙	10	200
丙	7	105
合计	—	425

根据上述分析,三个部门的平均销售利润率要用各部门的销售利润额之和除以总销售额计算得出,所以

$$\text{平均销售利润率}=\frac{\sum m}{\sum \frac{1}{x}m}=\frac{120+200+105}{\frac{1}{0.12}\times 120+\frac{1}{0.10}\times 200+\frac{1}{0.07}\times 105}=9.44\%$$

例 4.10 是应用加权算术平均法计算的结果,例 4.11 是应用加权调和平均法计算的结果,两者的结论一致。由此可知,根据相对数或平均数计算其平均指标时,可以根据掌握的资料不同,采用不同的公式:(1)已知比值(x)和分子资料(m)时,以分子资料(m)为权数,采用加权调和平均法,计算比值 x 的平均数;(2) 已知比值(x)和分母资料(f)时,以分母资料(f)为权数,采用加权算术平均法计算比值 x 的平均数;(3)若分子(m)和分母(f)都已知时,则用 $\frac{\sum m}{\sum f}$ 计算相对数或平均数的平均指标。所以,我们一般不会直接用调和平均数公式计算平均指标,只有当计算平均指标的数据是相对数或平均数时,才可能用调和平均数公式计算。

综上所述,调和平均数有如下特点:一是标志值 $x\neq 0$,否则无法计算调和平均数;二是调和平均数易受标志值中极大值和极小值的影响。

四、几何平均数

几何平均数用 $\bar{x}_g$ 表示,它是 n 个单位数量标志值连乘积的 n 次方根。根据数据资料的不同形式,几何平均数也有简单几何平均数和加权几何平均数之分。

(一) 简单几何平均数

简单几何平均数适用于数据资料没有分组的情形,其计算公式是:

$$\bar{x}_g=\sqrt[n]{x_1x_2x_3\cdots x_n}=\sqrt[n]{\prod x}$$

式中,x 为总体单位的数量标志值;n 为单位个数;$\bar{x}_g$ 为几何平均数;$\prod$ 为连乘符号。

[**例 4.12**]　某生产流水线有四道工序,第一道工序的产品合格率为 98%,第二道工序为

95%，第三道工序为93%，第四道工序为95%，求平均的工序产品合格率。

利用几何平均数公式计算平均的工序产品合格率为：

$$\sqrt[4]{\Pi x}=\sqrt[4]{0.98\times0.95\times0.93\times0.95}=95.23\%$$

（二）加权几何平均数

当数据资料已分组时，要用加权几何平均法计算其几何平均数，加权几何平均数的计算公式为：

$$\bar{x}_g=\sqrt[\Sigma f]{x_1^{f_1}x_2^{f_2}x_3^{f_3}\cdots x_n^{f_n}}=\sqrt[\Sigma f]{\Pi x^f}$$

式中，x 为各单位的标志值；f 为权数。

例如，将一笔钱存入银行，存期8年，以复利计息，8年的年利率分别是：第1年至第2年为4%，第3年至第5年为6%，第6年至第8年为8%，求平均年利率。

因为是复利计息，各年的利息是在前年的累计存款额的基础上计息的。因此，各年的存款额＝本金＋利息＝本金×(1＋年利率)，称(1＋年利率)为年本利率，各年本利率的连乘积等于总的本利率。将总的本利率开8次方后再减去1，即8年内的平均年利率，所以，平均年利率为：

$$\bar{x}_g-1=\sqrt[\Sigma f]{x_1^{f_1}x_2^{f_2}x_3^{f_3}\cdots x_n^{f_n}}-1=\sqrt[\Sigma f]{\Pi x^f}-1$$
$$=\sqrt[8]{(1+0.04)^2\times(1+0.06)^3\times(1+0.08)^3}-1=6.2\%$$

几何平均数适合于计算社会经济现象的平均比率或平均速度，以反映现象增长率的平均水平。因此，只要现象变量值的连乘积等于总比率或总速度，都可以使用几何平均法来计算。

在计算和使用几何平均数时，应注意以下几点：一是 $x>0$，否则计算出的几何平均数没有实际意义；二是几何平均数适用于反映特定现象的平均水平；三是 $(\bar{x}_g)^n=\Pi x$

五、众数

众数(Mode，简写为Mo)是数据资料中出现次数最多的那个标志值。分配数列中最常出现的标志值是最突出的，最能反映标志值的群体特征，因而最具有代表性，能够代表一组数据的一般水平。众数能直观地说明客观现象分布中的集中趋势。在实际工作中，有时可利用众数代替算术平均数，来说明社会经济现象的一般水平。例如，集贸市场上某种商品的价格在不同摊位上是不完全相同的，其中多数摊位上的那个价格就是众数价格，反映了该种商品价格的一般水平。在各种选举或决策中，“少数服从多数”或“过半数则通过”的游戏规则，也是众数的实际应用。根据所掌握的数据资料的不同，计算众数的方法也不一样。下面分别介绍几种众数的计算方法。

（一）单项式频数分布数列众数的计算

在单项式频数分布数列中，出现次数最多的标志值就是众数。因此，只要找出最大的次

数 f,它所对应的标志值就是众数。表 4.16 列出了某种商品在集贸市场上的价格情况,试确定其价格众数。

表 4.16　某种商品的销售价格和销售量

价格(元)	销售量(千克)
2.00	20
2.40	60
3.00	160
4.00	50
合计	290

显然,最大的销售量是 160 千克,它所对应的销售价格是 3.00 元/千克,所以,这种商品的价格众数为 3.00 元/千克。

(二) 组距式频数分布数列众数的计算

单项式频数分布数列中,每组只有一个变量值。只要找到最大的次数,那组的数据即是众数。组距式频数分布数列中,每组都有许多个变量值,这些变量值组成一个区间,因此,组距式频数分布数列中,众数的计算要比单项式数列众数的计算复杂一些。

先要找出最大的次数,最大次数所对应的那一组为众数组,然后利用插值公式计算众数的近似值。其计算公式为:

$$\text{下限公式}:Mo=L+\frac{\Delta_1}{\Delta_1+\Delta_2}\times d$$

$$\text{上限公式}:Mo=U-\frac{\Delta_2}{\Delta_1+\Delta_2}\times d$$

式中,L、U、d 分别是众数组的下限、上限和组距;Δ_1 为众数组次数与相邻前一组次数之差;Δ_2 为众数组次数与相邻后一组次数之差。

上限公式和下限公式计算出的众数是相等的,实际应用中,两个公式都可以使用。

[例 4.13]　某车间 50 个工人月生产量情况如表 4.17 所示,试确定工人月产量的众数,并说明其含义。

表 4.17　50 名工人的月产量

月产量(千克)	工人数(人)
400 以下	3
400～600	7
600～800	32
800～1 000	8
合计	50

表 4.17 表明,最大的次数是 32,所以众数组是 600～800 组,在这一组中,用上限公式计

算众数：

$$Mo=U-\frac{\Delta_2}{\Delta_1+\Delta_2}\times d=800-\frac{32-8}{(32-8)+(32-7)}\times(800-600)=702.04(\text{千克})$$

再用下限公式计算众数：

$$Mo=L+\frac{\Delta_1}{\Delta_1+\Delta_2}\times d=600+\frac{32-7}{(32-8)+(32-7)}\times(800-600)=702.04(\text{千克})$$

可见，这 50 个工人的月产量众数为 702.04 千克，它表明了这 50 个工人月产量的一般水平。

综上所述，众数是由标志值出现次数的多少决定的，反映了标志值的集中趋势。只有当标志值有明显的集中趋势时，众数的确定才有意义。众数不受标志值中极端值的影响，这说明众数比较稳定。当总体的标志值近似于均匀分布时，该数据资料没有众数；当总体中有两个最大的次数时，则存在双众数。

众数的计算没有用到全部标志值，它是根据出现次数最大的标志值来确定的。严格地讲，它不是数值平均数，而是一种位置平均数。

六、中位数

把原始数据进行排序，中点位置上的那个标志值叫作中位数(Median，简写 Me)，用 Me 表示。中位数是一种位置平均数，它将全部数据分成个数相等的两部分，一部分都比它大，另一部分都比它小。因而，中位数可以反映全部变量的一般水平。例如，人口年龄的中位数，可表示人口总体年龄的一般水平；职工月工资收入的中位数，可反映职工总体月工资收入的一般水平；集贸市场上某种商品的价格中位数，可代表该种商品的价格水平。中位数的计算依据掌握资料特点的不同而不同。

1. 未分组资料中位数的计算

根据未分组的数据资料计算中位数时，先要对数据资料按大小顺序排序，然后按$\frac{n+1}{2}$确定中点的位置，第$\frac{n+1}{2}$个标志值即是中位数，式中 n 为数据总数。

当 n 为奇数时，$\frac{n+1}{2}$为整数，即中点位置是唯一的，第$\frac{n+1}{2}$个标志值即是中位数。

当 n 为偶数时，$\frac{n+1}{2}$为小数，即中点位置有两个，它们是$\frac{n}{2}$和$\frac{n}{2}+1$，这时中位数 Me 是这两个中点位置上的标志值的简单算术平均数。

[例 4.14]　某班级某小组 9 名同学的统计学考试成绩分别是：62、65、69、75、78、80、83、85、90 分，试确定该组同学统计学考试成绩的中位数。

$n=9$，中点位置$=\frac{n+1}{2}=\frac{9+1}{2}=5$，第 5 个标志值即是中位数，则

$$Me=78(分)。$$

[例 4.15] 某班级某小组10名同学的统计学考试成绩分别是：65、69、72、75、77、80、83、86、90、95分，试确定该组同学统计学考试成绩的中位数。

$n=10$，中点位置$=\frac{n}{2}=\frac{10}{2}=5$ 和$\frac{n}{2}+1=6$，即第5个和第6个是中点，则

$$Me=\frac{77+80}{2}=78.5(分)$$

2. 已分组数据资料中位数的计算

若数据资料分组成单项式频数分布数列，要确定其中位数，必须先计算各组的累计次数，然后根据公式$\frac{n}{2}$(n 为数据总数)确定中点位置，进而确定中位数所在的那一组，中位数所在组的变量值就是中位数。

[例 4.16] 某厂工人的日产量如表4.18，试确定其中位数。

表 4.18　某厂工人的日产量情况

按日产量分组(件)	工人数(人)	向上累计次数
25	3	3
30	10	13
32	14	27
35	27	54
40	18	72
42	8	80
合计	80	—

先计算各组的向上累计次数(如表4.18)，再确定中点位置$=\frac{80}{2}=40$，即第40名工人的日产量为中位数，从累计次数可知，第40名工人在第4组，所以，中位数 $Me=35$ 件。

3. 组距式频数分布数列中位数的计算

根据组距式频数分布数列计算中位数时，先计算各组的累计次数，然后用公式$\frac{n}{2}$确定中点位置，即确定了中位数所在的组，在中位数组中，用近似公式计算中位数，其计算公式为：

$$下限公式：Me=L+\frac{\frac{n}{2}-S_{Qm-1}}{f_m}\times i$$

$$上限公式：Me=U-\frac{\frac{n}{2}-S_{Qm+1}}{f_m}\times i$$

式中，L、U、f_m、i 分别是中位数组的下限、上限、次数和组距；S_{Qm-1} 为中位数组以前各组的

累计次数；S_{Qm+1}为中位数组以后各组的累计次数。

[**例 4.17**]　某工厂 50 名工人的月产量资料如表 4.19 所示，试确定工人月产量的中位数。

表 4.19　50 名工人月产量资料

月产量(千克)	工人数(人)	向上累计次数
400 以下	3	3
400～600	7	10
600～800	32	42
800～1 000	8	50
合计	50	—

先计算各组的向上累计次数(如表 4.19)，再确定中位数所在的组，$\frac{n}{2}=\frac{50}{2}=25$。第 25 个工人的月产量就是中位数，所以中位数在 600～800 组，根据上述近似公式计算中位数：

$$\text{下限公式：}Me=L+\frac{\frac{n}{2}-S_{Qm-1}}{f_m}\times i=600+\frac{\frac{50}{2}-10}{32}\times(800-600)=693.75(\text{千克})$$

$$\text{上限公式：}Me=U-\frac{\frac{n}{2}-S_{Qm+1}}{f_m}\times i=800-\frac{\frac{50}{2}-8}{32}\times(800-600)=693.75(\text{千克})$$

可见，上限公式和下限公式计算的结果是一致的。

中位数有以下特点：一是中位数和众数一样，不受原始数据中极端值的影响，因而提高了对原始数据一般水平的代表性；二是各单位标志值与其中位数的绝对离差之和有最小值；三是对总体单位标志值的变动缺乏敏感性。

中位数的不足之处是：一是只用到了原始数据中的一个数据信息，浪费和损失了大量的数据信息；二是中位数无法还原成总数，即总体标志总量，而利用算术平均数可以还原出总体标志总量。

七、各种平均指标之间的关系

对于同一组数据资料，我们可以分别计算出这五种反映数据集中趋势的统计指标，且这些指标之间有一定的关系。下面不加证明地介绍各种平均指标之间的关系。

(一) 算术平均数($\bar{x}$)、调和平均数($\bar{x}_h$)与几何平均数($\bar{x}_g$)的关系

对于同一总体单位的数量标志值，分别计算其 $\bar{x}$、$\bar{x}_h$ 和 $\bar{x}_g$，

则有：$\bar{x}\geqslant\bar{x}_g\geqslant\bar{x}_h$。

当各单位的标志值相等时，

$\bar{x}=\bar{x}_g=\bar{x}_h$(可用归纳法证明)。

(二) 算术平均数($\bar{x}$)、众数(Mo)与中位数(Me)的关系

这三种平均指标之间的关系与总体单位标志值的分布特征有关。

(1) 当总体单位标志值的分布对称时,$\bar{x}=Mo=Me$,如图 4-1 所示。

(2) 当总体单位标志值的分布是右偏时,$Mo<Me<\bar{x}$,如图 4-2 所示。

(3) 当总体单位标志值的分布是左偏时,$\bar{x}<Me<Mo$,如图 4-3 所示。

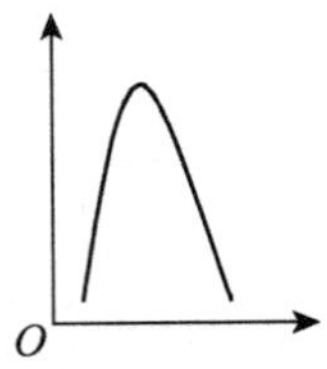

图 4-1

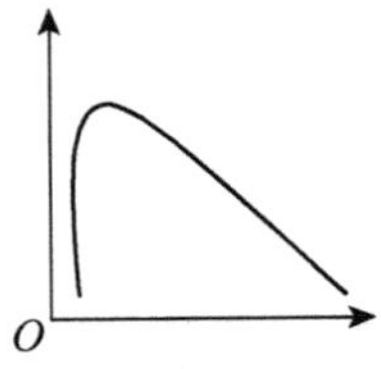

图 4-2

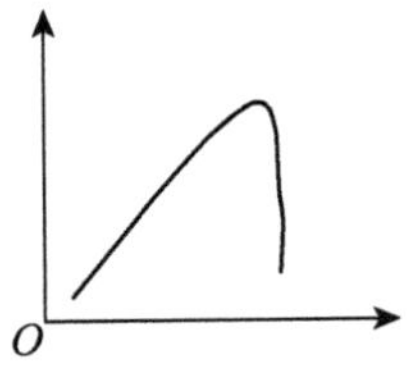

图 4-3

英国统计学家卡尔·皮尔逊认为,当总体分布呈轻度偏态时,当 $\bar{x}=Mo$ 时,此时分布为对称分布;当 $\bar{x}>Mo$ 时,此时分布为右偏分布;当 $\bar{x}<Mo$ 时,此时分布为左偏分布。

$\bar{x}$ 越大,说明分布的偏态较严重;$\bar{x}$ 越小,说明分布的偏态越轻微。

英国统计学家卡尔·皮尔逊根据大量的统计资料,还得出了这三个指标之间的统计关系,即:

$$\bar{x}-Mo=3(\bar{x}-Me),$$

利用这一关系,可以进行不太精确的推算。

[例 4.18] 某班有近一半的学生身高不足 1.68 米,身高 1.74 米的学生最多,试估计该班学生的平均身高。

根据题意有:$Me=1.68$ 米,$Mo=1.74$ 米,按照上述的经验公式有:

$$\bar{x}-1.74=3(\bar{x}-1.68)$$
$$\bar{x}=1.65(\text{米})$$

所以,该班同学的平均身高近似为 1.65 米。如果没有上述经验公式,我们就无法估计出该班学生的平均身高。因为平均数小于众数,所以这个班级学生的身高分布是左偏的。

第四节 标志变动指标

一、标志变动指标的概念

平均指标消除了个体单位在数量上的差异,用以反映总体的一般水平。事实上,个体差异总是存在的,为了说明这种差异的大小,衡量平均数的代表性,我们必须使用一种新的统

计指标，这就是标志变动指标。标志变动指标也叫标志变异指标或标志变动度，是测定总体单位标志值间差异程度或波动程度的统计指标。标志变动指标反映了总体单位标志值之间的离散程度。总体是由许多基本性质相同的单位组成的整体，而总体各单位在某一数量标志上是有差异的。平均指标将这种数量差异抽象化，用一个数值反映总体单位数量方面的一般水平，却无法刻画总体单位的数量差异。为了使我们对总体的认识更全面，从另一个方面说明总体的特征，需要计算标志变动指标，以说明总体各单位标志值之间的差异程度或标志值分布的差异情况，从而补充说明平均指标的不足。

标志变异指标的作用主要有：

第一，标志变异指标可以衡量平均指标的代表性。平均指标代表总体标志值的一般水平，若总体单位的差异程度大，则标志变动指标值也大，平均数的代表性小；若总体单位的差异程度小，则标志变动指标值也小，平均数的代表性大。标志变动指标值的大小与平均指标的代表性成反向变化关系。

第二，标志变异指标可以反映社会经济现象发展变化的稳定性和均衡性。社会经济现象的发展变化受到很多因素的影响，发展的结果带有一定的波动性或偶然性，通过计算相应的标志变动指标，可以反映这种波动性的大小，进而反映社会经济现象发展变化的稳定性和均衡性。标志变动指标值大，说明发展的波动性大，发展变化不稳定；标志变动指标值小，说明发展的波动性小，发展变化比较稳定和均衡。标志变动指标的这种作用还可用于反映投资的风险性和产品质量的稳定性。

常用的标志变异指标有：全距（R）、四分位差（QD）、平均差（AD）、标准差（σ）和离散系数。

二、全距

全距（R）是总体各单位的最大标志值与最小标志值之差，表明标志值变动的范围，其计算公式为：

$$全距(R)=x_{\max}-x_{\min}$$

例如，某班级两组同学的统计学考试成绩如下，显然，两组同学的平均成绩都是 75 分。但是，我们要知道哪组同学的成绩比较接近，比较均衡，哪组同学的考试成绩参差不齐，换句话说，我们要知道 75 分的平均成绩最能反映哪组同学的成绩水平。为此，我们可以计算每组成绩的全距：

Ⅰ	60	65	70	75	80	85	90	（分）
Ⅱ	69	71	73	75	77	79	81	（分）

比较两组的全距；

第Ⅰ组为　$R_1=90-60=30$(分)

第Ⅱ组为　$R_2=81-69=12$(分)

因此，第Ⅰ组同学考试成绩的差别比第Ⅱ组同学考试成绩的差别大。这说明第二组同学的考试成绩比较接近，第一组同学的考试成绩参差不齐。如果用 75 分的平均成绩来反映每组同学成绩的一般水平，那么第二组同学的平均成绩比第一组同学的平均成绩要好。

全距说明总体中标志值变动的范围,全距越大,说明总体中标志值变动的范围越大,从而说明总体各单位标志值的差异大,反之则小。

若数据资料整理成组距数列,要计算其全距,只要用最高组的上限减去最低组的下限即可求得全距的近似值,即:

$$全距(R)=最高组的上限-最低组的下限$$

全距作为反映总体单位标志值变动范围的指标有计算简单的优点,但是,全距的计算只考虑了总体中的两个极端值,没有用到所有的数据信息,比较粗略,不能全面反映总体各单位标志值的差异程度。在实际应用中,全距(R)常被用来检查产品质量的稳定性和进行质量控制。

三、四分位差

用全距说明总体单位数量差异的程度是非常粗略的,全距的计算只用到数据中的最大值和最小值,忽略了大部分数据的有用信息。因此,我们可以克服全距的不足之处,利用更多的数据信息,客观真实地反映数据本身的特征。

四分位差(Quartile Deviation,QD)是将数据进行排序,并且四等分,去掉最大的 1/4 和最小的 1/4 数据后,剩下中间 50%数据的全距。四分位差集中反映了中间 50%数据的差异程度,四分位差的值越小,说明中间 50%数据越集中;反之,则说明中间 50%数据越分散。四分位差主要用于测度数据的离散程度,反映平均数的代表性。假设 Q_1、Q_2、Q_3 分别是数据由小到大的三个四等分点,那么:

$$QD=Q_3-Q_1$$

根据所掌握的数据资料不同,四分位差的计算有所不同。

1. 未分组数据四分位差的计算

对于未分组的数据,我们必须先将数据按大小顺序进行排序,分别计算出第一个四等分点(下四分位点)上的值 Q_1 和第三个四等分点(上四分位点)上的值 Q_3,然后才能计算出四分位差:

$$QD=Q_3-Q_1$$

[例 4.19] 某百货公司 11 月份的日销售额(单位:万元)数据如下,试计算其全距和四分位差。

257	276	297	252	238	310	240	236	265	278	271	292	261	281	301
274	267	280	291	258	272	284	268	303	273	263	322	249	269	295

将上述数据按大小排序如下:

236	238	240	249	252	257	258	261	263	265	267	268	269	271	272
273	274	276	278	280	281	284	291	292	295	297	301	303	310	322

很显然,全距 $R=322-236=86$(万元)

这组数据共有 $n=30$ 个,那么,第一个四等分点在 $\frac{n+1}{4}=\frac{30+1}{4}=7.75$,因此,$Q_1$ 在第 7

个数字 258 和第 7 个与第 8 个数字之间的 0.75 处，即

$$Q_1 = 258 + 0.75 \times (261 - 258) = 260.25(\text{万元})$$

第三个四等分点在$\frac{3(n+1)}{4}=\frac{3\times(30+1)}{4}=23.25$处。因此，$Q_3$在第 23 个数字和第 23 与 24 个数字之间的 0.25 处，即

$$Q_3 = 291 + 0.25 \times (292 - 291) = 291.25(\text{万元})$$

所以，$QD = Q_3 - Q_1 = 291.25 - 260.25 = 31$(万元)

全距是全部变量值中的最大值与最小值之差，而四分位差是中间 50%数据的全距，它比全距要小，并且利用了较多的数据信息，四分位差比全距科学合理。但是，四分位差的计算仍然没有用到全部的数据信息。

2. 分组数据资料的四分位差的计算

当数据已分成组距数列时，四分位差的计算按如下步骤进行。

(1) 用$\frac{n}{4}$确定第一个四等分点 Q_1 所在的位置。通常情况下，Q_1 在某一组中。

(2) 计算 Q_1，$Q_1 = L_1 + \frac{\frac{n}{4} - S_1}{f_1} \times i_1$。

式中，L_1，f_1，i_1 分别是 Q_1 所在组的下限、次数、组距；S_1 是 Q_1 所在组以前各组的累计次数。

(3) 用$\frac{3n}{4}$确定 Q_3 所在的位置，通常情况下，Q_3 在某一组中。

(4) 计算 Q_3，$Q_3 = L_3 + \frac{\frac{3n}{4} - S_3}{f_3} \times i_3$。

式中，L_3，f_3，i_3 分别是 Q_3 所在组的下限、次数、组距；S_3 是 Q_3 所在组以前各组的累计次数。

(5) 计算四分位差：$QD = Q_3 - Q_1$。

[例 4.20]　对某地区 120 家企业按利润额进行分组(如表 4.20)，计算四分位差。

表 4.20　120 家企业按利润额分组

按利润额分组(万元)	企业数(家)
200～300	19
300～400	30
400～500	42
500～600	18
600 以上	11
合计	120

$n=120,\frac{n}{4}=\frac{120}{4}=30,\frac{3n}{4}=\frac{3\times120}{4}=90$,所以,$Q_1$在第 2 组,$Q_3$在第 3 组。

$$Q_1=L_1+\frac{\frac{n}{4}-S_1}{f_1}\times i_1=300+\frac{30-19}{30}\times(400-300)=336.67(\text{万元})$$

$$Q_3=L_3+\frac{\frac{3n}{4}-S_3}{f_3}\times i_3=400+\frac{90-49}{42}\times(500-400)=497.62(\text{万元})$$

所以,$QD=Q_3-Q_1=497.62-336.67=160.95$(万元)

四、平均差

全距(R)的计算只涉及标志值之中的极大值和极小值,没有考虑中间的各个标志值;四分位差的计算只用到中间 50%的数据,它们都没有利用全部数据的信息。为了克服全距和四分位差的缺点,我们可以考虑利用全部标志值,计算出标志变动指标以反映标志值的差异程度,这个标志变动指标就是平均差。

平均差(AD)是分配数列中各单位标志值与其算术平均数的离差的绝对值的算术平均数,它反映总体数量标志值的差异程度,AD 越大,说明分布数列中各标志值的离散程度越大,反之离散程度越小。

所掌握的资料不同,AD 的计算公式也不一样。

(1) 若数据资料未分组,那么,

$$AD=\frac{\sum|x-\bar{x}|}{n}$$

式中,x 为标志值;$\bar{x}$ 为算术平均数,$\bar{x}=\frac{\sum x}{n}$,n 为数据个数。

(2) 若数据资料已分组,那么,

$$AD=\frac{\sum|x-\bar{x}|f}{\sum f}$$

式中,x 为标志值或组中值;f 为各组的权数,$\bar{x}=\frac{\sum xf}{\sum f}$。

[例 4.21] 某班级甲、乙两组同学统计学考试成绩如表 4.21 所示,试比较两组同学统计学考试成绩的离散程度。

表 4.21 两组同学的考试成绩

甲组			乙组		
成绩(分)	$x-\bar{x}$	$\|x-\bar{x}\|$	成绩(分)	$x-\bar{x}$	$\|x-\bar{x}\|$
65	-5.8	5.8	68	-10.2	10.2
67	-3.8	3.8	75	-3.2	3.2
70	-0.8	0.8	78	-0.2	0.2
72	1.2	1.2	80	1.8	1.8
80	9.2	9.2	90	11.8	11.8
合计	—	20.8	合计	—	27.2

列表计算,过程见表 4.21。

$$\text{甲组同学的平均成绩}=\frac{65+67+70+72+80}{5}=70.8(\text{分})$$

$$\text{乙组同学的平均成绩}=\frac{68+75+78+80+90}{5}=78.2(\text{分})$$

$$AD_{\text{甲}}=\frac{\sum|x-\bar{x}|}{n}=\frac{20.8}{5}=4.16(\text{分})$$

$$AD_{\text{乙}}=\frac{\sum|x-\bar{x}|}{n}=\frac{27.2}{5}=5.44(\text{分})$$

$AD_{\text{甲}}<AD_{\text{乙}}$,甲组同学考试成绩的离散程度小,乙组同学考试成绩的离散程度大,这也说明甲组同学的学习成绩比较接近,比较均衡,差异不大。

[例 4.22] 某单位职工的工资水平资料如表 4.22 所示,试计算其平均差(AD)。

表 4.22 某单位职工的工资资料

工资水平(元)	组中值 x	人数 f	工资额 xf	$x-\bar{x}$	$\|x-\bar{x}\|f$
400～500	450	10	4 500	-375.14	3 571.4
500～600	550	20	11 000	-257.14	5 142.4
600～800	700	50	35 000	-107.14	5 357
800～1 000	900	80	72 000	92.86	7 428.8
1 000～1 500	1 250	15	18 750	442.86	6 642.9
合计	—	175	141 250	—	28 142.5

列表计算,见表 4.22。

$$\bar{x}=\frac{\sum xf}{\sum f}=\frac{141\ 250}{175}=807.14(\text{元})$$

$$AD=\frac{\sum|x-\bar{x}|f}{\sum f}=\frac{28\ 142.5}{175}=160.82(\text{元})$$

平均差是根据全部变量值计算出来的,能比较全面、客观地反映标志值的平均变动程度,计算简单,易于理解和掌握。但是,平均差是采用离差绝对值的方法来消除正负离差的影响,因而不便于代数运算,使实际应用受到限制。

五、标准差

标准差(σ)也称为均方差,是各单位标志值与其算术平均数的离差的平方的算术平均数的平方根。标准差与平均差的意义相同,都是反映各单位标志值的平均差异程度,只不过标准差是采用离差平方的方法来消除正负离差的影响,因此,在数学处理上比平均差更为合理和优越。根据所掌握的资料不同,标准差的计算公式也有所不同。

(1) 若资料未分组,则:

$$\sigma=\sqrt{\frac{\sum (x-\bar{x})^2}{n}}$$

式中,σ 为标准差;x 为标志值;$\bar{x}$ 为标志值的算术平均数;n 为数据个数。

(2) 若资料已分组,则:

$$\sigma=\sqrt{\frac{\sum (x-\bar{x})^2 f}{\sum f}}$$

式中,σ 为标准差;f 为各组次数;x 为各组变量值或各组组中值;$\bar{x}$ 为标志值的算术平均数。标准差越大,说明标志值的平均差异程度就越大;反之,则平均差异程度就越小。

[例 4.23] 某单位职工的工资水平资料如表 4.23 所示,试计算其标准差(σ)。

表 4.23 某单位职工的工资资料

工资水平(元)	组中值 x	人数 f	工资额 xf	$x-\bar{x}$	$(x-\bar{x})^2 f$
400~500	450	10	4 500	−375.14	1 275 489.796
500~600	550	20	11 000	−257.14	1 322 419.592
600~800	700	50	35 000	−107.14	573 948.98
800~1000	900	80	72 000	92.86	689 838.368
1 000~1 500	1 250	15	18 750	442.86	2 941 874.694
合计	—	175	141 250	—	6 803 571.43

$$\bar{x}=\frac{\sum xf}{\sum f}=\frac{141\ 250}{175}=807.14(元)$$

$$\sigma=\sqrt{\frac{\sum (x-\bar{x})^2 f}{\sum f}}=\sqrt{\frac{6\ 803\ 571.43}{175}}=197.17(元)$$

标准差是最常用的，也是最重要的标志变动指标。在生产管理和经营管理中，常被用来反映风险的大小和经营的波动性，但是，标准差的计算有些繁琐。为此，有必要探讨标准差的简捷计算方法。

（3）标准差的简捷算法。根据算术平均数的数学性质，得出标准差的简捷算法。

① $\sigma=\sqrt{\dfrac{\sum(x-\bar{x})^2 f}{\sum f}}=\sqrt{\overline{x^2}-\bar{x}^2}$

② 若 A 为常数，d 为各组组距，有：

$$\sigma=d\sqrt{\frac{\sum\left(\frac{x-A}{d}\right)^2 f}{\sum f}-\left[\frac{\sum\left(\frac{x-A}{d}\right)f}{\sum f}\right]^2}$$

［例 4.24］ 已知某小组同学统计学考试成绩（分）是 58，60，65，70，78，85，88，95，用简捷算法计算考试成绩的标准差。

列表计算，见表 4.24。

表 4.24 某小组同学统计学考试成绩

某小组同学统计学考试成绩 x（分）	成绩的平方 x^2
58	3 364
60	3 600
65	4 225
70	4 900
78	6 084
85	7 225
88	7 744
95	9 025
合计	46 167

$$\bar{x}=\frac{\sum x}{n}=\frac{599}{8}=74.875$$

$$\bar{x}^2=74.875^2=5\ 606.265$$

$$\frac{\sum x^2}{n}=\frac{46\ 167}{8}=5\ 770.875$$

$$\sigma=\sqrt{5\ 770.875-5\ 606.265}=\sqrt{164.61}=12.83（分）$$

第二种简捷算法，取 $A=75$，$d=1$，列表计算标准差，见表 4.25。

表 4.25 某小组同学统计学考试成绩

某小组同学统计学考试成绩 x(分)	$x-A$	$(x-A)^2$
58	−17	289
60	−15	225
65	−10	100
70	−5	25
78	3	9
85	10	100
88	13	169
95	20	400
合计	−1	1 317

$$\sigma = d\sqrt{\frac{\sum\left(\frac{x-A}{d}\right)^2 f}{\sum f} - \left[\frac{\sum\left(\frac{x-A}{d}\right)f}{\sum f}\right]^2}$$

$$= 1\times\sqrt{\frac{1\ 317}{8} - \left(\frac{-1}{8}\right)^2} = \sqrt{164.625 - 0.016} = 12.83(\text{分})$$

标准差的简捷算法使标准差的计算变得简单而又容易，当数据资料不多或手工计算时，用简捷算法可以简化计算的工作量。对于分组的数据资料可以用同样的思路和原理进行标准差的简捷计算。

六、离散系数

前文介绍的全距、平均差和标准差都是绝对数指标，它们都与原始数据有相同的计量单位。当标志变动指标值相同，而计量单位不同时，或原始数据的计量单位相同，而各组数据的平均值并不相同时，再或者总体规模差异较大时，我们无法用全距、平均差和标准差来判定和比较数据资料的离散程度和差异程度。对此，就要消除标志变动指标的计量单位，以相对指标来反映数据之间的离散程度，这个相对指标就是离散系数。

离散系数，也称为变异系数，是标志变动指标与其相应的平均指标值之比，反映原始数据离散的相对水平。常用的离散系数有平均差系数和标准差系数，分别用 V_{AD} 和 V_σ 表示。它们的计算公式分别为：

$$V_{AD} = \frac{AD}{\bar{x}} \times 100\%$$

$$V_\sigma = \frac{\sigma}{\bar{x}} \times 100\%$$

例如，对甲、乙两班学生的统计学考试成绩进行分析，结果表明，甲班平均分为 85 分，标准差为 10 分；乙班平均成绩 78 分，标准差为 9 分，则两班考试成绩的标准差系数分别为：

$$V_{\sigma\text{甲}}=\frac{\sigma}{\bar{x}_{\text{甲}}}\times 100\%=\frac{10}{85}\times 100\%=11.76\%$$

$$V_{\sigma\text{乙}}=\frac{\sigma}{\bar{x}_{\text{乙}}}\times 100\%=\frac{9}{78}\times 100\%=11.57\%$$

这说明甲班考试成绩的离散程度大于乙班，乙班同学的考试成绩比较均衡，乙班的平均成绩具有较好的代表性。

离散系数能较好地用来对比判断不同规模、不同计量单位或平均值不相同时，总体平均数的代表性，离散系数越小，各标志值之间的差异也会越小，总体平均数的代表性就好；反之，离散系数越大，各标志值之间的差异也会越大，总体平均数的代表性就差。

［例 4.25］ 某企业进行一次抽样调查，调查表明职工的月平均工资为 5 568 元，标准差是 156 元。职工的平均年龄是 46 岁，标准差是 3.8 岁。试问该企业职工的工资与年龄哪个数据的稳定性好？

本题目中，工资的标准差是 156 元，年龄的标准差是 3.8 岁，它们不具有相同的计量单位，无法用标准差对数据的离散程度进行直接的比较。这时需要用标准差系数进行比较。

$$V_{\sigma\text{工资}}=\frac{\sigma}{\bar{x}_{\text{工资}}}\times 100\%=\frac{156}{5\ 568}\times 100\%=2.80\%$$

$$V_{\sigma\text{年龄}}=\frac{\sigma}{\bar{x}_{\text{年龄}}}\times 100\%=\frac{3.8}{46}\times 100\%=8.26\%$$

从标准差系数看，职工工资的标准差系数小于职工年龄的标准差系数，因此，职工工资的稳定性较好，说明该企业的工资收入分配比较均衡，工资收入分配的差异性不大。

本章小结

1. 统计对社会经济现象的研究是通过各种数据指标进行描述和反映的。在各种常用的统计指标中，最基本的有三类：总量指标、相对指标和平均指标。

2. 总量指标用以反映统计总体的数量规模和水平大小，通过总量指标，我们可以了解客观事物的总体范围、规模大小、实力高低。

3. 根据总量指标所说明的内容，总量指标有总体单位总量和总体标志总量之分。总体单位总量说明总体单位总数的规模，总体标志总量说明总体某一个数量标志值总和的大小。根据总量指标的时间特性，总量指标有时期指标和时点指标之分。时期指标说明客观事物的数量变化与时间长短密切相关，时点指标说明客观事物的数量变化与时间长短没有必然的联系。总量指标必须有计量单位。

4. 相对指标是将客观事物中有联系的现象之间相互联系的程度加以数字度量，把不能直接用总量指标进行比较的现象，建立起比较的桥梁。相对指标共有：计划完成相对指标、结构相对指标、比较相对指标、比例相对指标、强度相对指标和动态相对指标六种，每一种相对指标在实际中都有很大的用处。

5. 平均指标说明总体某种数量标志值的一般程度，消除了总体各单位在数量上的差异。平均指标反映了数据的集中趋势，是数据的"中心"。有五种平均数指标，其中，算术平均数、调和平均数、几何平均数的计算用到了全部的数据，它们容易受到数据中的极大值和极小值的影响，称之为数值平均数。而众数和中位数都是根据数据中的某种特征进行计算的，不受数据极端值的影响，称之为位置平均数。算术平均数、众数和中位数是最常用的平均数指标。

6. 客观事物之间总是存在数量上的差异，为了对数据的差异进行定量描述，我们介绍了标志变动指标。标志变动指标可以反映数据的离散程度，说明社会现象的稳定性和均衡性，衡量平均数的代表性。共有全距、四分位差、平均差、标准差和离散系数五种标志变动指标，其中标准差和离散系数是最常用、最重要的标志变动指标。

重要词汇

综合指标、总量指标、相对指标、平均指标、计划完成相对指标、比例相对指标、比较相对指标、强度相对指标、结构相对指标、算术平均数、调和平均数、几何平均数、众数、中位数、极差、四分位差、标准差、标准差系数。

练习题

一、思考题

1. 总体单位总量和总体标志总量有什么区别？
2. 平均指标与相对指标有什么区别？
3. 比例相对指标和比较相对指标有什么不同？
4. "人均指标"，如"人均 GDP"、"人均粮食产量"等指标是平均指标还是相对指标？
5. 标志变动指标有几个？各有什么特点？

二、单项选择题(每题只有一个正确答案)

1. 某种商品的年末库存量是(　　)。

A. 时期指标并实物指标　　B. 时点指标并实物指标

C. 时期指标并价值指标　　D. 时点指标并价值指标

2. 某种产品单位成本计划规定比基期下降 3%，实际比基期下降 3.5%，单位成本计划完成相对指标为(　　)。

A. 116.7%　　B. 100.5%　　C. 85.7%　　D. 99.5%

3. 计算结构相对指标时，各组的结构相对指标值之和(　　)。

A. 小于 100%　　B. 大于 100%　　C. 等于 100%　　D. 小于或大于 100%

4. 分配数列各组标志值不变，每组次数均增加 20%，加权算术平均数的数值(　　)。

A. 增加 20%　　B. 不变化　　C. 减少 20%　　D. 无法判断

5. 分配数列各组标志值都增加 2 倍，每组次数都减少 1/2，中位数(　　)。

A. 不变　　B. 增加 2 倍　　C. 减少 1/2　　D. 无法判断

6. 标志变异指标中，由总体中两个极端数值大小决定的是（　　）。

A. 全距　　B. 平均差　　C. 标准差　　D. 标准差系数

7. 已知五个水果店苹果的单价和销售额，要求计算五个商店苹果的平均单价，应该采用（　　）。

A. 简单算术平均数　　B. 加权算术平均数

C. 加权调和平均数　　D. 加权几何平均数

8. 加权调和平均数有时可作为加权算术平均数的（　　）。

A. 变形　　B. 倒数　　C. 平均数　　D. 平方根

9. 下列指标中的强度相对指标是（　　）。

A. 全国人均粮食产量为 680 千克　　B. 某年国内生产总值比上年增长 8.6%

C. 某企业的职工平均工资是 890 元　　D. 某年我国的钢产量为美国的 55.9%

10. 假设有八个工厂生产某种产品，它们某日的日产量（件）按顺序排列是：4，6，6，8，9，12，14，15，则日产量的中位数是（　　）。

A. 4.5　　B. 8 和 9　　C. 8.5　　D. 没有中位数

11. 某班学生统计学考试的平均成绩是 77 分，最低分是 62 分，最高分是 93 分。根据这些信息，可以计算的离散程度指标是（　　）。

A. 方差　　B. 极差　　C. 标准差　　D. 标准差系数

12. 根据下列数据 3，5，12，10，8，22，计算的中位数是（　　）。

A. 9　　B. 10　　C. 12　　D. 11

13. 某班 35 名学生的平均成绩是 78 分，其中 20 名男生的平均成绩是 73 分，那么该班女生的平均成绩是（　　）。

A. 80　　B. 85　　C. 90　　D. 无法计算

14. 在离散程度的测度中，最容易受极端值影响的是（　　）。

A. 全距　　B. 平均差　　C. 标准差　　D. 四分位差

15. 已知一组数据的均值为 500，离散系数为 0.3，那么方差是（　　）。

A. 225　　B. 500　　C. 50 000　　D. 22 500

三、多项选择题（每题至少有两个正确答案）

1. 下列指标中属于时点指标的有（　　）。

A. 企业数　　B. 在册职工人数

C. 某种商品的销售量　　D. 某地区某年末的人口数

E. 某种产品产量

2. 分子与分母可以互换的相对指标有（　　）。

A. 结构相对指标　　B. 比例相对指标

C. 强度相对指标　　D. 比较相对指标

E. 计划完成相对指标

3. 由总体所有单位的标志值计算的平均数有（　　）。

A. 算术平均数　　B. 调和平均数　　C. 几何平均数

D. 众数　　E. 中位数

4. 下列各式表明算术平均数数学性质的有（　　）。

A. $\sum(x-x_0)=0$　　B. $\sum(x-\bar{x})=0$　　C. $\sum(x-x_0)f=0$

D. $\sum(x-\bar{x})^2$ 最小　　E. $\sum(x-\bar{x})^2 f$ 最小

5. 下列指标中，属于时期指标的有（　　）。

A. 工业总产值　　B. 商品销售额　　C. 职工人数
D. 商品库存额　　E. 生猪存栏数

6. 下列指标中属于平均指标的有(　　)。
A. 人均 GNP　　B. 人口平均年龄
C. 粮食单位面积产量　　D. 人口密度
E. 人口自然增长率

7. 几何平均法的计算公式有(　　)。
A. $\dfrac{\dfrac{x_1}{2}+x_2+x_3+\cdots+x_{n-1}+\dfrac{x_n}{2}}{n-1}$　　B. $\sqrt[n]{\Pi x}$
C. $\sqrt[n]{x_1x_2\cdots x_n}$　　D. $\sqrt[\Sigma f]{\Pi x^f}$
E. $\sqrt{qp}$

8. 下列频数分布数列中可以计算算术平均数的有(　　)。
A. 数值型频数分布数列　　B. 等距式频数分布数列
C. 品质型频数分布数列　　D. 不等距式频数分布数列
E. 时间数列

9. 不同总体间的标准差不能进行简单对比,是因为(　　)。
A. 计量单位不一致　　B. 离差平方和不一致
C. 总体单位数不一致　　D. 标准差不一致
E. 平均数不一致

10. 中位数是(　　)。
A. 由标志值在数列中所处位置决定　　B. 根据标志值出现的次数决定
C. 总体单位水平的平均值　　D. 总体一般水平的代表值
E. 不受总体中极端值的影响

11. 下列指标中属于比例相对指标的有(　　)。
A. 人口性别比　　B. 某地区粮食和棉花的播种面积比例
C. 储蓄和消费的比例　　D. 人民币兑美元的汇率
E. 恩格尔系数

12. 下列指标属于结构相对指标的有(　　)。
A. 人口中男性比重　　B. 从业人员中女性比重
C. 外资银行资产比重　　D. 美国国债占我国外汇储备的比重
E. 每平方公里的人口密度

13. 下列属于强度相对指标的有(　　)。
A. 产品平均单位成本　　B. 人口出生率
C. 人口死亡率　　D. 人口密度
E. 人均 GDP

14. 分子分母不可互换位置,计算的相对指标是(　　)。
A. 计划完成相对指标　　B. 动态相对指标
C. 结构相对指标　　D. 强度相对指标
E. 比较相对指标

15. 截至 2015 年末,我国的外汇储备余额,这一指标是(　　)。
A. 数量指标　　B. 时期指标
C. 价值指标　　D. 时点指标
E. 标志变动指标

四、计算题

1. 某地区 2014 年和 2015 年国内生产总值资料如表 4.26 所示。

表 4.26　某地区 2014 年和 2015 年国内生产总值

	2015 年		2014 年实际完成(亿元)	2015 年比 2014 年增长(%)
	实际完成(亿元)	比重(%)		
国内生产总值	500			5
其中:第一产业		30	145	
第二产业			192	5.8
第三产业			139.19	

要求:列出算式计算并填列表中所缺数字。

2. 某企业 2015 年的劳动生产率计划规定比上年提高 8%,实际执行结果比上年提高 10%,试问劳动生产率计划完成程度是多少?

3. 某企业产值计划完成 103%,比去年增长了 5%,问计划规定比去年增长多少?

4. 某企业计划在未来的五年内累计生产某种产品 12 000 台,其中,最后一年产量达到 3 000 台,实际完成情况如表 4.27 所示。

表 4.27　产品生产情况

时间	第一年	第二年	第三年	第四年				第五年			
				一季	二季	三季	四季	一季	二季	三季	四季
产量(台)	2 000	2 300	2 600	650	650	700	750	750	800	800	850

试求:(1) 该企业五年累计完成计划情况;

(2) 该公司提前多少时间完成累计产量计划;

(3) 该公司提前多少时间完成最后一年产量计划。

5. 某地区 2015 年国民总收入为 520 亿元,其中用于消费 410 亿元,用于积累 110 亿元,该地区 2015 年年平均人口数为 3 250 万人,要求:

(1) 分析该地区 2015 年国民总收入中消费和积累的构成及比例关系;

(2) 计算人均国民总收入强度相对指标。

6. 现有甲、乙两国钢产量和人口资料如表 4.28 所示。

表 4.28　甲、乙两国钢产量和人口数

	甲国		乙国	
	2014	2015	2014	2015
钢产量(万吨)	3 000	3 300	5 000	5 250
年平均人口数(万人)	6 000	6 000	7 143	7 192

要求:试计算有关的比较相对指标、强度相对指标和动态相对指标。

7. 根据下列企业工人技术等级分配数列,确定中位数和众数。

技术等级(级)　1　2　3　4　5　6　7　8

工人数(人)　22　38　75　87　64　20　12　7

8. 某银行为吸收存款而提高利率,五年的年利率分别为 9%,10%,12%,14%,20%,计算五年的年平均利率。

9. 某公司下属三个企业的销售利润资料如表 4.29 所示。

表 4.29　企业销售利润

企业	销售利润率(%)	销售利润额(万元)
甲	7	50
乙	10	60
丙	12	80

要求:计算三个企业的平均利润率。

10. 某地区家庭按人均收入水平分组资料如表 4.30 所示。

表 4.30　某地区家庭按人均收入水平分组

按月收入水平分组(元)	家庭数(户)
400～600	20
600～800	45
800～1 000	25
1 000 以上	10
合计	100

要求:(1) 计算月收入水平资料的众数和中位数;

(2) 计算平均差和平均差系数;

(3) 计算标准差和标准差系数。

附录 4－1

利用 Excel 软件计算描述统计指标

本章介绍了描述性统计数据的概念和计算方法,Excel 软件提供了对基本描述统计数据的计算,这里给大家介绍如何用 Excel 软件计算描述统计指标。我们以 2007 年全国 31 个省市地区的国内生产总值为基本数据,介绍 Excel 计算描述统计指标的基本步骤。

附表 4.1 是 2007 年全国 31 个省市地区的 GDP

附表 4.1 全国 31 个省市地区的 GDP （单位：亿元）

地区	国内生产总值	地区	国内生产总值
北京	9 353.32	湖北	9 230.68
天津	5 050.4	湖南	9 200
河北	13 709.5	广东	31 084.4
山西	5 733.35	广西	5 955.65
内蒙古	6 091.12	海南	1 223.28
辽宁	11 023.49	重庆	4 122.51
吉林	5 284.69	四川	10 505.3
黑龙江	7 065	贵州	2 741.9
上海	12 188.85	云南	4 741.31
江苏	25 741.15	西藏	342.19
浙江	18 780.44	陕西	5 465.79
安徽	7 364.18	甘肃	2 702.4
福建	9 249.13	青海	783.61
江西	5 500.25	宁夏	889.2
山东	25 965.91	新疆	3 523.16
河南	15 012.46	—	—

资料来源：中国国家统计局，http://www.stats.gov.cn

首先将上述 31 个数据输入 Excel 的 A1:A31 中。下面是用 Excel 计算描述统计指标的具体步骤。

第一步：点击“数据”命令。

第二步：点击“数据分析”选项。

第三步：在分析工具中选择“描述统计”。

第四步：当出现有关描述统计的对话框时，

在“输入区域”内输入 A1:A31；

在“输出区域”对话框中选择“新工作表”；

选择“汇总统计”；

点击“确定”。Excel 立即给出计算结果，如附表 4.2 所示。

附表 4.2 计算结果

	A	B
1	平均	8 891.117
2	标准误差	1 365.746
3	中位数	6 091.12
4	众数	N/A
5	标准差	7 604.153
6	方差	57 823 141
7	峰度	2.064 714
8	偏度	1.528 024
9	区域(极差)	30 742.21
10	最小值	342.19

(续表)

	A	B
11	最大值	31 084.4
12	求和	275 624.6
13	观测数	31

其中,众数不存在。

附录 4-2

利用 Excel 的函数功能计算各种描述统计指标

Excel 提供了强大的函数功能,利用 Excel 的统计函数可以方便地计算出算术平均数、调和平均数、几何平均数、众数、中位数、方差和标准差、四分位数、平均差等。附表 4.3 是 Excel 中常用的统计函数。

附表 4.3 Excel 中常用的统计函数

函数名	语　法	计算功能
AVERAGE	AVERAGE(number1,number2,...,)	计算算术平均数
HARMEAN	HARMEAN (number1,number2,...,)	计算调和平均数
GEOMEAN	AVERAGE(number1,number2,...,)	计算几何平均数
MODE	MODE(number1,number2,...,)	计算众数
MEDIAN	MEDIAN(number1,number2,...,)	计算中位数
QUARTILE	QUARTILE(array,quart)	计算四分位数
AVEDEV	AVEDEV(number1,number2,...,)	计算平均差
STDEV	STDEV(number1,number2,...,)	计算样本标准差
STDEVP	STDEVP(number1,number2,...,)	计算总体标准差
SKEW	SKEW(number1,number2,...,)	计算偏态系数
KURT	KURT(number1,number2,...,)	计算峰态系数

附表 4.4 是 2000 年全国第五次人口普查所得到的各地区人口的预期寿命,试用 Excel 的函数功能计算各地区人口预期寿命的中位数、众数和四分位差。

附表 4.4 2000 年各地区人口的预期寿命 (单位:岁)

地　区	2000 年		
	预期寿命	男	女
全　国	71.40	69.63	73.33
北　京	76.1	74.33	78.01
天　津	74.91	73.31	76.63

（续表）

地　区	2000年		
	预期寿命	男	女
河　北	72.54	70.68	74.57
山　西	71.65	69.96	73.57
内蒙古	69.87	68.29	71.79
辽　宁	73.34	71.51	75.36
吉　林	73.10	71.38	75.04
黑龙江	72.37	70.39	74.66
上　海	78.14	76.22	80.04
江　苏	73.91	71.69	76.23
浙　江	74.70	72.50	77.21
安　徽	71.85	70.18	73.59
福　建	72.55	70.30	75.07
江　西	68.95	68.37	69.32
山　东	73.92	71.70	76.26
河　南	71.54	69.67	73.41
湖　北	71.08	69.31	73.02
湖　南	70.66	69.05	72.47
广　东	73.27	70.79	75.93
广　西	71.29	69.07	73.75
海　南	72.92	70.66	75.26
重　庆	71.73	69.84	73.89
四　川	71.20	69.25	73.39
贵　州	65.96	64.54	67.57
云　南	65.49	64.24	66.89
西　藏	64.37	62.52	66.15
陕　西	70.07	68.92	71.30
甘　肃	67.47	66.77	68.26
青　海	66.03	64.55	67.70
宁　夏	70.17	68.71	71.84
新　疆	67.41	65.98	69.14

一、计算众数

第一步，将上表中我国31个地区的人口期望寿命数据输入Excel工作表A1:D31中。

第二步，分别在A32、A33、A34、A35、A36中输入“众数、中位数、下四分位数、上四分位数、四分位差”。

第三步，鼠标指定单元格B32，点击“插入函数”，在“函数类别”对话框中，点击“统计”，在统计函数中点击“MODE”，点击“确定”。出现计算众数的函数对话框。

第四步，在Number1区域中输入B1:B31，点击“确定”。Excel立即给出计算结果。计算结果表明，预期年龄的众数不存在。

第五步，鼠标指定B32单元格的右下角，此时出现一个黑色的“+”号，拖动鼠标至C32、D32，

Excel 分别计算出男、女预期寿命的众数。结果表明，众数不存在。

二、计算中位数

第一步，鼠标指定单元格 B33，点击"插入函数"，在"函数类别"对话框中，点击"统计"，在统计函数中点击"MEDIAN"，点击"确定"。出现计算中位数的函数对话框。

第二步，在 Number1 区域中输入 B1:B31，点击"确定"。Excel 立即给出计算结果。计算结果表明，预期年龄的中位数是 71.65 岁。

第三步，鼠标指定 B33 单元格的右下角，此时出现一个黑色的"+"号，拖动鼠标至 C33、D33，Excel 分别计算出男、女预期寿命的中位数。结果表明，男的预期寿命的中位数是 69.84 岁，女的预期寿命的中位数是 73.59 岁。

三、计算下四分位数

第一步，鼠标指定单元格 B34，点击"插入函数"，在"函数类别"对话框中，点击"统计"，在统计函数中点击"QUARTILE"，点击"确定"。出现计算四分位数的函数对话框。

第二步，在 Array 区域中输入 B1:B31，在 Quart 区域中输入 1，点击"确定"。Excel 立即给出计算结果。计算结果表明，预期年龄的下四分位数是 69.97 岁。

第三步，鼠标指定 B34 单元格的右下角，此时出现一个黑色的"+"号，拖动鼠标至 C34、D34，Excel 分别计算出男、女预期寿命的下四分位数。结果表明，男的预期寿命的下四分位数是 68.54 岁，女的预期寿命的下四分位数是 71.55 岁。

四、计算上四分位数

第一步，鼠标指定单元格 B35，点击"插入函数"，在"函数类别"对话框中，点击"统计"，在统计函数中点击"QUARTILE"，点击"确定"。出现计算四分位数的函数对话框，

第二步，在 Array 区域中输入 B1:B31，在 Quart 区域中输入 3，点击"确定"。Excel 立即给出计算结果。计算结果表明，预期年龄的上四分位数是 73.19 岁。

第三步，鼠标指定 B35 单元格的右下角，此时出现一个黑色的"+"号，拖动鼠标至 C35、D35，Excel 分别计算出男、女预期寿命的上四分位数。结果表明，男的预期寿命的上四分位数是 71.09 岁，女的预期寿命的上四分位数是 75.31 岁。

五、计算四分位差

第一步，鼠标指定 B36，输入"=B35−B34"，单击键盘"回车键"，Excel 立即给出计算结果是 3.22。

第二步，鼠标指定 B36 单元格的右下角，此时出现一个黑色的"+"号，拖动鼠标至 C36、D36，Excel 分别计算出男、女预期寿命的四分位差。结果表明，男的预期寿命的四分位差是 2.55 岁，女的预期寿命的四分位差是 3.77 岁。

Excel 的计算结果如附表 4.5 所示。

附表 4.5　计算结果

	预期寿命	男	女
众数	N/A	N/A	N/A
中位数	71.65	69.84	73.59
下四分位数	69.97	68.54	71.55
上四分位数	73.19	71.09	75.31
四分位差	3.22	2.55	3.77

第五章

动态数列

本章学习目的

学习动态数列的含义、种类和作用。学习对社会经济现象进行动态水平分析的主要方法，以及动态速度分析。学习如何对社会经济现象进行长期发展趋势的分析。了解季节波动对客观事物产生的影响，并且学会进行季节变化的分析。能够利用所学的方法预测社会经济现象的发展水平和季节波动的影响。

第一节　动态数列的概念、种类和编制原则

一、动态数列的概念

社会经济现象总是随着时间的变化而不断发展变化，在不同的时期，影响其发展变化的因素各不相同，因此，客观现象在不同时期，发展变化的结果是不相同的。将社会经济现象在不同时间上发展变化所达到的水平值，按时间先后顺序排列所形成的数列，称为动态数列、时间数列或时间序列。例如，上海证券交易所 2001 年至 2012 年 A、B 股合计成交的各种指标，按时间先后顺序排列成表 5.1，该表列有股市年末市价总值、年末流通市值、年度总成交笔数、年度总成交量、年度总成交金额、年末平均市盈率和年累计交易日七个动态数列。

又如，某企业 2006 年至 2015 年的年产值按时间先后顺序排列就形成表 5.2 所示的动态数列。

由此可见，动态数列是反映社会经济现象在一段时间内发展变化规模的历史数据资料的排序。因而，动态数列都有两个构成要素：一个是时间要素，说明社会经济现象发展变化的时期或时点；另一个是统计指标值，说明社会经济现象在各个发展时间所达到的规模或水平。如表 5.1，可说明 2001 年至 2012 年，上海证券交易所 A、B 股票合计成交的基本情况；表 5.2 可说明某企业 2006 年至 2015 年各年的年产值水平。

表 5.1 2001—2012 年上海证交所 A、B 股票合计成交概况

年份	年末市价总值(亿元)	年末流通市值(亿元)	年度总成交笔数(万笔)	年度总成交量(亿股)	年度总成交金额(亿元)	年末平均市盈率	年累计交易日
2012	158 698.44	134 294.45	92 554.96	18 948.94	164 545.01	12.3	243
2011	148 376.22	122 851.36	127 327.64	21 193.87	237 560.45	13.4	244
2010	179 007.24	142 337.44	166 149.08	25 964.43	304 312.01	21.61	242
2009	184 655.23	114 805	214 261.00	33 679.64	346 511.91	28.73	244
2008	97 251.91	32 305.91	127 884.22	16 311.60	180 429.95	14.85	246
2007	269 838.87	64 532.17	161 733.24	24 325.38	305 434.29	59.24	243
2006	71 612.38	16 428.33	44 726.43	10 283.93	57 816.60	33.30	241
2005	23 096.13	6 754.61	21 013.98	3 986.59	19 240.21	16.33	242
2004	26 014.34	7 350.88	26 016.46	3 607.74	26 470.60	24.23	243
2003	29 804.92	8 201.14	20 661.06	2 692.73	20 824.14	36.54	241
2002	25 363.72	7 467.30	17 556.55	1 781.10	16 959.09	34.43	237
2001	27 590.56	8 382.11	20 975.41	1 819.95	22 709.38	37.71	240

资料来源：上海证券交易所，http://www.sse.com.cn

表 5.2 某企业 2006—2015 年的年产值

年份	2006	2007	2008	2009	2010	2011	2012	2013	2014	2015
产值(万元)	1 350	1 420	1 500	1 450	1 400	1 670	1 800	2 050	2 200	2 430

动态数列在经济研究和统计分析中具有重要的作用，通过反映现象发展的动态数据资料可以：①描绘社会经济现象发展变化的过程，动态数列也是进行动态分析的必要依据。从表 5.1 中我们可以看出，2001 年至 2012 年，上海证券交易所 A、B 股合计成交的各项指标都是波动的，上升和下跌交替运行，描述了股市的发展规律；表 5.2 表明该企业的发展呈稳步上升的态势。②研究社会经济现象发展变化的速度和趋势，揭示社会经济现象发展变化的规律，并依此进行统计预测，为经济管理和决策提供依据。③用于社会经济现象动态发展的比较分析。

二、动态数列的种类

动态数列是由一系列相同性质的统计指标值按时间先后顺序排列所形成的，根据组成动态数列的统计指标性质的不同，可以将动态数列分为绝对数动态数列、相对数动态数列和平均数动态数列。

(一) 绝对数动态数列

将一系列同类的总量指标值按时间的先后顺序排列所形成的动态数列称为绝对数动态数列。它反映社会经济现象在各时期发展所达到的绝对水平及不同时期发展变化的状况。

如某地区历年的人口数、历年的国内生产总值；某企业历年的职工人数、历年的销售利润和历年的工资总额等。表 5.1 中 A、B 股的年末市价总值、年末流通市值、年度总成交量、年度总成交金额等都是绝对数的动态数列。总量指标按所反映的社会经济现象的时间状态不同，可分为时期指标和时点指标两种，所以，绝对数动态数列又分为时期数列和时点数列。

1. 时期数列

在绝对数动态数列中，如果每项统计指标都是同类性质的时期指标，这种绝对数动态数列就称为时期数列。时期数列反映某个经济现象在各个相同的时期内发展变化的总量。例如，表 5.3 就是反映我国 2010—2014 年国内生产总值的时期数列。时期数列主要有下列三个特点。

表 5.3　2010—2014 年我国 GDP

年份	2010	2011	2012	2013	2014
国内生产总值(亿元)	408 903.0	484 123.5	534 123.0	588 018.8	636 138.7

资料来源：中国国家统计局，http：//www.stats.gov.cn

(1) 数列中各项指标值具有可加性。相加的结果反映现象在更长一段时期内发展过程的总量。例如，将表 5.3 中 2010 年、2011 年、2012 年、2013 年、2014 年的 GDP 相加，就是我国这五年内实现的 GDP 总值。

(2) 数列中各项指标值的大小与所属的时期长短有必然的联系。一般来说，时期越长，指标值越大；时期越短，指标值就越小。例如，一年实现的 GDP 总值大于半年的，半年完成的 GDP 总值大于一个季度的。

(3) 数列中的各项指标值是通过连续不断的登记而获得的。国内生产总值是通过国民经济中各个基本单位每天实现的增加值连续记录汇总而成的。

2. 时点数列

在绝对数动态数列中，如果每一项统计指标都是同类性质的时点指标，这种绝对数动态数列就称为时点数列。时点数列反映同类现象在各个时点上所达到的规模和水平。例如，表 5.4 就是反映我国 2010—2014 年年末固定电话用户数的时点数列。

表 5.4　我国 2010—2014 年年末固定电话用户数

年份	2010	2011	2012	2013	2014
固定电话用户数(万户)	29 438.3	28 511.5	27 815.3	26 698.5	24 943.0

资料来源：中国国家统计局，http://www.stats.gov.cn

时点数列有如下三个特点。

(1) 数列中各项指标值不具有可加性。不同时点上的指标值相加没有经济意义。我们不能把每年年末的固定电话用户数相加总，因为相加的结果会有重复，不能反映任何实际内容。

(2) 数列中各项指标值的大小与其时间间隔长短没有直接关系。时点指标反映了现象在某一时点上的发展总量，其数字大小不会随着时点间隔的扩大或缩小而发生必然的改变。

(3) 数列中每个指标的数字是通过一次性登记而取得的。时点指标值是社会经济现象经过一段时期的发展变化后所达到的水平，只能通过间隔一段时间登记一次而取得。

(二) 相对数动态数列

将一系列同类的相对指标值按时间先后顺序排列起来而形成的动态数列,称为相对数动态数列。它可以反映相互联系的现象之间发展变化的过程,说明社会经济现象的比例关系、结构、速度、效益等的发展变化的过程。例如,某企业各年度的劳动生产率、信息业产值占全部 GDP 的比重等,按时间顺序排列就形成相对数动态数列。表 5.5 反映了 2010—2013 年我国 CPI、GDP 和工业增加值的动态变动,是相对数动态数列。相对数动态数列的各项指标一般不具有可加性。

表 5.5　2010—2014 年我国 CPI、GDP 和工业增加值的动态变动

年份	2010	2011	2012	2013	2014
居民消费品价格(CPI)比上年增长(%)	3.3	5.4	2.6	2.6	2.0
GDP 比上年增长(%)	10.6	9.5	7.7	7.7	7.4
全部工业增加值比上年增长(%)	12.6	10.8	7.9	7.6	7.0

资料来源:中国国家统计局,http://www.stats.gov.cn

(三) 平均数动态数列

将一系列同类的平均指标值按时间先后顺序排列所形成的动态数列称为平均数动态数列。它反映社会经济现象一般水平的发展趋势。如某企业产品的平均成本组成的动态数列,某高校学生的平均成绩组成的动态数列等都是平均数动态数列。表 5.6 列出了我国 2008—2012 年,农村居民人均纯收入和城镇居民人均可支配收入额,是平均数的动态数列。平均数动态数列的各项指标一般也不具有可加性。

表 5.6　2008—2012 年我国居民人均收入额

年份	2008	2009	2010	2011	2012
农村居民人均纯收入(元)	4 760.6	5 153.2	5 919.0	6 977.3	7 916.6
城镇居民人均可支配收入(元)	17 174.7	15 780.8	19 109.4	21 809.8	24 564.7

资料来源:中国国家统计局,http://www.stats.gov.cn

绝对数动态数列是基础,相对数或平均数动态数列是由绝对数动态数列派生出来的。

三、动态数列的编制原则

动态数列反映社会经济现象发展变动的规律和趋势,要使编制成的动态数列能够揭示现象发展的客观实际,就要保证数列中各项指标值具有可比性,这是编制动态数列的基本要求。具体而言,有以下四方面的编制原则。

第一,时期长短要一致。在时期数列中,各项指标值与时期长短有密切关系,如果各项指标值所属的时期长短不一致,很难根据时期数列直接作出正确的比较和判断,因而保持时期长短的一致性是编制时期数列的首要原则。

第二，总体范围要一致。在动态数列中，各项指标值在总体范围上要保持可比性，各项指标所反映的总体范围前后期应该一致。如研究某地区国内生产总值的变动情况时，如果该地区的行政区划有所变动，必须将资料进行相应的调整。总体范围保持一致，指标才能对现象的发展状况作出正确的解释和分析。

第三，计算方法要统一。动态数列中各项指标的计算口径、计量单位和计算方法应该一致。例如，要研究某企业劳动生产率的变化，用于计算劳动生产率的指标可以是实物量指标，也可以是价值量指标，劳动者人数可以是生产工人数，也可以是全部职工人数，为了保持各项指标之间的可比性，各个指标的计算方法必须统一。

第四，经济内容要一致。动态数列中的各项指标值反映的都是现象在不同时间上所达到的水平，有特定的经济内涵，因而数列中各项指标值所反映的经济内容前后各期要保持一致。例如，要研究上海证交所每日股票交易量变化情况时，不允许数列中出现债券交易量的数据，也不允许数列中出现基金交易量的数据，不能将内容和含义不同的统计指标值混合编制成一个动态数列。

动态数列反映了现象发展的历史过程，为预测未来提供了依据。有了动态数列，我们可以进行深入的动态分析。

第二节 动态分析的水平指标

动态数列的各项指标值反映了社会经济现象在一定时期中发展所达到的水平，根据现象发展的动态数列，可以对现象的发展水平进行动态分析。常用的动态分析的水平指标有发展水平、平均发展水平、增长量和平均增长量四种。

一、发展水平

动态数列中的每项指标值都称为发展水平，它反映现象在一定时期内或时点上所达到的规模和程度，是进行动态分析的基本指标。发展水平一般是总量指标，如某地区的 GDP、财政总收入、进出口贸易额等；也可以是相对指标，如 CPI、PPI、某地区的社会劳动生产率、某企业的销售利润率等；还可以是平均指标，如某企业的平均成本、职工的平均工资、原材料的平均库存等。

设 $a_0,a_1,a_2,\cdots,a_n$ 为一动态数列，每一个指标值 $a_i(i=0,1,2,\cdots,n)$ 都称为发展水平，其中由于各个指标在数列中所处的位置不同，a_0，a_n 分别称为最初水平和最末水平，其余的各项指标值称为中间各项水平。在动态分析中，作为比较基础的发展水平，称为基期水平；所要研究的当期的发展水平，称为报告期水平或计算期水平。基期水平和报告期水平随着研究目的的不同而有所变化。最初水平、最末水平、基期水平和报告期水平是动态数列中的四个特殊指标。表 5.7 是 2015 年 10 月 19 日—10 月 23 日上海黄金交易所的 Pt9995 的交易行情，10 月 19 日为该数列的第一项，这一时期的成交数据为该数列的最初水平，10 月 23 日的成交数据为最末水平。如果我们把 10 月 19 日作为基期，那么，10 月 19 日的成交价格、成交额就是基期水平；报告期可以是基期后面的任何一个时期，相应的成交额、成交价就是报告期水平。10 月 23 日的成交价格、成交额就是报告期水平。对一个动态数列而言，最初水平和最末水平是固定的，而基期水平和报告期水平可以有多个。

表 5.7　2015 年 10 月 19 日—10 月 23 日上海黄金交易所 Pt9995 的交易行情

日期	开盘价(元)	最高价(元)	最低价(元)	收盘价(元)	成交额(元)
23	220.50	222.00	220.50	221.64	16 809 000.00
22	219.00	219.50	219.00	219.25	23 679 000.00
21	222.00	223.00	222.00	222.50	21 819 000.00
20	211.00	221.00	211.00	220.72	26 601 500.00
19	221.00	222.00	221.00	221.00	35 834 000.00

资料来源：上海黄金交易所，http：//www.sge.sh

二、平均发展水平

社会经济现象在不同时期内或不同时点上的发展水平，由于受到一些偶然因素的影响，存在着数量上的差异，为了将各期发展水平的数量差异抽象化，反映现象在相当长的时期内平均每期发展所达到的规模和程度，可以计算每期的平均发展水平。将社会经济现象在不同时期上的发展水平加以平均而得到的平均数称为平均发展水平，平均发展水平也称为序时平均数。

平均发展水平和一般平均数既有区别，又有联系。平均发展水平是研究对象在不同时期上的平均数量表现，从动态上说明现象在某一时期发展的一般水平。因此，平均发展水平也称为动态平均数。而一般平均数是将总体各单位同一时间的数量差异抽象化，用以反映总体在具体历史条件下的一般水平，称为静态平均数。此外，平均发展水平是根据动态数列计算的，而一般平均数是根据变量数列计算的。

平均发展水平可以根据绝对数动态数列计算，也可以根据相对数或平均数动态数列来计算。

(一) 绝对数动态数列的序时平均数

绝对数动态数列有时期数列和时点数列之分，它们的性质不同，计算序时平均数的方法也不同。

1. 时期数列序时平均数的计算

由于时期数列的各项指标值具有可加性，可以将各时期的指标值相加除以全部时期数以求得序时平均数。

设 $a_1,a_2,\cdots,a_n$ 为时期数列，$\bar{a}$ 为序时平均数，其计算公式为：

$$\bar{a}=\frac{\sum a}{n}$$

由此可见，计算时期数列的序时平均数，用的是简单算术平均法。

[例 5.1]　表 5.5 是上海黄金交易所 2015 年 10 月 19 日—10 月 23 日 Pt9995 品种的每

日成交量,试计算 Pt9995 品种的平均每日成交量。

表 5.8 上海黄金交易所 2015 年 10 月 19 日—10 月 23 日 Pt9995 品种的每日成交量

日期	10.19	10.20	10.21	10.22	10.23
成交量(千克)	162	122	98	108	76

资料来源:上海黄金交易所,http://www.sge.sh

因为,每日 Pt9995 品种的成交量是一个时期数据,该数列是时期数列,我们可以依据上述公式计算 2015 年 10 月 19 日—10 月 23 日 Pt9995 品种的平均每日成交量:

$$\bar{a}=\frac{\sum a}{n}=\frac{162+122+98+108+76}{5}=\frac{566}{5}=113.2(\text{千克})$$

计算结果表明,2015 年 10 月 19 日—10 月 23 日上海黄金交易所 Pt9995 品种的平均每日成交量是 113.2 千克。

2. 时点数列序时平均数的计算

根据时点指标值的不同特点,时点数列有连续时点数列和间断(非连续)时点数列两种,所谓连续时点数列是指已经掌握了现象逐日变动的时点指标值,而非连续时点数列是指我们没有掌握被研究现象逐日变动的数据资料,仅掌握了现象间隔一段时间变动一次的时点指标值。根据各个指标间的时点间隔长度是否完全相等,时点数列又分为间隔相等的时点数列和间隔不等的时点数列两种。因此,时点数列的序时平均数的计算有以下四种情况。

(1) 间隔相等的连续时点数列序时平均数的计算

如果已经掌握现象逐日变动的时点数据资料,可用简单算术平均法计算其序时平均数,设 $a_1,a_2,\cdots,a_n$ 为间隔相等的连续时点数列,则:

$$\bar{a}=\frac{\sum a}{n}$$

例如,已知某企业 2015 年 12 月份每一天的职工人数,可将每天的职工人数加总,除以该月份的日历天数,即可求得这个企业在 12 月份内平均每天的工人人数。

[例 5.2] 表 5.9 是上海黄金交易所 2015 年 10 月 19 日—10 月 23 日 Pt9995 品种的每日收盘价,试计算 Pt9995 品种平均每天的收盘价。

表 5.9 上海黄金交易所 2015 年 10 月 19 日—10 月 23 日 Pt9995 品种的每日收盘价

日期	10.19	10.20	10.21	10.22	10.23
收盘价(元)	221.00	220.72	222.50	219.25	221.64

资料来源:上海黄金交易所,http://www.sge.sh

Pt9995 的每日收盘价格是一个时点数据,表 5.9 是一个间隔相等的连续时点数列,依据计算公式,Pt9995 品种平均每天的收盘价是:

$$\bar{a}=\frac{\sum a}{n}=\frac{221.00+220.72+222.50+219.25+221.64}{5}=\frac{1\ 105.11}{5}=221.022(\text{元})$$

(2) 间隔不等的连续时点数列序时平均数的计算

如果我们没有掌握被研究现象逐日变动的时点指标，而是掌握了每隔一段时期变动一次的数据资料，那么，我们可以用加权算术平均法来计算该数列的序时平均数，设 a_1，a_2，…，a_n 为间隔不等的连续时点数列，f 为各项指标值持续的间隔长度，其平均发展水平为：

$$\bar{a}=\frac{\sum af}{\sum f}$$

例如，已知某企业 2015 年 10 月 1 日至 10 月 10 日的职工人数为 258 人，10 月 11 日调入 10 人，10 月 20 日调出 8 人，则该企业 10 月份平均职工人数为：

$$\bar{a}=\frac{\sum af}{\sum f}=\frac{258\times 10+268\times 9+260\times 12}{10+9+12}=262(\text{人})$$

(3) 间隔相等的间断时点数列序时平均数的计算

如果已经掌握现象发展变动的时点指标值，并且是非连续的，且时点之间的间隔完全相等，要计算动态数列的序时平均数，必须先计算两两相邻时点的指标值的平均数，将间断的时点数列转变成连续的时点数列，再计算序时平均数。

设 a_1，a_2，…，a_n 为间隔相等的间断时点数列，先将其转变成连续时点数列，即计算两两相邻时点的平均数：

$$\frac{a_1+a_2}{2},\frac{a_2+a_3}{2},\frac{a_3+a_4}{2},\cdots,\frac{a_{n-1}+a_n}{2}$$

那么，序时平均数 $\bar{a}$ 的计算公式为：

$$\bar{a}=\frac{\frac{a_1+a_2}{2}+\frac{a_2+a_3}{2}+\cdots+\frac{a_{n-1}+a_n}{2}}{n-1}$$

$$=\frac{\frac{a_1}{2}+a_2+a_3+\cdots+a_{n-1}+\frac{a_n}{2}}{n-1}$$

这种计算方法称为“首项末项折半法”。

例如，某商业银行 2015 年第三季度的储蓄余额资料为：6 月 30 日 830 万元，7 月 31 日 850 万元，8 月 31 日 840 万元，9 月 30 日 865 万元，该银行第三季度的平均储蓄余额为：

$$\bar{a}=\frac{\frac{a_1+a_2}{2}+\frac{a_2+a_3}{2}+\cdots+\frac{a_{n-1}+a_n}{2}}{n-1}$$

$$=\frac{\frac{a_1}{2}+a_2+a_3+\cdots+a_{n-1}+\frac{a_n}{2}}{n-1}$$

$$=\frac{\frac{830}{2}+850+840+\frac{865}{2}}{4-1}=845.83(\text{万元})$$

(4) 间隔不等的间断时点数列序时平均数的计算

对于间隔不等的间断时点数列，要先计算两两相邻时点的平均数，$\frac{a_1+a_2}{2}$，$\frac{a_2+a_3}{2}$，$\frac{a_3+a_4}{2}$，…，$\frac{a_{n-1}+a_n}{2}$，将其转化成连续时点数列，再用加权算术平均法计算序时平均数。设a_1，a_2，…，a_n为各时点的指标值，f_i为各时点之间的间隔长度，序时平均数 $\bar{a}$ 的计算公式为：

$$\bar{a}=\frac{\frac{a_1+a_2}{2}f_1+\frac{a_2+a_3}{2}f_2+\cdots+\frac{a_{n-1}+a_n}{2}f_{n-1}}{f_1+f_2+\cdots+f_{n-1}}$$

$$=\frac{\sum_{i=1}^{n-1}\frac{a_i+a_{i+1}}{2}f_i}{\sum_{i=1}^{n-1}f_i}$$

例如，某工厂 2015 年钢材库存资料如下：1 月 1 日 13 吨，4 月 15 日 15 吨，8 月 15 日 18 吨，12 月 31 日 20 吨，则该工厂 2015 年的平均钢材库存量为：

$$\bar{a}=\frac{\frac{a_1+a_2}{2}f_1+\frac{a_2+a_3}{2}f_2+\cdots+\frac{a_{n-1}+a_n}{2}f_{n-1}}{f_1+f_2+\cdots+f_{n-1}}$$

$$=\frac{\sum_{i=1}^{n-1}\frac{a_i+a_{i+1}}{2}f_i}{\sum_{i=1}^{n-1}f_i}=\frac{\frac{13+15}{2}\times3.5+\frac{15+18}{2}\times4+\frac{18+20}{2}\times4.5}{3.5+4+4.5}=16.7(\text{吨})$$

（二）相对数或平均数动态数列序时平均数的计算

相对数或平均数动态数列是由绝对数动态数列派生出来的，数列中每项指标值都是由两个有联系的相关指标值相对比而计算出来的。由于相对数或平均数动态数列的各项指标值不具有可加性，所以，只能按照数列的性质，分别计算分子、分母两个指标动态数列的序时平均数，然后求得相对数或平均数动态数列的序时平均数。

设 $c_1=\frac{a_1}{b_1}$，$c_2=\frac{a_2}{b_2}$，$c_3=\frac{a_3}{b_3}$，…，$c_n=\frac{a_n}{b_n}$，$c=\frac{a}{b}$，即 c 为相对数或平均数动态数列，a、b 分别是分子和分母数列，$\bar{a}$，$\bar{b}$ 分别是它们的序时平均数，则相对数或平均数动态数列的序时平均数 $\bar{c}$ 的计算公式为：

$$\bar{c}=\frac{\bar{a}}{\bar{b}}$$

1. 分子、分母数列都是时期数列的相对数或平均数动态数列序时平均数的计算

(1) 如果分子、分母都是时期数列,那么,$\bar{c}=\frac{\bar{a}}{\bar{b}}=\frac{\sum a}{\sum b}$。

(2) 如果已知 c 和 b 时,那么,$\bar{c}=\frac{\bar{a}}{\bar{b}}=\frac{\sum bc}{\sum b}$。

(3) 如果已知 c 和 a 时,那么,$\bar{c}=\frac{\bar{a}}{\bar{b}}=\frac{\sum a}{\sum \frac{a}{c}}$。

根据掌握的资料不同,采用不同的计算公式。

[例 5.3] 某企业 2015 年各季度的销售额和销售利润率指标如表 5.10 所示,试计算该企业年平均销售利润率。

表 5.10 某企业销售资料

季度	销售额 b(万元)	销售利润率 c(%)
1	300	30
2	400	32
3	360	33
4	410	34

根据已知资料,年平均销售利润率为:

$$\bar{c}=\frac{\bar{a}}{\bar{b}}=\frac{bc}{\sum b}=\frac{300\times 0.3+400\times 0.32+360\times 0.33+410\times 0.34}{300+400+360+410}=32.39\%$$

2. 分子、分母数列都是时点数列的相对数或平均数动态数列序时平均数的计算

(1) 分子、分母数列都是间隔相等的连续时点数列时,$\bar{c}=\frac{\bar{a}}{\bar{b}}=\frac{\sum a}{\sum b}$。

若已知 c 和 b,则 $\bar{c}=\frac{\bar{a}}{\bar{b}}=\frac{\sum bc}{\sum b}$

若已知 c 和 a,则 $\bar{c}=\frac{\bar{a}}{\bar{b}}=\frac{\sum a}{\sum \frac{a}{c}}$

(2) 分子、分母数列都是间隔不等的连续时点数列时,$\bar{c}=\frac{\bar{a}}{\bar{b}}=\frac{\sum af}{\sum bf}$。

根据掌握的资料不同,还可以有另外两个公式:

若已知 c 和 b，则 $\bar{c}=\dfrac{\bar{a}}{\bar{b}}=\dfrac{\sum bcf}{\sum bf}$

若已知 c 和 a，则 $\bar{c}=\dfrac{\bar{a}}{\bar{b}}=\dfrac{\sum af}{\sum \dfrac{a}{c}f}$

(3) 分子、分母数列都是间隔相等的间断时点数列的序时平均数时，

$$\bar{c}=\frac{\bar{a}}{\bar{b}}=\frac{\dfrac{a_1}{2}+a_2+\cdots+a_{n-1}+\dfrac{a_n}{2}}{\dfrac{b_1}{2}+b_2+\cdots+b_{n-1}+\dfrac{b_n}{2}}$$

(4) 分子、分母数列都是间隔不等的间断时点数列的序时平均数时，

$$\bar{c}=\frac{\bar{a}}{\bar{b}}=\frac{\sum_{i=1}^{n-1}\dfrac{a_i+a_{i+1}}{2}f_i}{\sum_{i=1}^{n-1}\dfrac{b_i+b_{i+1}}{2}f_i}$$

[例 5.4] 某企业生产工人和全体职工人数资料如表 5.11 所示，试计算该工厂第一季度生产工人占全体职工的平均百分比。

表 5.11　某企业工人数

日期	1 月 1 日	2 月 1 日	3 月 1 日	4 月 1 日
全体职工人数(人)	805	826	830	854
生产工人数(人)	645	670	695	710

本例中的全体职工人数和生产工人数都是间隔相等的间断时点数列，因此，生产工人占全体职工的平均百分比($\bar{c}$)可用下列公式计算：

$$\bar{c}=\frac{\bar{a}}{\bar{b}}=\frac{\dfrac{a_1}{2}+a_2+\cdots+a_{n-1}+\dfrac{a_n}{2}}{\dfrac{b_1}{2}+b_2+\cdots+b_{n-1}+\dfrac{b_n}{2}}=\frac{\dfrac{645}{2}+670+695+\dfrac{710}{2}}{\dfrac{805}{2}+826+830+\dfrac{854}{2}}=\frac{2\ 042.5}{2\ 485.5}=82.18\%$$

3. 分子、分母数列是不同性质的数列时，$\bar{c}=\dfrac{\bar{a}}{\bar{b}}$

[例 5.5] 某商业企业第三季度商品销售额与月初的库存额资料如表 5.12 所示，试计算第三季度平均商品的流转次数。

表 5.12　某企业商品销售和库存资料

日期	7月	8月	9月	10月
商品销售额 a(万元)	80	150	240	—
月初商品库存额 b(万元)	35	45	55	65

第三季度平均商品流转次数：

$$\bar{c}=\frac{\bar{a}}{\bar{b}}=\frac{\sum a/n}{\dfrac{\dfrac{a_1}{2}+a_2+a_3+\cdots+\dfrac{a_{n+1}}{2}}{n}}=\frac{(80+150+240)/3}{\left(\dfrac{35}{2}+45+55+\dfrac{65}{2}\right)/3}=3.13(次)$$

三、增长量

增长量是指社会经济现象在一定时期内增长变动的绝对数量。其计算公式为：

$$增长量=报告期水平-基期水平$$

由此可见，增长量可能为正数，表示社会经济现象增加或增长的水平；也可能为负数，表示社会经济现象减少或降低的水平，即负增长；也可能为 0，说明社会经济现象没有增减变化。

设 $a_0,a_1,a_2,\cdots,a_n$ 为一动态数列，根据基期选择的不同，有三种增长量的指标：累计增长量，逐期增长量和年距增长量。

1. 累计增长量

累计增长量是当基期固定在最初水平 a_0 时，报告期与固定的基期相比，现象增长的程度，它说明现象报告期与某一固定时期相比增长的绝对数量，反映客观事物在特定时期内增长的总量。计算公式为：

$$累计增长量：a_1-a_0,a_2-a_0,\cdots,a_n-a_0$$

2. 逐期增长量

逐期增长量是报告期水平与相邻前一期水平之差，它说明社会经济现象本期比上期增加的绝对数量，逐期增长量也称为环比增长量。计算公式为：

$$逐期增长量：a_1-a_0,a_2-a_1,\cdots,a_n-a_{n-1}$$

对于同一个动态数列而言，累计增长量总是等于逐期增长量之和。

$$a_n-a_0=(a_1-a_0)+(a_2-a_1)+(a_3-a_2)+\cdots+(a_n-a_{n-1})$$

3. 年距增长量

年距增长量是为了消除季节变动因素的影响，常将本期发展水平与去年同期发展水平相比较，表明现象同比增长的绝对数量，计算公式为：

年距增长量＝本期发展水平－去年同期发展水平

表 5.13 反映了上海黄金交易所 2015 年 10 月 19 日—10 月 23 日 Au9999 交易品种的加权平均价和成交量。依据表中原始数据，可以计算 2015 年 10 月 19 日—10 月 23 日期间，上海黄金交易所 Au9999 交易品种的加权平均价和成交量的累计增长量和逐期增长量，见表 5.13。

表 5.13　2015 年 10 月 19 日—10 月 23 日 Au9999 交易品种的加权平均价和成交量

日期	10.19	10.20	10.21	10.22	10.23
成交量(手)	3 546	3 278	2 914	5 020	3 184
加权平均价(元)	239.89	239.21	240.35	238.39	239.27
成交量的逐期增长量(手)	—	－268	－364	2 106	－1 836
成交量的累计增长量(手)	—	－268	－632	1 474	－362
加权平均价的逐期增长量(元)	—	－0.68	1.14	－1.96	0.88
加权平均价的累计增长量(元)	—	－0.68	0.46	－1.5	－0.62

资料来源：上海黄金交易所，http://www.seg.sh

2008 年的金融海啸，使得大多数金融机构的收益下降，金融机构高管的年薪成为人们关注的话题。美国总统奥巴马对华尔街金融机构高管的年薪实行限制。我国财政部也出台了金融机构高管限薪令。依据各上市银行年报公布的数据，我国 6 家商业银行董事长及行长的薪酬如表 5.14 所示。表 5.14 表明，2008 年于 2007 年相比，6 家上市商业银行高管的税前年薪都有所下降。

表 5.14　上市银行高管薪酬(万元)

银行	高管	姓名	2007 年税前	2008 年税前	同比增长
交通银行	董事长	蒋超良	195.18	胡怀邦 43.92①	—
	行长	李军	187.83	175.08	－12.75
深发展	董事长	纽曼	2 285	1 598	－687
	行长	肖遂宁	421	418	－3
中国银行	董事长	肖钢	167.5	150.7	－16.8
	行长	李礼辉	171.6	154.4	－17.2
工商银行	董事长	姜建清	179.5	161	－18.5
	行长	杨凯生	171.1	153.5	－17.6
建设银行	董事长	郭树清	178.3	156.9	－21.4
	行长	张建国	177.4	156.1	－21.3
浦发银行	董事长	吉晓辉	65②	176	—
	行长	傅建华	220	176	－44

注：① 2008 年 9 月上任

② 2007 年 5 月上任

资料来源：国际金融报 2009 年 4 月 10 日

四、平均增长量

为了消除社会经济现象在不同时期增长水平的数量差异,可以将现象各期的增长量加以平均,以说明现象在一个更长的时期内平均每期增长的程度,即平均增长量,其计算公式为:

$$平均增长量=\frac{累计增长量}{增长的时期数}=\frac{逐期增长量之和}{动态数列的项数-1}=\frac{a_n-a_0}{n}$$

例如,已知上海黄金交易所 Au9999 交易品种在 2015 年 10 月 19 日—10 月 23 日的加权平均价和成交量,我们可以计算出 Au9999 交易品种在 2015 年 10 月 19 日—10 月 23 日间成交量和加权平均价平均每日的增长量,见表 5.13。

$$价格的日平均增长量=\frac{加权平均价的累计增长量}{增长的时期数}=\frac{239.27-239.89}{4}=-0.155(元)$$

$$成交量的日平均增长量=\frac{成交量的累计增长量}{增长的时期数}=\frac{3\ 184-3\ 546}{4}=-90.5(手)$$

又如,2009—2013 年末我国外债余额如表 5.15 所示,我国外债余额的年均增长量为:

$$年平均增长量=\frac{累计增长量}{增长的时期数}=\frac{8\ 931.7-4\ 286.5}{4}=1\ 161.3(亿美元)$$

表 5.15　2009—2013 年末我国外债余额(亿美元)

年份	2009	2010	2011	2012	2013
外债余额	4 286.5	5 489.4	6 950.0	7 369.9	8 931.7
年均增长	1 161.3				

资料来源:国家统计局,http://www.stats.gov.cn

第三节　动态分析的速度指标

有了社会经济现象发展的动态数列资料,可以对现象的发展进行速度分析。常用的速度分析指标有:发展速度、增长速度、平均发展速度、平均增长速度四种。

一、发展速度

发展速度是表明社会经济现象在一定时期内发展的相对程度的统计指标,计算公式为:

$$发展速度=\frac{报告期发展水平}{基期发展水平}=\frac{a_1}{a_0}$$

式中,a_1 为报告期发展水平;a_0 为基期发展水平;发展速度一般用百分数或倍数表示。

设 $a_0, a_1, a_2, \cdots, a_n$ 为一动态数列，由于基期选择的不同，有以下三种发展速度的指标：定基发展速度、环比发展速度和年距发展速度。

1. 定基发展速度

定基发展速度是把基期固定，用报告期的发展水平与固定时期的发展水平相比较，以说明报告期水平已经发展到了固定时期水平的百分之几或多少倍，表明社会经济现象在较长时期内总的发展速度，也称为“总速度”。

$$\text{定基发展速度为：}\frac{a_1}{a_0}, \frac{a_2}{a_0}, \frac{a_3}{a_0}, \cdots, \frac{a_n}{a_0}$$

2. 环比发展速度

环比发展速度是以报告期水平与前一时期水平相比计算的发展速度，用以说明报告期水平已经发展到了前一期水平的百分之几或多少倍，表明社会经济现象逐期发展的相对程度。

$$\text{环比发展速度为：}\frac{a_1}{a_0}, \frac{a_2}{a_1}, \frac{a_3}{a_2}, \cdots, \frac{a_n}{a_{n-1}}$$

3. 年距发展速度

年距发展速度是本期发展水平与去年同期发展水平相比而计算的发展速度，是为了消除一年当中季节变动的影响，表明现象本期比去年同期发展的相对程度。

$$\text{年距发展速度} = \frac{\text{本期发展水平}}{\text{去年同期发展水平}}$$

显然，定基发展速度与环比发展速度有密切的联系。

$$\frac{a_n}{a_0} = \frac{a_1}{a_0} \times \frac{a_2}{a_1} \times \frac{a_3}{a_2} \times \cdots \times \frac{a_n}{a_{n-1}}$$

即：定基发展速度＝环比发展速度的连乘积

有了定基发展速度与环比发展速度之间的关系，定基发展速度与环比发展速度可以互相推算。已知环比发展速度，相乘可得定基发展速度；已知定基发展速度，数列的后一项除以前一项，即可得到环比发展速度。表 5.16 是 2009—2013 年我国全社会消费品零售额，我们可以计算出全社会消费品零售额的定基发展速度和环比发展速度，以反映全社会消费品零售额的发展变动状况。

表 5.16　2009—2013 年我国全社会消费品零售额

年份	2009	2010	2011	2012	2013
全社会消费品零售额(亿元)	132 678.4	156 998.4	183 918.6	210 307.0	242 842.8
环比发展速度(%)	—	118.33	117.15	114.35	115.47
定基发展速度(%)	—	118.33	120.29	119.89	124.52

资料来源：中国国家统计局，http：//www.stats.gov.cn

表 5.17 是 2009—2013 年末我国城乡居民人民币储蓄存款余额，据此，可计算出 2009—

2013 年末我国城乡居民人民币储蓄存款余额的定基发展速度和环比发展速度。

表 5.17　2009—2013 年末我国城乡居民人民币储蓄存款余额

年份	2009	2010	2011	2012	2013
城乡居民人民币储蓄存款余额(亿元)	260 771.66	303 302.50	343 635.89	399 551.04	447 601.6
环比发展速度(%)	—	116.31	113.30	116.27	112.03
定基发展速度(%)	—	116.31	131.78	153.22	171.65

资料来源：中国国家统计局，http://www.stats.gov.cn

二、增长速度

增长速度是表明社会经济现象在一定时期内增长程度的相对指标。它说明现象在一定时期内增减的相对程度，用增长量除以基期的发展水平计算增长速度，以百分数或倍数表示，表明报告期发展水平比基期发展水平增加了百分之几或多少倍，计算公式为：

$$增长速度=\frac{增长量}{基期发展水平}=\frac{报告期发展水平-基期发展水平}{基期发展水平}$$
$$=发展速度-1(或100\%)$$

设 $a_0, a_1, a_2, \cdots, a_n$ 为一动态数列，由于基期选择的不同，可以有三种增长速度的计算公式。

1. 定基增长速度

定基增长速度是报告期累计增长量与某一固定基期水平之比，它表明现象在较长时间内增长的总程度，也等于定基发展速度－1(或 100%)。定基增长速度为：

$$\frac{a_1-a_0}{a_0}, \frac{a_2-a_0}{a_0}, \cdots, \frac{a_n-a_0}{a_0}$$

$$定基增长速度=定基发展速度-1(或100\%)$$

2. 环比增长速度

环比增长速度是报告期的逐期增长量与前一期发展水平之比，表明现象逐期增长的相对程度，它等于环比发展速度－1(或 100%)。环比增长速度为：

$$\frac{a_1-a_0}{a_0}, \frac{a_2-a_1}{a_1}, \frac{a_3-a_2}{a_2}, \cdots, \frac{a_n-a_{n-1}}{a_{n-1}}$$

$$环比增长速度=环比发展速度-1$$

3. 年距增长速度

为了消除季节变动因素的影响，实际工作中常要计算年距增长速度，它是年距增长量与去年同期发展水平之比，表明现象本期与去年同期相比的增长程度，计算公式为：

$$年距增长速度=\frac{年距增长量}{去年同期发展水平}=年距发展速度-1(或100\%)$$

我们知道，定基发展速度＝环比发展速度的连乘积，但是，增长速度不具有这样的数量关系，即定基增长速度不等于环比增长速度的连乘积。定基增长速度与环比增长速度之间不能直接互相推导计算。

表 5.18 是 2009—2013 年我国全社会消费品零售额，我们可以计算出全社会消费品零售额的定基增长速度和环比增长速度，以反映全社会消费品零售额的发展变动状况。

表 5.18　2009—2013 年我国全社会消费品零售额

年份	2009	2010	2011	2012	2013
全社会消费品零售额（亿元）	132 678.4	156 998.4	183 918.6	210 307.0	242 842.8
环比增长速度（%）	—	18.33	17.15	14.35	15.47
定基增长速度（%）	—	18.33	20.29	19.89	24.52

2008 年席卷全球的金融海啸，使得我国实际使用的外资额开始下降，2009 年第一季度，我国实际吸收外资 217.8 亿美元，吸收外资额逐月下降，但是下降幅度逐月降低，3 月份我国实际吸收外资达到 84 亿美元，是 2008 年 10 月份以来的最大规模，见表 5.19。表 5.19 中我国实际使用外资同比下降的数据，即是年距增长速度。

表 5.19　2009 年第一季度我国实际使用外资情况

月份	1	2	3
实际使用外资同比下降（%）	32.70	15.80	9.50

又如，已知 2010—2014 年我国普通高等教育招生人数，很容易计算出 2010—2014 年我国高等教育招生人数的发展速度和增长速度，见表 5.20。表 5.20 表明，2010—2014 年，我国普通高等教育招生人数连年扩招，招生人数逐年增长，造成了目前高校学生生源素质下降，大学毕业生找工作难的状况。

表 5.20　2010—2014 年我国普通高等教育招生人数

年份	2010	2011	2012	2013	2014
普通高等教育招生人数（万人）	661.76	681.50	688.84	699.83	721.40
环比发展速度（%）	100.00	102.98	101.08	101.60	103.08
定基发展速度（%）	100.00	102.98	104.09	105.76	109.01
环比增长速度（%）	100.00	2.98	1.08	1.60	3.08
定基增长速度（%）	100.00	2.98	4.09	5.76	9.01

资料来源：中国国家统计局，http：//www.stats.gov.cn

三、平均发展速度

社会经济现象的发展受到很多因素的影响，特别是某些偶然因素的影响，这使得现象各期的发展速度和增长速度存在着数量上的差别。为了消除偶然因素的影响，可以计算各期速度指标的序时平均数，说明现象在更长时期内平均每期发展的一般水平和平均每期增长的一般水平,这就是平均发展速度和平均增长速度。

由于,增长速度=发展速度-1(或100%),所以,平均增长速度=平均发展速度-1(或100%),因此,我们只要计算出平均发展速度,就可以推算出平均增长速度。因为,平均发展速度是各期环比发展速度的序时平均数,而各期环比发展速度的连乘积等于定基发展速度,所以,平均发展速度的计算不能用算术平均法,只能用几何平均法。在实际工作中,平均发展速度的计算还可以采用方程法。下面分别介绍平均发展速度的两种计算方法。

1. 几何平均法

设 $a_0, a_1, \cdots, a_n$ 为一动态数列,各期环比发展速度为 $\frac{a_1}{a_0}, \frac{a_2}{a_1}, \cdots, \frac{a_n}{a_{n-1}}$,定基发展速度为 $R=\frac{a_n}{a_0}$,平均发展速度为 $\overline{X}$,利用几何平均数的原理计算平均发展速度,计算公式为:

$$\overline{X}=\sqrt[n]{\Pi X}=\sqrt[n]{\frac{a_1}{a_0}\times\frac{a_2}{a_1}\times\cdots\times\frac{a_n}{a_{n-1}}}=\sqrt[n]{\frac{a_n}{a_0}}=\sqrt[n]{R}$$

根据掌握的资料不同,可以采用上述三个公式中的任一个公式计算平均发展速度。由几何平均法计算的平均发展速度使得 $a_n=a_0\overline{X}^n$,即在现象的最初水平为 a_0,按平均发展速度 $\overline{X}$ 逐期发展,其最末时期的发展水平为 $a_n=a_0\overline{X}^n$。故几何平均法也称为"水平法"。

[例 5.6] 某企业2009年的工业总产值为40 250万元,2015年由于生产的发展,工业总产值达到65 710万元,试计算2009—2015年工业总产值的每年平均发展速度。

已知,$a_0=40\ 250$ 万元,$n=6$,$a_n=65\ 710$ 万元

$\overline{X}=\sqrt[n]{\frac{a_n}{a_0}}=\sqrt[n]{R}=\sqrt[6]{\frac{65\ 710}{40\ 250}}=108.5\%$,所以,2009—2015年,该企业工业总产值平均每年发展速度为108.5%。

又如,2010—2014年,我国粮食产量如表5.21所示。我们利用几何平均法计算我国粮食产量的年平均发展速度。

这里,$a_0=54\ 647.71$ 万吨,$n=4$,$a_4=60\ 702.61$ 万吨

$$\overline{X}=\sqrt[n]{\frac{a_n}{a_0}}=\sqrt[n]{R}=\sqrt[4]{\frac{60\ 702.61}{54\ 647.71}}=\sqrt[4]{1.110\ 8}\approx 1.026\ 6=102.66\%$$

表 5.21 2010—2014年我国粮食产量

年份	2010	2011	2012	2013	2014
粮食产量(万吨)	54 647.71	57 120.85	58 957.97	60 193.84	60 702.61

资料来源:中国国家统计局,http://www.stats.gov.cn

这说明,我国粮食产量在2010—2014年的5年里,平均每年的发展速度是102.66%。

用几何平均法计算平均发展速度时,需要开高次方根,这个开方的次数是数列的项数减去1,这一点要特别注意。

2. 方程法

设 a_0 为现象发展的最初水平,$\overline{X}$ 为平均发展速度,$a_1, a_2, \cdots, a_n$ 为各期的实际发展水平,各期的理论发展水平为 $a_0\overline{X}, a_0\overline{X}^2, \cdots, a_0\overline{X}^n$,那么,在整个研究期内,各期实际发展水

平的累加和应当等于各期理论发展水平的累加和，即：

$$\sum_{i=1}^{n} a_i = \sum_{i=1}^{n} a_0 \overline{X}^i = a_0 \sum_{i=1}^{n} \overline{X}^i$$

$$\sum_{i=1}^{n} \overline{X}^i = \frac{\sum_{i=1}^{n} a_i}{a_0}$$

这里，我们得出了关于 $\overline{X}$ 的高阶方程，解这个高阶方程，所得的正根，就是要计算的平均发展速度。因此，这种计算平均发展速度的方法称为“方程法”。用方程法计算平均发展速度，需要解关于 $\overline{X}$ 的高阶方程，一般比较复杂，实际工作中都是根据事先编制的《平均增长速度查对表》查表计算。在现代计算机技术飞速发展的时代，我们可以利用统计软件计算平均发展速度。

方程法计算平均发展速度时，是以整个研究期内实际发展水平的累加和等于理论发展水平的累加和为依据，建立高阶方程的，故“方程法”也称为“累计法”。

实际统计工作中，计算平均发展速度的方法可以是几何平均法，也可以是方程法，这两种计算平均发展速度的方法的数理依据是不同的，计算结果也有数量差异。当研究目的是关心现象最后一期的发展水平时，需用几何平均法；当研究目的是关心现象在整个研究期间内发展水平的累加和时，需用方程法计算平均发展速度。

四、平均增长速度

平均增长速度是各期环比增长速度的序时平均数，说明现象在更长的时期内平均每期增长的相对程度。平均增长速度不能根据环比增长速度直接计算，要根据增长速度与发展速度之间的关系来计算：

平均增长速度＝平均发展速度－1（或 100%）

只要计算出平均发展速度，即可利用上述关系求出平均增长速度。当平均发展速度大于 1 时，平均增长速度大于 0；当平均发展速度小于 1 时，平均增长速度小于 0，所以，平均增长速度也叫“平均增减速度”或“平均增减率”。

[例 5.7]　2010 年甲地区工业总产值为 4.65 亿元，乙地区为 7.52 亿元，“十二五”期间，乙地区五年的总发展速度是 213.68%（即每年平均增长速度为 16.4%），试问甲地区要在 2015 年赶上乙地区，其平均每年增长速度应为多少？

已知：$a_{01}=4.65$ 亿元，$a_{02}=7.52$ 亿元，$n=5$，$\frac{a_{52}}{a_{02}}=213.68\%$，$a_{52}=a_{02}\times 213.68\%$

2015 年时，乙地区的工业总产值为 7.52×213.68%＝16.068（亿元）

甲地区的工业总产值为 $4.65\times\overline{X}^5=16.068$

$$\overline{X}^5=3.455,\ \overline{X}=128.15\%$$

$$\overline{X}-1=128.15\%-100\%=28.15\%$$

则甲地区在“十二五”期间每年的平均增长速度应该达到28.15%。

第四节　动态数列的长期发展趋势分析

一、动态数列的影响因素

动态数列反映了现象随时间的发展变化，是许多复杂因素共同作用的结果。不同因素的作用不同，形成的结果也相应不同。影响现象发展变动的因素主要有4种类型。

1. 长期趋势(T)

长期趋势是影响现象发展变动的最基本因素，在现象发展变化的各个时期起普遍的、持续的、决定性的作用，是现象发展的内在因素，反映了现象在相当长的时期内所具有的发展变化的基本规律和特征。比如，长期来看，随着现代医学技术的发达，人们生活水平的提高，个人自我保健意识的增强，人的期望寿命将不断延长。

2. 季节变化(S)

地球上绝大多数地区，一年四季季节分明，任何现象都要随着一年四季的季节变动而发生有规律的变化，呈现出“旺季”和“淡季”的季节特征，使现象的发展呈现出有规律的季节性波动。

3. 循环变动(C)

历史事实已经证明，宏观经济具有周期性，宏观经济有发展变动的繁荣时期，也有发展变动的萧条时期。社会经济现象的发展受宏观经济环境的周期性变化影响而呈现出一定的周期性，现象发展变动的结果具有周期性的循环变化特征。

4. 不规则变动(I)

不规则变化是指社会经济现象发展过程中所经历的非确定的偶然因素的影响，这种变动通常是无法预知的，如政治选举、罢工、战争、政治动荡、自然灾害等。

动态数列的每一项指标值(Y)都是上述四种变动因素综合作用的结果，根据四种因素对Y的影响方式的不同，动态数列的变动有两种形式的假设模型。

(1) 乘法模型。当四种因素存在相互影响的关系时，动态数列的每一项观察值都是四种因素的乘积，即$Y=T\times S\times C\times I$。

(2) 加法模型。当四种因素存在相互独立的关系时，动态数列的每一项指标值都是四种因素的和，即$Y=T+S+C+I$。

由于各种因素的变化是不确定的，因而客观事物在不同时间上的发展水平具有很大的偶然性，但是任何一种客观事物都有其内在的发展规律，如何探求其发展规律，掌握现象发展的本质特征，预测其发展趋势将是动态分析的一项有意义的工作。

二、长期趋势的测定

长期趋势是现象发展变动的最基本因素，根据现象发展变动的历史资料，采用一定的方法可以剔除影响现象发展变动的季节变动、循环波动和不规则波动的因素的作用，从而使现象在长时期内呈现出基本的变动趋势。所谓长期趋势是指社会经济现象在长时期内所具有的持续向上或向下发展的变动规律，长期趋势是现象发展的内在规律和基本特征的反映。对现象长期趋势的测定可以实现以下目的：反映现象发展变动的基本趋势和规律；探求合适的趋势线，描述其发展规律；将这种发展规律用于经济预测和决策。

反映现象发展的长期趋势既有直线形趋势，也有非直线形，即曲线形趋势。当所研究的现象在一个相当长的时期内逐期增长量大致相等时，则为直线形发展趋势，用最小平方法可求出该直线的数学方程式，这条直线也称为趋势直线。直线趋势的变化率或趋势线的斜率是大致相等的，而非直线趋势的变化率或趋势线的斜率是变动的。随着时间的推移，现象的发展水平是逐步发展的，其逐期增长量大于 0 或发展速度大于 1 或增长速度大于 0 时，现象具有上升的发展趋势；反之，则具有下降的趋势。测定长期趋势的主要方法有时距扩大法、移动平均法和最小平方法。

三、时距扩大法

时距扩大法是通过扩大动态数据各项指标所属的时间，对原始资料加以整理，消除因时间间隔短而使各指标值受偶然性因素影响所引起的波动，以反映现象发展变化的趋势。

例如，某企业 2015 年各月总产值的完成情况如表 5.22 所示：

表 5.22　某企业 2015 年各月总产值　　（单位：万元）

月份	1	2	3	4	5	6	7	8	9	10	11	12
总产值	49.2	43.0	52.0	50.5	49.1	52.5	50.0	55.3	54.0	56.2	55.0	58.0

从表 5.22 可看出，该企业 2015 年各月份的总产值有很大的波动性，有上升、有下降，升降交替频繁，趋势不明显，其趋势图见图 5-1。

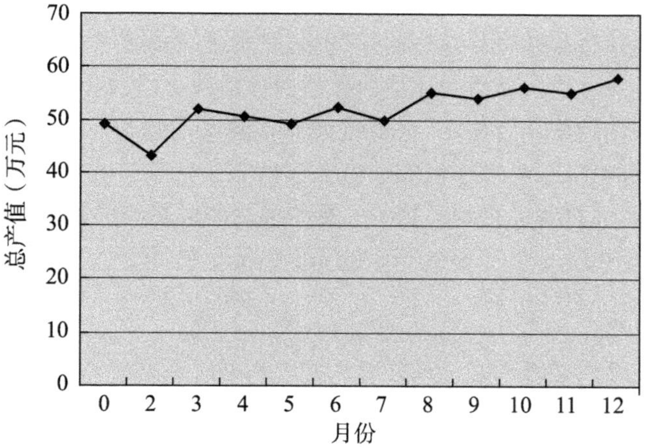

图 5-1　某企业 2015 年各月份产值趋势图

现将时距扩大到季度，上述数列资料整理成如下表 5.23 所示的新数列。

表 5.23　某企业 2015 年各季度总产值　　(单位:万元)

季度	1	2	3	4
总产值	144.2	152.1	159.3	169.2

从整理后的新数列看出,该企业总产值的完成情况呈现明显的上升趋势,见图 5—2。时距扩大法是测定直线趋势的一种简单的方法,当原始动态数列中各指标值上下波动现象的变化规律不明显时,可采用时距扩大法消除偶然因素的影响。

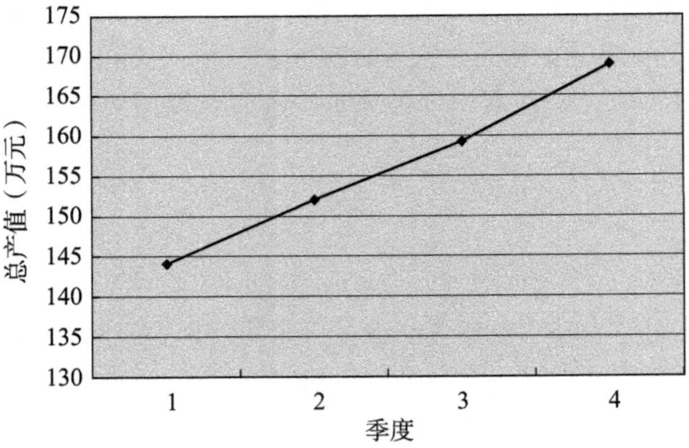

图 5-2　某企业 2015 年各季度产值趋势图

运用时距扩大法时,时距的扩大要适当,并且时距扩大后的动态数列的各项指标所属的时期长短应当一致,否则,扩大后的动态数列会掩盖现象发展的趋势。时距扩大到多少才适当,要根据原始数据的波动情况和研究目的而定。

四、移动平均法

移动平均法是通过逐期移动计算序时平均数,把原始动态数据的时距扩大,得出的序时平均数构成一个新的动态数列。新数列比原始数列的波动减小,数据的波动趋势更加光滑。移动平均法是修匀动态数列的常用方法之一,通过计算移动平均数,在一定程度上可以削弱短期的偶然因素对现象发展的作用,经过修匀的动态数列所描绘的轨迹会变得更平滑,从而反映现象发展变化的总体趋势,通过移动平均得到的一系列移动序时平均数就是各对应时期的趋势值。

假设 $y_1, y_2, y_3, \cdots, y_{n-1}, y_n$ 是一个动态数列,取 k 项,依次连续计算其算术平均数:

$$y_1' = \frac{y_1 + y_2 + \cdots + y_k}{k}, y_2' = \frac{y_2 + y_3 + \cdots + y_{k+1}}{k}, y_3' = \frac{y_3 + y_4 + \cdots + y_{k+2}}{k}, \cdots,$$

$$y_{n-k+1}' = \frac{y_{n-k+1} + y_{n-k+2} + \cdots + y_n}{k}$$

则,$y_1', y_2', \cdots, y_{n-k+1}'$ 为原数列的 k 项移动平均数列。

例如,2015 年 10 月 9 日至 11 月 8 日,上海证券交易所某上市 A 股股票的每日收盘价格如表 5.24 所示;采用 5 项和 9 项移动平均数分别进行修匀,计算其多个移动平均数。

表 5.24　某上市公司 A 股股票价格及其移动平均数

日期	收盘价格(元)	5 项移动平均数	9 项移动平均数
10.9	10.50	—	—
10.10	10.67	—	—
10.11	10.51	10.54	—
10.12	10.62	10.48	—
10.13	10.40	10.37	10.39
10.16	10.20	10.32	10.39
10.17	10.11	10.25	10.39
10.18	10.26	10.27	10.40
10.19	10.28	10.32	10.42
10.20	10.49	10.45	10.50
10.23	10.60	10.56	10.62
10.24	10.61	10.72	10.73
10.25	10.81	10.87	10.86
10.26	11.10	10.98	10.98
10.27	11.31	11.15	11.08
10.30	11.08	11.27	11.14
10.31	11.45	11.31	11.2
11.1	11.40	11.28	11.23
11.2	11.33	11.29	11.25
11.3	11.16	11.08	—
11.6	11.12	11.19	—
11.7	11.11	—	—
11.8	11.25	—	—

资料来源：上海证券交易所，http://www.sse.com.cn

根据上面的计算，可见通过移动平均得到的趋势值动态序列比原始序列更加光滑平坦，基本上消除了不规则波动的影响，能够较明显地反映该上市公司 A 股股票价格发展变动的趋势，见图 5－3。

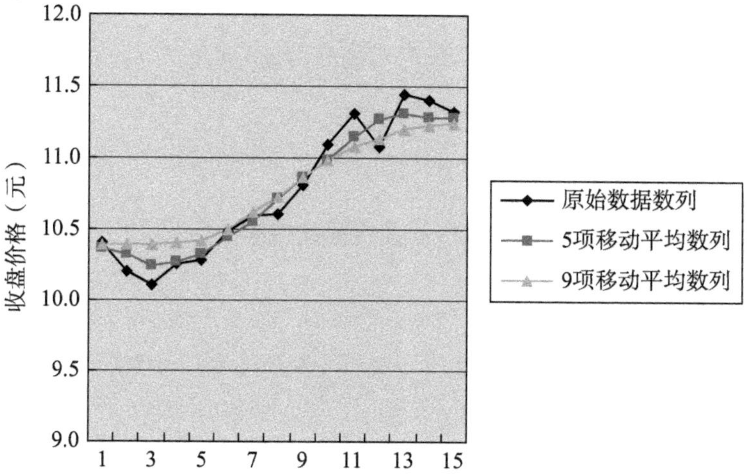

图 5－3　股票价格移动平均折线图

用移动平均法对动态数列进行修匀时,应注意以下问题。

(1) 移动平均法对动态数列的修匀程度,与移动平均的项数有关

一般而言,移动平均的项数越多,得出的趋势线越平滑,移动平均的效果越好。但是,移动平均的项数越多,移动平均后的数列项数就越少,就会丢失较多的原始数据信息。

(2) 应根据原始资料的特点,确定移动平均的项数

若原始资料是周期性波动的,应以周期长度作为移动平均的基础,当移动平均的时期长度等于资料的周期长度,或其整数倍时,移动平均法能彻底消除资料周期性波动的影响,较为准确地解释现象发展的长期趋势。

(3) 一般采用奇数项进行移动平均

这是因为奇数项移动平均所得的趋势值正好对正其中间项的原始值。因此,奇数项的移动平均,一次即得趋势值。若采用偶数项进行移动平均,必须经过两次移动,所得的趋势值才能对正数列的原始值。偶数项移动平均比奇数项移动平均复杂,一般不采用。

(4) 移动平均后趋势值的项数等于原数列项数－移动平均项数＋1＝$n-k+1$

由于移动平均后的项数减少了,移动平均后,造成了原始数据信息的丢失。移动平均法计算的趋势值的项数比原始数列的项数要少,当按奇数($2k+1$)项移动平均时,趋势值数列的首尾各减少 k 项,当按偶数 $2k$ 项进行平均时,趋势值数列的首尾各减少 k 项。由此可知,移动平均法对数列进行修匀时,会导致信息量的损失,难以达到全面测定长期趋势的目的。

需要指出的是,上述介绍的是简单移动平均法,它对直线趋势的拟合具有较高精度,而对曲线趋势的拟合,必须用加权移动平均法,根据各项数据的重要程度,赋予相应的权数,利用加权平均法计算各项移动平均值,不再叙述。

五、最小平方法

最小平方法(Ordinary Least Square,OLS),也叫最小二乘法,是测定长期趋势的重要方法之一。前面介绍测定长期趋势的方法,只反映出现象总体的发展趋势,没有得出反映趋势规律的近似数学方程式,不能精确地描绘趋势规律,也无法用于准确预测。最小平方法是根据最小平方的原理,即现象的实际值与趋势值的离差平方和为最小,以拟合优良的趋势模型,找出趋势线的近似数学方程式,从而测定长期趋势,并对未来的发展水平进行预测。

设现象实际值为 y,趋势值为y_t,原数列的项数为 n,时间为 t。最小平方法的原理可表示为:

$$\sum (y-y_t)^2 = \text{最小值}$$

最小平方法可以测定直线趋势,也可以测定曲线趋势。

(一) 直线趋势

如果现象发展的逐期增长量大致相等,该现象就具有直线形的长期趋势,趋势方程为:

$$y_t = a + bt + \varepsilon$$

式中,a、b 为待定系数,a 表示直线方程的截距;b 表示直线方程的斜率;ε 称为随机误差项,

是除去时间因素外，所有其他因素对 y 的影响结果。

根据已知的动态数据资料和最小平方原理，可以求出待定系数 a、b，进而得出直线趋势方程 $\hat{y}_t=\hat{a}+\hat{b}t$，用它描绘现象的发展趋势并进行预测。

根据最小平方原理：$\sum(y-y_t)^2=$最小值，分别对 $\hat{a}$ 和 $\hat{b}$ 求偏导数，并令导数为零，化简后得出以下关于 $\hat{a}$ 和 $\hat{b}$ 的标准方程组：

$$\begin{cases}\sum y=n\hat{a}+\hat{b}\sum t\\ \sum ty=\hat{a}\sum t+\hat{b}\sum t^2\end{cases}$$

在最小平方法的计算中，需要用到时间指标值，一般而言，动态数列的时间都是年份、季度、月份或是某个时点，为了计算方便，需要对时间的取值做特别处理：

当动态数列为奇数项时，时间 t 的取值为…，-3，-2，-1，0，1，2，3…，当动态数列为偶数项时，时间 t 的取值为…，-5，-3，-1，1，3，5…，使 $\sum t=0$，这时，上面的标准方程组为：

$$\begin{cases}\sum y=n\hat{a}\\ \sum ty=\hat{b}\sum t^2\end{cases}\quad \text{即}\quad \begin{cases}\hat{a}=\dfrac{\sum y}{n}=\bar{y}\\ \hat{b}=\dfrac{\sum ty}{\sum t^2}\end{cases}$$

［例 5.8］ 某地区 2011—2015 年某种产品的产量如表 5.25 所示。

表 5.25 某种产品产量

年份(t)	某种产品产量(万吨)(Y)	ty	t^2
2011(−2)	20	−40	4
2012(−1)	22	−22	1
2013(0)	24	0	0
2014(1)	27	27	1
2015(2)	30	60	4

试运用最小平方法配合直线方程，并预测该地区 2016 年、2018 年这种产品可能达到的产量。

表 5.25 中的 t 和 y 为已知资料，ty 和 t^2 为计算资料，逐期增长量大致相等，可运用最小平方法配直线，设直线方程为 $\hat{y}_t=\hat{a}+\hat{b}t$。根据上表计算：$\sum y=123$，$\sum ty=25$，$\sum t^2=10$，所以，$\hat{a}=\dfrac{123}{5}=24.6$，$\hat{b}=\dfrac{25}{10}=2.5$。

直线趋势方程为：$\hat{y}_t=\hat{a}+\hat{b}t=24.6+2.5t$

2016 年时，$t=3$，$\hat{y}_{2016}=24.6+2.5\times3=32.1$（万吨）

2018 年时，$t=5$，$\hat{y}_{2018}=24.6+2.5\times5=37.1$（万吨）

即 2016 年和 2018 年，这种产品的产量可能达到 32.1 万吨和 37.1 万吨。

(二) 曲线趋势

现实经济生活中,多数经济现象的发展趋势是非线形的,而是曲线形的,因此,研究长期趋势变动的曲线类型是十分重要的。

1. 二次曲线趋势

如果现象发展的逐期增长量的逐期增长量(即各期的二级增长量)大致相同,则可用二次曲线(抛物线)描绘其发展趋势,曲线方程为:$y_t=a+bt+ct^2+\varepsilon$

式中,a、b、c 为待定系数;t 为时间;ε 为随机误差项。

根据最小平方原理和已知动态数列资料可以计算出待定系数 a、b、c,即可得到反映趋势规律的二次曲线方程 $\hat{y}_t=\hat{a}+\hat{b}t+\hat{c}t^2$,将趋势外推,给出特定的时间 t,可用于现象发展水平的预测。

由最小平方原理:$\sum(y-y_t)^2=\sum(y-\hat{a}-\hat{b}t-\hat{c}t^2)^2=$最小值,分别对 $\hat{a}$,$\hat{b}$,$\hat{c}$ 求偏导数,并令导数为 0,可导出含有 $\hat{a}$,$\hat{b}$,$\hat{c}$ 的三个标准方程,即:

$$\begin{cases}\sum y=n\hat{a}+\hat{b}\sum t+\hat{c}\sum t^2\\ \sum ty=\hat{a}\sum t+\hat{b}\sum t^2+\hat{c}\sum t^3\\ \sum t^2y=\hat{a}\sum t^2+\hat{b}\sum t^3+\hat{c}\sum t^4\end{cases}$$

为了计算的方便,同样可以使 t 的取值满足 $\sum t=0$,此时,上述方程组变为:

$$\begin{cases}\sum y=n\hat{a}+\hat{c}\sum t^2\\ \sum ty=\hat{b}\sum t^2\\ \sum t^2y=\hat{a}\sum t^2+\hat{c}\sum t^4\end{cases}$$

根据具体的动态数列资料,可由上述方程组求出 $\hat{a}$,$\hat{b}$,$\hat{c}$,并用于现象发展水平的预测。

2. 指数曲线趋势

当现象发展的各期环比发展速度大致相同时,现象具有指数曲线型的发展趋势,曲线方程为:

$$y_t=ab^t+\varepsilon$$

式中,a,b 为待定系数;t 为时间;ε 为随机误差项。

对指数曲线方程 $\hat{y}_t=\hat{a}\hat{b}^t$,我们不能直接用最小平方法,必须把方程转化成线性方程,才能用最小平方法求解趋势线中的未知数。

对 $\hat{y}_t=\hat{a}\hat{b}^t$ 两边取对数,$\ln\hat{y}_t=\ln\hat{a}+t\ln\hat{b}$

令 $\ln\hat{y}_t=y'$、$\ln\hat{a}=A$、$\ln\hat{b}=B$,由最小二乘法得

$$\sum(y-\hat{y}_t)^2=\sum(y-y')^2=\sum(y-A-Bt)^2=\text{最小值}$$

由此得到关于 A、B 的联立方程组为：

$$\begin{cases}\sum y = nA \\ \sum yt = B\sum t^2\end{cases} \quad 所以，\begin{cases}A = \dfrac{\sum y}{n} = \bar{y} \\ B = \dfrac{yt}{\sum t^2}\end{cases}$$

求出 A，B 后，再求反对数，可得出 $\hat{a}$，$\hat{b}$ 的值，进而得到原始数据的趋势方程为：$\hat{y}_t = \hat{a}\hat{b}^t$。

长期趋势的测定是动态分析法的主要内容，根据趋势线所做的预测，可以为制订计划和作出决策提供依据，有助于加强管理，提高工作效率，但是，根据长期趋势所作出的预测，具有一定的假定性，只有将建立的趋势线与调查研究相结合，具体问题具体分析，才能提高趋势线的实用性，得出较为精确的预测结果。

第五节　季节波动的测定

一、季节波动的概念

季节波动是指某些社会现象由于受到社会因素和自然因素的影响，在一年之内随着季节的更替而呈现的有规律性的周期性波动。在一年之内，由于季节的变动，会使某些社会经济现象（一定的动态数列）产生规律性的变化，这种规律性变化通常称为季节波动。如食品、服装、粮食生产、农业生产资料的销售等。某些季节性特点很强的产品或商品等，它们的生产和消费都随季节的变换而呈现周期性的波动，出现“旺季”和“淡季”。

如果我们已经掌握了社会经济现象在过去各年的按月份或季度的资料，我们可以对其受季节波动的影响情况进行测定，找出一年中的“旺季”和“淡季”，从而克服由于季节变动而引起的不良影响，以便预测未来，采取措施，合理地组织生产和销售，更好地满足社会生产和人民的生活需要。

测定季节波动的方法主要是计算季节比率，也称为季节指数，它是表明一年中各月份（季度）现象波动程度的一个相对指标。按是否考虑长期趋势的影响，测定季节波动的方法主要有：①按月平均法，这种方法不考虑长期趋势的影响；②移动平均趋势剔除法，这种计算方法考虑到现象发展过程中的长期趋势的影响，并剔除长期趋势造成的影响。季节比率越大，说明相应月份或季度的生产或销售越好；反之越不好。季节指数大于 100% 的月份或季度，称为“旺季”，季节指数小于 100% 的月份或季度，称为“淡季”。季节比率越高，相应的季度或月份越旺，季节比率越低的季度或月份，其生产或消费越淡。

二、按月平均法

按月平均法是测定季节变动的基本方法，它不考虑现象长期趋势本身的影响，用各月份的平均水平值除以各月的平均总水平值,表示季节比率。为了较准确地观察季节变动的情况,需要有连续 3 年以上的按月资料。下面介绍按月平均法测定季节波动的计算步骤。

(1) 将动态数据资料按年和月进行排列,如表 5.26 所示。

表 5.26 季节比率计算表

年份＼月份	1	2	3	…	12
第一年	a_{11}	a_{12}	a_{13}	…	a_{112}
第二年	a_{21}	a_{22}	a_{23}	…	a_{212}
…	…	…	…	…	…
第 n 年	a_{n1}	a_{n2}	a_{n3}	…	a_{n12}
合计	$\sum a_{i1}$	$\sum a_{i2}$	$\sum a_{i3}$	…	$\sum a_{i12}$
月平均	$\bar{a}_1$	$\bar{a}_2$	$\bar{a}_3$	…	$\bar{a}_{12}$
季节比率	$S.I._1$	$S.I._2$	$S.I._3$	…	$S.I._{12}$

(2) 计算各年同月份的平均数 $\overline{a_j}, j=1,2,\cdots 12$。

$$\bar{a}_1 = \frac{\sum a_{i1}}{n}, \bar{a}_2 = \frac{\sum a_{i2}}{n}, \cdots, \bar{a}_{12} = \frac{\sum a_{i12}}{n}$$

(3) 计算各年总的月平均数 $\bar{a}$, $\bar{a} = \dfrac{\sum_{i=1}^{n}\sum_{j=1}^{12} a_{ij}}{12n}$

(4) 计算各月的季节比率 $S.I._j = \dfrac{\bar{a}_j}{\bar{a}}, j=1,2,\cdots,12$

这里计算出的季节指数,就可以反映各月份的季节变化情况。理论上讲,各月份的季节指数之和应该等于 1 200%。但是,由于数据统计可能出现误差,当各月份的季节指数之和不等于 1 200%时,需要计算校正系数。

(5) 计算校正系数,对各月的季节比率进行调整。

$$\text{校正系数} = \frac{1\,200\%}{\sum_{j=1}^{12} S.I._j} \quad \text{或校正系数} = \frac{400\%}{\sum_{j=1}^{4} S.I._j}$$

$$\text{调整后的季节比率} S.I._j = S.I._j \times \text{校正系数} = \frac{\bar{a}_j}{\bar{a}} \times \frac{1\,200\%}{\sum_{j=1}^{12} S.I._j}$$

[**例 5.9**] 某商厦 2012—2015 年各月份的服装销售额(单位:万元)资料如表 5.27 所示。试计算各月的季节比率,分析该商厦服装销售的季节变动情况。

表 5.27　2012—2015 年某商厦各月份的服装销售额

单位:万元

类别＼月份	1	2	3	4	5	6	7	8	9	10	11	12	合计
2012	11	15	21	40	64	164	280	120	39	13	19	10	796
2013	14	20	30	51	68	88	305	138	48	12	23	11	808
2014	14	20	30	50	65	195	310	145	49	14	25	12	929
2015	12	21	32	49	70	200	320	152	51	14	26	14	958
合计	51	76	113	190	267	647	1215	555	187	53	93	47	3 491
同月平均	12.75	19.00	28.25	47.50	66.75	161.75	303.75	138.75	46.75	13.25	23.25	11.75	72.73
季节比率（%）	17.53	26.12	38.84	65.31	91.78	222.39	417.64	190.77	64.28	18.22	31.97	16.16	1 169.04
调整后的季节比率（%）	17.81	26.79	39.85	67.01	94.19	228.17	428.49	195.73	65.95	18.69	32.80	16.58	

（1）计算各年同月份的合计数。

$$1\text{ 月份的合计数}=11+14+14+12=51$$

$$2\text{ 月份的合计数}=15+20+20+21=76$$

……

$$12\text{ 月份的合计数}=10+11+12+14=47$$

（2）计算各年同月份的平均数。

$$1\text{ 月份的平均数}=\frac{51}{4}=12.75$$

$$2\text{ 月份的平均数}=\frac{76}{4}=19$$

……

$$12\text{ 月份的平均数}=\frac{47}{4}=11.75$$

（3）计算总的月平均数$=\frac{3\ 491}{48}=72.73$

（4）计算各月份的季节比率。

$$1\text{ 月份的季节比率}=\frac{12.75}{72.73}\times100\%=17.52\%$$

$$2\text{ 月份的季节比率}=\frac{19}{72.73}\times100\%=26.10\%$$

……

$$12\text{ 月份的季节比率}=\frac{11.75}{72.73}\times100\%=16.16\%$$

(5) 各月份的季节比率之和为 1 169.04%,不等于 1 200%,需要计算调整系数:

$$调整系数=\frac{1\ 200\%}{1\ 169.04\%}=1.026$$

将各月份的季节比率乘以调整系数即得调整后的各月份的季节比率,见表 5.27。从各月份的季节比率看出,该商厦的服装销售自一月份起逐月递增,7 月份达到高峰,是销售最旺的月份,从 8 月份开始,销售逐渐下滑,12 月份达到销售低谷,是销售最淡的月份。

根据季节波动的历史资料和季节比率,可以进行预测,若已知各月份的季节比率和第 j 个月份的数据资料 a_j,其他各月份的预测值为$\frac{a_j \times S.I._r}{S.I._j}$,$r=1,2,\cdots,12$。

例如,已知上例中该商厦 2016 年 4 月份的服装销售额为 53 万元,则

$$7\ 月份的服装销售额的预测为:\frac{53\times 428.49\%}{67.01\%}=338.09(万元)$$

$$11\ 月份服装销售额的预测为:\frac{53\times 32.80\%}{67.01\%}=25.94(万元)$$

按月平均法计算简便,容易理解,但是未能消除长期趋势的影响。当现象的发展存在长期变动的趋势时,按月平均法测定的季节比率不够精确,比如,当现象的发展具有上升的趋势时,第四季度的季节指数大于第一季度;当现象的发展具有下降的趋势时,第四季度的季节指数小于第一季度。因而需用移动平均趋势剔除法,剔除长期趋势的影响,更精确地测定现象的季节变动情况。

三、移动平均趋势剔除法

移动平均趋势剔除法是利用移动平均法将原始数据资料进行修匀,以消除长期趋势的影响,然后再利用按月平均法计算各月份的季节比率。假定动态数列的发展水平是各因素的连乘积,即发展水平符合乘法模型,那么,移动平均趋势剔除法的基本步骤如下所述。

(1) 用移动平均法计算出长期趋势值(y_t)。

(2) 用原始数列的各项指标值除以同期的趋势值(y/y_t),以剔除长期趋势。

(3) 计算各月份的季节比率。若各月份的季节指数之和不等于 1 200%,需要计算校正系数。

(4) 计算校正系数,$校正系数=\frac{1\ 200\%}{\sum_{j=1}^{12} S.I._j}$

(5) 将校正系数乘以各月份的季节比率,即得调整后的季节比率。

[例 5.10] 某公司 2010—2015 年的盈余资料如表 5.28 所示,用移动平均趋势剔除法计算季节比率,分析该公司盈余的季节变动规律。

表 5.28　某公司 2010—2015 年各季度的盈余额　（单位：万元）

季度 / 年份	一季度	二季度	三季度	四季度
2010	710	500	650	310
2011	713	512	666	332
2012	732	540	680	360
2013	770	600	707	400
2014	802	602	720	426
2015	810	620	728	444

用移动平均趋势剔除法列表计算各季度的季节比率。

列表计算移动平均趋势值及其季节比率（表 5.29）。

表 5.29　计算列表

年份	季度	盈余额（y）	四项移动平均值	二项移动平均值（y_t）	剔除趋势值 $\left(\frac{y}{y_t}\right)$（%）
2010	1	710			
	2	500	542.50		
	3	650	543.25	543.000	119.71
	4	310	546.25	544.750	56.91
2011	1	713	550.25	548.250	130.05
	2	512	555.75	553.000	92.59
	3	666	560.50	558.125	119.33
	4	332	567.50	564.000	58.87
2012	1	732	571.00	569.250	128.59
	2	540	578.00	574.500	93.99
	3	680	587.50	582.750	116.69
	4	360	602.50	595.000	60.50
2013	1	770	609.25	605.875	127.09
	2	600	619.25	614.250	97.68
	3	707	627.25	623.250	113.44
	4	400	627.75	627.500	63.75
2014	1	802	631.00	629.375	127.43
	2	602	637.50	634.250	94.92
	3	720	639.50	638.500	112.76
	4	426	644.00	641.750	66.38
2015	1	810	646.00	645.000	125.58
	2	620	650.50	648.250	95.64
	3	728			
	4	444			

(1) 用移动平均法计算趋势值y_t。

(2) 计算$\frac{y}{y_t}$剔除长期趋势。

(3) 将表5.29中得到的$\frac{y}{y_t}$数据重新排列,按季求出平均的季节比率,如表5.30所示。

表5.30 季节比率

季度 年份	一季度	二季度	三季度	四季度
2010	—	—	119.71	56.91
2011	130.05	92.59	119.33	58.87
2012	128.59	93.99	116.69	60.50
2013	127.09	97.68	113.44	63.75
2014	127.43	94.92	112.76	66.38
2015	125.58	95.64	—	—
合计	638.74	474.82	581.93	306.41
平均数	106.46	79.14	96.99	51.07
季节比率(%)	127.63	94.88	116.27	61.22

上述计算的季节比率表明该公司的盈余额在第一和第三季度是"旺季",第二和第四季度是"淡季",其中,第一季度最旺,第四季度最淡。

对于按加法模式变化的动态数列,可以用减法剔除长期趋势的影响,过程与步骤和上述除法剔除长期趋势一样,只不过在剔除长期趋势时,用原始数据资料减去趋势值就可以了。

本章小结

1. 关于客观事物在不同时间上发展变化的结果,可以用时间序列或动态数列加以描述,动态数列是动态分析的基础。根据组成动态数列的指标性质,动态数列分为绝对数的动态数列、相对数的动态数列和平均数的动态数列。

2. 我们可以从发展水平、发展速度、长期趋势、季节变化等方面对客观事物的发展状况进行动态分析。

3. 要对客观事物进行发展水平的分析,我们可以用发展水平、增长量等指标进行描述,要消除不同时期偶然因素的影响,反映客观事物发展的一般水平,可以计算平均发展水平和平均增长量。根据掌握的数据资料的不同,计算平均发展水平和平均增长量的方法也有所不同。

4. 利用速度指标可以描述客观事物发展变动的相对水平。发展速度、增长速度分别反映了客观事物在特定时间内发展的相对程度和增长的相对程度。如果要描述客观事物不受偶然因素影响的发展进度,可以计算平均发展速度和平均增长速度。计算平均发展速度有两种方法：几何平均法和方程法，几何平均法最常用。

5. 长期趋势反映了客观事物发展的内在本质规律，是事物发展的内因，探求事物发展的长期趋势，有助于了解事物发展变化的方向和规律，预测发展的未来，作为制订计划和作出决策的依据。

6. 季节变化是大自然的规律，宇宙间的万事万物都不能抗拒季节因素的影响，必须随着季节因素而发生有规律的变化。我们可以利用季节指数说明事物的季节变化规律，预测季节波动。

7. 我们还可以用动态数列建立计量经济模型，用更加量化的方法描述事物的发展规律。最小平方法是测定动态数列趋势模型的最基本的方法。

重要词汇

动态数列、绝对数动态数列、相对数动态数列、平均数动态数列、发展水平、增长量、序时平均数、发展速度、增长速度、平均发展速度、平均增长速度、移动平均法、最小平方法、季节指数。

练习题

一、思考题

1. 什么叫序时平均数，它与一般平均数有何不同？
2. 时期数列和时点数列各有什么特点？
3. 怎样计算时点数列的序时平均数？
4. 怎样计算平均发展速度？为什么？
5. 直线趋势变动的特点是什么？
6. 环比发展速度和定基发展速度有何关系？
7. 最小平方法的基本原理是什么？
8. 测定季节波动的方法有几种？

二、单项选择题(每题只有一个正确答案)

1. 动态数列的两个构成要素是(　　)。

A. 变量和次数　　B. 时间和指标数值　　C. 时间和次数　　D. 变量和权数

2. 间隔相等的间断时点数列的序时平均数是(　　)。

A. $\dfrac{\sum a}{n}$　　B. $\dfrac{\sum_{i=1}^{n}\dfrac{a_i+a_{i-1}}{2}}{n}$

C. $\dfrac{\dfrac{a_1}{2}+a_2+\cdots+a_{n-1}+\dfrac{a_n}{2}}{n-1}$　　D. $\dfrac{\sum af}{\sum f}$

3. 下列说法中正确的有(　　)。

A. 定基增长速度等于相应的各个环比增长速度的连乘积

B. 定基增长速度等于相应的各个环比增长速度之和

C. 定基发展速度等于相应的各个环比发展速度的连乘积

D. 定基发展速度等于相应的各个环比发展速度之和

4. 按月平均法测定季节变动时,各月的季节比率之和应(　　)。

A. 等于100%　　B. 等于400%　　C. 等于1 200%　　D. 大于100%

5. 以1995年的GDP为最初水平a_0,2015年的GDP为最末水平a_n,计算GDP的年平均发展速度时,须开(　　)。

A. 20次方　　B. 19次方　　C. 21次方　　D. 22次方

6. 已知某地区2012年粮食产量的环比发展速度为105%,2013年为103.5%,2015年为104 %,又知2015年的定基发展速度为116.4%,则2014年的环比发展速度为(　　)。

A. 105.2%　　B. 103%　　C. 102.4%　　D. 109.2%

7. 平均发展速度是(　　)。

A. 各期环比发展速度的平均数　　B. 各期环比增长速度的平均数

C. 各期定基发展速度的平均数　　D. 各期定基增长速度的平均数

8. 某地区2011—2015年的人均粮食产量所形成的动态数列是(　　)。

A. 绝对数的时期数列　　B. 绝对数的时点数列

C. 相对数动态数列　　D. 平均数动态数列

9. 对动态数列进行动态分析,基础指标是(　　)。

A. 发展水平　　B. 平均发展水平

C. 发展速度　　D. 平均发展速度

10. 某厂某种产品的单位成本是连年下降的,已知2010年至2015年总的降低了60%,则平均每年的降低速度为(　　)。

A. $\frac{60\%}{5}=12\%$　　B. $\frac{(100\%-60\%)}{5}=8\%$

C. $\sqrt[5]{60\%}=90.3\%$　　D. $100\%-\sqrt[5]{100\%-60\%}=16.7\%$

11. 用最小平方法拟合直线趋势方程$y_t=a+bt$,若b为负数,则该现象发展趋势为(　　)。

A. 上升趋势　　B. 下降趋势　　C. 水平趋势　　D. 无法确定

12. 某商品销售量去年比前年增长10%,今年比去年增长20%,则两年平均增长(　　)。

A. 14.14%　　B. 30%　　C. 15%　　D. 14.89%

13. 根据近几年的数据计算结果表明,某种商品第三季度销售额的季节指数为167.35%,这表明该商品第三季度销售额(　　)。

A. 处于旺季

B. 处于淡季

C. 第三季度比第二季度增长了67.35%

D. 第三季度销售额同比增长了67.35%

14. 季节指数说明的是(　　)。

A. 各季节绝对水平的差异　　B. 各季节相对差异

C. 各季节趋势变化的影响　　D. 各季节偶然因素的影响

15. 某百货商场近五年某种商品的销售量每年增加285.86万元,则该商品销售额的发展速度(　　)。

A. 逐年提高　　B. 逐年下降　　C. 保持不变　　D. 无法计算

三、多项选择题(每题至少有两个正确答案)

1. 按组成动态数列的指标的性质,动态数列有(　　)。
A. 绝对数动态数列　　B. 相对数动态数列　　C. 平均数动态数
D. 变量数列　　E. 品质数列

2. 时点数列的特点有(　　)。
A. 数列中各个指标值可以相加
B. 数列中各个指标数值不具有可加性
C. 指标数值是通过一次登记取得的
D. 指标数值的大小与时期长短没有直接联系
E. 指标数值是通过连续不断登记取得的

3. 测定长期趋势的方法有(　　)。
A. 时距扩大法　　B. 季节比率法　　C. 移动平均法
D. 最小平方法　　E. 序时平均法

4. 简单算术平均法适合于计算(　　)。
A. 时期数列的序时平均数
B. 间隔不等连续时点数列的序时平均数
C. 间隔相等的连续时点数列的序时平均数
D. 间隔相等的间断时点数列的序时平均数
E. 间隔不等的间断时点数列的序时平均数

5. 动态分析的水平指标有(　　)。
A. 发展水平　　B. 发展速度　　C. 增长量
D. 平均发展水平　　E. 平均增长量

6. 下列属于动态平均数的有(　　)。
A. 平均发展水平　　B. 平均增长量　　C. 平均发展速度
D. 平均增长速度　　E. 序时平均数

7. 动态数列中的派生数列是(　　)。
A. 时期数列　　B. 时点数列　　C. 绝对数动态数列
D. 相对数动态数列　　E. 平均数动态数列

8. 动态分析的速度指标有(　　)。
A. 发展速度　　B. 发展水平　　C. 平均发展速度
D. 增长速度　　E. 平均发展速度

9. 已知一个动态数列的项数、平均增长量和平均发展速度,可以求出(　　)。
A. 实际的最初水平　　B. 末期的累计增长量　　C. 实际的最末水平
D. 实际的各期发展水平　　E. 各期实际环比发展速度

10. 依据所掌握的资料不同,可选用如下公式计算平均发展速度(　　)。
A. $\bar{x}=\sqrt[n]{\frac{a_n}{a_0}}$　　B. $\bar{x}=\sqrt[n]{\frac{a_1}{a_0}\times\frac{a_2}{a_1}\times\cdots\times\frac{a_n}{a_{n-1}}}$　　C. $\bar{x}=\sqrt[n]{\frac{a_n}{a_{n-1}}}$
D. 平均发展速度=平均增长速度+1　　E. $\frac{a_n}{a_0}\sqrt{n}$

11. 把近十年每年末我国的外债余额按时间先后顺序排列所形成的动态数列是(　　)。
A. 变量数列　　B. 动态数列　　C. 绝对数动态数列
D. 绝对数时期数列　　E. 绝对数时点数列

12. 下列动态数列中,哪些不具有可加性(　　)。

A. 年末黄金储备额　　B. 年末股票市值　　C. 年末汽车保有量

D. 年末不良资产余额　　E. 年末外汇储备额

13. 预计 2020 年我国国内生产总值(GDP)比 2000 年翻两番,那么(　　)。

A. 2000—2020 年 GDP 要增长 3 倍

B. 2020 年的 GDP 相当于 2000 年的 4 倍

C. 20 年间每年平均发展速度为 107.18%

D. 20 年间每年平均发展速度为 105.65%

E. GDP 每年增长速度等于 7.18%

14. 直线趋势方程 $y_t=a+bt$ 中,各符号分别表示(　　)。

A. y_t 是动态数列 y 的理论趋势值　　B. a 是直线方程的截距

C. b 是直线方程的斜率　　D. a、b 是未知参数

E. t 表示时间

15. 某地区 2015 年第三产业增加值为 37 669 亿元,同比增长 6.7%,那么(　　)。

A. 年距发展速度为 106.7%

B. 2014 年第三产业增加值为 35 304 亿元

C. 每增长 1%,第三产业增加值多增 353 亿元

D. 年增长量为 2 365 亿元

E. 37 669 亿元是报告期水平

四、计算题

1. 某地区 2015 年各时点的人口数如表 5.31 所示。

表 5.31　某地区 2015 年各时点的人口数

日期	1 月 1 日	6 月 30 日	9 月 1 日	12 月 31 日
人口数 (万人)	21.65	21.76	21.35	21.50

试求该地区 2015 年平均人口数。

2. 某商业银行 2015 年各月初的居民储蓄存款余额如表 5.32 所示。

表 5.32　某商业银行 2015 年各月初的居民储蓄存款余额

日期	1.1	2.1	3.1	4.1	5.1	6.1	7.1	8.1	9.1	10.1	11.1	12.1	12.31
储蓄余额 (万元)	8 123.0	8 135.0	8 124.5	8 231.2	8 234.0	8 119.5	8 115.0	8 240.0	8 240.4	8 290.0	8 291.0	8 291.2	8 295.0

试计算该商业银行 2015 年上半年及全年的储蓄存款平均余额。

3. 某企业 2015 年上半年的工人数和工业总产值资料如表 5.33 所示。

表 5.33　某企业 2015 年上半年的工人数和工业总产值

月份	1	2	3	4	5	6	7
月初工人数 (人)	1 980	2 180	2 230	2 295	2 319	2 397	2 385
总产值(万元)	245	268	279	295	322	346	

要求:(1) 计算工业总产值的平均发展水平,逐期、累计增长量,平均增长量;

(2) 计算工业总产值的定基发展速度和增长速度，环比发展速度和增长速度，平均发展速度和平均增长速度；

(3) 计算第一季度和第二季度的月平均劳动生产率。

4. 某企业职工人数及非生产人员数如表 5.34 所示。

表 5.34 某企业职工人数及非生产人员数

日期(每月 1 号)	1.1	2.1	3.1	4.1	5.1	6.1	7.1
职工人数（人）	4 000	4 040	4 045	4 075	4 072	4 080	4 095
非生产人员数(人)	724	716	680	692	685	666	660

要求：(1)计算第一季度和第二季度非生产人员比重并进行比较；

(2) 计算上半年非生产人员比重。

5. 已知某地区 2010 年社会商品零售额为 12.78 亿元，2015 年计划要达到 25 亿元，试计算该地区“十二五”规划期间(2011—2015 年)社会商品零售额每年平均增长多少？

6. 某企业 2015 年各季度的销售额和销售利润率指标如表 5.35 所示。

表 5.35 某企业 2015 年各季度的销售额和销售利润率

季度	1	2	3	4
销售额(万元)	300	350	380	410
销售利润率（%）	30	35	33	38

试计算年平均销售利润率。

7. 某制糖厂 2015 年生产糖 5 万吨，如果平均每年增长 16%，试问多少年后糖的产量可以达到 40 万吨？

8. 某煤矿 9 月份采煤量如表 5.36 所示。

表 5.36 某煤矿 9 月份采煤量

日期	产量(吨)	日期	产量(吨)	日期	产量(吨)
1	300	11	308	21	336
2	301	12	319	22	334
3	302	13	320	23	338
4	304	14	323	24	338
5	291	15	296	25	339
6	298	16	290	26	345
7	305	17	328	27	342
8	312	18	330	28	356
9	315	19	334	29	350
10	310	20	333	30	351

要求：(1)按 5 日时距扩大计算采煤量和平均每日采煤量，并编制动态数列；

(2) 按 5 日移动平均计算日平均采煤量，并编制动态数列。

9. 某地区 2010—2015 年彩色电视机的销售量资料如表 5.37 所示。

表 5.37　某地区 2010—2015 年彩色电视机的销售量

年份	2010	2011	2012	2013	2014	2015
销售量(万台)	68	71	75	79	84	88

要求:(1)判断该地区彩色电视机的销售量的发展趋势;

(2) 用最小平方法配合趋势线方程,预测 2018 年该地区彩色电视机的销售量。

10. 某商厦汗衫、背心零售量资料如表 5.38 所示(单位:件)。

表 5.38　某商厦汗衫、背心零售量

月份	1	2	3	4	5	6	7	8	9	10	11	12
2012	12	17	44	68	111	225	210	85	42	22	17	13
2013	18	22	60	92	142	240	199	97	55	30	18	15
2014	16	24	66	90	150	255	240	130	78	50	25	19
2015	17	22	69	96	155	265	250	133	85	50	26	20

要求:(1) 用按月平均法计算汗衫,背心销售量的季节比率;

(2) 用移动平均法计算剔除长期趋势影响的季节比率。

附录 5-1

利用 Excel 软件制作动态数列数据的折线图

前面我们介绍过用 Excel 的图表向导功能绘制统计数据的图形,对于动态数列数据而言,我们仍然可以用 Excel 的图表向导功能绘制它的图形。下面以 1993—2004 年中国的国内生产总值 GDP 和广义货币供应量 M_2 的动态数列数据(附表 5.1)为例,介绍用 Excel 的图表向导功能绘制折线图的具体步骤。

(1) 将国内生产总值 GDP 和广义货币供应量 M_2 的数据输入 Excel 的 B1:C13 的数据区域内。

(2) 用鼠标选中数据区域 B1:C13,并点击“图表向导”。

(3) 在“图表向导—4 步骤之 1—图表类型”对话框中,点击“标准类型”中的“折线图”,选中一种折线图后,点击“下一步”。

在“图表向导—4 步骤之 2—图表源数据”对话框中,选择“数据区域”中的“列”,并点击“下一步”。

(4) 在“图表向导—4 步骤之 3—图表选项”对话框中,分别点击“标题”“坐标轴”“网格线”“图例”“数据标志”的菜单,依次对图表进行编辑。

(5) 在“图表向导—4 步骤之 4—图表位置”对话框中,点击“作为新工作表插入”,并点击“完成”。Excel 就输出折线图。再利用鼠标对图形进行编辑,直到满意为止,见附图 5-1。

附表 5.1　1993—2004 年中国的国内生产总值 GDP 和广义货币供应量 M_2　（单位：亿元）

年份	广义货币供应量 M_2	国内生产总值 GDP
1993	34 879.8	34 634.4
1994	46 923.5	46 759.4
1995	60 750.5	58 478.1
1996	76 094.9	67 884.6
1997	90 995.3	74 462.6
1998	104 498.5	78 345.2
1999	119 897.9	82 067.5
2000	134 610.4	89 468.1
2001	158 301.9	97 314.8
2002	185 007.0	105 172.3
2003	221 222.8	117 251.9
2004	253 000.0	136 515.0

资料来源：中国国家统计局，http://www.stats.gov.cn

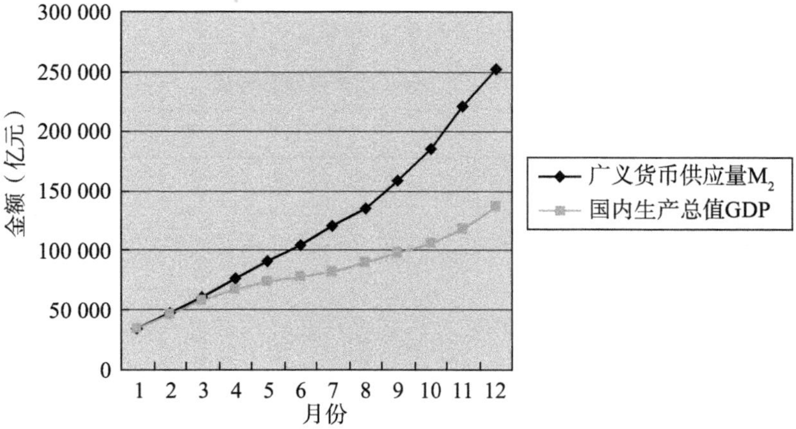

附图 5－1

附图 5－1 显示，在 1993—2004 年，广义货币供应量 M_2 的增长快于国内生产总值 GDP 的增长。

附录 5－2

利用 Excel 软件的数据分析功能计算移动平均值

附表 5.2 是某旅游风景区 2006—2008 年各月份的旅游收入资料，以此为例，介绍如何用 Excel 的数据分析功能计算移动平均值。

附表 5.2　某旅游风景区 2006—2008 年各月份的旅游收入　　(单位:万元)

月份	2006 年	2007 年	2008 年
1	116	145	180
2	154	210	245
3	220	312	325
4	392	520	535
5	642	684	710
6	1 642	1 872	1 923
7	2 810	3 120	3 350
8	1 204	1 382	1 576
9	384	482	625
10	183	248	437
11	125	130	258
12	95	112	166

(1) 将表中的数据资料输入 Excel 中的 A1:B37 数据区域中,其中,第一行是数据系列的标志。

(2) 点击"工具"菜单选项中的"数据分析"。

(3) 在"数据分析"对话框中,选择"移动平均",并点击"确定",出现"移动平均"对话框。

(4) 在"移动平均"对话框中,在输入区域框中输入"B1:B37",在间隔框中输入 12,在输出区域框中输入"C1",点击"图表输出"项,并点击"确定"。Excel 立即给出 12 项移动平均的计算结果和图形。附表 5.3 就是 Excel 给出的移动平均计算结果。

附表 5.3　用 Excel 计算移动平均值　　(单位:万元)

	A	B	C	D	E	F	G	H
1	月份	旅游收入	移动平均值					
2	2006 年 1	116						
3	2	154						
4	3	220						
5	4	392	663.916 7					
6	5	642	666.333 3					
7	6	1 642	671					
8	7	2 810	678.666 7					
9	8	1 204	689.333 3					
10	9	384	692.833 3					
11	10	183	712					
12	11	125	737.833 3					
13	12	95	752.666 7					
14	2007 年 1	145	760.833 3					
15	2	210	766.25					
16	3	312	766.666 7					
17	4	520	768.083 3					
18	5	684	771					

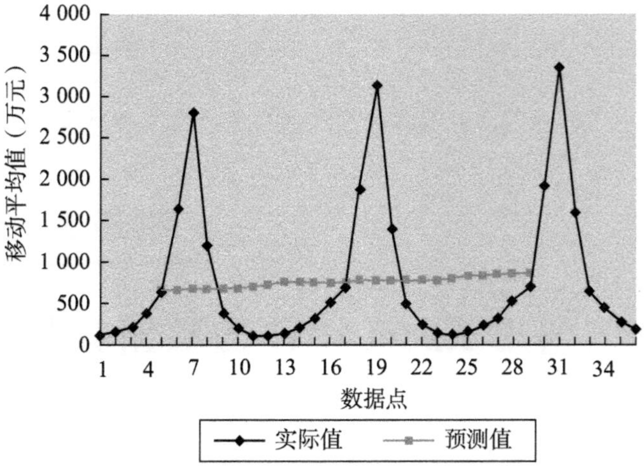

（续表）

	A	B	C	D	E	F	G	H
19	6	1 872	773.916 7					
20	7	3 120	775					
21	8	1 382	776.25					
22	9	482	778.416 7					
23	10	248	782.666 7					
24	11	130	801.833 3					
25	12	112	818					
26	2008 年 1	180	829.916 7					
27	2	245	845.666 7					
28	3	325	856.333 3					
29	4	535	860.833 3					
30	5	710						
31	6	1 923						
32	7	3 350						
33	8	1 576						
34	9	625						
35	10	437						
36	11	258						
37	12	166						

附录 5－3

利用 Excel 进行季节变动分析

以附表 5.2 资料为例，介绍如何用 Excel 进行季节变动分析（附表 5.4）。

附表 5.4 用 Excel 进行季节变动分析

	A	B	C	D	E	F	G	H
1	月份	旅游收入	12 项移动平均	两项移动平均	消除趋势	同月平均	总平均值	季节指数
2	2006 年 1	116						
3	2	154						
4	3	220						
5	4	392	663.916 666 7					
6	5	642	666.333 333 3					
7	6	1 642	671					
8	7	2 810	678.666 666 7	665.125	4.224 769 8	4.139 565 6	0.992 423 6	4.171 168

(续表)

	A	B	C	D	E	F	G	H
	月份	旅游收入	12项移动平均	两项移动平均	消除趋势	同月平均	总平均值	季节指数
9	8	1 204	689.333 333 3	668.666 666 7	1.800 598 2	1.794 845 7		1.808 548
10	9	384	692.833 333 3	674.833 333 3	0.569 029 4	0.595 699 9		0.600 248
11	10	183	712	684	0.267 543 9	0.293 643		0.295 885
12	11	125	737.833 333 3	691.083 333 3	0.180 875 4	0.174 056 9		0.175 386
13	12	95	752.666 666 7	702.416 666 7	0.135 247 4	0.139 368 7		0.140 433
14	2007年1	145	760.833 333 3	724.916 666 7	0.200 023	0.213 612		0.215 243
15	2	210	766.25	745.25	0.281 784 6	0.292 142 4		0.294 373
16	3	312	766.666 666 7	756.75	0.412 289 4	0.403 363 4		0.406 443
17	4	520	768.083 333 3	763.541 666 7	0.681 036 8	0.659 810 2		0.664 847
18	5	684	771	766.458 333 3	0.892 416 4	0.863 364 5		0.869 956
19	6	1 872	773.916 666 7	767.375	2.439 485 3	2.339 610 6		2.357 472
20	7	3 120	775	769.541 666 7	4.054 361 4			
21	8	1 382	776.25	772.458 333 3	1.789 093 3			
22	9	482	778.416 666 7	774.458 333 3	0.622 370 5			
23	10	248	782.666 666 7	775.625	0.319 742 1			
24	11	130	801.833 333 3	777.333 333 3	0.167 238 4			
25	12	112	818	780.541 666 7	0.143 490 1			
26	2008年1	180	829.916 666 7	792.25	0.227 201			
27	2	245	845.666 666 7	809.916 666 7	0.302 500 3			
28	3	325	856.333 333 3	823.958 333 3	0.394 437 4			
29	4	535	860.833 333 3	837.791 666 7	0.638 583 6			
30	5	710		851	0.834 312 6			
31	6	1 923		858.583 333 3	2.239 736			
32	7	3 350						
33	8	1 576						
34	9	625						
35	10	437						
36	11	258						
37	12	166						

步骤如下。

(1) 将原始数据输入Excel中的A1:B37数据区域中。

(2) 点击“工具”菜单选项中的“数据分析”。

(3) 在“数据分析”对话框中,选择“移动平均”,并点击“确定”,出现“移动平均”对话框。

(4) 在“移动平均”对话框中,在输入区域框中输入“B1:B37”,在间隔框中输入12,在输出区域框中输入“C6”,并点击“确定”。Excel立即给出12项移动平均的计算结果,在C列中显示出来。

(5) 将上述计算结果再进行一次“两项移动平均”。在“移动平均”对话框中,在输入区域框中输入“C4:C29”,在间隔框中输入2,在输出区域框中输入“D8”,并点击“确定”。Excel立即给出2项移动平均的计算结果,在D列中显示出来。D列为趋势值。

(6) 用除法消除趋势值的影响，将实际值除以相应的趋势值。在 E8 单元格中输入公式“=B8/D8”，然后将公式复制到 E9:E31 中，结算结果在 E 列显示。

(7) 计算各年同月份的平均数，在 F8 单元格中输入公式“=(E8+E20)/2”，再在 F9 单元格中输入公式“=(E9+E21)/2”，在 F10 单元格中输入公式“=(E10+E22)/2”，……，在 F19 单元格中输入公式“=(E19+E31)/2”。计算结果在 F 列显示。也可以利用 Excel 的公式复制功能进行计算。

(8) 计算各月总平均值。在 G8 单元格中输入公式“=AVERAGE(E8:E31)”。

(9) 计算季节指数：将同月平均值除以总平均值。在 H8 单元格中输入公式“=F8/G8”，在 H9 单元格中输入公式“=F9/G8”，在 H10 单元格中输入公式“=F10/G8”，……，在 H19 单元格中输入公式“=F19/G8”。也可以利用 Excel 的公式复制功能进行简便计算。计算结果在 H 列中，就是各月份的季节指数。将季节指数重新排列得附表 5.5。

附表 5.5　移动平均趋势剔除法计算的季节指数

月份	1	2	3	4	5	6	7	8	9	10	11	12
季节指数(%)	0.22	0.29	0.41	0.66	0.87	2.36	4.17	1.81	0.60	0.30	0.18	0.14

附录 5-4

利用 Excel 计算按月平均法的季节指数

仍然利用上例中附表 5.2 的原始数据，介绍如何用 Excel 计算按月平均法的季节指数。

为了简化方便，我们只给出计算的结果(附表 5.6)。

(1) 将原始数据输入 Excel 中的 A1:B37 数据区域中。

(2) 计算同月平均数。在 C2 中输入公式“=(B2+B14+B26)/3”，C3 中输入公式“=(B3+B15+B27)/3”，C4 中输入公式“=(B4+B16+B28)/3”，……，C13 中输入公式“=(B13+B25+B37)/3”，计算结果在 C 列显示。也可以利用 Excel 的公式复制功能进行计算。

(3) 计算总平均数。在 D2 中输入公式“=AVERAGE(B2:B37)”，计算结果为 D2。

(4) 计算季节指数。在 E2 中输入公式“=C2/D2”，在 E3 中输入公式“=C3/D2”，……，在 E13 中输入公式“=C13/D2”，计算结果在 E 列显示。也可以利用 Excel 的公式复制功能进行计算。

附表 5.6　计算结果

A	C	D	E
月份	同月平均	总平均值	季节指数
1	147	764.277 777 8	0.192 338 4
2	203		0.265 610 2
3	285.666 666 7		0.373 773 4
4	482.333 333 3		0.631 096 9

(续表)

A	C	D	E
月份	同月平均	总平均值	季节指数
5	678.666 666 7		0.887 984 3
6	1 812.333 333		2.371 301 9
7	3 093.333 333		4.047 394 1
8	1 387.333 333		1.815 221 3
9	497		0.650 287 1
10	289.333 333 3		0.378 570 9
11	171		0.223 740 6
12	124.333 333 3		0.162 680 8

再将季节指数排列成附表,可以看出,每年的6、7、8三个月份是旅游的旺季,其中,7月份是一年中最旺的季节,12月份是最淡的季节。

附表5.7 按月平均法计算的季节指数

月份	1	2	3	4	5	6	7	8	9	10	11	12
季节指数(%)	0.19	0.27	0.37	0.63	0.89	2.37	4.05	1.82	0.65	0.38	0.22	0.16

附录5-5

利用Excel的公式复制功能进行简便计算

Excel提供了强大的公式复制功能,为统计简便计算提供了极大的便利。附表5.8是1990—2007年,我国私人汽车拥有量,数据来源于《中国统计年鉴2008》。我们利用Excel的公式复制功能计算我国私人汽车拥有量的发展速度和增长速度。同学们可以计算私人载客汽车的发展速度和增长速度。

(1) 将年份和私人汽车总量数据输入Excel中的A1:B19,以1990年为基期。

(2) 分别在C1,D1,E1,F1单元格中输入"定基发展速度、环比发展速度、定基增长速度、环比增长速度"。

(3) 在C3,D3,E3,F3单元格中分别输入"=B4/B3,=B4/B3,=C4-1,D4-1",并单击"回车"键,Excel立即给出计算结果。

(4) 鼠标选中C3:F3区域,其右下角出现黑色的"+"号,按住鼠标左键,并拖至F19,Excel立即给出所有的计算结果。

(5) 利用Excel的数据修饰功能,将计算结果保留四位小数,见附表5.9。

附表 5.8 1997—2007 年我国私人汽车拥有量

年 份	汽车总计(万辆)	载客汽车(万辆)
1990	81.620 0	24.070 0
1991	96.040 0	30.360 0
1992	118.200 0	41.780 0
1993	155.770 0	59.850 0
1994	205.420 0	78.620 0
1995	249.960 0	114.150 0
1996	289.670 0	143.040 0
1997	358.360 0	191.270 0
1998	423.650 0	230.650 0
1999	533.880 0	304.090 0
2000	625.330 0	365.090 0
2001	770.776 6	469.853 9
2002	968.980 0	623.760 0
2003	1 219.228 0	845.873 9
2004	1 481.661 0	1 069.691 0
2005	1 848.066 0	1 383.925 0
2006	2 333.317 0	1 823.566 0
2007	2 876.216 0	2 316.908 0

附表 5.9 计算结果

年份	定基发展速度	环比发展速度	定基增长速度	环比增长速度
1991	1.176 7	1.176 7	0.176 7	0.176 7
1992	1.448 2	1.230 7	0.448 2	0.230 7
1993	1.908 5	1.317 9	0.908 5	0.317 9
1994	2.516 8	1.318 7	1.516 8	0.318 7
1995	3.062 5	1.216 8	2.062 5	0.216 8
1996	3.549 0	1.158 9	2.549 0	0.158 9
1997	4.390 6	1.237 1	3.390 6	0.237 1
1998	5.190 5	1.182 2	4.190 5	0.182 2
1999	6.541 0	1.260 2	5.541 0	0.260 2
2000	7.661 5	1.171 3	6.661 5	0.171 3
2001	9.443 5	1.232 6	8.443 5	0.232 6
2002	11.871 8	1.257 1	10.871 8	0.257 1
2003	14.937 9	1.258 3	13.937 9	0.258 3
2004	18.153 2	1.215 2	17.153 2	0.215 2
2005	22.642 3	1.247 3	21.642 3	0.247 3
2006	28.587 6	1.262 6	27.587 6	0.262 6
2007	35.239 1	1.232 7	34.239 1	0.232 7

附表 5.9 的数据反映了 1990—2007 年，我国私人汽车拥有量的发展速度和增长速度。

第六章

指　数

本章学习目的

学习指数的概念和种类。会计算综合指数、平均数指数和平均指标指数。能够用指数分析复杂的社会经济现象。会用指数体系进行相关指数的推算。了解各种常用指数的经济意义。

第一节　指数的概念

一、指数的概念

指数(Index number)也称为统计指数,是社会经济统计中常用的一种经济分析方法,能够反映社会经济现象在不同时间或空间上发展变化的状况,为制定宏观经济政策提供重要的依据。比如,居民消费价格指数(CPI)、股价综合指数、制造业采购经理指数(PMI)、生产成本指数、新订单指数、消费者信心指数、竞争力指数、幸福指数、空气质量指数(AQI)等。2009 年 2 月上海在全国率先推出“臭氧健康指数”。上海科学家通过风云三号卫星,实时观测大气成分,跟踪监控臭氧等大气污染物的动向,给市民提供即时预警和生活指导,指导市民有效防止臭氧污染。

最早的统计指数是物价指数,1650 年,英国学者莱斯·沃汉(Rice Voughan)为了计算货币交换价值的变动,采用谷物、家畜、鱼类、布帛、皮革等为样本品,以 1352 年为基期,将 1650 年的价格与之做比较,创立了价格指数。1707 年,英国主教弗利特伍德(Bishop Fleetwood)为了同样的目的,将 1440—1480 年五英镑货币所购的上述物品,从数量上加以比较,以研究这些物品价格的变动。1738 年,法国学者杜托(Dutot)率先编制计算了路易十四时期和路易十二时期的简单综合物价指数。其后,意大利经济学家卡利(G. R. Garli)、英国著名经济学家杰文斯(W. S. Jevons)和费希尔(Irving Fisher,1867—1947),分别于 1764 年、1863 年和 1911 年相继编制了物价指数。

第一次世界大战后的十年，是指数计算方法的辉煌发展时期，费希尔（Irving Fisher）于1922年出版了《指数的编制》（The Making of Index Number），该书至今仍被奉为统计指数理论的“圣经”。此后，统计指数理论不断推陈出新，出现了繁荣的新局面。指数的应用范围不断扩大，其含义和内容也随之发生了变化。从内容上看，指数由单纯反映一种现象的相对变动，到反映多种现象的综合相对变动；从对比的场合来看，指数由单纯的不同时间上的对比，发展到不同空间上的对比分析等。

指数是一种特殊的相对数，有广义和狭义之分。广义的指数是指一切说明社会经济现象在不同的时间或空间上发展的数量变动或差异程度的相对数。如动态相对数、计划完成相对数、比较相对数、强度相对数等都可以称为指数。狭义的指数是专指说明不能直接相加的复杂社会经济现象综合变动的相对数。如居民消费价格指数（CPI）、股价综合指数、经济自由度指数、空气质量指数、消费者信心指数等。所谓复杂的社会经济现象是指由于计量单位不同，使用价值各异，不能将个体的数量变化和质量变化直接加总，以反映总体的总变动的现象。如不同种类的产品组成的总体，不同种类的商品组成的总体，上市交易的各种股票，自由买卖的各种债券、基金等。如果要反映这类复杂总体的总变动，只能用指数。

本章所介绍的指数主要是指狭义指数，即综合反映由多种因素组成的经济现象在不同时间或空间条件下平均变动的相对数。

为了更好地理解指数的概念，我们必须掌握指数的基本性质。指数具有以下三方面的性质。

1. 相对性

指数具有相对性，指数是复杂总体中的某个变量在不同时间或空间上变化相对比的结果，说明这种变量变化的程度及其对总体总量的影响。例如，居民消费价格指数（CPI）说明居民生活消费品和服务项目的价格变动水平。国家统计局发布的统计数据表明，2015年9月份的居民消费价格指数（CPI）是101.6%，说明居民生活消费品和服务项目的价格相对于2014年9月份上涨了1.6%。如果2015年第三季度的居民消费价格指数（CPI）是96.8%，这说明居民生活消费品和服务项目的价格相对于2014年第三季度下跌了3.2%。指数的相对性还可以从指数能够描述现象在不同空间上发展状况的对比加以理解。

2. 综合性

指数具有综合性，说明指数反映的是复杂总体的数量方面或质量方面在不同时间上综合变化的情况。国家统计局统计数据表明，2015年9月份的居民消费价格指数（CPI）是101.6%，说明居民生活消费品和服务项目的价格相对于2014年9月份上涨了1.6%，这个上涨幅度，是全部生活消费品和服务项目价格综合变动的结果。单独某一种生活消费品或服务项目的价格可能上涨，也可能下跌，如果上涨的物品多，下跌的物品少，并且物价上涨的幅度大于物价下跌的幅度，在不考虑各种物品在CPI中权重的情况下，综合起来，表现为物价上涨；如果物价上涨的物品和下跌的物品一样多，但是，物品价格上涨的幅度高于下跌的幅度，如果不考虑各种物品在CPI中的权重，则综合表现为物品的价格上涨。国家统计局的统计数据表明，2015年9月份，居民消费品的价格，城市上涨1.6%，农村上涨1.5%；食品价格上涨2.7%，非食品价格上涨1.0%；消费品价格上涨1.4%，服务价格上涨2.1%。综合起来，居民消费品和服务项目的价格（CPI）比2014年9月份上涨了1.6%。因此，指数反映的是复杂总体中各个单品项目价格的综合变动情况。

3. 平均性

指数具有平均性,指数反映的是复杂总体的数量方面或质量方面在不同时间上变化的一般水平,表示各个个体变动的一般程度。国家统计局统计数据表明,2015 年 9 月中国制造业采购经理指数(PMI)为 49.8%,说明中国制造业经济有所收缩。PMI 是通过对企业采购经理的月度调查结果统计汇总、编制而成的指数,涵盖了制造业企业采购、生产、流通等各个环节的动态变动。分项上看,2015 年 9 月份,制造业生产比 8 月份上升 0.6%;新订单比 8 月份上升 0.5%;供应商配送时间比 8 月份上升 0.2%;原材料库存比 8 月份下降 0.8%;从业人员与 8 月份持平。平均看,2015 年 9 月份,中国制造业采购经理指数为 49.8%。

二、指数的作用

指数已经有 300 多年的历史,从最初由英国经济学家编制的物价指数开始,指数的应用领域逐渐拓宽,指数的功能作用也在不断完善。指数有两种基本的功能作用:综合功能和分析功能。指数的综合功能作用是指指数可以综合不同种类的产品或商品的数量或质量方面,并反映它们在不同时间或空间上的总动态;指数的分析功能作用是指指数可以分析多因素现象的总量指标或平均指标在动态对比中各因素的变动情况,并测定其对总动态变动的影响方向和影响程度。

具体而言,指数的作用主要有四方面。

1. 综合反映社会经济现象总体动态变动的方向和程度

社会经济现象总体大多是复杂总体,组成总体的基本单位是复杂多样的,比如,上海证券交易所上市交易的各种证券;百货公司销售的各种商品;空气中的各种成分;城乡居民消费的各种商品和服务等。指数可以对社会经济现象总体在不同时间上发展变动的数量对比关系和差异程度进行描述和解释,这是指数最重要的作用,也就是指数的综合功能。指数从研究现象的经济内容出发,根据现象之间的内部关系,找出能够将所研究的全部事物综合在一起的因素,利用这个因素,把许多性质不同的不能直接相加的事物,变成能加在一起的一个综合值,然后考察综合值的变动程度。将不同时期的综合值进行对比计算,就是指数。计算指数的分子和分母指标常常是两个总量指标,这两个总量指标相除所得的结果,可以说明社会经济现象总体在不同时间上的数量变动方向,两个总量指标相减的结果,说明数量变动的绝对程度。

2. 分析和测定各个因素对多因素现象总变动的影响方向和程度

任何社会经济现象都要受到多个因素的影响,即多因素现象的总变动是多个因素共同变化的结果。如果现象的总量指标是多个因素指标的连乘积,如国内生产总值=社会劳动者人数×劳动生产率;原材料费用总额=产品产量×单位产品原材料消耗量×单位原材料价格;商品的销售额=销售量×销售价格。只要现象的总量指标发生了变化,一定是影响它的多个因素发生了变化,或者说,任何一个因素的变化都会引起总量指标的变化。为了加强管理和控制变化因素,我们可以用指数因素分析法,从相对数和绝对数两方面加以分析,分别分析和测定各个因素对总体总量变化的影响方向和程度。

3. 研究社会经济现象的长期变动趋势

社会经济现象是不断发展变化的，狭义的指数是动态相对数，说明的是社会经济现象中复杂总体的动态变动情况，根据动态对比基期的不同，可以连续编制基期固定在某个时期的定基指数，也可以编制基期变动的环比指数，形成指数数列。这种连续编制的指数数列，可以反映社会经济现象变化发展的长期趋势。

4. 对社会经济现象进行综合评价和测定

这是指数与生俱来的功能和作用。现代社会，各种指数最根本的作用就是对客观现象进行综合的评价和测定。如空气质量指数，可以综合评价和测定空气的质量；经济自由度指数，可以综合评价和测定经济自由化的程度，香港的经济自由度指数已连续 10 多年在国际著名机构中排名第一；消费者信心指数，可以综合测定和评价消费者的满意程度。非制造业商务活动指数体系由商务活动指数、新订单指数、新出口订单指数、在手订单指数、存货指数、投入品价格指数、销售价格指数、从业人员指数、供应商配送时间指数、业务活动预期指数 10 个分类指数构成，反映非制造业经济发展的总体变化情况，以 50%作为经济强弱的分界点，高于 50%时，反映非制造业经济扩张；低于 50%时，则反映非制造业经济收缩。2015 年 9 月，中国非制造业商务活动指数是 53.4%，高于 50%，说明中国非制造业经济处于扩张状态，与 2015 年 8 月相比，非制造业商务活动指数持平，说明中国非制造业经济平稳发展。

三、指数的分类

反映客观现象综合变动程度的指数是多种多样的，如诚信指数、关爱指数、幸福指数、出口新订单指数、必胜客指数等。还有反映一个国家腐败程度的清廉指数。全球清廉指数(Corruption Perceptions Index)是由世界著名非政府组织“透明国际(Transparency International)”建立的，反映的是全球各国商人、学者及风险分析人员对世界各国腐败状况的观察和感受。2013 年全球清廉指数报告由总部位于德国柏林的透明国际组织于 2013 年 12 月 3 日公布，在全球 174 个国家中，丹麦和新西兰并列全球最清廉的国家，中国香港与 2012 年相同，位列第 15，中国大陆地区位列第 80。索马里、朝鲜和阿富汗为全球贪腐问题最严重的国家。

(一) 个体指数和总体指数

按指数所反映的对象范围的不同，可以分为个体指数和总体指数。

个体指数(Individual index number)是反映单个现象变动状况的动态相对数，如某种产品的产量指数、某种商品的销售价格指数、某种产品的成本指数等。这些指数就是个体产量指数、个体价格指数和个体成本指数。又如，证券交易所某只股票的价格指数、成交量指数即个体股票价格指数、个体股票成交量指数。依据个体指数的含义，个体指数就是发展速度指标，可以说明简单现象发展变动的方向和程度。

总指数也称为总体指数(Aggregative index number)，是反映多个不同种类现象综合变动状况的相对数。如居民消费价格指数、商品销售量总指数、制造业采购经理指数(PMI)、沪深 300 指数、幸福指数等。总指数是反映多种计量单位不同，不能够直接相加、相对比的复杂总体综合变动情况的特有统计方法。

在个体指数和总指数之间还有一种类指数或组指数。这是因为社会经济现象是一个复杂的总体,为了对其有全面的认识和了解,必须对其进行分类或分组,分别计算各类(组)的指数,即类指数或组指数。严格地讲,类指数(组指数)也是总指数。例如,居民消费价格指数(CPI)反映的是居民消费品和服务项目的价格变动情况,可以分为食品类和非食品类。食品类又分为鲜果、水产品、猪肉和鲜菜;非食品类又分为教育、衣着、挂号诊疗费、家庭服务费、公共汽车票价、成品油价格,其中成品油又可以分为汽油和柴油等。

(二) 数量指标指数和质量指标指数

指数按反映的经济指标性质的不同,可以分为数量指标指数(Quantity index number)和质量指标指数(Quality index number)。

数量指标指数是根据数量指标计算的,是反映现象数量方面综合变动的相对数,例如,产品产量指数、劳动者人数指数、商品销售量指数、中国中小企业经济发展指数等。数量指标指数也称为数量指数。

质量指标指数是根据质量指标计算的,是反映现象质量方面综合变动的相对数,例如,劳动生产率指数、产品成本指数、空气质量指数、诚信指数等。质量指标指数也称为质量指数。

(三) 定基指数和环比指数

指数按计算基期的不同分为定基指数和环比指数。

定基指数是把指数计算的基期固定在最初水平或某一特定时期的指数。环比指数是把指数计算的报告期的前一期作为基期的指数。

连续编制的指数,形成一个指数数列。在指数数列中,定基指数的基期是某一个固定时期,这样编制的指数数列可以反映现象长期发展变动的趋势。环比指数的基期是报告期相邻的前一期,这样编制的指数数列可以反映现象逐期发展变动的方向和程度。

(四) 简单指数和加权指数

指数按计算形式的不同,可分为简单指数(Simple index number)和加权指数(Weighted index number)。简单指数认为计算指数的各个项目的重要性是一致的,而加权指数则认为要依据各项目的重要程度,在计算指数时有所区分,对重要性不同的项目赋予不同的权数。我们学习和应用的指数主要是加权指数。其中,加权平均数指数又分为可变构成指数、固定构成指数和结构影响指数三种。

(五) 按计算形式的不同,分为综合指数和平均数指数。

综合指数是由两个总量指标对比计算出来的指数,平均数指数是综合指数的变形。本章介绍的指数可用图 6 - 1 显示出来。

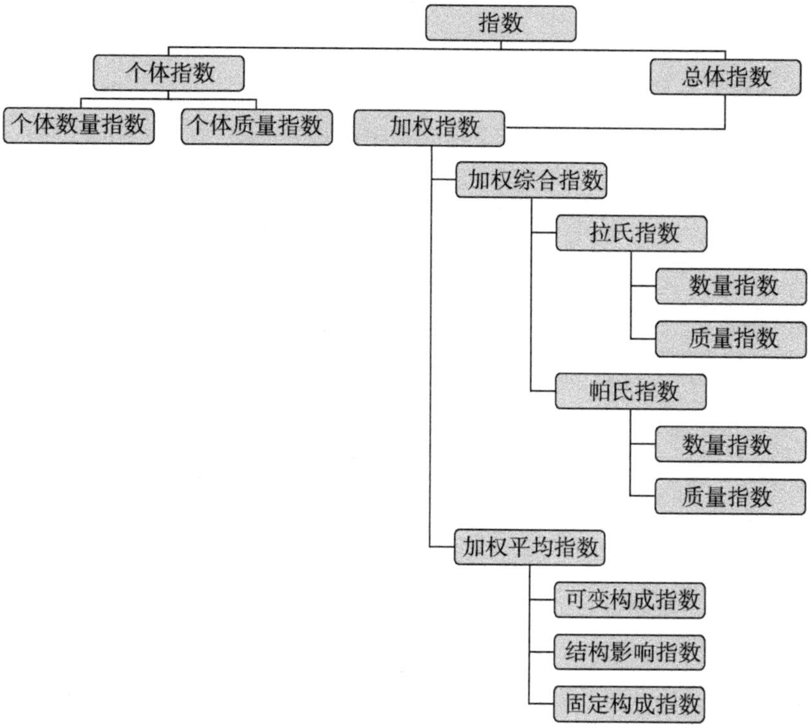

图 6－1 指数关系图

第二节 个体指数

个体指数是指数中最简单的一种指数，它是简单现象在一定时期内发展结果的对比，用报告期的指标值与基期的指标值相除即是个体指数，个体指数是最早的指数计算形式。根据反映的内容，个体指数有个体数量指数和个体质量指数之分。

一、个体数量指数

设 q_1、q_0 分别是某种产品或商品报告期、基期的产量或销售量，I_q 为个体数量指数，其计算公式为：$I_q=\frac{q_1}{q_0}$。

二、个体质量指数

设 p_1、p_0 分别是某种产品或商品报告期、基期的价格，I_p 为个体价格指数，即质量指数，其计算公式为：$I_p=\frac{p_1}{p_0}$。

由此可见，个体指数就是发展速度指标，也是动态相对数，计算非常简单。

例如,由中国外汇交易中心统计的2015年10月21日—10月23日,人民币兑各种外币的汇率中间价如表6.1所示,试计算2015年10月23日与21日相比较,人民币兑美元、欧元和英镑的汇率中间价个体价格指数。

表6.1 2015年10月21日—10月23日人民币汇率中间价(元)

日期	美元	港币	百日元	欧元	英镑
2015年10月21日	6.347 3	0.819 0	5.294 0	7.211 7	9.804 0
2015年10月22日	6.349 7	0.819 3	5.296 5	7.200 6	9.792 8
2015年10月23日	6.359 5	0.820 6	5.276 4	7.058 9	9.801 0

资料来源:中国外汇交易中心,http://www.chinamoney.com.cn

以21日为基期,23日为报告期,人民币兑美元的汇率价格指数为:

$$I_p=\frac{p_1}{p_0}=\frac{6.359\,5}{6.347\,3}\approx1.001\,9=100.19\%$$

以21日为基期,23日为报告期,人民币兑欧元的汇率价格指数为:

$$I_p=\frac{p_1}{p_0}=\frac{7.058\,9}{7.211\,7}\approx0.978\,8=97.88\%$$

以21日为基期,23日为报告期,人民币兑英镑的汇率价格指数为:

$$I_p=\frac{p_1}{p_0}=\frac{9.801\,0}{9.804\,0}\approx0.999\,7=99.97\%$$

由此看来,2015年10月23日与21日相比,人民币兑美元贬值0.19%;人民币兑欧元升值2.12%;人民币兑英镑升值0.03%。同样道理,我们可以计算出人民币兑港币、日元的汇率变化程度。还可以计算出2015年10月22日与21日相比;23日与22日相比,人民币对各种外币的汇率价格指数,反映人民币兑外币的汇率变化程度。

又如,2010—2014年我国研究生招生人数如表6.2所示,可以计算出我国研究生招生人数的个体数量指数。

表6.2 2010—2014我国研究生招生人数

年份	2010	2011	2012	2013	2014
我国研究生招生人数(万人)	53.817 7	56.016 8	58.967 3	61.138 1	62.132 3

资料来源:中国国家统计局网站,http://www.stats.gov.cn。

2014年与2010年相比,我国研究生招生人数个体数量指数为:

$$I_q=\frac{q_1}{q_0}=\frac{62.132\,3}{53.817\,7}\approx1.154\,5=115.45\%$$

2014年与2012年相比,我国研究生招生人数个体数量指数为:

$$I_q=\frac{q_1}{q_0}=\frac{62.132\,3}{58.967\,3}\approx1.053\,7=105.37\%$$

计算结果说明,2014 年与 2010 年相比,我国研究生招生人数增长 15.45%;2014 年与 2012 年相比增长 5.37%。我国研究生招生人数的大幅增长,提高了我国国民的受教育水平,提高了人力资本的素质,也随之产生了生源素质下降,教育水平有待提高等社会问题。

个体指数就是发展速度指标,关于发展速度的各种性质和特点,个体指数都具有。个体指数计算简单,但不实用,毕竟社会现象中复杂的现象占据主要地位,我们应该学习用指数解决复杂的社会经济问题。

第三节 综合指数

一、综合指数的概念和特点

总指数的计算有两种方法:综合指数和平均指数,其中,综合指数是计算总指数的主要形式。综合指数应严格地称为加权综合指数,它是通过引入同度量因素,把复杂总体中不能相加的现象过渡到可以相加的现象,并将同度量因素固定在某一时期以突出指数化因素综合变动状况的相对数。这里的同度量因素不仅有同度量的作用,而且还具有权衡轻重的作用。

综合指数的编制要解决两个基本问题:同度量因素的引入和剔除同度量因素的变化。

1. 同度量因素的引入

引入同度量因素的目的,是解决复杂总体在研究指标上不能直接综合的问题,使其可以计算出总体的综合总量。一般地,要研究总体的数量指标的综合变动,需要引入质量指标做同度量因素;要研究总体质量指标的综合变动,需要引入数量指标做同度量因素。这是因为任何现象都有数量和质量两个方面,将这两个方面结合起来才能更好地说明复杂总体的综合变动情况。此外,选定的同度量因素要与研究指标有明确的经济联系,且有一一对应的全面实际资料。例如,要研究商品销售量的变化,由于不同商品的销售量不能直接比较和加总,我们必须找出一个与销售量相乘后能够直接相加的因素,这个因素就是商品的销售价格,销售量与销售价格相乘后是商品的销售额,不同商品的销售额是价值指标,可以直接相加。因此,我们称这里的销售价格为销售量的同度量因素。同样,如果要研究商品销售价格的变化,就要把销售量作为它的同度量因素。此外,虽然上市交易的股票价格都具有相同的计量单位,但是,不同企业、不同行业的上市公司股票价格也不具有直接的可比性和综合性。要研究多种股票价格的综合变化,也要用到同度量因素。

2. 剔除同度量因素的变化

将同度量因素固定在某个时期,便于消除同度量因素变动的影响,以测定研究对象的变动情况。引入同度量因素后,同度量因素的变动直接影响综合指数的计算结果,为了突出研究对象的变动,必须将同度量因素的变动固定下来。

所谓固定同度量因素,是指计算综合指数时,要选定同一时期的同度量因素指标。例如,我们要研究商品销售量的变化,把商品价格作为同度量因素,通过销售额的变化来反映销售量的变化;研究商品销售价格的变化,把销售量作为同度量因素,还是通过销售额的变化,反映销售价格的变化。销售额是由销售价格和销售量共同作用的,因此,在通过销售额反映销售价格的变化时,必须把销售量的变化排除;通过销售额反映销售量的变化时,必须把销售价格的变化排除,这就需要把同度量因素的变化固定在某个时期。综合指数是一种动态相对数,因而,同度量因素既可以固定在基期,也可以固定在报告期,或者是某一个确定的时期。

综合指数具有以下特点。

(1) 先综合后对比。综合指数是通过引进同度量因素,把不能直接相加的现象综合成总体的总量,然后,通过不同时期的两个总量指标的对比,来反映指数因素的变化。综合指数是两个总量指标对比的结果。

(2) 综合指数的计算需要有研究总体的全面资料,如果资料不全,综合指数无法计算。

(3) 综合性。综合指数的分子、分母指标都是总量指标,可以综合多种不同种类的个体,具有广泛的综合性。两个总量指标相除和相减分别表示复杂总体综合变动的相对数和绝对数,都具有明确的经济意义。

综合指数的计算,依据所用指标的不同分为数量指标综合指数和质量指标综合指数。下面分别介绍这两种综合指数的计算。

二、数量指标综合指数的编制

根据数量指标计算的综合指数,称为数量指标综合指数,也叫作数量指标指数或数量总指数,它说明复杂总体数量方面的综合变动。例如,产品产量总指数、商品销售量总指数、股票市场成交量指数、企业职工人数指数等。下面以商品销售量指数为例说明数量指标综合指数的编制。

某商店三种商品的销售资料如表 6.3 所示。

表 6.3　三种商品的销售资料

商品	计量单位	销售量 q		价 格 p(元)	
		基期 q_0	报告期 q_1	基期 p_0	报告期 p_1
甲	$\times 10^4$ 件	40	50	20	18
乙	$\times 10^4$ 千克	60	50	10	12
丙	$\times 10^4$ 米	50	60	16	16

用 I 表示个体指数,k_q 表示销售量总指数。根据表 6.3 中资料可计算出三种商品的销售量个体指数:

$$I_{q,甲}=\frac{q_1}{q_0}=\frac{50}{40}=125\%,I_{q,乙}=\frac{q_1}{q_0}=\frac{50}{60}=83.33\%,I_{q,丙}=\frac{q_1}{q_0}=\frac{60}{50}=120\%$$

三种商品销售量的个体指数表明,甲商品报告期的销售量是基期的 125%,销售量增长了 25%;乙商品报告期的销售量是基期的 83.33%,销售量下降了 16.67%;丙商品报告期的销售量是基期的 120%,销售量增长了 20%。

如果把三种商品当作一个总体,销售量的综合变动情况只有靠数量指标指数来反映。

根据前面的叙述,要计算数量指标综合指数,一要引进同度量因素;二要将同度量因素的变动固定在某个时期。针对本例的具体情况,应将商品的价格作为同度量因素,同度量因素可以固定在基期,也可以固定在报告期。因此,数量指标综合指数的计算有两种主要的公式。

1. 将同度量因素固定在基期的数量指标综合指数

设k_q为数量指标指数,根据定义有

$$k_q=\frac{\sum q_1p_0}{\sum q_0p_0}$$

为了说明销售量的变化,把三种商品的销售额相加,通过总的销售额的变化,来反映销售量的变化。所以,分子上用报告期的销售量,分母上用基期的销售量。为了突出销售量的变化,要把销售价格的变化排除,也就是计算指数的分子和分母都采用同一个时期的销售价格指标。此处,都采用基期的价格指标,因此,公式可表达成上式。

按照例题中的资料,三种商品的销售量总指数为:

$$k_q=\frac{\sum q_1p_0}{\sum q_0p_0}=\frac{50\times20+50\times10+60\times16}{40\times20+60\times10+50\times16}=\frac{2\ 460}{2\ 200}=111.82\%$$

$$\sum q_1p_0-\sum q_0p_0=2\ 460-2\ 200=260(\text{万元})$$

计算结果表明,三种商品的销售量总指数是111.82%,报告期的销售量是基期销售量的111.82%,销售量综合上涨了11.82%,由于销售量的增长使销售额增加了$\sum q_1p_0-\sum q_0p_0=2\ 460-2\ 200=260$(万元)。

2. 将同度量因素固定在报告期的数量指标综合指数

设k_q为数量指标指数,根据定义有:

$$k_q=\frac{\sum q_1p_1}{\sum q_0p_1}$$

此处,都采用报告期的价格指标,因此,公式可表达成上式。

如果将同度量因素固定在报告期,这三种商品的数量指标综合指数计算公式为:

$$k_q=\frac{\sum q_1p_1}{\sum q_0p_1}=\frac{50\times18+50\times12+60\times16}{40\times18+60\times12+50\times16}=\frac{2\ 460}{2\ 240}=109.82\%$$

$$\sum q_1p_1-\sum q_0p_1=2\ 460-2\ 240=220(\text{万元})$$

计算结果表明,三种商品的销售量总指数是109.82%,报告期的销售量是基期销售量的109.82%,三种商品总的销售量增长了9.82%,由于销售量的增长,使销售额增加了$\sum q_1p_1-\sum q_0p_1=2\ 460-2\ 240=220$(万元)。

上述计算结果表明,以不同时期的价格为同度量因素计算出的数量总指数是不相同的。以基期的价格为同度量因素的数量指标综合指数是由德国经济学家拉斯贝尔(Laspeyres)于

1864 年首创的,故称为拉斯贝尔数量指标指数公式(拉氏指数公式)。以报告期的价格为同度量因素的数量指标综合指数是由德国经济学家帕氏(Paasche)于 1874 年首创的,称为帕氏数量指标指数公式。

拉氏指数公式以基期的价格为同度量因素,这是它的特点,也是它的优点,它使数量指数的计算不受质量因素变动的影响,使数量指数可以确切反映数量方面的综合变化,便于编制连续性的指数数列。但是,拉氏指数公式也有它的缺点,这是因为社会经济现象是不断发展变化的,用基期的价格作为同度量因素以反映商品销售的总变动,容易脱离实际,影响指数的准确性。特别是当某种新的物品在报告期出现时,由于没有其基期的价格资料,就无法运用拉氏指数公式。

帕氏数量指数公式是以报告期的价格作为同度量因素,这是帕氏指数公式的特点,它克服了拉氏指数公式的不足,使指数的计算更具有现实的经济意义。帕氏指数公式的缺点是,把价格的变化带到数量指数中,因而,用帕氏数量指数公式计算出的数量指数不但反映了销售量的总变动,而且包含了价格变动的影响。另外,帕氏指数公式以报告期的价格作为同度量因素,资料难于及时取得,计算比较麻烦。由于帕氏指数随报告期的改变而改变,不同时期的帕氏指数缺乏可比性。

在指数的发展史上,除拉氏指数和帕氏指数外,还有用某一固定时期的价格作为同度量因素的固定权数数量指标指数以及以基期和报告期价格的平均数作为同度量因素的数量指标综合指数公式。如,$k_q=\dfrac{\sum q_1p_n}{\sum q_0p_n}$,式中 p_n 为某一固定时期的价格。在 $k_q=\dfrac{\sum q_1\left(\dfrac{p_0+p_1}{2}\right)}{\sum q_0\left(\dfrac{p_0+p_1}{2}\right)}$ 指数公式中,同度量因素是基期和报告期价格的平均数。此外,还有其他类型的指数计算公式。这些指数公式都因使用上的局限性而不被人们所常用。一般地,在编制数量指标综合指数时,以基期的质量指标作为同度量因素,即采用拉氏数量指数公式计算数量总指数。

三、质量指标综合指数的编制

根据质量指标计算的综合指数,称为质量指标综合指数,也称为质量总指数。质量总指数反映复杂总体质量方面的综合变化情况,如产品成本指数、劳动生产率指数、商品价格指数、空气质量指数、企业家信心指数等。

国家统计局统计数据表明,2014 年第一季度工业企业景气指数为 128.0,比 2013 年第四季度高了 3.7 点。其中,反映工业企业当前景气状态的即期工业企业景气指数为 122.5,比 2013 年第四季度低 6.1 点;反映工业企业未来景气预判的预期工业企业景气指数为 131.6,比 2013 年第四季度高 10.2 点。2014 年第一季度工业企业家信心指数为 124.3,比 2013 年第四季度高 3.3 点。这些景气指数都是质量指数。

我们以商品销售价格总指数为例,介绍质量指标综合指数的编制。

仍以表 6.3 的资料为例,用 k_p 表示销售价格总指数,I 表示个体价格指数,根据表 6.3 的资料,三种商品销售价格总指数为:

$$I_{p,甲}=\frac{p_1}{p_0}=\frac{18}{20}=90\%,I_{p,乙}=\frac{p_1}{p_0}=\frac{12}{10}=120\%,I_{p,丙}=\frac{p_1}{p_0}=\frac{16}{16}=100\%$$

计算结果表明,甲商品报告期的价格是基期的 90%,价格下降了 10%;乙商品报告期的价格是基期的 120%,价格上涨了 20%;丙商品报告期的价格是基期的 100%,价格没有变化。

如果把三种商品当作一个总体,其销售价格的综合变动情况只有通过综合质量指数来反映。根据前面的叙述,要计算质量指标综合指数,先要引进数量指标的同度量因素,然后再将同度量因素的变动固定起来,以突出质量方面的综合变动。针对本例的具体情况,应将商品的销售量作为同度量因素,同度量因素可以固定在基期,也可以固定在报告期。因此,质量指标综合指数的计算也有两种主要的公式。

1. 将同度量因素固定在基期的质量指标综合指数

设 k_p 为质量总指数,根据质量指数的定义,计算公式为:

$$k_p=\frac{\sum p_1q_0}{\sum p_0q_0}$$

为了说明销售价格的变化,把三种商品的销售额相加,通过总的销售额的变化,来反映销售价格的变化。所以,分子上用报告期的销售价格,分母上用基期的销售价格。为了突出销售价格的变化,要把销售量的变化排除,也就是计算指数的分子和分母都要用同一个时期的销售量指标。此处,都采用基期的销售量指标,因此,公式可表达成上式。

按照表 6.3 中的资料,三种商品的销售价格总指数为:

$$k_p=\frac{\sum p_1q_0}{\sum p_0q_0}=\frac{18\times40+12\times60+16\times50}{20\times40+10\times60+16\times50}=\frac{2\ 240}{2\ 200}=101.82\%$$

$$\sum p_1q_0-\sum p_0q_0=2\ 240-2\ 200=40(万元)$$

计算结果表明,三种商品的销售价格总指数是 101.82%,也就是三种商品报告期的价格是基期价格的 101.82%,销售价格总的来看上涨了 1.82%,由于销售价格的上涨,使销售额增加了 $\sum p_1q_0-\sum p_0q_0=2\ 240-2\ 200=40$(万元)

2. 将同度量因素固定在报告期的质量指标综合指数

如果将同度量因素固定在报告期,则三种商品的销售价格综合指数计算公式为:

$$k_p=\frac{\sum p_1q_1}{\sum p_0q_1}$$

此处,都采用报告期的销售量指标,因此,公式可表达成上式。

按照表 6.3 中的资料,三种商品的销售价格总指数为:

$$k_p=\frac{\sum p_1q_1}{\sum p_0q_1}=\frac{18\times50+12\times50+16\times60}{20\times50+10\times50+16\times60}=\frac{2\ 460}{2\ 460}=100\%$$

$$\sum p_1q_1-\sum p_0q_1=2\ 460-2\ 460=0(\text{万元})$$

计算结果表明,三种商品的销售价格总指数是100%,单个商品的价格有升有降,有的没有变化,综合起来看,三种商品的销售价格由基期到报告期,没有改变,因而,销售额也没有变化。

上述两种质量指标总指数的计算结果是不相等的,主要是因为采用不同时期的同度量因素所致。

拉氏指数公式以基期的销售量为同度量因素,使销售价格指数不受销售量的影响,只反映价格的变动。其分子项表示按报告期价格计算的基期的销售额,分母项为基期实际销售额,销售价格指数说明在维持基期销售量的条件下,报告期比基期支付金额的相对变化程度。

帕氏质量指数以报告期的销售量为同度量因素,将销售量的变动带到价格指数中,销售价格指数不仅反映三种商品销售价格的总变动,还包含了商品销售量的变动,其销售价格指数的分子项表示报告期的实际销售额,分母项表示按基期价格计算的报告期的销售额,销售价格总指数说明基期以报告期销售量来衡量,报告期比基期支付金额的相对变化程度,分子项与分母项相减表示报告期比基期支付金额的绝对变化程度。

这两种质量指数的计算公式,各有优缺点。实际应用时,质量指数的计算也可以以某一固定时期的销售量作为同度量因素,计算固定权数的销售价格总指数,如,$k_p=\dfrac{\sum p_1q_n}{\sum p_0q_n}$,$q_n$为某一固定时期的销售量。还可以采用基期和报告期销售量的平均数作为同度量因素,如,$k_p=\dfrac{\sum p_1\left(\dfrac{q_0+q_1}{2}\right)}{\sum p_0\left(\dfrac{q_0+q_1}{2}\right)}$,$\dfrac{q_0+q_1}{2}$为基期和报告期销售量的平均数。质量总指数的计算还有其他的计算形式,都因为没有明显的经济意义,且脱离实际,指数的意义失真而不被采用。一般而言,为了保持指数体系的完整性,计算质量总指数时多采用以报告期的数量指标为权数的帕氏质量指数公式。

第四节　平均数指数

一、平均数指数的概念

平均数指数是计算总指数的另一种方法。用综合指数计算总指数时需要知道各个个体在基期和报告期的全面资料,这在实际统计工作中有时很难办到。为了克服综合指数的计算受所需资料的限制,要对综合指数公式进行变形,才能计算出总指数。而这种变形通常是以个体指数为变量,总量指标为权数,采用加权平均数公式计算出总指数的,这种通过对个体指数加权平均来计算总指数的方法,称为平均数指数。平均数指数按加权计算的方法不同,有加权算术平均数指数和加权调和平均数指数两种基本形式。

平均数指数和综合指数既有联系又有区别：它们都是用来计算总指数的，综合指数是通过引进同度量因素，先计算出复杂总体的总量，然后再对不同时期的总量进行对比，以突出总体的综合变动，即先综合，后对比。平均数指数是在个体指数的基础上计算总指数，它是先计算出多个个体指数，再采用平均数的形式以突出总体的综合变动，即先对比，后综合。另外，计算综合指数需要有研究总体的全面资料，而平均数指数既适用于全面的资料，也适用于非全面的资料，应用范围更加广泛。在一定的权数条件下，综合指数和平均数指数有变形关系，可以相互转化。综合指数和平均数指数计算、反映的内容相同，计算的结果也是相等的。但是，在实际应用中，平均数指数是作为一种独立的指数形式存在的，具有广泛的应用价值。

平均数指数的编制分三个步骤：①计算个体指数。个体指数是一种动态相对数，用报告期的有关指标值除以基期指标值即可。②确定权数。在平均数指数中，权数一般用总量价值指标，有 p_0q_0，p_0q_1，p_1q_0，p_1q_1 四种。③以个体指数为变量，采用加权平均法计算总指数。常用的加权平均法有加权算术平均法和加权调和平均法两种形式。

二、加权算术平均数指数

加权算术平均数指数是在个体指数的基础上，采用加权算术平均法计算总指数，其权数为基期的价值总量指标。

（1）数量指标加权算术平均数指数。其计算公式为：

$$k_q=\frac{\sum I_q p_0 q_0}{\sum p_0 q_0}=\frac{\sum\left(\frac{q_1}{q_0}\right)p_0 q_0}{\sum p_0 q_0}=\frac{\sum q_1 p_0}{\sum q_0 p_0}$$

式中，$I_q=\frac{q_1}{q_0}$为个体数量指数；p_0q_0 为基期的价值总量指标。

（2）质量指标加权算术平均数指数。其计算公式为：

$$k_p=\frac{\sum I_p p_0 q_0}{\sum p_0 q_0}=\frac{\sum\left(\frac{p_1}{p_0}\right)p_0 q_0}{\sum p_0 q_0}=\frac{\sum p_1 q_0}{\sum p_0 q_0}$$

式中，$I_p=\frac{p_1}{p_0}$为个体质量指数；p_0q_0 为基期的价值总量指标。

加权算术平均数指数是以个体指数为变量，基期的价值总量指标 p_0q_0 为权数，采用加权算术平均法计算总指数，它实质上相当于拉斯贝尔综合指数（拉氏综合指数）。以基期的指标 p_0q_0 为权数，使不同时期计算出的指数数值可以直接进行比较。

［例 6.1］ 某商场三种商品的销售量和销售价格资料如表 6.4 所示。分别计算三种商品的销售量和销售价格的总指数。

表 6.4　三种商品的销售资料

商品名称	计量单位	商品价格(元)		商品销售量		基期销售额 p_0q_0(元)
		基期 p_0	报告期 p_1	基期 q_0	报告期 q_1	
甲	千克	10.0	10.5	8 000	8 800	80 000
乙	件	8.0	9.0	2 000	2 500	16 000
丙	盒	6.0	6.5	10 000	10 500	60 000

(1) 先计算三种商品的个体价格指数

$$I_{p,甲}=\frac{p_1}{p_0}=\frac{10.5}{10}=105\%,I_{p,乙}=\frac{p_1}{p_0}=\frac{9.0}{8.0}=112.5\%,I_{p,丙}=\frac{p_1}{p_0}=\frac{6.5}{6}=108.3\%$$

再以基期的销售额为权数,用加权算术平均数公式计算三种商品的销售价格总指数:

$$k_p=\frac{\sum I_p p_0 q_0}{\sum p_0 q_0}=\frac{\sum\left(\frac{p_1}{p_0}\right)p_0q_0}{\sum p_0q_0}=\frac{\sum p_1q_0}{\sum p_0q_0}$$

$$=\frac{1.05\times 80\ 000+1.125\times 16\ 000+1.083\times 60\ 000}{80\ 000+16\ 000+60\ 000}=\frac{166\ 980}{156\ 000}=107.04\%$$

$$\sum I_p p_0q_0-\sum p_0q_0=166\ 980-156\ 000=10\ 980(元)$$

计算结果表明:三种商品的价格,总的来说,报告期比基期上涨了 7.04%,由于三种商品的价格上涨而使销售额增加了 10 980 元。

(2) 计算三种商品的个体销售量总指数

$$I_{q,甲}=\frac{q_1}{q_0}=\frac{8\ 800}{8\ 000}=110.0\%,I_{q,乙}=\frac{q_1}{q_0}=\frac{2\ 500}{2\ 000}=125.0\%,I_{q,丙}=\frac{q_1}{q_0}=\frac{10\ 500}{10\ 000}=105.0\%$$

以基期的销售额为权数,用加权算术平均数公式计算三种商品的销售量总指数:

$$k_q=\frac{\sum I_q p_0 q_0}{\sum p_0 q_0}=\frac{\sum\left(\frac{q_1}{q_0}\right)p_0q_0}{\sum p_0q_0}=\frac{\sum q_1p_0}{\sum q_0p_0}$$

$$=\frac{1.1\times 80\ 000+1.25\times 16\ 000+1.05\times 60\ 000}{80\ 000+16\ 000+60\ 000}=\frac{171\ 000}{156\ 000}=109.6\%$$

$$\sum I_q p_0q_0-\sum p_0q_0=171\ 000-156\ 000=15\ 000(元)$$

计算结果表明:三种商品的销售量,总的来说报告期比基期增长了 9.6%,由于销售量的增长而使销售额增加了 15 000 元。

由此可看出,以基期的总量价值指标为权数的加权算术平均数指数,就是拉氏综合指数。

三、加权调和平均数指数

加权调和平均数指数是以个体指数为基础,以报告期的价值总量指标 p_1q_1 为权数,用加权调和平均数公式计算的总指数。

（1）数量指标加权调和平均数指数，其计算公式为：

$$k_q=\frac{\sum p_1q_1}{\sum \frac{1}{\frac{q_1}{q_0}}\times p_1q_1}=\frac{\sum p_1q_1}{\sum p_1q_0}$$

式中，$\frac{q_1}{q_0}$为个体数量指数；p_1q_1 为报告期的价值总量指标。

（2）质量指标加权调和平均数指数，其计算公式为：

$$k_p=\frac{\sum p_1q_1}{\sum \frac{1}{\frac{p_1}{p_0}}\times p_1q_1}=\frac{\sum p_1q_1}{\sum p_0q_1}$$

式中，$\frac{p_1}{p_0}$ 为个体质量指数；p_1q_1 为报告期的价值总量指标。

加权调和平均数指数是以个体指数为变量，报告期的总量指标 p_1q_1 为权数，用加权调和平均数公式计算总指数，它实际上相当于帕氏的综合指数。

[例 6.2]　已知三种商品的销售资料如表 6.5 所示，试计算价格总指数。

表 6.5　三种商品的销售资料

商品名称	计量单位	个体价格指数(%)	报告期成交额(万元)
甲	件	103	60
乙	米	98	20
丙	吨	108	120

用加权调和平均数指数公式计算三种商品的销售价格总指数。

$$k_p=\frac{\sum p_1q_1}{\sum \frac{1}{\frac{p_1}{p_0}}\times p_1q_1}=\frac{\sum p_1q_1}{\sum p_0q_1}=\frac{60+20+120}{\frac{60}{1.03}+\frac{20}{0.98}+\frac{120}{1.08}}=\frac{200}{189.77}=105.41\%$$

$$\sum p_1q_1-\sum \frac{1}{\frac{p_1}{p_0}}\times p_1q_1=200-189.77=10.23(\text{万元})$$

计算结果表明：三种商品的销售价格总指数是 105.41%，报告期的价格比基期上涨了 5.41%，由于价格的上涨，使得三种商品的成交额增长了 10.23 万元。

[例 6.3]　已知甲，乙两种商品的销售量的增长率和报告期的销售额如表 6.6 所示，试计算两种商品的销售量总指数及由于销售量的变动而增加(或减少)的销售额。

表 6.6 两种商品的销售资料

商品名称	单位	销售量的增长率(%)	报告期销售额(万元)
甲	千克	25	120
乙	米	10	69

先计算商品的个体销售量指数，它等于销售量的增长率加上 1(100%)

$$I_{q,甲}=1+25\%=125\%,\quad I_{q,乙}=1+10\%=110\%$$

再利用加权调和平均数指数公式计算两种商品的销售量总指数。

$$k_q=\frac{\sum p_1q_1}{\sum \frac{1}{\frac{q_1}{q_0}}\times p_1q_1}=\frac{\sum p_1q_1}{\sum p_1q_0}=\frac{120+69}{\frac{120}{1.25}+\frac{69}{1.10}}=\frac{189}{158.73}=119.07\%$$

$$\sum p_1q_1-\sum \frac{1}{\frac{q_1}{q_0}}\times p_1q_1=189-158.73=30.27(万元)$$

计算结果表明：两种商品的销售量总指数是 119.07%，比基期增长了 9.07%，由于销售量的增长，使销售额增加了 30.27 万元。

为了使总指数的计算原则保持一致，计算数量指标指数时，常用基期的价值总量指标为权数的加权算术平均数指数公式；计算质量指标指数时，常用报告期的价值总量指标为权数的加权调和平均数指数公式。在实际应用中，还可以用某一固定时期的指标为权数的平均数指数公式计算总指数，这里不再赘述。

第五节　平均指标对比指数

前面介绍的指数计算方法，都是通过总量指标的对比计算出来的。无论是综合指数公式，还是平均数指数公式，它们的分子、分母都是相关的总量指标。事实上，我们经常要研究复杂总体平均指标在不同时间或空间上的变化，如企业产品平均成本的变动、企业职工平均工资收入的变化、企业职工平均年龄的变化、劳动生产率的变化等。对于这一类问题，我们有必要学习新的指数分析方法，即平均指标对比指数。

一、平均指标对比指数的概念

所谓平均指标对比指数是指由两个相关的平均指标相对比所形成的指数。平均指标对比指数同样遵循指数计算的基本原理和步骤。

一般地，社会经济现象中的平均指标多数是加权算术平均数，即：

$$\bar{x}=\frac{\sum xf}{\sum f}=\sum\left(x\times\frac{f}{\sum f}\right),$$

可见,影响总体平均数的两个因素分别是各组的水平值(x)和各组相应的单位数在总体中所占的比重$\left(\frac{f}{\sum f}\right)$。如果总体平均指标发生了变动,一定是这两个因素变动的结果,所以,我们可以按照两因素指数计算原理计算平均指标对比指数。

在平均指标对比的指数中,也要将影响因素分成数量因素和质量因素两类,并选取同度量因素,进行相同的计算。按照前面介绍的指数原理,我们将各组单位数的比重$\left(\frac{f}{\sum f}\right)$视为数量因素,而将各组的变量水平值($x$)视为质量因素,根据综合指数的计算原理,可以得到三个平均指标对比指数。

(1) $\dfrac{\dfrac{\sum x_1f_1}{\sum f_1}}{\dfrac{\sum x_0f_0}{\sum f_0}}$称为可变构成指数,它全面地反映了总体平均水平的实际变动状况,表明总体平均水平的变化方向。

(2) $\dfrac{\dfrac{\sum x_0f_1}{\sum f_1}}{\dfrac{\sum x_0f_0}{\sum f_0}}$称为结构影响指数,它反映了总体结构变动对总体平均水平指标变动的影响方向。

(3) $\dfrac{\dfrac{\sum x_1f_1}{\sum f_1}}{\dfrac{\sum x_0f_1}{\sum f_1}}$称为固定构成指数,它反映了各组变量水平值的变动对总体平均指标变动的影响方向。

这三个指数很好理解和记忆,只要记住前面的指数原理:计算数量指数以基期的质量指标为同度量因素;计算质量指数以报告期的数量指标为同度量因素,就可以理解并记住了。

二、平均指标对比指数的应用

[例 6.3]　表 6.7 是某地区粮食作物的生产情况,试分析该地区两种农作物总的平均亩产量的变动及其原因。

表 6.7 某地区粮食播种面积和产量

粮食作物	播种面积(万公顷)		产量(千克/公顷)	
	2014 年 f_0	2015 年 f_1	2014 年 x_0	2015 年 x_1
水稻	500	400	5 000	5 500
玉米	700	900	3 000	3 100

(1) 先分析粮食平均亩产量的变化

2014 年,两种粮食的平均亩产量为:

$$\bar{x}_0=\frac{\sum x_0f_0}{\sum f_0}=\frac{500\times5\ 000+700\times3\ 000}{500+700}=\frac{4\ 600\ 000}{1\ 200}=3\ 833.33(\text{千克 / 公顷})$$

2015 年,两种粮食的平均亩产量为:

$$\bar{x}_1=\frac{\sum x_1f_1}{\sum f_1}=\frac{400\times5\ 500+900\times3\ 100}{400+900}=\frac{4\ 990\ 000}{1\ 300}=3\ 838.46(\text{千克 / 公顷})$$

所以,平均亩产量变化的相对数,即可变构成指数为:

$$\frac{\dfrac{\sum x_1f_1}{\sum f_1}}{\dfrac{\sum x_0f_0}{\sum f_0}}=\frac{3\ 838.46}{3\ 833.34}=100.2\%$$,这说明粮食平均亩产量上涨了 0.2%。

增长的绝对数为: 3 838.46−3 833.33=5.13(千克)

(2) 由于两种农作物播种面积的变化,引起的粮食平均亩产量的变化为:

$$\frac{\dfrac{\sum x_0f_1}{\sum f_1}}{\dfrac{\sum x_0f_0}{\sum f_0}}=\frac{\dfrac{5\ 000\times400+3\ 000\times900}{400+900}}{\dfrac{500\times5\ 000+700\times3\ 000}{500+700}}=\frac{3\ 615.38}{3\ 833.33}=0.943=94.3\%$$

这说明,由于两种农作物播种面积的变化,引起的粮食平均亩产量下降了 5.7%。减少的绝对数为:|3 615.38−3833.33|=217.95(千克)

(3) 由于产量的变化,引起的粮食平均亩产量的变化为:

$$\frac{\dfrac{\sum x_1f_1}{\sum f_1}}{\dfrac{\sum x_0f_1}{\sum f_1}}=\frac{3\ 838.46}{3\ 615.38}=106.2\%$$

这说明，由于两种农作物产量的变化，引起的粮食平均亩产量上涨了6.2%，增加的绝对值为：3 838.46－3 615.38＝223.08(千克)

综合上述分析，2015年与2014年相比，两种粮食平均亩产量上涨了0.2%，绝对数上增加5.12千克，其中，由于两种农作物播种面积的变化，引起的粮食平均亩产量下降了5.7%，减少的绝对数为217.95千克；由于两种农作物产量的变化，引起的粮食平均亩产量上涨了6.2%，增加的绝对值为223.08千克。

第六节 指数体系及因素分析法

一、指数体系的概念

社会经济现象之间都是有一定的联系的，这种联系可以从数量上加以分析和测定，指数体系为分析和测定这种数量变动关系提供了基本的方法。从广义上说，指数体系是由三个或三个以上、经济上具有一定联系的指数所构成的一个整体。从狭义上说，指数体系是指经济上具有一定的联系，并且数量上也具有一定的对等关系的三个或三个以上的指数所组成的一个整体。例如

国内生产总值指数＝社会劳动者人数指数×社会劳动生产率指数

总成本指数＝产量指数×单位成本指数

商品销售额指数＝商品销售量指数×商品销售价格指数

产品生产费用指数＝产品产量指数×原材料单耗指数×原材料价格指数

指数体系是社会经济现象相互联系的客观反映，由于，

国内生产总值＝社会劳动者人数×社会劳动生产率

总成本＝产量×单位成本

商品销售额＝商品销售量×商品销售价格

产品生产费用＝产品产量×原材料单耗×原材料价格

所以，相应的指数之间也存在上述的数量对等关系。

在指数体系中，一般称等式左边的指数为对象指数，等式右边的指数为因素指数，对象指数等于因素指数的连乘积，这是指数体系因素分析法的基本前提。对象指数的变动是因素指数变动的影响结果，我们可以利用指数原理从相对数和绝对值上，分别分析每个因素的变动对对象指标的影响方向和影响程度。

指数体系的作用主要体现在以下两个方面。

(1) 对现象进行因素分析。因素分析是指数体系的重要作用，根据指数体系，可以从数量方面研究现象的综合变动中，分析各个因素的变动对它的影响方向、影响程度和影响的绝对量。

(2) 用于指数的推算。在三个或三个以上的指数组成的指数体系中，根据指数间的数量对等关系和已知的指数，可以推出一个未知的指数。

下面分别介绍总量指标和平均指标的指数因素分析法。

二、总量指标的两因素指数分析法

这种分析方法只适用于两个因素影响总量指标的情形。

两因素指数分析法的步骤如下所述。

1. 分析确定要研究的总量指标、影响总量指标的两个因素,并区分为数量因素(指标 q)和质量因素(指标 p)。

2. 利用指数原理,建立指数体系

总量指标指数=数量因素指标指数×质量因素指标指数

数量因素指标指数即数量指数,质量因素指标指数即质量指数,它们的计算按照前面介绍的指数原理计算。

3. 根据统计资料,从相对数和绝对数值上分别分析每一个因素的变动对总量指标变动的影响方向、影响程度和影响的绝对量。

第一,先分析相对数上的影响,建立指数关系式:

$$\frac{\sum p_1q_1}{\sum p_0q_0}=\frac{\sum q_1p_0}{\sum q_0p_0}\times\frac{\sum p_1q_1}{\sum p_0q_1}$$

第二,再分析绝对数上的变化,确定每个因素对总量指标的影响程度:

$$\sum p_1q_1-\sum p_0q_0=\left(\sum q_1p_0-\sum q_0p_0\right)+\left(\sum p_1q_1-\sum p_0q_1\right)$$

分析结果表明:总量指标变动的相对数等于两因素综合变动的相对数的乘积,总量指标变动的绝对量等于各个因素变动而变动的绝对量之和,其中:$\frac{\sum q_1p_0}{\sum q_0p_0}$ 表示数量因素综合变动的相对数,它决定总量指标的变动方向,$\sum q_1p_0-\sum q_0p_0$ 表示由于数量因素的综合变动,而引起的总量指标变动的绝对量,它决定总量指标的变动程度,也就是数量因素的变化对总量指标的影响程度。$\frac{\sum p_1q_1}{\sum p_0q_1}$ 表示质量因素综合变动的相对数,它决定总量指标的变动方向,$\sum p_1q_1-\sum p_0q_1$ 表示由于质量因素的变动,而引起的总量指标变动的绝对量,它决定总量指标的变动程度,也就是质量因素的变化对总量指标的影响程度。

[例 6.4] 某企业生产两种产品的产量及对某种材料的单耗(每生产单位产品消耗的材料数量)资料如表 6.8 所示,试对原材料消耗量的变动进行因素分析。

表 6.8 某企业生产资料

产品名称	计量单位	产量		材料单耗(千克)	
		基期 q_0	报告期 q_1	基期 p_0	报告期 p_1
甲	千克	2 000	2 400	100	97
乙	件	800	1 000	40	38

（1）分析原材料消耗量的变动

$$\text{该种材料的总消耗量}=\sum pq$$

$$\text{基期的总消耗量}=\sum p_0q_0=100\times 2\ 000+40\times 800=232\ 000(\text{千克})$$

$$\text{报告期的总消耗量}=\sum p_1q_1=97\times 2\ 400+38\times 1\ 000=270\ 800(\text{千克})$$

$$\text{相对数变动:原材料消耗量指数}=\frac{\sum p_1q_1}{\sum p_0q_0}=\frac{270\ 800}{232\ 000}=1.167\ 2=116.72\%$$

这说明，报告期原材料的消耗量比基期的消耗量增长了16.72%。

绝对数变动：

$$\text{原材料消耗量的增量}=\sum p_1q_1-\sum p_0q_0=270\ 800-232\ 000=38\ 800(\text{千克})$$

这说明，报告期原材料的消耗量比基期的消耗量增加了38 800(千克)。

（2）分析产品产量的变动

$$\text{相对数变动:两种产品的产量总指数}=\frac{\sum q_1p_0}{\sum q_0p_0}=\frac{280\ 000}{232\ 000}=1.2069=120.69\%$$

这说明，报告期与基期相比，产品产量综合起来增长了20.69%。

绝对数变动：

$$\text{因为产量增加而增加的材料消耗量}=\sum q_1p_0-\sum q_0p_0=48\ 000(\text{千克})$$

这说明，由于产品产量增长，报告期原材料的消耗量比基期的消耗量增加了48 000千克。

（3）分析原材料单耗的变动

$$\text{相对数变动:两种产品的原材料单耗指数}=\frac{\sum p_1q_1}{\sum p_0q_1}=\frac{270\ 800}{280\ 000}=0.967\ 1=96.71\%$$

这说明，报告期与基期相比，产品的原材料单耗降低了3.29%。

绝对数变动：

$$\text{因为材料单耗量的下降而减少的材料消耗量}=\sum p_1q_1-\sum p_0q_1=-9\ 200(\text{千克})$$

这说明，由于产品原材料单耗的降低，使得原材料消耗量减少了9 200千克。

（4）综合分析

从相对数上看：116.72%=120.69%×96.71%

从绝对数上看：38 800=48 000+(−9 200)

上述分析结果表明：两种产品的原材料总消耗量增长了16.72%，从绝对数上看，增加了38 800千克，其中，由于两种产品的产量增长了20.69%，而使原材料的消耗量增加了

48 000千克,由于两种产品的原材料单耗下降了3.29%,而使原材料的消耗量减少了9 200千克。

前文两因素指数分析法中的数量指数是以基期的质量指标作为同度量因素,质量指数是以报告期的数量指标作为同度量因素的。也可以建立另外一套指数体系,即:

$$\frac{\sum p_1 q_1}{\sum p_0 q_0}=\frac{\sum p_1 q_0}{\sum p_0 q_0}\times\frac{\sum q_1 p_1}{\sum q_0 p_1}$$

$$\sum p_1 q_1-\sum p_0 q_0=\left(\sum p_1 q_0-\sum p_0 q_0\right)+\left(\sum q_1 p_1-\sum q_0 p_1\right)$$

在我国的经济统计分析中,常用第一套指数体系进行因素分析。

三、总量指标的多因素指数分析法

如果影响某个总量指标的因素是三个或三个以上,这种因素分析法就称为总量指标的多因素指数分析法。多因素指数分析法的原理与两因素指数分析法的原理相同,是两因素分析法的推广。

多因素指数分析法的基本步骤如下所述。

(1) 分析要研究的总量指标,确定影响总量指标的多个因素,并确定多个因素之间的逻辑关系。

(2) 将总量指标表示为多个因素指标的连乘积,并对多个因素指标按照逻辑关系排序,把数量因素排在前面,质量因素排在后面。

(3) 建立指数体系,即总量指标指数=各个因素指标指数的连乘积,在计算某个因素的指数时,要把其他因素的变动固定下来,即把其他因素作为同度量因素。其同度量因素的选取原则是:排在前面的因素都固定在报告期,排在后面的因素都固定在基期。

(4) 根据统计资料,分别从相对数和绝对值上逐个分析每个因素的变动对总量指标变动的影响方向、程度和绝对量。

设 E 为某个总量指标,影响它的因素有 a、b、c、d,从逻辑关系上有:$E=a\times b\times c\times d$,则四个因素的指数体系为:

从相对数上看:

$$\frac{\sum a_1 b_1 c_1 d_1}{\sum a_0 b_0 c_0 d_0}=\frac{\sum a_1 b_0 c_0 d_0}{\sum a_0 b_0 c_0 d_0}\times\frac{\sum a_1 b_1 c_0 d_0}{\sum a_1 b_0 c_0 d_0}\times\frac{\sum a_1 b_1 c_1 d_0}{\sum a_1 b_1 c_0 d_0}\times\frac{\sum a_1 b_1 c_1 d_1}{\sum a_1 b_1 c_1 d_0}$$

从绝对数上看:

$$\begin{aligned}\sum a_1 b_1 c_1 d_1-\sum a_0 b_0 c_0 d_0=&\left(\sum a_1 b_0 c_0 d_0-\sum a_0 b_0 c_0 d_0\right)\\&+\left(\sum a_1 b_1 c_0 d_0-\sum a_1 b_0 c_0 d_0\right)\\&+\left(\sum a_1 b_1 c_1 d_0-\sum a_1 b_1 c_0 d_0\right)\\&+\left(\sum a_1 b_1 c_1 d_1-\sum a_1 b_1 c_1 d_0\right)\end{aligned}$$

式中，$\frac{\sum a_1b_1c_1d_1}{\sum a_0b_0c_0d_0}$ 为总量指标指数，表明总量指标变动的相对程度；

$\sum a_1b_1c_1d_1-\sum a_0b_0c_0d_0$ 表明总量指标变动的绝对程度；

$\frac{\sum a_1b_0c_0d_0}{\sum a_0b_0c_0d_0}$ 表明因素 a 对总量指标变动的影响方向；

$\sum a_1b_0c_0d_0-\sum a_0b_0c_0d_0$ 表明因素 a 对总量指标变动的影响程度；

$\frac{\sum a_1b_1c_0d_0}{\sum a_1b_0c_0d_0}$ 表明因素 b 对总量指标变动的影响方向；

$\sum a_1b_1c_0d_0-\sum a_1b_0c_0d_0$ 表明因素 b 对总量指标变动的影响程度；

$\frac{\sum a_1b_1c_1d_0}{\sum a_1b_1c_0d_0}$ 表明因素 c 对总量指标变动的影响方向；

$\sum a_1b_1c_1d_0-\sum a_1b_1c_0d_0$ 表明因素 c 对总量指标变动的影响程度；

$\frac{\sum a_1b_1c_1d_1}{\sum a_1b_1c_1d_0}$ 表明因素 d 对总量指标变动的影响方向；

$\sum a_1b_1c_1d_1-\sum a_1b_1c_1d_0$ 表明因素 d 对总量指标变动的影响程度。

[例 6.5]　某企业的销售量、价格和利润率资料如表 6.9 所示，试对该企业利润额的变动情况进行因素分析。

表 6.9　某企业销售资料

产品	单位	销售量		价格(元)		利润率(%)	
		基期 a_0	报告期 a_1	基期 b_0	报告期 b_1	基期 c_0	报告期 c_1
甲	千克	500	600	3 500	3 200	15	20
乙	件	550	500	1 800	1 700	25	30

利润额＝销售量×单价×利润率＝abc，可用多因素的指数分析法分析销售量 a、单价 b 和利润率 c 的变动对该企业利润额的影响。

(1) 利润额的变动情况

从相对数上看：

$$\frac{\sum a_1b_1c_1}{\sum a_0b_0c_0}=\frac{600\times 3\ 200\times 0.2+500\times 1\ 700\times 0.3}{500\times 3\ 500\times 0.15+550\times 1\ 800\times 0.25}=\frac{639\ 000}{510\ 000}=125.29\%$$

这表明，该企业的利润额增长了 25.29%。

从绝对数上看：

$$\sum a_1b_1c_1-\sum a_0b_0c_0=639\ 000-510\ 000=129\ 000(\text{元})$$

这说明该企业报告期的利润比基期增加了 129 000 元。

(2) 销售量的变动对利润额变动的影响

销售量变动的相对数：

$$\frac{\sum a_1b_0c_0}{\sum a_0b_0c_0}=\frac{600\times 3\ 500\times 0.15+500\times 1\ 800\times 0.25}{510\ 000}=\frac{540\ 000}{510\ 000}=105.88\%$$

对利润影响的绝对数： 540 000−510 000=30 000(元)

这说明，该企业产量增长了 5.88%，由于产量增长，使利润额增加了 30 000 元。

(3) 价格变动对利润的影响

价格变动的相对数：

$$\frac{\sum a_1b_1c_0}{\sum a_1b_0c_0}=\frac{600\times 3\ 200\times 0.15+500\times 1\ 700\times 0.25}{540\ 000}=\frac{500\ 500}{540\ 000}=92.69\%$$

对利润影响的绝对额： 500 500−540 000=−39 500(元)

这说明，该企业产品价格下跌了 7.31%，由于产品价格下跌，使利润额减少了 39 500 元。

(4) 利润率变动对利润的影响

利润率变动的相对数： $\frac{\sum a_1b_1c_1}{\sum a_1b_1c_0}=\frac{639\ 000}{500\ 500}=127.67\%$

对利润影响的绝对额： 639 000−500 500=138 500(元)

这说明，该企业利润率增长了 27.67%，由于利润率增长，使利润额增加了 138 500 元。

(5) 各因素影响的综合分析

$$125.29\%=105.88\%\times 92.69\%\times 127.67\%$$

$$129\ 000=30\ 000+(-39\ 500)+138\ 500$$

分析结果表明：该企业利润增长了 25.29%，利润总额增加了 129 000 元，其中产品销售量增长了 5.88%，利润额增加了 30 000 元；产品销售价格下降了 7.31%，使利润额减少了 39 500元；产品利润率上升了 27.67%，使利润额增加了 138 500 元。

多因素指数分析法的关键是各个因素在乘积关系式中的位置，所处的位置顺序不同，分析的结果完全不同，这里再次提醒大家，一定要理顺各因素间的逻辑关系，按逻辑关系的顺序排列各个因素，并且把数量因素排在前面，质量因素排在后面，数量因素和质量因素具有相对性。这种因素分析方法也称为连锁替代法。

四、平均指标的因素分析法

社会经济现象中的平均指标多数是加权算术平均数 $\bar{x}=\frac{\sum xf}{\sum f}=\sum\left(x\times\frac{f}{\sum f}\right)$。

可见影响加权算术平均数的两个因素是各组的变量值(x)和各组相应的单位数在总体中所占的比重$\left(\frac{f}{\sum f}\right)$,如果平均指标发生了变动,一定是这两个因素变动的结果,所以,我们可按照两因素指数分析法的原理对平均指标的变动进行因素分析。

在平均指标变动的因素分析中,将各组单位数的比重视为数量因素,而将各组的变量水平值视为质量因素,运用两因素分析法的原理,分别分析每个因素对平均指标变动的影响方向、影响程度和影响的绝对量。

平均指标变动的两因素指数体系是:

相对数:$$\frac{\frac{\sum x_1 f_1}{\sum f_1}}{\frac{\sum x_0 f_0}{\sum f_0}}=\frac{\frac{\sum x_0 f_1}{\sum f_1}}{\frac{\sum x_0 f_0}{\sum f_0}}\times\frac{\frac{\sum x_1 f_1}{\sum f_1}}{\frac{\sum x_0 f_1}{\sum f_1}}$$

绝对数:$$\frac{\sum x_1 f_1}{\sum f_1}-\frac{\sum x_0 f_0}{\sum f_0}=\left(\frac{\sum x_0 f_1}{\sum f_1}-\frac{\sum x_0 f_0}{\sum f_0}\right)+\left(\frac{\sum x_1 f_1}{\sum f_1}-\frac{\sum x_0 f_1}{\sum f_1}\right)$$

其中:$\frac{\frac{\sum x_1 f_1}{\sum f_1}}{\frac{\sum x_0 f_0}{\sum f_0}}$为可变构成指数,它全面地反映了总体平均水平的实际变动状况;$\frac{\sum x_1 f_1}{\sum f_1}-\frac{\sum x_0 f_0}{\sum f_0}$,表明了总体平均指标变动的绝对程度。

$\frac{\frac{\sum x_0 f_1}{\sum f_1}}{\frac{\sum x_0 f_0}{\sum f_0}}$为结构影响指数,它反映了总体结构变动对总体平均水平指标变动的影响,$\frac{\sum x_0 f_1}{\sum f_1}-\frac{\sum x_0 f_0}{\sum f_0}$,表明了由于总体结构水平的变化,使得总体平均水平变动的绝对量。

$\frac{\frac{\sum x_1 f_1}{\sum f_1}}{\frac{\sum x_0 f_1}{\sum f_1}}$称为固定构成指数,它反映了各组变量水平值的变动对总体平均指标变动的影响,$\frac{\sum x_1 f_1}{\sum f_1}-\frac{\sum x_0 f_1}{\sum f_1}$,表明了由于总体各组变量水平值的变化,使得总体平均水平变动的绝对量。

所以,平均指标变动的两因素指数体系是:

可变构成指数=结构影响指数×固定构成指数

[例6.6] 某种商品在两个市场上的销售资料如表6.10所示,试对商品的平均价格变动情况进行因素分析。

表6.10 某商品在两个市场上的销售情况

市场	价格(元)		销售量(件)	
	基期 p_0	报告期 p_1	基期 f_0	报告期 f_1
甲	80	70	300	420
乙	60	55	750	730

根据表中的数据资料,对该商品在两个市场上的平均销售价格的变化作如下的分析。

(1) 平均价格的变动情况分析

平均价格变动的相对数,即可变构成指数为:

$$\frac{\dfrac{\sum p_1 f_1}{\sum f_1}}{\dfrac{\sum p_0 f_0}{\sum f_0}}=\frac{\dfrac{70\times 420+55\times 730}{420+730}}{\dfrac{80\times 300+60\times 750}{300+750}}=\frac{60.48}{65.71}=92.04\%$$

平均价格变动的绝对量: 60.48−65.71=−5.23(元)

这说明,报告期比基期的平均价格下降了7.96%,绝对数减少了5.23元。

(2) 各个市场价格水平的变动对商品平均价格变动的影响分析

价格变动的相对数,即固定构成指数为:

$$\frac{\dfrac{\sum p_1 f_1}{\sum f_1}}{\dfrac{\sum p_0 f_1}{\sum f_1}}=\frac{\dfrac{70\times 420+55\times 730}{420+730}}{\dfrac{80\times 420+60\times 730}{420+730}}=\frac{60.48}{67.30}=89.87\%$$

价格水平的变动对平均价格变动影响的绝对量:

60.48−67.30=−6.82(元)

这说明,报告期与基期相比,各市场的价格水平下降了10.13%,使平均价格绝对数减少6.82元。

(3) 各个市场销售量的变动对商品平均价格变动的影响分析

销售量变动的相对数,即结构影响指数为:

$$\frac{\frac{\sum p_0 f_1}{\sum f_1}}{\frac{\sum p_0 f_0}{\sum f_0}}=\frac{67.30}{65.71}=102.42\%$$

各个市场上销售量的变动对平均价格变动影响的绝对量是：67.30－65.71＝1.59(元)

这说明，报告期与基期相比，由于各市场上销售量的变化，平均价格的绝对数减少了1.59元。

(4) 综合分析

相对数：92.04％＝89.87％×102.42％

绝对数：(－5.23)＝(－6.82)＋1.59

分析结果表明：报告期与基期相比，这种商品在两个市场上的平均价格下降了7.96％，绝对数下降5.23元。其中，报告期与基期相比，由于各个市场上价格水平下降了10.13％，使平均价格下降了6.82元；报告期与基期相比，由于各个市场上商品的销售量增长了2.42％，使平均价格增加了1.59元。

平均指标的两因素指数分析法也可以建立另一套指数体系，即：

相对数：$$\frac{\frac{\sum x_1 f_1}{\sum f_1}}{\frac{\sum x_0 f_0}{\sum f_0}}=\frac{\frac{\sum x_1 f_0}{\sum f_0}}{\frac{\sum x_0 f_0}{\sum f_0}}\times\frac{\frac{\sum x_1 f_1}{\sum f_1}}{\frac{\sum x_1 f_0}{\sum f_0}}$$

绝对数：$$\frac{\sum x_1 f_1}{\sum f_1}-\frac{\sum x_0 f_0}{\sum f_0}=\left(\frac{\sum x_1 f_0}{\sum f_0}-\frac{\sum x_0 f_0}{\sum f_0}\right)+\left(\frac{\sum x_1 f_1}{\sum f_1}-\frac{\sum x_1 f_0}{\sum f_0}\right)$$

之所以存在两套指数体系，是由于同度量因素固定在不同时期所造成的，一般来说，如果数量指数的同度量因素固定在基期，那么质量指数的同度量因素就要固定在报告期。我国的统计实践中，常采用第一套指数体系。

五、指数推算

指数体系除了用于对社会经济现象的变动进行因素分析外，还可以用于根据已知指数推算未知指数，进而计算未知因素的变动。例如，

国内生产总值＝社会劳动者人数×社会劳动生产率

所以，有指数体系：

国内生产总值指数＝社会劳动者人数指数×社会劳动生产率指数

只要知道其中的任何两个指数都可以推算出第三个指数，并能反映该因素的变动情况。

例如，某商场商品销售额增长了20％，销售价格下降了20％，其销售量的变化情况可根据指数体系推算出：

$$销售量指数\times销售价格指数=销售额指数$$

$$销售量指数=\frac{1+20\%}{1-20\%}=150\%$$

该商场商品的销售量增长了50%。

又如,某地区出口商品物量增长了30%,出口商品价格上涨15%,那么,

$$出口商品总值指数=出口商品物量指数\times出口商品价格指数$$

即,

$$(1+30\%)\times(1+15\%)=149.5\%$$

由此可见,该地区出口商品总值增长了49.5%。

第七节　几种常用的价格指数

日常生活中,我们经常看到或听到各种指数,如感冒指数、洗晒指数、诚信指数、清廉指数、居民消费价格指数、金融市场上各种证券的价格指数等,非常之多,不一而足。但是,在令人眼花缭乱的各种指数之中,有些与我们的生活密切相关,我们必须认识它们、了解它们,并且能应用它们。本节介绍几种常用的价格指数。

我国目前编制的价格指数主要有:商品零售价格指数、居民消费价格指数、农业生产资料价格指数、农产品收购价格指数、农村工业品零售价格指数、工业品出厂价格指数、固定资产投资价格指数等。在各种价格指数中,商品零售价格指数和居民消费价格指数与我们的生活息息相关,我们不得不学习它们。

一、商品零售价格指数

商品零售价格指数(Retail price index),是反映城乡所有零售商品价格变化趋势的一种经济指标。商品零售价格的变化,直接影响到居民的生活支出和国家的财政收入,影响市场供求关系以及储蓄、消费、积累、投资和进出口等的比例关系。因此,商品零售价格指数是观察分析经济活动的重要工具之一。

由于社会商品的种类繁多,而且同种商品在不同地区有不同的价格,在同一个地区的不同市场有不同的价格,在同一个市场的不同摊位或不同时间段也会有不同的价格,所以,要反映所有零售商品的价格变化,并非一件容易的事。通常情况下,我们可以根据实际需要,按地区或零售商品的品种编制不同的价格指数,也就是地区零售商品价格指数和零售商品分类价格指数,以便全面客观真实地反映全社会零售商品的价格变化。这里仅介绍全社会零售商品价格指数的编制。

1. 商品零售价格指数的特点

(1) 商品零售价格指数是质量总指数,可以用综合指数公式编制,也可以用平均指数公式编制。

(2) 由于社会零售商品的复杂多样性,每种商品的功能作用不同,对社会、对居民的影响力不同,因而,通常用加权平均数指数公式计算商品零售价格总指数。

2. 商品零售价格指数编制的基本步骤

(1) 合理选择样本商品。这里的样本商品是指在社会零售商品中最有代表性的商品。社会零售商品多达几百万种,不可能,也没必要把所有的商品价格变化都记录在价格指数中,事实上,我们也无法做到这一点。因此,在编制商品零售价格指数时,必须选择有代表性的样本商品。为了保证样本商品具有客观公正的代表性,并且分布均匀,我们要采用分层抽样的方法,选择样本商品。先要对多达几百万种的社会零售商品按功能的不同进行分类,然后,在每一类商品中抽选代表性的商品,作为编制价格指数的样本商品。目前,我国对社会消费品的分类为:食品类、饮料和烟酒类、服装和鞋帽类、纺织品类、化妆品类、书报杂志类、日用品类、家用家电类等 14 个大类。在每个大类下又分若干小类,小类下再分商品的细目。

(2) 合理选择样本商品销售地区。样本商品在不同地区有不同的销售价格,我们不可能把样本商品在所有地区的销售价格都进行登记,只能选择有代表性的销售地区。销售地区的选择要遵循客观性、代表性,同时还要保证在全国分布的合理性、时效性,为了便于比较,还要保持相对的稳定性。

(3) 确定样本商品的个体价格指数。样本商品的价格有多种,比如成本价、出厂价、市场价等,在编制全社会零售商品价格指数时,要确定基期和报告期样本商品的零售价格,以计算样本商品的个体价格指数。一般情况下,取样本商品所有销售价格的加权平均数作为样本商品的零售价格,这里,权数就是各种商品的零售量或零售额。有了样本商品基期和报告期的零售价格,就可以计算出样本商品的个体价格指数。

(4) 确定各样本商品的权数。前文已经交待过,社会商品零售价格指数用加权平均数指数公式计算,通过第(3)步,我们已经获得了各种样本商品的个体价格指数,还要具备权数,才能计算价格总指数。目前,编制我国社会零售商品价格指数的权数是依据上一年商品零售额资料,并根据当年的住户调查资料进行调整后确定的。

(5) 计算社会商品零售价格指数。

① 先计算各样本商品在基期和报告期的全社会加权综合平均价格,用 p_0、p_1 表示,再计算出各样本商品的个体价格指数 $k=\frac{p_1}{p_0}$。

② 确定各大类、中类、小类样本商品的权数,权数常用百分数形式表示,并且各类别的权数之和等于 1(或 100%)。

③ 分别计算各小类、中类的样本商品加权价格总指数 k'。

④ 计算全社会零售商品价格总指数

$$k_p=\frac{\sum k'w}{\sum w}$$

式中,k',w 分别是个体指数或各类别的类指数和各类别的零售额比重权重。

二、居民消费价格指数

居民消费价格指数(Consumer price index,CPI)是当今世界各国普遍编制的一种经济指数,该指数有丰富的经济内涵。

居民消费价格指数(CPI),反映城乡居民购买并用于消费的消费品及服务价格水平的变动情况,并用它来反映通货膨胀程度。利用居民消费价格指数,可以观察和分析消费品的零售价格和服务价格变动对城乡居民实际生活费支出的影响程度。居民消费价格指数又分为城市居民消费价格指数和农村居民消费价格指数。

城市居民消费价格指数是反映城市居民家庭所购买的生活消费品价格和服务项目价格变动趋势和程度的相对数。城市居民消费价格指数可以用来观察和分析消费品的零售价格和服务项目价格变动对职工货币工资的影响,作为研究职工生活和确定工资政策的依据。

农村居民消费价格指数是反映农村居民家庭所购买的生活消费品价格和服务项目价格变动趋势和程度的相对数。农村居民消费价格指数可以用来观察和分析农村消费品的零售价格和服务项目价格变动对农村居民生活消费支出的影响,直接反映农民生活水平的实际变化情况,为分析和研究农村居民生活问题提供依据。

从 2001 年起,我国采用国际通用做法,逐月编制并公布以 2000 年价格水平为基期的居民消费价格定基指数,作为反映我国通货膨胀(或紧缩)程度的主要指标。经国务院批准,国家统计局城调总队负责全国居民消费价格指数的编制及相关工作,并组织、指导和管理各省市区的消费价格调查统计工作。

居民消费价格指数的编制同前文介绍的商品零售价格指数的编制过程、编制步骤和计算方法大体相似,只是反映的内容有所不同。在此,不再赘述。

我国编制的居民消费价格指数包括的商品和服务项目,是根据全国城乡近 11 万户居民家庭消费支出构成资料和有关规定确定,目前共包括食品、烟酒、衣着、家庭设备用品及维修服务、医疗保健和个人用品、交通和通信、娱乐教育文化用品及服务、居住八大类,251 个基本分类,约 700 个代表品种。居民消费价格指数就是在对全国 550 个样本市县近 3 万个采价点进行价格调查的基础上,根据国际规范的流程和公式计算的。

表 6.11 是上海市统计局 2015 年 10 月 20 日发布的上海市 2015 年 9 月份的居民消费价格指数统计表。从表中可以看出,9 月份本市居民消费价格总水平同比上涨 2.2%,其中,烟酒类涨幅居首位,上涨 5.8%;衣着类位居第二,上涨 5.5%;居住类居第三,上涨 5.3%。在两类价格下降的商品中,交通和通信类下降幅度最大,达 2.7%。

表 6.11　2015 年 9 月份上海市居民消费价格指数

类　别	9 月份(去年同月价格为 100)
居民消费价格指数	102.2
食品类	102.4
烟酒类	105.8
衣着类	105.5
家庭设备用品及维修服务类	102.4
医疗保健和个人用品类	99.2
交通和通信类	97.3
娱乐教育文化用品及服务类	100.0
居住类	105.3

资料来源:上海市统计局,http://www.stats-sh.gov.cn

居民消费价格指数(CPI)有以下主要作用。

(1) 反映一个国家或地区的通货膨胀状况。通货膨胀用通货膨胀率指标来反映,而通货膨胀率指标是通过居民消费价格指数来计算的。

$$\text{通货膨胀率}=\frac{\text{报告期居民消费价格指数}-\text{基期居民消费价格指数}}{\text{基期消费价格指数}}\times 100\%$$

该指标值大于 0,并且指标值越大,说明通货膨胀越严重;反之,该指标值小于 0,并且指标值越小,说明通货紧缩越严重,通货膨胀和通货紧缩都可能对经济造成不利影响。

(2) 反映货币购买力的变动。货币购买力是指单位货币能够购买到的商品和服务的数量,如果居民消费价格指数上涨了,货币购买力就要下降,反之亦然。因此,居民消费价格指数与货币购买力指数互为倒数关系。

$$\text{货币购买力指数}=\frac{1}{\text{居民消费价格指数}}\times 100\%$$

[例 6.7] 如果现在的消费价格指数是 105%,即消费品的价格上涨了 5%,那么现在的 1 元钱相当于去年的多少钱?

$$\text{货币购买力指数}=\frac{1}{\text{居民消费价格指数}}\times 100\%=\frac{1}{105\%}=0.953$$

这说明,现在的 1 元钱,只相当于过去的 0.953 元,货币购买力下降了 4.7%。

(3) 反映对职工实际工资的影响。如果居民消费价格指数上涨了,货币的购买力就下降了,职工的实际工资收入就减少了,反之亦然。因此,居民消费价格指数能够反映职工实际工资收入的变化。

$$\text{实际工资收入}=\frac{\text{名义工资收入}}{\text{居民消费价格指数}}$$

[例 6.8] 假设某人在 2015 年的平均月工资是 8 500 元,2014 年的平均月工资为 8 200 元,如果 2015 年的消费价格比 2014 年上涨了 2.5%,那该人 2015 年的实际平均月工资收入是多少?

$$\text{实际平均月工资收入}=\frac{\text{名义工资收入}}{\text{消费价格指数}}=\frac{8\ 500}{102.5\%}=8\ 292.68(\text{元})$$

这说明,该人的实际工资收入仅仅比上一年上涨了 92.68 元。

三、制造业采购经理指数

制造业采购经理指数(Purchasing managers index,PMI)是国际上通行的宏观经济监测指标体系之一,对国家经济活动的监测和预测具有重要作用,是通过对企业采购经理的月度调查结果统计汇总、编制而成的指数。它涵盖了企业采购、生产、流通等各个环节,是国际上通用的监测宏观经济走势的先行性指数之一,具有较强的预测、预警作用。采购经理指数分为制造业

PMI、服务业 PMI,也有一些国家建立了建筑业 PMI。制造业采购经理指数(PMI)以百分数表示,通常以 50%作为经济强弱的分界点。当制造业 PMI 大于 50%时,反映制造业经济扩张;低于 50%,则反映制造业经济收缩,当 PMI 非常接近 40%时,则有经济萧条的忧虑。

中国从 2005 年 7 月正式发布中国制造业采购经理指数(PMI)。涉及中国制造业的 31 个行业大类,从 2013 年 1 月份起,由国家统计局直属调查队,利用国家统计局联网直报系统对企业采购经理进行月度问卷调查,国家统计局以制造业行业大类为层,行业样本量按其增加值占全部制造业增加值的比重分配样本容量,在层内使用与企业主营业务收入成比例的概率抽样,调查样本已经从原来的 820 家扩展到 3 000 家。

按照国际上通用的做法,制造业采购经理指数(PMI)由新订单指数、生产指数、从业人员指数、供应商配送时间指数、主要原材料库存指数 5 个分类指数加权而成。其中,新订单指数权数为 30%;生产指数权数为 25%;从业人员指数权数为 20%;供应商配送时间指数权数为 15%;原材料库存指数权数为 10%。因此,PMI 的计算公式为:

$$\begin{aligned}\text{PMI}=&\text{新订单指数}\times 30\%+\text{生产指数}\times 25\%+\text{从业人员指数}\times 20\%\\&+\text{配送时间指数}\times 15\%+\text{库存指数}\times 10\%\end{aligned}$$

采购经理调查是一项月度调查,受季节因素影响,数据波动较大。国家统计局发布的采购经理指数(PMI)和各分类指数均为经季节调整后的数据。2015 年 10 月中国制造业 PMI 为 49.8%,9 月份持平。

四、中国非制造业商务活动指数

我国参考美国,设置了非制造业商务活动指数 PMI 的调查指标体系,由商务活动指数、新订单指数、新出口订单指数、在手订单指数、存货指数、投入品价格指数、销售价格指数、从业人员指数、供应商配送时间指数、业务活动预期指数 10 个分类指数构成。由于没有合成的非制造业综合 PMI 指数,国际上通常用商务活动指数反映非制造业经济发展的总体变化情况,以 50%作为经济强弱的分界点,高于 50%时,反映非制造业经济扩张;低于 50%,则反映非制造业经济收缩。

中国非制造业商务活动指数(PMI)涉及中国非制造业的 31 个行业大类,由国家统计局直属调查队,利用国家统计局联网直报系统对企业采购经理进行月度问卷调查。国家统计局以非制造业行业大类为层,行业样本量按其增加值占全部制造业增加值的比重分配样本容量,在层内使用与企业主营业务收入成比例的概率抽样,从 2015 年 6 月份起,调查样本已经从原来的 1 200 家扩展到 4 000 家。非制造业采购经理调查问卷涉及业务总量、新订单(业务需求)、出口、在手订单、存货、投入品价格、销售价格、从业人员、供应商配送时间、业务活动预期 10 个问题。对每个问题分别计算扩散指数,即正向回答的企业个数百分比加上回答不变的百分比的一半,计算非制造业商务活动指数(PMI)。采购经理调查是一项月度调查,受季节因素影响,数据波动较大。目前,我国自 2012 年 3 月起发布季节调整后的非制造业 PMI 分类指数。2015 年 10 月份,中国非制造业商务活动指数为 53.1%,比 9 月小幅回落 0.3 个百分点,仍持续位于扩张区间。

五、上海证券交易所的证券交易价格指数

像世界上其他主要的金融市场一样，上海证券交易所也是通过发布各种证券的价格指数，来反映证券交易的价格行情，为境内外投资者提供参考依据。上海证券交易所邀请了国内外著名的指数研究专家和学者，进行实时研究和开发符合市场需求的各种证券价格指数。上海证券交易所指数专家委员会正式成立于 2002 年 10 月 11 日，于 2001 年 11 月即开始运作，是国内成立的首个指数专家委员会，确保了指数决策的权威、独立、透明。上海证券交易所指数专家委员会由国内外专家组成，国外成员主要来自国际主要指数公司的资深专家、指数投资专家，国内成员主要来自经济、金融界具有广泛代表性和影响力的专家学者。专家委员会负责对上海证券交易所指数编制方法、指数维护规则等方面的评估、建议和审定，保障指数编制及指数运作的科学性、透明性、精确性；对样本股资格进行评判和审定，保证指数样本符合编制规则的要求。专家委员会还对指数运作、指数发展等方面提供建议。

截至 2015 年 11 月 5 日，上海证券交易所指数系列共包括：重点指数、成份指数、综合指数、行业指数、策略指数、风格指数、主题指数、基金指数、债券指数、股息点指数 10 大类 240 多个指数，其部分指数见表 6.12。这 240 多个证券价格指数组成了上海证券交易所的指数体系。从总体上和各个侧面反映了上海证券交易所上市交易的证券价格变动情况，还反映了不同行业的景气状况，从而给境内外投资者提供不同的投资组合分析参照系，上证指数正逐步成为观察中国宏观经济运行的“晴雨表”。

表 6.12　上证所指数列表　　截止日期：2015 - 11 - 05

指数名称	指数代码	基准日期	基准点数	成份股数量	成份股总股本数（亿股）	相关收益指数
重点指数						
上证指数	000001	1990 - 12 - 19	100	1114	29 884.23	
上证 180	000010	2002 - 06 - 28	3 299.06	180	21 483.59	
上证 380	000009	2003 - 12 - 31	1 000	380	4 433.61	上证 380 全收益
上证 50	000016	2003 - 12 - 31	1 000	50	16 278.36	上证 50 全收益
上证 100	000132	2003 - 12 - 31	1 000	100	1 046.88	上证 100 全收益
上证 150	000133	2003 - 12 - 31	1 000	150	804.44	上证 150 全收益
国债指数	000012	2002 - 12 - 31	100	141	71 800	
基金指数	000011	2000 - 05 - 08	1 000	84	632.56	
企债指数	000013	2002 - 12 - 31	100	2 207	-	
B 股指数	000003	1992 - 02 - 21	100	53	152.78	
成份指数						
上证 180	000010	2002 - 06 - 28	3 299.06	180	21 483.59	上证 180 全收益
上证 50	000016	2003 - 12 - 31	1 000	50	16 278.36	上证 50 全收益

(续表)

指数名称	指数代码	基准日期	基准点数	成份股数量	成份股总股本数(亿股)	相关收益指数
上证 380	000009	2003-12-31	1 000	380	4 433.61	上证 380 全收益
超大盘	000043	2003-12-31	1 000	20	5 429.18	上证超级大盘全收益
上证中盘	000044	2003-12-31	1 000	130	5 205.23	上证中盘全收益
上证小盘	000045	2003-12-31	1 000	320	4 499.8	上证小盘全收益
上证中小	000046	2003-12-31	1 000	450	9 705.03	上证中小全收益
上证全指	000047	2003-12-31	1 000	500	25 983.39	上证全指全收益
沪企债 30	000061	2008-12-31	100	30	1 058.6	
上证 100	000132	2003-12-31	1 000	100	1 046.88	上证 100 全收益
上证 150	000133	2003-12-31	1 000	150	804.44	上证 150 全收益
市值百强	000155	2003-12-31	1 000	100	18 811.88	市值百强全收益
综合指数						
上证指数	000001	1990-12-19	100	1114	29 884.23	
新综指	000017	2005-12-30	1 000	1 059	29 724.16	
A 股指数	000002	1990-12-19	100	1 061	29 731.44	
B 股指数	000003	1992-02-21	100	53	152.78	
工业指数	000004	1993-04-30	1 358.78	735	12 294.31	
商业指数	000005	1993-04-30	1 358.78	70	488.04	
地产指数	000006	1993-04-30	1 358.78	24	639.81	
公用指数	000007	1993-04-30	1 358.78	105	3 337.07	
综合指数	000008	1993-04-30	1 358.78	180	13 125.01	
中型综指	000020	2007-12-28	1 000	352	1 802.29	中型综指全收益
上证流通	000090	2009-12-31	1 000	1 059	29 724.16	上证流通全收益
行业指数						
上证能源	000032	2003-12-31	1 000	30	3 555.06	上证能源全收益
上证材料	000033	2003-12-31	1 000	50	1 866.85	上证材料全收益
上证工业	000034	2003-12-31	1 000	50	3 502.54	上证工业全收益
上证可选	000035	2003-12-31	1 000	49	1 093.72	上证可选全收益
上证消费	000036	2003-12-31	1 000	30	456.15	上证消费全收益

注：上证 180 指数是对原上证 30 指数进行调整并更名而成的

资料来源：上海证券交易所，http://www.sse.com.cn

（一）上证指数的采样范围

上证指数大多采用选取样本股，根据样本股的情况，来计算相应的指数。能够在上海证券交易所上市是成为样本股的基本条件。此外，不同的指数还有选取样本股的特别条件。

1. 沪深300指数的样本股选取

沪深300指数是最新发布的，用于反映中国证券市场股票价格波动情况的样本指数。

1）选取沪深两地上市交易的300只股票

2）指数成份股的选样方法

（1）选样空间　沪深300指数的样本空间必须符合下列条件：上市交易时间超过一个季度；非ST、*ST股票，非暂停上市股票；公司经营状况良好，最近一年无重大违法违规事件、财务报告无重大问题；股票价格无明显的异常波动或市场操纵；剔除其他经专家认定不能进入指数的股票。

（2）选样标准　选取规模大、流动性好的股票作为样本股。

（3）选样方法　先计算样本空间股票在最近一年（新股为上市以来）的日均总市值、日均流通市值、日均流通股份数、日均成交金额和日均成交股份数五个指标，再将上述指标的比重按2：2：2：1：1进行加权平均，然后将计算结果从高到低排序，选取排名在前300的股票。

3）成份股的定期调整

（1）指数成份股原则上每半年调整一次，一般为1月初和7月初实施调整，调整方案提前两周公布。

（2）每次调整的比例不超过10%。样本调整设置缓冲区，排名在240名内的新样本优先进入，排名在360名之前的老样本优先保留。

（3）最近一次财务报告亏损的股票原则上不进入新选样本，除非该股票影响指数的代表性。

2. 上证180指数的样本股选取

上证180指数的样本股是在所有A股股票中抽取最具市场代表性的180种样本股票。

（1）样本空间　剔除下列股票后的所有上海A股股票：上市时间不足一个季度的股票；暂停上市股票；经营状况异常或最近财务报告严重亏损的股票；股价波动较大、市场表现明显受到操纵的股票；其他经专家委员会认定的应该剔除的股票。

（2）选样标准　行业内的有代表性的；规模大的；流动性好的股票。

（3）选样方法　根据总市值、流通市值、成交金额和换手率对股票进行综合排名；按照各行业的流通市值比例分配样本只数；按照行业的样本分配只数，在行业内选取排名靠前的股票；对各行业选取的样本作进一步调整，使成份股总数为180家。

（4）样本股的调整　上证成份指数依据样本稳定性和动态跟踪相结合的原则，每半年调整一次成份股，每次调整比例一般不超过10%。特殊情况时也可能对样本进行临时调整。

3. 上证红利指数的样本股选取

上证红利指数挑选在上海证券交易所上市的现金股息率高、分红比较稳定、具有一定规模及流动性的50只股票作为样本。

(1) 样本空间　满足以下三个条件的上海A股股票构成上证红利指数的样本空间。

① 过去两年内连续现金分红而且每年的现金股息率(税后)均大于0。

② 过去一年内日均流通市值排名在上海A股的前50%。

③ 过去一年内日均成交金额排名在上海A股的前50%。

(2) 样本数量　50只股票。

(3) 选样标准　过去两年的平均现金股息率(税后)。

(4) 选样方法　对样本空间的股票,按照过去两年的平均现金股息率(税后)进行排名,挑选排名最前的50只股票组成样本股,但市场表现异常并经专家委员会认定不宜作为样本的股票除外。

4. 上证综合指数的样本股是全部上市股票(A股和B股)

5. 分类指数的成分股是相应股票类别或行业类别的全部股票

(1) 上证A股指数的样本股是全部上市A股,上证B股指数的样本股是全部上市B股。

(2) 上海证券交易所对上市公司按其所属行业分成五大类别:工业类、商业类、房地产业类、公用事业类、综合业类,行业分类指数的样本股是该行业全部上市股票(A股和B股)。

6. 基金指数的成份股是所有在上海证券交易所上市的证券投资基金。

7. 企业债指数的采样

(1) 企业债种类　在沪深证券交易所上市的非股权连接类企业债。

(2) 剩余期限　企业债的剩余期限在一年以上。

(3) 付息方式　固定利率付息和一次还本付息。

(4) 发行量　暂不考虑发行量限制。

(5) 信用评级　投资级(BBB)以上。

(二) 上证指数的计算(上证指数系列均以"点"为单位)

(1)上证180指数是1996年7月1日起正式发布的上证30指数的延续,基点为2002年6月28日上证30指数的收盘指数3 299.05点,2002年7月1日正式发布。

(2) 上证红利指数以2004年12月31日为基日,以该日所有样本股的调整市值为基期,基期指数定为1 000点,自2005年1月4日起正式发布。

(3) 上证50指数以2003年12月31日为基日,以该日50只成份股的调整市值为基期,基期指数定为1 000点,自2004年1月2日起正式发布。

(4) 上证综合指数以1990年12月19日为基日,以该日所有股票的市价总值为基期,基期指数定为100点,自1991年7月15日起正式发布。

(5) 上证B股指数,以1992年2月21日为基日,以该日所有B股的市价总值为基期,基期指数定为100点,自1992年8月17日起正式发布。

(6) 分类指数以1993年4月30日为基日,以该日相应行业类别所有股票的市价总值为基期,基期指数统一定为1 358.78点(1993年4月30日上证综合指数收盘值),自1993年6月1日起正式发布。

(7) 上证基金指数以2000年5月8日为基日,以该日所有证券投资基金市价总值为基期,基日指数为1 000点,自2000年6月9日起正式发布。

（三）计算方法（上证指数系列均采用派许加权综合价格指数公式计算）

1. 沪深300指数的计算

指数以调整股本为权重，采用派许加权综合价格指数公式进行计算。其中，调整股本根据分级靠档方法获得。分级靠档方法如表6.13所示。

表6.13　分级靠档法

流通比例(%)	≤20	(20,30]	(30,40]	(40,50]	(50,60]	(60,70]	(70,80]	>80
加权比例(%)	流通比例	30	40	50	60	70	80	100

例如，某股票流通股比例（流通股本/总股本）为7%，低于20%，则采用流通股本为权数；某股票流通比例为35%，落在区间(30,40]内，对应的加权比例为40%，则将总股本的40%作为权数。

2. 上证180指数的计算

上证180指数属于成份指数，上证成份指数以成份股的调整股本数为权数进行加权计算，计算公式为：

$$报告期指数=\frac{报告期成份股的调整市值}{基日成份股的调整市值}\times 1\ 000$$

式中，调整市值$=\sum$（市价×调整股本数），基日成份股的调整市值亦称为除数，调整股本数采用分级靠档的方法对成份股股本进行调整。根据国际惯例和专家委员会意见，上证成份指数的分级靠档方法如表6.14所示。比如，某股票流通股比例（流通股本/总股本）为7%，低于10%，则采用流通股本为权数；某股票流通比例为35%，落在区间(30,40]内，对应的加权比例为40%，则将总股本的40%作为权数。

表6.14　上证成份指数的分级靠档方法

流通比例(%)	≤10	(10,20]	(20,30]	(30,40]	(40,50]	(50,60]	(60,70]	(70,80]	>80
加权比例(%)	流通比例	20	30	40	50	60	70	80	100

资料来源：上海证券交易所，http://www.sse.com.cn

3. 上证红利指数的计算

上证红利指数采用派许加权方法，按照样本股的调整股本数为权数进行加权计算，计算公式为：

$$报告期指数=\frac{报告期成份股的调整市值}{基期市值}\times 基期指数$$

式中，调整市值$=\sum$（市价×调整股数）。调整股本数采用分级靠档的方法对成份股股本进行调整。上证红利指数的分级靠档方法如表6.15所示。

表 6.15 上证红利指数的分级靠档方法

流通比例(%)	≤10	(10,20]	(20,30]	(30,40]	(40,50]	(50,60]	(60,70]	(70,80]	>80
加权比例(%)	流通比例	20	30	40	50	60	70	80	100

资料来源:上海证券交易所,http://www.sse.com.cn

4. 上证综合指数与分类指数

上证综合指数与分类指数以样本股的发行股本数为权数进行加权计算,计算公式为:

$$报告期指数=\frac{报告期成份股的总市值}{基期}\times 基期指数$$

式中,总市值 $=\sum$(市价 × 发行股数)。

5. 基金指数

基金指数以基金发行份额为权数进行加权计算,计算公式为:

$$报告期指数=\frac{报告期基金的总市值}{基期市值}\times 基日指数$$

式中,总市值 $=\sum$(市价 × 发行份额)。

6. B 股指数

成份股中的 B 股在计算上证 B 股指数时,价格采用美元计算。

成份股中的 B 股在计算其他指数时,价格按适用汇率(中国外汇交易中心每周最后一个交易日的人民币兑美元的中间价)折算成人民币。

7. 企业债指数

采用派许加权综合价格指数公式计算。以样本企业债的发行量为权数进行加权,计算公式为:

$$报告期指数=\frac{报告期成份企业债的总市值+报告期企业债利息及再投资收益}{基期市值}\times 基期指数$$

式中,总市值 $=\sum$(全价 × 发行量),报告期企业债利息及再投资收益表示将当月样本企业债利息收入再投资于债券指数本身所得收益。

企业债指数需定期进行调整

月末最后一个交易日,将剩余期限不到一年的企业债剔除;加入投资等级满足最低信用评级要求的企业债,剔除不满足最低信用评级要求的企业债。

8. 指数的实时计算:上证指数系列均为"实时逐笔"计算

具体做法是,在每一交易日集合竞价结束后,用集合竞价产生的股票开盘价(无成交者取昨收盘价)计算开盘指数,以后每有一笔新的成交,就重新计算一次指数,直至收盘,实时向外发布。其中各成份股的计算价位(X)根据以下原则确定:

若当日没有成交,则 X = 前日收盘价

若当日有成交,则 X = 最新成交价

此外，世界上著名的证券价格指数还有道·琼斯股价平均数、标准·普尔股价指数、香港恒生指数、金融时报指数、日经平均指数等，它们都有自己的独特编制方法，有兴趣的同学可以自己查阅相关资料，进行学习和了解。

本章小结

1. 指数是分析社会经济现象复杂总体在数量和质量方面变化状况的常用统计方法之一，日常生活中，各种指数随处可见，通过本章的学习，相信你能够正确地理解有关指数的含义和作用。

2. 相对性、综合性、平均性是指数的基本性质，有助于正确理解指数的概念。

3. 综合指数是计算总指数的基本公式。拉氏指数以基期的有关指标为同度量因素；帕氏指数以报告期的有关指标为同度量因素。实际应用时，计算数量综合指数，常采用拉氏指数公式；计算质量综合指数，常采用帕氏指数公式。

4. 平均数指数是计算总指数的另一种形式，适合于数据资料不全时。它与综合指数在计算内容上相同，计算结果也相等。实际应用时，数量总指数常采用基期价值总量指标加权的算术平均数指数公式；质量总指数常采用报告期价值总量指标加权的调和平均数指数公式。综合指数与平均数指数有变形关系。

5. 社会经济现象中，我们还要定量描述不同时间或空间上的平均指标之比，这就要用到平均指标对比指数。可变构成指数、结构影响指数和固定构成指数是三个重要的平均指标对比指数。平均指标对比指数的计算原理和综合指数的计算原理相同。

6. 社会经济现象之间都是有联系的，这种联系可以通过指数体系进行分析。如果某种经济指标等于其他有关指标的连乘积，那么这些指标之间就组成指数体系。有了指数体系，就可以进行因素分析，还可以对未知指数进行推算。

7. 居民消费价格指数、股票价格指数等指数与我们的日常生活密切相关，必须了解这些指数的含义和计算方法。

重要词汇

指数、数量指标综合指数、质量指标综合指数、加权算术平均数指数、加权调和平均数指数、可变构成指数、固定构成指数、结构影响指数、指数体系、居民消费价格指数、股价指数、指数推算。

练习题

一、思考题

1. 什么是同度量因素？同度量因素在指数的计算中有何作用？

2. 总指数的计算有几种形式？
3. 数量总指数的计算有几个步骤？质量总指数的计算有几个步骤？它们有何区别？
4. 拉氏指数和帕氏指数有何区别？
5. 指数体系有哪些作用？
6. 两因素的指数体系与多因素的指数体系有何区别和联系？
7. 平均数指数与平均指标对比指数有何区别？怎样计算平均指标对比指数？

二、单项选择题(每题只有一个正确答案)

1. 数量指标指数和质量指标指数，是按其(　　)不同划分的。
A. 反应对象范围的　　B. 对比的基期的
C. 所表明的经济指标性质的　　D. 同度量因素的
2. 如果采用某一固定时期作基期，这样计算的一系列指数称为(　　)。
A. 环比指数　　B. 定基指数　　C. 总指数　　D. 个体指数
3. 编制数量指标综合指数的一般原则是采用(　　)为同度量因素。
A. 报告期数量指标　　B. 基期数量指标
C. 报告期质量指标　　D. 基期质量指标
4. 在平均指标变动的因素分析中，结构影响指数是(　　)。
A. $\dfrac{\dfrac{\sum x_1 f_1}{\sum f_1}}{\dfrac{\sum x_0 f_0}{\sum f_0}}$　　B. $\dfrac{\dfrac{\sum x_1 f_1}{\sum f_1}}{\dfrac{\sum x_0 f_1}{\sum f_1}}$　　C. $\dfrac{\dfrac{\sum x_1 f_1}{\sum f_1}}{\dfrac{\sum x_1 f_0}{\sum f_0}}$　　D. $\dfrac{\dfrac{\sum x_1 f_0}{\sum f_0}}{\dfrac{\sum x_0 f_0}{\sum f_0}}$
5. 如果某种产品的销售量上升 10%，销售价格下降 10%，则销售额(　　)。
A. 没有变化　　B. 有所增加　　C. 有所减少　　D. 无法判断
6. 指数体系中各指数的联系表述为：对象指数等于各因素指数的(　　)。
A. 加总　　B. 连乘积　　C. 相除的商　　D. 相减的差
7. 某地区生活品零售价格上涨 6%，生活品销售量增长了 8%，那么生活品销售额是(　　)。
A. 下降 114.48%　　B. 下降 14.48%　　C. 增长 114.48%　　D. 增长 14.48%
8. 如果生活费用指数上涨了 20%，则现在的 1 元钱(　　)。
A. 只值原来的 0.8 元　　B. 只值原来的 0.83 元
C. 与原来 1 元钱等值　　D. 无法与原来比较
9. 某地区 2011 年社会商品零售额为 120 000 万元，2015 年增至 156 000 万元，这四年当中物价上涨了 4%，则商品零售量指数为(　　)。
A. 130%　　B. 104%　　C. 80%　　D. 125%
10. 某厂 2015 年产品单位成本比 2014 年提高了 5.8%，产品产量结构影响指数为 96%，则该厂总平均单位成本(　　)。
A. 提高 1.57%　　B. 提高 1.8%　　C. 下降 4%　　D. 下降 9.26%
11. 总指数与个体指数的主要差异是(　　)。
A. 计算范围不同　　B. 计算方法不同
C. 指标形式不同　　D. 计算方法和计算范围都不同
12. 下列指标中不属于统计指数的是(　　)。
A. 同一商品不同时期的价格之比
B. 同一商品不同时期的销售量之比

C. 某年实际使用外资额与上一年实际使用外资额之比

D. 某年股票成交量与全部证券成交量之比

13. 某企业集团下属三个企业的员工工资同比增长了5%、10%、15%，则该企业集团所有三个企业员工平均工资的变动情况为(　　)。

A. 至少增加10%　　B. 最多增加20%　　C. 增加5%～15%　　D. 有所增加

14. 某地区的商品零售总额比上年增长20%，扣除销售量因素后仍然增长8.1%，可以推断该地区的商品销售量指数为(　　)。

A. 11.9%　　B. 11%　　C. 109%　　D. 111%

15. 某地区粮食亩产量报告期比基期增长5%，其总产量却减少5.5%，则粮食播种面积比基期(　　)。

A. 扩大5%　　B. 扩大10%　　C. 缩小5%　　D. 缩小10%

三、多项选择题(每题至少有两个正确答案)

1. 指数的作用有(　　)。

A. 反映复杂现象动态变动的方向

B. 反映复杂现象动态变动的程度

C. 分析现象总变动中各因素的影响方向和程度

D. 研究现象在长时期内变动趋势

E. 解决不同性质数列之间不能对比的问题

2. 同度量因素的作用有(　　)。

A. 平衡作用　　B. 比较作用　　C. 权数作用

D. 同度量作用　　E. 稳定作用

3. 下列属于质量指数的有(　　)。

A. 价格指数　　B. 单位成本指数　　C. 产量指数

D. 材料单耗指数　　E. 平均工资指数

4. 质量指标综合指数$\dfrac{\sum p_1q_1}{\sum p_0q_1}$变形的平均数指数形式是(　　)。

A. $\dfrac{\sum I_pq_1p_0}{\sum q_1p_0}$　　B. $\dfrac{\sum I_qq_0p_0}{\sum q_0p_0}$　　C. $\dfrac{\sum q_1p_1}{\sum \frac{1}{I_p}q_1p_1}$

D. $\dfrac{\sum q_1p_0}{\sum \frac{1}{I_q}q_1p_0}$　　E. $\dfrac{\sum q_1p_0}{\sum \frac{1}{I_q}q_1p_0}$

5. 某种商品基期售出50千克，报告期售出60千克，指数为120%，该指数是(　　)。

A. 综合指数　　B. 总指数　　C. 个体指数

D. 数量指数　　E. 销售量指数

6. 平均指标变动因素分析的指数体系中包括的指数有(　　)。

A. 可变构成指数　　B. 固定构成指数　　C. 结构影响指数

D. 加权算术平均数指数　　E. 加权调和平均数指数

7. 原材料费用总额的变动，会受到(　　)的影响。

A. 原材料供应量　　B. 产品产量变动　　C. 单位产品材料消耗量的变动

D. 原材料单价的升降　　E. 各种原材料耗用量的变化

8. 某百货商店第三季度全部商品销售量为第二季度的104.68%，这个指数是(　　)。

A. 季节指数　　B. 比较指数　　C. 总指数

D. 数量指标指数　　E. 质量指标指数

9. 某工业企业总成本 2015 年比 2014 年增加了 14%,其原因是平均成本和产量两个因素的变化,这两个因素的变动方向和变动程度为(　　)。

A. 平均成本下降 5%　　B. 平均成本增加 4%　　C. 产量增加 20%

D. 产量增加 10%　　E. 产量增加 5%

10. 平均数指数是(　　)。

A. 按平均形式计算的总指数　　B. 由两个平均数对比计算出的指数

C. 个体指数的简单平均　　D. 个体指数的加权平均

E. 特点是先平均,再对比

11. 劳动生产率指数是(　　)。

A. 综合指数　　B. 平均指标指数　　C. 加权指数

D. 质量指标指数　　E. 动态指数

12. 某公司劳动生产率提高 10%,职工人数减少 10%,则(　　)。

A. 职工人数指数为 90%　　B. 产量指数为 99%

C. 产量减少 1%　　D. 劳动生产率指数为 110%

E. 产量指数为 100%

13. 某集团公司 2015 年上半年工资总额同比多支付 20%,金额为 200 万元,同期公司人员减少 10%,因公司内各类人员结构调整影响公司平均工资上升 5%,则(　　)。

A. 公司平均工资指数为 133.33%

B. 公司各类人员的平均工资指数为 126.98%

C. 公司平均工资结构影响指数为 105%

D. 公司人员人数指数为 90%

E. 120%=90%×133.33%=90%×126.98%×105%

14. 某百货商场基期商品销售额为 100 万元,报告期商品销售额比基期增长 14%,按基期价格计算的报告期销售额为 112 万元,则(　　)。

A. 销售量增长 12%

B. 销售价格提高 2%

C. 由于销售价格提高使百货商场增收 2 万元

D. 由于销售量增长使百货商场增收 12 万元

E. 由于销售量增长使销售额增加 14 万元

四、计算题

1. 某工业企业两种产品的产量及出厂价格资料如表 6.16 所示。

表 6.16　某企业两种产品的统计资料

产品名称	计量单位	产量		出厂价格(元)	
		基期 q_0	报告期 q_1	基期 p_0	报告期 p_1
甲	吨	5 000	5 500	20	25
乙	件	3 000	3 600	25	28

试计算:(1) 产量个体指数和出厂价格个体指数;(2) 产量总指数;(3) 出厂价格总指数。

2. 根据表 6.17 资料计算价格总指数及因价格变动而使购买者多支付(少支付)的金额。

表 6.17　三种商品的统计资料

商品名称	计量单位	个体价格指数(%)	成交额(万元)	
			基期	报告期
甲	件	104	50	60
乙	米	97	20	20
丙	千克	106	100	120

3. 某商店商品销售情况如表 6.18 所示。

表 6.18　某商店商品的销售资料

商品名称	计量单位	销售量		销售单价(元)	
		基期	报告期	基期	报告期
甲	合	30	36	1.1	1.5
乙	个	20	20	8.0	10.0
丙	件	14	16	2.2	2.5

试计算:(1) 拉氏销售量指数和价格指数;(2) 帕氏销售量指数和价格指数。

4. 某商场三种商品的资料如表 6.19 所示。试分析贸易额的变动,受贸易量和价格变动的影响情况。

表 6.19　某商场三种商品的销售资料

商品	贸易额(万元)		价格上涨或下降的百分比
	2015 年	2014 年	
甲	4 000	3 600	−50.0
乙	700	400	−12.5
丙	600	600	+50.5

5. 某企业生产同种商品的两个车间的生产资料如表 6.20 所示,试计算全厂劳动生产率及指数,并对其变动进行因素分析。

表 6.20　某企业生产同种商品的两个车间的生产资料

	产品总量(吨)		生产工人数(人)		劳动生产率(吨/人)	
	基期	报告期	基期	报告期	基期	报告期
甲	100	150	100	140	1.00	1.20
乙	76	85	95	100	0.90	0.95
全厂	176	235	195	240	—	—

6. 某地区 2008 年出口总值的发展速度为 135.2%,出口商品的价格上升了 15%,进口总值增长了 20%,进口商品价格下降了 10%,试计算出口商品物量指数、进口商品物量指数。

7. 已知某地区 2015 年比 2014 年年平均人口数增加了 2%,国内生产总值增加了 16%,试计算该地区劳动生产率的提高程度。

8. 某企业甲乙两种产品产量及对 A 种材料的单耗资料如表 6.21 所示。

表 6.21　某企业甲乙两种产品产量及对 A 种材料的单耗资料

商品	计量单位	产量		单耗(千克)	
		基期	报告期	基期	报告期
甲	件	1 200	1 350	20	21
乙	台	500	600	8	6

试计算和分析 A 种材料总消耗量的变动，受产品产量及单耗变动的相对影响程度及影响的绝对量。

9. 设某市某年的有关资料如表 6.22 所示。

表 6.22　某市某年的资料

	单位	基期	报告期
国内生产总值	亿元	709.8	863.2
社会劳动者人数	万人	649.4	627.6
社会劳动生产率	元/人		

试对影响国内生产总值变动的因素进行分析。

10. 某公司下属两个分厂，有关某产品的产量及成本资料如表 6.23 所示。

表 6.23　甲乙分厂有关某产品的产量及成本资料

分厂	总成本(万元)		产量(件)		单位成本(元)	
	基期	报告期	基期	报告期	基期	报告期
甲分厂	68	50	15 000	12 000	45.00	42.0
乙分厂	160	210	40 000	60 000	40.00	35.0
公司	228	260	55 000	72 000	41.63	36.2

试计算和分析：

(1) 公司总成本变动，受公司平均单位成本及公司产量两个因素变动影响的相对程度和绝对量。

(2) 平均单位成本受分厂成本水平(单位成本)及产量结构两个因素变动影响的相对程度和绝对量。

(3) 分厂成本水平及产量结构分别对公司总成本变动影响的绝对量。

(4) 指出影响公司总成本的三个因素的内容及各自影响的数额。

第七章

随机抽样方法

本章学习目的

了解随机抽样调查的意义、作用和组织方式。掌握抽样调查的特点和应用领域，以及总体平均数和总体成数抽样误差的计算方法。学习抽样推断的两种基本方法：点估计法和区间估计法。能够用点估计法和区间估计法推断总体的相关指标。会计算不同随机抽样条件下需要抽取的必要样本容量。

第一节　抽样调查的基本问题

一、抽样调查的概念和特点

（一）抽样调查的概念

抽样调查是专门组织的非全面调查，是按照随机原则从总体中抽取一部分单位组成样本，对样本进行全面调查，并运用数理统计的原理，用调查所得资料对总体相应的指标数值作出具有一定可靠性的估计和推断的一种统计调查方法。

抽样调查中，从总体中抽取的能代表总体的一部分单位，组成抽样总体，即样本。样本单位的选取遵循随机性原则，样本调查的数据揭示了总体的数量特征和规律，因此，可根据样本中所包含的信息对总体的数量特征进行估计和推算。抽样调查的理论依据是概率论中的大数定律和中心极限定理。大数定律从理论上阐述了当样本容量增大时，样本指标趋近于总体的相应指标，这为抽样推断提供了重要依据。

（二）抽样调查的特点

1. 按照随机性原则抽取样本单位

所谓随机性原则，也称为等机会或等可能性原则。从调查对象中抽取样本单位时，每个调查单位被抽中的机会或不被抽中的机会都相等。当样本中的单位数确定后，抽样调查可以保证每个样本被抽中或不被抽中的可能性都相等。随机性原则保证了样本单位的客观公正性,提高了样本的代表性,确保抽样推断的准确性。例如,福利彩票号码的产生,0～9 中的每个数字都是按随机性原则选出来的;又如,海关的质检部门对进口商品的质量检测;工商部门对市场销售的食品进行的质量抽查;调查公司对电视台新开办的电视栏目的收视率调查等。此外,电话号码、车牌号码、手机号码、身份证号码等都是按照随机性原则随机生成的。

2. 由样本的数量特征推断和估算总体的数量特征和数量表现

抽样调查同典型调查和重点调查相比,抽样单位的选取排除了个人主观意图的影响,样本的代表性好,样本提供的总体信息比较充分。因而,可根据样本提供的数据信息推断总体相应的数量特征和数量表现。例如,电视台对新开办的电视栏目收视率进行的抽样调查。中央电视台的索福瑞媒介研究有限公司拥有世界上最大的广播电视视听率调查网络,覆盖 6.11 万余户样本家庭,其电视收视率调查网络所提供的数据可推及中国内地超过 12.7 亿和香港地区 640 万的电视人口。截至 2015 年 4 月,央视索福瑞已建立起 164 个提供独立数据的收视率调查网络(1 个全国网,25 个省级网,以及包括香港特别行政区在内的 138 个城市网),对 1 154 个电视频道的收视情况进行全天不间断调查;其中已有 1 个全国调查网、12 个省级调查网和 78 个市级调查网采用全球领先的测量仪调查技术。

索福瑞调查数据显示,2009 年中央电视台春节联欢晚会节目的总收视率高达 34.82%,比 2008 年提高 2.43 个百分点。在收视地区分布上,呈现由北向南,逐步下滑的趋势。东北三省的最高,收视率均超过 85%,接下来依次是北京、河北、天津等地区。南方的广东、广西,春晚节目收视率依旧不高。海南收视率最低,仅为 1.3%。索福瑞调查显示,2013 年蛇年央视春节晚会在除夕夜的央视一台直播收视率就高达 11.362%。

3. 根据抽样调查结果推断总体,必然会产生抽样误差,但抽样误差是可以事先计算并加以控制的

抽样调查是根据样本的信息,对总体的数量特征进行推断,总体是唯一的,总体单位总数是大量的,样本毕竟只是总体中的一小部分,由一小部分来推算总体,无论如何都会有误差存在。而且,当样本中的单位个数确定后,总体中的样本有许多个,每次调查时,我们只能随机抽中多个样本中的某一个,每个样本的代表性不同,提供的样本信息量也不同,因此,抽样调查,必然会产生抽样误差。抽样调查的理论依据是概率论中的大数定律。根据概率论知识,可以对抽样产生的误差进行计算和控制,而且可以通过增加样本容量和改变抽样的组织形式来控制抽样误差,提高抽样推断的准确性。

4. 抽样调查可以节省调查费用、调查时间,具有较高的准确性

抽样调查是非全面调查,比起全面调查,调查的单位数较少,代表性强,工作量较小,所需调查人员少,组织灵活,可以快速完成调查任务,节省调查成本,具有较高的准确性。特别是在总体包括调查单位较多的情况下,抽样调查结果的准确性一般高于全面调查。因此,只要抽样调查的组织方式得当,调查人员工作认真负责,抽样调查的结果是非常可靠的。绝大多数的社会调查都是抽样调查。2010 年 6 月 1 日起施行的《全国人口普查条例》规定,我国每 10 年进行一次人口普查,在尾数为 0 的年份进行。为了及时掌握人口发展变化情况,在两次人口普查之间还要进行全国 1%人口抽样调查,即在尾数为 5 的年份进行。

二、抽样调查的应用范围

抽样调查的技巧，被广泛地应用于社会经济领域，归纳起来有如下几点。

1. 有些社会经济现象无法进行全面调查时，必须采用抽样调查方法

例如广播电视节目的收听率、收视率调查；日光灯耐用时间检验，原始森林、矿产资源的储量调查等。这些调查因为涉及面非常广泛，无法进行全面调查，只能用抽样调查的方式。而日光灯的质量检验、商品质量调查等都带有一定的破坏性，不可能进行全面调查，只能使用抽样调查。还有像农作物的抗药性检测、电视机的使用寿命检验、某种新药品的临床测试等，也是无法进行全面调查的。社会经济现象和自然现象中存在大量的无法进行全面调查的现象，抽样调查大有用武之地。

2. 有些社会经济现象，从理论上讲可以采用全面调查，但实际上不必要或不值得，也要采用抽样调查

例如，要了解上海市外来民工的受教育程度，可以到民工的暂住地，颁发调查表进行全面调查，实际上没必要这样做，如果调查人员不认真负责，全面调查的资料未必符合数据的准确性、完整性和及时性的要求。全面调查涉及的调查单位较多，调查人员的工作能力、工作态度、技术水平直接影响调查结果。又如，外商对上海的投资环境进行的调查，某种新产品上市前的市场调查等，都没有必要采用全面调查的方式，采用抽样调查的组织方式就能解决问题。抽样调查既可以节省人力、物力、费用和时间，又能达到和全面调查同样的目的和效果。

3. 抽样调查的结果可补充和修正全面调查的资料

全面调查工作量大，各个环节都有出错的可能。抽样调查的工作量较小，可以对调查人员进行精心的培训，提高调查的质量和效率。抽样调查的结果可以推断和估计总体的数量特征。因而，利用抽样调查的资料可以对全面调查的资料进行修正和补充。我国尾数为 5 的年份进行的 1% 人口抽样调查可以达到对每 10 年一次的人口普查情况进行补充和修正。

4. 抽样调查可以分析研究社会经济现象中出现的新情况、新事物

社会发展日新月异，新问题、新情况层出不穷，对社会经济现象中出现的新情况、新事物，可用抽样调查的方法进行数量方面的分析研究，推断出事物的数量特征，从数量方面认识和把握新生事物。例如，对上市公司的法人治理结构与其经营绩效的相关性研究，可采用抽样调查方法进行分析研究。又如，青少年因深陷网络游戏而不思进取学习的现象是当今社会的一大新趋势，社会学家、政府部门及网络游戏公司可以利用抽样调查的方式对此进行调查研究。当人体发烧的时候，医生抽取少量的血液进行检查，可以诊断病情。

5. 抽样调查可用于工业生产过程中的质量控制

在工业产品的批量生产过程中，可利用抽样调查方法检测产品的质量，及时提供生产过程的有关信息，对生产过程进行质量控制，保证产品质量的稳定。

抽样调查的应用领域越来越广，为什么大多数的调查研究都采用抽样调查方式而不采用全面调查，主要原因是：

(1) 抽样调查节省人力、物力，节省调查费用。

(2) 抽样调查是非全面调查，可以快速完成调查任务，时效性强。

(3) 抽样调查是从总体中抽取样本进行的调查,不受总体范围大小的限制。

(4) 抽样调查依据大数定律和数理统计推断技术,具有较高的准确度。

(5) 抽样调查是非全面调查,社会经济现象总体大都具有已知的公开信息,便于组织。

抽样调查是一种科学而又实用的统计调查方法,在社会主义市场经济体制下,信息的及时性是竞争获胜的充分条件,信息的重要性日益显著。随着抽样理论的发展,抽样技术的进步和完善,抽样调查在社会经济统计中的应用将越加普及和广泛。

三、抽样调查的几个基本概念

(一) 全及总体和抽样总体(样本)

1. 全及总体

全及总体简称总体,是所研究对象的全体,是由许多性质相同的调查单位组成的。全及总体明确了抽样推断的范围。例如,2015 年 10 月,国务院开展的全国 1%人口抽样调查。全国总人口是这次 1%人口抽样调查的全及总体。在 2015 年全国 1%人口抽样调查中,四川省抽取调查样本近 80 万人,四川省总人口就是这次抽样调查的全及总体。又如,为了解和反映企业投资与经营环境状况,为各级党政领导宏观决策和制定相应的企业发展战略提供可靠依据,国家统计局决定在全国 120 个城市进行一次专项调查,部分制造业的独立核算的法人企业就是全及总体。

通常用 N 表示全及总体中的单位数。在抽样调查中,全及总体是唯一的、确定的,但是,总体中的某些数量特征是未知的。正是由于总体存在未知的数量特征,才有必要开展抽样调查。

2. 抽样总体

抽样总体简称样本,是按随机性原则从全及总体中抽取的一部分调查单位所组成的集合体。例如,在上海华东理工大学全体在校大学生的身体健康状况调查中,按学号随机抽取 10%的学生进行体检。这 10%的学生组成的小总体,就是抽样总体,也称为样本。2015 年 10 月,国务院开展的全国 1%人口抽样调查中涉及的 1 400 多万人就是抽样总体。四川省抽取了调查样本近 80 万人,这 80 万人就是抽样总体。

一般来说,样本中所包含的调查单位的个数用 n 表示,n 称为样本容量。在抽样调查中,若 $n \geqslant 30$,则称为大样本;$n < 30$ 为小样本。理论上讲,样本容量越大,提供的信息越多,抽样推断越准确,实际上,人们总是喜欢用很小的样本来推断很大的总体。因而,要确定必要的样本容量。

对一项具体的统计调查而言,全及总体是唯一确定的,而抽样总体是随机的、多样的和变化的。抽样总体是全及总体的子集,不同的抽样方式、不同的样本容量,决定了样本的数目也不相同。每次抽样,抽取的只不过是众多样本中的一个,所以每次抽样产生的误差也不一样。

(二) 全及指标和抽样指标

1. 全及指标

全及指标又称总体指标,是根据全及总体的有关数量标志计算并反映全及总体数量特征的综合指标,主要有全及平均数、全及成数、总体数量标志的方差及标准差、总体交替标志的方差和标准差四种。

（1）全及平均数。又称总体平均数，用 $\overline{X}$ 表示。设全及总体单位的数量标志值为 X，则 $\overline{X}=\frac{\sum X}{N}$。若总体已分组，且 f 为各组的频数，则 $\overline{X}=\frac{\sum Xf}{\sum f}$。全及平均数说明全及总体数量标志值的集中趋势，代表全及总体数量标志值的一般水平。全及平均数是唯一的，但是未知，需要根据样本的信息进行推算。如，将某企业 10 月份生产的全部产品作为全及总体，那么，产品的平均成本就是全及平均数。如果将该企业 10 月的职工工资收入作为全及总体，那么，职工平均工资就是全及平均数。

（2）全及成数。又称总体成数，用 P 表示。设 N 个单位中，有 N_1 个单位具有某种标志，N_0 个单位不具有该种标志，具有某种标志的单位数占全及总体单位数的比重，称为全及成数，用 P 表示，则 $P=\frac{N_1}{N}$，不具有该种标志的单位数占全及总体单位数的比重为 Q，$Q=\frac{N_0}{N}$，显然 $P+Q=1$。比如，一年有 365 天，根据是否下雨，可以分成两部分；根据出生时的性别，可以将新生婴儿分为男性和女性；依据产品是否合格，新产品分为合格品和不合格品；依据实验结果是否成功，可分为成功和不成功。

全及比例反映全及总体单位中，具有某种标志单位数的比重，反映全及总体的内部结构状况。商品合格率、考试及格率、电视节目收视率等比率指标就是全及成数。全及比例是唯一的、未知的，是需要进行抽样推断的。

（3）总体数量标志的方差和标准差。根据全及总体单位的数量标志值计算的方差，称为总体数量标志的方差，也称总方差，用σ^2 表示。

若总体未分组，则 $\sigma^2=\frac{\sum(X-\overline{X})^2}{N}$，式中 $\overline{X}=\frac{\sum X}{N}$；

若总体已分组，则 $\sigma^2=\frac{\sum(X-\overline{X})^2 f}{\sum f}$，式中 f 为各组的权数，$\overline{X}=\frac{\sum Xf}{\sum f}$。

总体方差的平方根称为总体标准差，用 σ 表示。

若总体未分组，则 $\sigma=\sqrt{\frac{\sum(X-\overline{X})^2}{N}}$；

若总体已分组，则 $\sigma=\sqrt{\frac{\sum(X-\overline{X})^2 f}{\sum f}}$。

总体单位数量标志的方差，反映了总体单位数量标志值的差异程度或离散程度，它是唯一的。总体单位数量标志的方差会影响抽样调查的质量。该指标越大，说明总体单位的数量差异程度越大，要达到或提高抽样推断的质量，必须增加样本容量。

（4）总体交替标志的方差和标准差。有些社会经济现象的标志具体表现为两种情况，如婴儿的性别表现为“男”或“女”，科学实验的结果表现为“成功”或“失败”，产品的质量表现为“合格品”或“次品”，一年中的某一天表现为“下雨”或“不下雨”等。这种可以用“是”“否”或“有”“无”来表示的标志，称为交替标志，也叫是非标志。一般来说，具有“是”标志的单位，定

义其标志值 $X=1$,单位数为N_1;具有"否"标志的单位,定义其标志值 $X=0$,单位数为N_0。而 $P=\frac{N_1}{N}$,$Q=\frac{N_0}{N}$。

$$\overline{X}=\frac{\sum Xf}{\sum f}=\frac{N_1\times 1+N_0\times 0}{N}=\frac{N_1}{N}=P$$

$$方差=\frac{\sum (X-\overline{X})^2 f}{\sum f}=\frac{(1-P)^2\times N_1+(0-P)^2\times N_0}{N}=P\ (1-P)^2+P^2Q$$

$$=PQ$$

所以,交替标志的方差$=PQ$,

交替标志的标准差$=\sqrt{PQ}$。

交替标志的方差和标准差,与总体数量标志的方差和标准差的含义相同,只不过交替标志是一类特殊的情况。

2. 抽样指标

抽样指标又称样本指标,是根据样本单位的数量标志值计算的,反映样本数量特征的综合指标,主要有样本平均数、样本成数、样本数量标志的方差和标准差、样本是非标志的方差与标准差四种。

(1) 样本平均数($\bar{x}$)。又称抽样平均数,设 n 为样本容量,x 为样本单位的数量标志值。

若样本未分组,则 $\bar{x}=\frac{\sum x}{n}$;

若样本已分组,则 $\bar{x}=\frac{\sum xf}{\sum f}$,$f$ 为各组单位数。

样本平均数,说明样本单位数量标志值的一般水平,是非常重要的样本指标。当样本确定以后,样本平均数随之而定。需要注意的是,样本平均数随样本而定,由于样本有许多个,每次抽中的样本是随机的、偶然的,因而,样本平均数也是一个随机数。它是推断总体平均数的基本依据。

(2) 样本成数。又称抽样成数,设样本中具有某一标志的单位数为n_1,不具有某一标志的单位数为n_0,则具有某一标志的单位数占样本单位数的比重称为抽样成数,用 p 表示,$p=\frac{n_1}{n}$。同理,不具有某一标志的单位数占样本单位数的比重为 q,$q=\frac{n_0}{n}$,$p+q=1$。

样本成数说明样本单位中具有某种标志的单位数的比重,反映样本的内部结构,是非常重要的样本指标。当样本确定以后,样本成数随之而定。需要注意的是,样本成数随样本而定,由于样本有许多个,每次抽中的样本是随机的,因而,样本成数也是一个随机数。它是推断总体成数的基本依据。

(3) 样本数量标志的方差。又称样本方差,它是根据样本单位的数量标志值计算的,用 s^2 表示。

若样本未分组,则 $s^2=\frac{\sum (x-\bar{x})^2}{n-1}$,式中 $\bar{x}=\frac{\sum x}{n}$;

若样本已分组，则 $s^2=\dfrac{\sum(x-\bar{x})^2f}{\sum f-1}$，式中 f 为各组次数，$\bar{x}=\dfrac{\sum xf}{\sum f}$。

样本方差的平方根，称为样本标准差，用 s 表示。

若样本未分组，则 $s=\sqrt{\dfrac{\sum(x-\bar{x})^2}{n-1}}$，式中 $\bar{x}=\dfrac{\sum x}{n}$；

若样本已分组，则 $s=\sqrt{\dfrac{\sum(x-\bar{x})^2f}{\sum f-1}}$，式中 f 为各组次数，$\bar{x}=\dfrac{\sum xf}{\sum f}$。

样本方差反映样本数量标志值的差异程度或样本数量标志值的离散程度，是重要的样本指标，随样本的不同而不同，是抽样推断的基础。

(4) 样本交替标志的方差、标准差。设样本单位中具有某一标志的单位数为n_1，不具有某一标志的单位数为n_0，$n_1+n_0=n$，具有该标志的样本单位，定义其标志值 $x=1$，不具有该标志的样本单位，定义其标志值 $x=0$，则：

$$\bar{x}=\frac{\sum xf}{\sum f}=\frac{n_1\times 1+n_0\times 0}{n}=p$$

$$方差=\frac{\sum(x-\bar{x})^2f}{\sum f}=\frac{(1-p)^2\times n_1+(0-p)^2\times n_0}{n}=p^2q+pq^2=pq$$

所以，交替标志的方差为 pq 或 $p(1-p)$；交替标志的标准差为$\sqrt{pq}$或$\sqrt{p(1-p)}$。

样本交替标志的方差反映样本交替标志值的差异程度或样本交替标志值的离散程度，是重要的样本指标，随样本的不同而不同，是抽样推断的基础。

由于全及总体是唯一确定的，所有的全及指标值也是唯一确定的，但是，实际中，都是事先未知的，所以需要进行抽样推断。抽样总体是不唯一的，抽样指标值也是不唯一的，所有的抽样指标值都是随机数。

(三) 抽样单元、抽样框和抽样比

1. 抽样单元

为了顺利地组织随机抽样，通常要把总体划分成有限个互不重叠的部分，每个部分都叫作一个抽样单元。例如，对在校大学生身体健康状况的调查中，可将每个学院的学生或每个系的学生作为一级抽样单元，各个学院或系又可以按专业细分为二级单元，每个专业又可以按班级分为三级单元。抽样单元决定了样本单位的层次和大小。抽样单元，可以按事物的自然属性划分，也可以根据研究目的和特点，人为划定。抽样单元并不总是等于总体单位，可能是总体单位的某种集合，是为了方便抽样而设定的基本单位。

2. 抽样框

在设计抽样方案时，抽样单元的详细资料被称为抽样框。抽样框决定了总体范围，决定了抽样区域。如，全体在校大学生的名单或学号，组成一个抽样框；某企业生产的某批产品的型号范围，组成一个抽样框；某行政区的所有街道；某街道的所有居委会等，抽样框决定了

抽样调查实施的范围,可以避免总体单位的遗漏。

3. 抽样比

样本单位数占全及总体单位总数的比例,称为抽样比例,即$\frac{n}{N}$。抽样比由总体单位的数量差异、抽样推断的精度和抽样组织方式而定,抽样比能够影响抽样误差,进而影响抽样推断的精度。

(四) 抽样方法

根据抽取样本单位组织方式的不同,抽样分为重复抽样和不重复抽样。

1. 重复抽样

设全及总体的单位总数为 N,抽样总体的单位总数为 n。抽样时,每次从总体中抽取一个样本单位,记录下要调查的标志或特征后,把它放回到全及总体中,再抽取下一个样本单位,记录下标志或特征后,把它放回去,然后再抽取下一个样本单位,如此循环往复,直到抽取 n 个样本单位为止。因此,重复抽样的样本是由 n 次相互独立的随机抽样所组成的,每个样本单位在每次抽样中被抽中或不被抽中的机会完全相同。重复抽样中,全及总体的单位数没有发生任何变化。但是,重复抽样所抽取的样本中有可能抽到相同的样本单位,减少了样本的信息量,进而影响抽样调查的质量。比如,电话号码中有重复的数字;彩票号码、车牌号码、身份证号码中都会有相同的数字,这种抽样都是重复抽样。

2. 不重复抽样

设全及总体的单位数为 N,样本容量为 n,抽样时,每次从总体中抽取样本单位,记录下要调查的标志或特征后,不再放回去,然后从剩下的总体单位中抽取下一个样本单位,记录下该样本单位的标志后,不再放回去,然后再从剩下的总体单位中抽取下一个样本单位,如此循环往复,直到抽取 n 个单位为止。因此,不重复抽样的样本是由 n 次相互联系的随机抽样所组成的,每个样本单位被抽中或不被抽中的机会在各次抽样中是不相同的。在不重复抽取过程中,全及总体的单位数是逐渐减少的。但是,不重复抽样所抽取的样本单位都不相同,从而提高了样本的代表性,这种抽样的精确度相对较高。现实社会中的抽样调查大都是不重复抽样,如产品的质量检测、民意调查、广播电视节目的收听率、收视率调查等。

重复抽样和不重复抽样,也称为重置抽样和非重置抽样,或称为有放回抽样和无放回抽样。重复抽样由于是有放回抽样,每个调查单位有重复抽中的可能,所以样本的代表性差,抽样推断的精确度不高。不重复抽样由于是不放回抽样,每次抽取的样本单位都不相同,所以样本的代表性好,抽样推断的误差较小。重复抽样时,总体单位数保持不变,不重复抽样时,总体单位数逐渐减少,因而,重复抽样的样本数目大于不重复抽样的样本数目。

四、抽样调查的理论依据

为什么按随机性原则抽取样本单位的抽样调查的结果,可以用来推断总体?这是因为抽样单位的选取排除了人为主观因素的干扰和影响。样本单位在性质上的差异能相互抵消,呈现出共同的规律,使总体具有稳定的性质。概率论中的大数定律为抽样调查奠定了理论基础。

大数定律是关于大量随机现象的平均结果具有稳定性的一系列定理的总称。它说明如果被研究的对象是由大量的相互独立的随机因素构成的，而且每个因素对总体的影响都相对很小，那么，这些因素共同作用的综合结果，将使现象呈现出本身的规律性。就抽样调查而言，大数定律可以证明：随着样本容量 n 的增加，样本平均数 $\bar{x}$ 收敛于总体平均数 $\overline{X}$，样本成数 p 收敛于总体成数 P。

大数定律论证了随样本容量 n 的增加，样本指标收敛于总体的相应指标，这为抽样推断提供了重要的理论依据。但是，抽样推断必然会产生误差，由样本指标推算估计总体的相应指标，误差到底有多大？怎样才能估算出这个误差，并进行事前的控制，这是大数定律所无法解决的。

关于抽样调查的误差控制和估算要用到概率论中的另一个重要定理：中心极限定理。中心极限定理表明，如果总体变量存在有限的平均数和方差，那么，不论这个总体变量的分布如何，随着样本容量 n 的增加，样本平均数的分布都趋近于正态分布。正态分布是概率论中最常用的随机变量分布之一，有关正态分布的性质和概率计算是概率论中的经典之作。现实生活中，一个随机变量服从正态分布的情况未必很多，但是，多个随机变量之和的分布大多服从正态分布。样本指标都可表示为随机变量和的分布，因此，当样本容量 n 充分大时，样本指标趋近于正态分布，这为抽样误差的概率估计提供了理论基础。

第二节　抽样误差

一、抽样误差的概念

所谓抽样误差，就是按随机性原则抽取样本时，所得抽样指标与总体指标的偏差，主要包括抽样平均数与全及平均数的偏差 $\bar{x}-\overline{X}$，抽样成数与全及成数的偏差$(p-P)$。一般来说，抽样误差越小，样本指标的代表性越高，抽样推断的精确性越高，反之则亦然。抽样调查的目的是用样本指标去推断估计总体指标，而推断的精确性及样本指标的代表性好坏完全依靠抽样误差。因此，怎样计算、理解、控制和使用抽样误差是抽样调查的重要问题。

1. 抽样误差是随机性误差

抽样误差是由多种原因造成的，主要有主观性原因和客观性原因两大类。主观性原因是由于调查人员在组织抽样调查过程中，没有真正遵循随机性原则，或在数据记录和登记过程中，出现错误等原因产生的误差。这一类误差，统称为登记性误差。客观性原因产生的误差，是由抽样调查本身的特点决定的，是它与生俱来的缺点。即便调查人员严格执行抽样调查的全过程，由样本推断总体还是会产生误差。这一类误差，统称为随机性误差。随机性误差又称偶然的代表性误差，它是指抽样过程中遵循了随机性原则，而在记录、计算和汇总过程中没有误差的情况下，由样本指标估计总体相应指标而产生的偏差。这种随机性误差是抽样调查固有的误差，是必然会产生的，无法避免的，我们只能设法控制它的大小，而无法彻底根除。因此，我们所说的抽样误差就是指这种随机性误差。

2. 抽样误差有抽样实际误差和抽样平均误差之分

抽样实际误差是指某一个样本指标与总体指标之间的偏差,即 $\bar{x}-\overline{X}$和$(p-P)$。抽样调查中,全及指标 $\overline{X}$ 和 P 是唯一确定的,而样本指标 $\bar{x}$ 和 p 随样本的不同而不同,$\bar{x}$ 和 p 是随机变量,只有当样本确定后,它才有一个确定的值。因此,有多少个样本,就有多少个抽样实际误差。所以,抽样实际误差是一个随机数,随抽中的样本不同而不同。我们无法用抽样实际误差衡量抽样误差的大小。很自然地,我们可以把所有的抽样实际误差进行平均,确定其抽样实际误差的一般水平,用它来衡量抽样调查的误差大小。这个误差就叫作抽样平均误差。抽样平均误差是指所有可能出现的抽样实际误差的平均水平,反映抽样推断的精确程度。确切地说,抽样平均误差是指所有样本指标的标准差,它具有标准差的一般意义。一般讨论抽样误差时,指的就是抽样平均误差。

二、抽样平均误差的意义和作用

我们已经知道,抽样实际误差随所抽取样本的不同而变化,它是一个随机变量。仅以某一次抽样所产生的实际误差来衡量样本指标对全及指标的代表性,显然是不恰当的。这是因为,某一次抽样结果的抽样实际误差只是一系列抽样结果可能出现的误差数值之一,它不能概括所有抽样结果所产生的全部抽样误差水平。因而,可以把所有可能的抽样实际误差都考虑进去,以一个综合指标来衡量抽样推断的可靠性。这一指标即抽样平均误差。从理论上讲,抽样平均误差是所有样本指标的标准差。就某一次具体的抽样而言,抽样实际误差可能较大,也可能很小,但是考虑到所有可能的抽样结果,抽样平均误差即误差的一般水平。因此,抽样平均误差的作用可归纳如下。

(1) 抽样平均误差可衡量抽样指标对全及指标的代表性。抽样平均误差越小,样本指标的代表性越好;抽样平均误差越大,样本指标的代表性越不好。抽样平均误差与样本指标的代表性反向变化。

(2) 抽样平均误差是计算总体指标区间估计值的基本依据。为了提高抽样推断的精确性,通常要进行总体指标的区间估计,而抽样平均误差是进行区间估计的一个必要条件。

(3) 抽样平均误差是确定必要样本容量的基本依据。在组织抽样调查时,样本容量的多少非常重要。样本容量大,要花费较多的人力、物力、财力和时间;样本容量小,代表性差,不利于进行正确的抽样推断。因此,要确定一个必要的样本容量。有了抽样平均误差,必要样本容量的确定就有了基本依据。

(4) 抽样平均误差可以衡量抽样推断的精确程度。抽样平均误差反映了在特定抽样组织方式下,抽样误差的一般水平,抽样平均误差越小,说明抽样推断的精确程度越好;抽样平均误差越大,说明抽样推断的精确程度越差。

三、抽样平均误差的计算

抽样平均误差分为抽样平均数的平均误差和抽样成数的抽样平均误差两种,不同的抽样方法,抽样平均误差也不一样,下面将分别介绍简单随机抽样条件下,重复抽样和不重复抽样的抽样平均误差的计算。

通过一个简单的例子来说明抽样平均误差的概念和计算。

[例 7.1] 假设 4 名同学，某次统计学考试的成绩分别是 65 分、60 分、70 分、85 分，分别用 A、B、C、D 表示，4 人的平均成绩是 70 分，随机抽选 2 名同学组成样本。

(一) 重复抽样的抽样平均误差

1. 抽样平均数的平均误差

抽样平均数的平均误差用$\mu_{\bar{x}}$表示，已知 $N=4$，$n=2$，在重复抽样条件下，样本数为 16。根据抽样平均误差的概念，表 7.1 详细列出抽样平均误差的计算过程。

表 7.1 抽样平均误差计算表

样本序号	样本	样本标志值 x	样本平均数 $\bar{x}$	离差 $(\bar{x}-\bar{\bar{x}})$	离差平方 $(\bar{x}-\bar{\bar{x}})^2$
1	(A,A)	(65,65)	65.0	−5.0	25.00
2	(A,B)	(65,60)	62.5	−7.5	56.25
3	(A,C)	(65,70)	67.5	−2.5	6.25
4	(A,D)	(65,85)	75.0	5.0	25.00
5	(B,A)	(60,65)	62.5	−7.5	56.25
6	(B,B)	(60,60)	60.0	−10.0	100.00
7	(B,C)	(60,70)	65.0	−5.0	25.00
8	(B,D)	(60,85)	72.5	2.5	6.25
9	(C,A)	(70,65)	67.5	−2.5	6.25
10	(C,B)	(70,60)	65.0	−5.0	25.00
11	(C,C)	(70,70)	70.0	0.0	0.00
12	(C,D)	(70,85)	77.5	7.5	56.25
13	(D,A)	(85,65)	75.0	5.0	25.00
14	(D,B)	(85,60)	72.5	2.5	6.25
15	(D,C)	(85,70)	77.5	7.5	56.25
16	(D,D)	(85,85)	85.0	15.0	225.00
$\sum$	—	—	1 120	—	700

根据定义：$\mu_{\bar{x}}=\sqrt{\dfrac{\sum(\bar{x}-\bar{\bar{x}})^2}{k}}$，$k$ 为样本数，$k=16$

可以证明：$\bar{\bar{x}}=\overline{X}=70$，所以，$\mu_{\bar{x}}=\sqrt{\dfrac{\sum(\bar{x}-\bar{\bar{x}})^2}{k}}=\sqrt{\dfrac{700}{16}}=6.61$(分)

这表明对 16 个样本而言，无论你抽到哪个样本，样本平均成绩与总体平均成绩的偏差，平均来说是 6.61 分。

可以从理论上推导出：$\mu_{\bar{x}}=\dfrac{\sigma}{\sqrt{n}}$

式中，n 为样本容量；σ 为总体标准差。

2. 抽样成数的抽样平均误差

抽样成数的抽样平均误差用 μ_p 表示，

$$\mu_p=\sqrt{\frac{P(1-P)}{n}}=\sqrt{\frac{PQ}{n}}$$

式中，n 为样本容量；$\sqrt{PQ}$ 为总体交替标志的标准差。

(二) 不重复抽样的抽样平均误差的计算

1. 抽样平均数的平均误差

不重复抽样条件下，样本数目 $k=12$。

同上例，不重复抽样的抽样平均误差的计算过程如表 7.2 所示。

表 7.2　不重复抽样平均误差计算表

样本序号	样本	样本标志值 x	样本平均数 $\bar{x}$	离差 $\bar{x}-\bar{\bar{x}}$	离差平方 $(\bar{x}-\bar{\bar{x}})^2$
1	(A,B)	(65,60)	62.5	−7.5	56.25
2	(A,C)	(65,70)	67.5	−2.5	6.25
3	(A,D)	(65,85)	75.0	5.0	25.00
4	(B,A)	(60,65)	62.5	−7.5	56.25
5	(B,C)	(60,65)	65.0	−5.0	25.00
6	(B,D)	(60,70)	72.5	2.5	6.25
7	(C,A)	(70,65)	67.5	−2.5	6.25
8	(C,B)	(70,60)	65.0	−5.0	25.00
9	(C,D)	(70,85)	77.5	7.5	56.25
10	(D,A)	(85,65)	75.0	5.0	25.00
11	(D,B)	(85,60)	72.5	2.5	6.25
12	(D,C)	(85,70)	77.5	7.5	56.25
$\sum$	—	—	840	—	350

$$\mu_{\bar{x}}=\sqrt{\frac{\sum(\bar{x}-\bar{\bar{x}})^2}{k}}=\sqrt{\frac{350}{12}}=5.4(\text{分})$$

显然，不重复抽样的平均误差小于重复抽样的平均误差。

可以证明，在不重复抽样条件下：$\mu_x=\sqrt{\frac{\sigma^2}{n}\left(1-\frac{n}{N}\right)}$

2. 抽样成数的抽样平均误差 $\mu_P=\sqrt{\frac{P(1-P)}{n}\left(1-\frac{n}{N}\right)}$

不重复抽样平均误差的计算公式比重复抽样的平均误差计算公式多了一个修正系数

$\left(1-\frac{n}{N}\right)$。由于 $0<\frac{n}{N}<1$，故 $1-\frac{n}{N}$ 总是大于 0 而小于 1 的数，所以 $1-\frac{n}{N}$ 为抽样平均误差的修正系数；$\frac{n}{N}$ 为抽样比。特别是，当 N 很大，n 很小时，$1-\frac{n}{N}$ 近似等于 1，这时，抽样方法对于平均误差的影响是不显著的。因此，实际抽样时，多采用重复抽样的公式计算抽样平均误差。

需要指出的是，抽样平均误差的计算要用到总体的有关指标 σ 和 P，就实际的抽样调查而言，总体指标是未知的，需要通过调查取得，因此，可以采用以下方法解决这个问题。

(1) 用样本标准差代替总体标准差，即用 s 代替 σ，用 $p(1-p)$ 代替 $P(1-P)$。

(2) 用过去同类调查的资料代替，既可以是全面调查的资料，又可以是非全面调查的资料。

(3) 在正式调查前，组织一次小规模的试验性调查，用试验性调查的资料代替。

[例 7.2] 某工厂对某天生产的 2 000 件电子元件的耐用时间进行全面检测，又抽取 5%进行抽样复测，资料如表 7.3 所示。

表 7.3　电子元件的检测资料

耐用时间(小时)	组中值 x	全面检测(支)	抽样复测(支)
3 000 以下	2 500	50	2
3 000～4 000	3 500	600	30
4 000～5 000	4 500	990	50
5 000 以上	5 500	360	18
合计		2 000	100

根据规定，耐用时间在 3 000 小时以下为不合格。根据以上资料按重复抽样和不重复抽样方法计算该批电子元件平均耐用时间的抽样平均误差和合格率的抽样平均误差。

解：设 x 为耐用时间，这里 x 是各组的组中值，它的取值为 2 500，3 500，4 500，5 500。

$$N=2\ 000,\frac{n}{N}=5\%,n=2\ 000\times 5\%=100$$

根据上述资料，全部元件的平均耐用时间为：

$$\bar{x}=\frac{\sum xf}{\sum f}=\frac{2\ 500\times 50+3\ 500\times 600+4\ 500\times 990+5\ 500\times 360}{2\ 000}=4\ 330(\text{小时})$$

方差为：

$$\sigma^2=\frac{\sum (x-\bar{x})^2 f}{\sum f-1}$$

$$=\frac{(2\ 500-4\ 330)^2\times 50+(3\ 500-4\ 330)^2\times 600+(4\ 500-4\ 330)^2\times 990+(5\ 500-4\ 330)^2\times 360}{1\ 999}$$

$$=551\ 375.7(\text{小时})$$

合格率为：

$$P=\frac{2\ 000-50}{2\ 000}=97.5\%$$

(1) 重复抽样时

电子元件平均使用寿命的抽样平均误差：

$$\mu_x=\sqrt{\frac{\sigma^2}{n}}=\sqrt{\frac{551\ 375.7}{100}}=74.25(\text{小时})$$

电子元件合格率的抽样平均误差：

$$\mu_P=\sqrt{\frac{P(1-P)}{n}}=\sqrt{\frac{97.5\%\times 2.5\%}{100}}=1.56\%$$

(2) 不重复抽样时

电子元件平均使用寿命的抽样平均误差：

$$\mu_P=\sqrt{\frac{P(1-P)}{n}\left(1-\frac{n}{N}\right)}=\sqrt{\frac{97.5\%\times 2.5\%}{100}\times(1-5\%)}=1.52\%$$

电子元件合格率的抽样平均误差：

$$\mu_{\bar{x}}=\sqrt{\frac{\sigma^2}{n}\left(1-\frac{n}{N}\right)}=\sqrt{\frac{551\ 375.7}{100}\times(1-5\%)}=72.37(\text{小时})$$

四、影响抽样平均误差的因素

从前文的理论分析和实例计算可以看出,影响抽样平均误差的因素主要有四点。

(1) 样本容量

样本容量越大,平均误差越小,反之亦然。这是因为样本容量越大,样本包含的总体信息越多,样本的代表性越好,所以,由样本推断总体的实际误差就小,抽样平均误差就小。因此,抽样平均误差与样本容量反向变化。

(2) 总体方差或全及总体标志变动度

总体方差或全及总体标志变动度越大,平均误差越大,反之亦然。这是因为总体方差或全及总体标志变动度越大,说明调查单位的数量标志值之间的差异越大,总体单位的数量标志较离散,由样本指标推断总体指标的误差也越大,抽样平均误差也越大。因此,抽样平均误差与总体方差或全及总体标志变动度同向变化。

(3) 抽样方法

不同的抽样方法,抽样平均误差也不同,重复抽样的抽样平均误差比不重复抽样的抽样平均误差大。这是由于,重复抽样有可能抽到相同的总体单位,样本包含的信息量减少了,由此推断总体,就会产生较大的误差。

(4) 抽样的组织方式

随机抽样的组织方式有多种，主要有：简单随机抽样、分层抽样、等距抽样、整群抽样、多阶段抽样，不同的抽样组织方式，抽样平均误差有所不同。

就某一次具体的抽样调查而言，全及总体的标志变动度是确定的、无法控制的，我们可以通过控制样本容量和抽样方法，达到控制抽样平均误差的目的。这也是抽样调查的基本性质之一。

五、抽样极限误差

抽样极限误差，也称为抽样允许误差范围，是指在一定的抽样概率可靠程度下，样本指标与总体相应指标之间的抽样误差的最大可能范围，记作 Δ。我们知道，抽样误差是抽样调查的基本特性，抽样误差是必然存在的，无法消除，我们只能承认它，并在抽样调查中，规定我们可以接受的误差水平，这个可接受的误差水平就是抽样极限误差。因此，抽样极限误差刻画了抽样推断的误差范围。抽样推断中，全及总体指标是唯一确定的，但未知，抽样总体指标是不唯一的，是随机变量。用样本指标推断总体指标必然会产生抽样误差，这种误差是无法避免的，只能将其控制在允许的误差范围以内，即

$$|\bar{x}-\overline{X}|\leqslant\Delta_{\bar{x}},\ |p-P|\leqslant\Delta_p$$

或

$$\bar{x}-\Delta_{\bar{x}}\leqslant\overline{X}\leqslant\bar{x}+\Delta_{\bar{x}},\ p-\Delta_p\leqslant P\leqslant p+\Delta_p$$

式中，$\Delta_{\bar{x}}$，Δ_p 分别是抽样平均数和抽样成数的极限误差，一般是事先给定的；$\bar{x}$ 和 p 可通过样本计算出来。因此，通过上式可估算出总体指标 $\overline{X}$ 和 P 的可能取值范围。抽样极限误差是进行总体指标区间估计的基础。

第三节　抽样估计

一、抽样估计的概率度和可靠程度

抽样调查的根本目的就是根据样本指标对总体相应指标作出估计和推断，抽样估计也叫抽样推断或参数估计。为了推断总体指标，就要有一定的概率度、精确度和可靠程度要求。

（一）抽样估计的概率度

抽样极限误差是样本指标与总体指标之间的最大可能偏差，抽样平均误差是所有样本指标的标准差，反映了抽样调查误差的一般水平。因此，抽样极限误差是抽样平均误差的倍数，即 $\Delta=t\mu$。对抽样平均数而言，$\Delta_{\bar{x}}=t\mu_{\bar{x}}$，对抽样成数而言，$\Delta_p=t\mu_p$，所以，$t=\dfrac{\Delta_{\bar{x}}}{\mu_{\bar{x}}}$ 或 $t=\dfrac{\Delta_p}{\mu_p}$，称 t 为抽样估计的概率度。

t 表示以抽样平均误差为尺度来衡量的相对误差范围,在数理统计中被称为置信度。在一定的抽样平均误差条件下,概率度 t 越大,抽样允许误差的范围越大,样本落在误差范围内的概率也越大,从而抽样估计的可信度就越高;反之,概率度 t 越小,抽样允许误差的范围越小,样本落在误差范围内的概率也越小,从而抽样估计的可信度就越低。

(二) 抽样估计的可靠程度

抽样估计的可靠程度,也称抽样估计的可信度,它是推断总体指标落在以样本指标为中心的一定区间内的概率保证程度,也称为抽样估计的可靠程度。可靠程度在抽样推断中是事先给定的,通常以概率 $F(t)$表示。可靠程度 $F(t)$是大于 0 而小于 1 的数。

抽样估计的可靠度 $F(t)$是抽样估计的概率度 t 的函数,在抽样平均误差 μ 一定的条件下,概率度 t 越大,极限误差越大,总体指标落在一定范围内的概率越大,抽样估计的可靠度越大,反之亦然。

数理统计证明,概率 $F(t)$与概率度 t 之间的函数关系是一一对应的,根据抽样估计的含义,有:

$$P(|\bar{x}-\overline{X}|\leqslant t\mu_{\bar{x}})=F(t),P(|p-P|\leqslant t\mu_P)=F(t)$$

在标准正态分布下,可得出样本指标落在一定范围内的可靠程度。

$$F(1)=P(|\bar{x}-\overline{X}|\leqslant 1\times\mu_{\bar{x}})=68.27\%$$
$$F(2)=P(|\bar{x}-\overline{X}|\leqslant 2\times\mu_{\bar{x}})=95.45\%$$
$$F(3)=P(|\bar{x}-\overline{X}|\leqslant 3\times\mu_{\bar{x}})=99.73\%$$

表 7.4 是常用的概率度与可靠度对照表。

表 7.4 常用的概率度与可靠度对照表

概率度 t	可靠度 $F(t)$	极限误差
0.5	0.382 9	0.50μ
1.00	0.682 7	1.00μ
1.28	0.799 5	1.28μ
1.50	0.866 4	1.50μ
1.64	0.9	1.64μ
1.96	0.95	1.96μ
2.00	0.954 5	2.00μ
2.58	0.99	2.58μ
3.00	0.997 3	3.00μ
4.00	0.999 94	4.00μ
5.00	0.999 999	5.00μ

二、抽样估计的方法

按估计结果的不同，抽样估计分为点估计法和区间估计法。

（一）点估计法

点估计法又称定值估计，即估计的结果是一个确切的数值，它使用实际样本指标数值代替总体指标数值。点估计法不考虑误差范围和估计的可靠程度，计算非常简便。总体平均数的点估计值就是样本平均数，总体成数的点估计值即样本成数。这种估计也可简单地称为“代替法”，也就是用样本指标代替相应的总体指标。

例如，对某校 2015 级大学生的统计学考试成绩进行抽查。抽查结果是平均成绩 83 分，及格率 94%。由此推断，全体同学统计学考试的平均成绩是 83 分，及格率是 94%。又如，教育主管部门对暑假中小学生的假期生活进行抽样调查，抽样调查表明，有 80%的中小学生每天的作业时间在 3 小时以上，有 37.8%的中小学生参加了暑期里的各种兴趣学习班，平均每天的睡眠时间为 7.8 小时。因此，我们大致可以认为，暑假里中小学生每天的作业时间为 3 小时，睡眠时间为 7.8 小时，37.8%的学生参加了各种兴趣学习班。

点估计法适合于推断准确程度与可靠程度要求不高的情况。

（二）区间估计法

区间估计法是以一定的概率保证程度用样本指标值推断全及总体指标的可能置信区间。由于样本随机性和抽样误差的存在，点估计值的实际意义不大，通常需要把总体特征值估计在一定的区间范围内。我们每天看到的天气预报都是当天温度可能的区间值，风力、风速也都是预报在一定的区间范围内。如果只给出温度的特定值，显然是毫无意义的。

根据前文的阐述，$\overline{X}$、P 的区间估计为：

$$\bar{x}-\Delta_{\bar{x}} \leqslant \overline{X} \leqslant \bar{x}+\Delta_{\bar{x}}, \quad \bar{x}-t\mu_{\bar{x}} \leqslant \overline{X} \leqslant \bar{x}+t\mu_{\bar{x}}$$

$$p-\Delta_{p} \leqslant P \leqslant p+\Delta_{p}, \quad p-t\mu_{p} \leqslant P \leqslant p+t\mu_{p}$$

区间估计考虑了估计的概率度和误差范围，计算复杂，要求较高。比点估计科学、实用。

[例 7.3]　某大型超市抽检一批食品，结果其平均有效期为 10 天，抽样平均误差为 2 天，问在 99.73%的概率保证下，这批食品的有效期是多少天？

解：依据题意有：$\bar{x}=10$ 天，$\mu_{\bar{x}}=2$ 天，$F(t)=99.73\%$，查表 7.4 可得到，$t=3$，

所以，$\Delta_{\bar{x}}=t\mu_{\bar{x}}=2\times3=6$（天），食品有效期的可能范围是：

$$\bar{x}-\Delta_{\bar{x}} \leqslant \overline{X} \leqslant \bar{x}+\Delta_{\bar{x}}, 10-6 \leqslant \overline{X} \leqslant 10+6$$

$$\text{即 } 4 \leqslant \overline{X} \leqslant 16$$

因而，这批食品的有效期限为 4～16 天，这一推断的可信程度为 99.73%。

[例 7.4]　对一批产品按不重复抽样方法抽选 200 件，其中废品 8 件，又知样本容量为成品容量的$\frac{1}{20}$，当概率保证度为 95%时，试估计废品率的可能范围。

解：依据题意，样本的废品率 $p=\frac{8}{200}=4\%$，$\frac{n}{N}=\frac{1}{20}$，$F(t)=95\%$，查表 7.4 可得到，$t=1.96$。在不重复抽样方法条件下，

$$\mu_P=\sqrt{\frac{P(1-P)}{n}\left(1-\frac{n}{N}\right)}=\sqrt{\frac{0.04\times0.96}{200}\times\left(1-\frac{1}{20}\right)}=1.35\%$$

$$\Delta_p=t\,\mu_P=1.96\times1.35\%=2.65\%$$

$$p-t\,\mu_P\leqslant P\leqslant p+t\,\mu_P,4\%-2.65\%\leqslant P\leqslant4\%+2.65\%$$

$$\text{即 }1.35\%\leqslant P\leqslant6.65\%$$

因此，这批产品废品率为 1.35%～6.65%，这一推断的可信程度是 95%。

三、全及总体指标的推算

(一) 点估计法

(1) 总体平均数 $\overline{X}$ 的点估计。点估计法也称代替法。全及总体平均数 $\overline{X}$ 的点估计值为样本平均数 $\bar{x}$，即 $\overline{X}=\bar{x}$。

(2) 总体成数 P 的点估计。总体成数 P 的点估计值为样本成数 p，即 $P=p$。

(3) 总体标志总量的点估计。设 X 表示总体单位的数量标志值，则全及总体的标志总量为 $\sum X$ 。

由于，$\overline{X}=\frac{\sum X}{N}$，所以，$\sum X=N\overline{X}$，

而 $\overline{X}=\bar{x}$，所以，$\sum X=N\bar{x}$

即总体标志总量的点估计值为 $N\bar{x}$。

(4) 全及总体中具有某一标志的总体单位数 N_1 的点估计。

因为 $P=\frac{N_1}{N}$　所以$N_1=NP$

因为 $P=p$　所以$N_1=Np$

所以总体中具有某一标志的总体单位数N_1 的点估计为 Np。

(二) 区间估计法

根据区间估计的原理，全及总体各指标的区间估计分别是：

(1) 全及平均数 $\overline{X}$ 的区间估计

$$\bar{x}-t\,\mu_{\bar{x}}\leqslant\overline{X}\leqslant\bar{x}+t\,\mu_{\bar{x}}$$

(2) 全及成数 P 的区间估计

$$p-t\,\mu_p\leqslant P\leqslant p+t\,\mu_p$$

(3) 全及总体标志总量的区间估计

$$N(\bar{x}-t\mu_{\bar{x}})\leqslant\sum X\leqslant N(\bar{x}+t\mu_{\bar{x}})$$

(4) 全及总体中具有某一标志值的总体单位数的区间估计

$$N(p-t\mu_p)\leqslant N_1\leqslant N(p+t\mu_p)$$

[例 7.5]　某高校随机抽选千分之一的大学生进行抽样调查，测得他们的身高资料如表7.5所示。试以95.45%的概率保证估计：(1) 该校全部大学生平均身高的范围；(2) 该校全部大学生身高在170厘米以上的人数范围。

表 7.5　大学生身高的抽查资料

按身高分组(厘米)	组中值 x(厘米)	学生人数(人)
150～160	155	20
160～170	165	60
170～180	175	16
180 以上	185	4

解：$n=100,\dfrac{n}{N}=\dfrac{1}{1\ 000},N=100\ 000$

$F(t)=95.45\%$，查表7.4得，$t=2$。

(1) 设身高为 x，样本值分别是155，165，175，185。

$$\bar{x}=\frac{\sum xf}{\sum f}=\frac{155\times20+165\times60+175\times16+185\times4}{100}=165.4(\text{厘米})$$

$$s^2=\frac{\sum(x-\bar{x})^2f}{\sum f-1}$$

$$=\frac{(155-165.4)^2\times20+(165-165.4)^2\times60+(175-165.4)^2\times16+(185-165.4)^2\times4}{99}$$

$=61.52(\text{厘米})^2$

$$\mu_{\bar{x}}=\sqrt{\frac{s^2}{n}\left(1-\frac{n}{N}\right)}=\sqrt{\frac{61.52}{100}\times\left(1-\frac{1}{1\ 000}\right)}=0.78$$

$$\Delta_{\bar{x}}=t\mu_{\bar{x}}=2\times0.78=1.56$$

$$\bar{x}-t\mu_{\bar{x}}\leqslant\overline{X}\leqslant\bar{x}+t\mu_{\bar{x}}\qquad 165.4-1.56\leqslant\overline{X}\leqslant165.4+1.56$$

即 $163.84\leqslant\overline{X}\leqslant166.96$

所以，在校大学生的身高在163.84～166.96厘米，这一推断的可信程度是95.45%。

(2) 样本中身高170厘米以上的人数为 $n_1=20$ 人，$p=\dfrac{n_1}{n}=\dfrac{20}{100}=20\%$

$$\mu_p=\sqrt{\frac{p(1-p)}{n}\left(1-\frac{n}{N}\right)}=\sqrt{\frac{0.2\times0.8}{100}\left(1-\frac{1}{1\ 000}\right)}=4\%$$

$$\Delta_P = t\,\mu_p = 2\times 4\% = 8\%$$
$$20\% - 8\% \leqslant P \leqslant 20\% + 8\%$$
$$12\% \leqslant P \leqslant 28\%$$
$$N_1 = NP$$
$$100\ 000\times 12\% \leqslant N_1 \leqslant 100\ 000\times 28\%\text{，即 }12\ 000\text{ 人}\leqslant N_1 \leqslant 28\ 000\text{ 人}$$

所以，在校大学生中，身高在170厘米以上的人数为12 000～28 000人，作出这一推断的可信程度也是95.45%。

实际推断中，区间估计更加科学、实用，应用范围很广。

[例7.6] 某工厂欲了解工人由于停工待料和机器故障所造成的损失，从全厂1 000名工人中随机抽取50名工人作样本，调查的结果是，每名工人平均每周损失工时5.35小时，且工时损失的方差是1.25小时²，问在估计可靠度为95%的条件下，全厂每个工人平均每周的工时损失数是多少？全厂每周损失的总工时数又是多少？

解：$N=1\ 000, n=50, \bar{x}=5.35, s^2=1.25, F(t)=95\%, t=1.96$

$$\mu_{\bar{x}} = \sqrt{\frac{s^2}{n}\left(1-\frac{n}{N}\right)} = \sqrt{\frac{1.25}{50}\times\left(1-\frac{50}{1\ 000}\right)} = \sqrt{0.023\ 75} = 0.154$$
$$t\mu_{\bar{x}} = 1.96\times 0.154 = 0.302$$

所以，全厂每个工人平均每周的工时损失数是：

$$\bar{x} - t\mu_{\bar{x}} \leqslant \overline{X} \leqslant \bar{x} + t\mu_{\bar{x}},$$
$$5.35-0.302 \leqslant \overline{X} \leqslant 5.35+0.302,$$
$$5.048 \leqslant \overline{X} \leqslant 5.652$$

这表明，全厂每个工人平均每周的工时损失数为5.048～5.652小时，作出这一推断的可靠度是95%。

全厂每周损失的总工时数是：

$$N(\bar{x} - t\mu_{\bar{x}}) \leqslant N\overline{X} \leqslant N(\bar{x} + t\mu_{\bar{x}})$$
$$1\ 000\times 5.048 \leqslant N\overline{X} \leqslant 1\ 000\times 5.625$$
$$5\ 048 \leqslant N\overline{X} \leqslant 5\ 625$$

这表明，全厂每周损失的总工时数为5 048～5 652小时，作出这一推断的可靠度是95%。为了提高效率，加强管理，应该尽可能地减少工时损失。

第四节　随机抽样的组织方式

一、抽样调查的组织程序

一项抽样调查通常要经过以下的程序或步骤。

申请立项→收集总体的有关资料，编制抽样框→设计抽样调查方案→组织实施抽样调查，收集样本单位的数据，对样本进行准确性和代表性检查→进行数据处理→推断总体，并予以论证→提供抽样调查结果并对结果的可靠性作出说明。

抽样调查的组织方式与研究目的、抽样对象的性质和调查具备的条件有关。一般而言，所采取的抽样调查的组织方式应满足如下两个基本原则：第一，遵循随机性原则。随机性原则是抽样调查的最根本特征，只有按随机性原则抽取样本单位，才能保证样本单位的客观公正，富有代表性，提高抽样调查的精度。第二，效果最大化原则。抽样调查和其他工作一样，也要遵循效率最大原则。抽样调查的根本目的是由样本推断总体，不论如何组织抽样调查都要能实现这一根本目的。抽样调查要花费一定的人力、物力、财力等，还要花费一定的调查时间，如何以较少的费用支出、时间消耗，获得最大准确程度的数据，是组织抽样调查必须解决的一对矛盾。下面将介绍几种常用的抽样调查组织方式。

二、简单随机抽样

（一）概念

从含有 N 个单位的总体中，不加任何分组、划类、排队等，按随机性原则抽取 n 个单位组成样本，样本的每个单位完全独立，彼此间无一定的关联性和排斥性。使每个总体单位都有同等机会被抽中，每个样本都有同等机会被抽中，这种抽样方法称为简单随机抽样，所得到的样本也称为简单随机样本。简单随机抽样对总体不作任何处理，只是从总体的全部单位中随机抽取样本单位，也称为纯随机抽样。简单随机抽样是其他各种抽样形式的基础。通常只是在总体单位之间差异程度较小和数目较少时，才采用这种方法。

（二）实施方法

简单随机抽样的具体实施方法主要有两种：抽签法和随机数表法。

1. 抽签法

抽签法是先将全及总体的每个单位都编上号，将号码写在签上，将所有的签混合均匀后，从其中随机抽选，逐次抽取 n 个签，对应号码的 n 个单位就构成了容量为 n 的简单随机样本。

2. 随机数表法

随机数表是由计算机产生的一系列随机数字所构成的表格。随机数表法，即利用已有随机数表抽选样本单位。先将全及总体的每一个单位编号，然后从随机数表上的任意随机位置开始，向任何一个方向取数，遇到属于总体单位编号范围内的数字，就作为样本单位。若是不重复抽样，遇到重复的数字就舍弃；若是重复抽样，遇到重复的数字所对应编号的总体单位仍要保留，重复作为样本单位，这样一直抽到 n 个样本单位为止。

例如，要从 500 名入学新生中随机抽取 50 名新生调查他们的家庭经济情况，我们先将这 500 名新生按 001～500 编号，要用到三位随机数表，然后从随机数表的任意点开始，向任意方向取数，只要号码为 001～500，就保留，直到选中 50 名为止。例如，从第 5 行第 3 列开始，向任意方向取数，连续的以三个数字为一组取数，从而得到 $\underline{487}$，988，744，$\underline{352}$，$\underline{063}$，$\underline{430}$，$\underline{013}$，

<u>160</u>,<u>102</u>,735,<u>077</u>,971,899,520,<u>141</u>,<u>028</u>,908……加下画线的三位数都在要求的编号内,这样取出的 50 个数字对应的单位,即构成 $n=50$ 的简单随机样本。

简单随机抽样操作简便,最符合随机原则,主要适用于:总体单位数不多且总体单位的差异性不大时和对调查对象的情况了解很少时。

(三) 抽样平均误差

(1) 重复抽样时:

抽样平均数的抽样平均误差 $\mu_{\bar{X}}=\sqrt{\frac{\sigma^2}{n}}$,

抽样成数的抽样平均误差 $\mu_P=\sqrt{\frac{P(1-P)}{n}}$

(2) 不重复抽样时:

抽样平均数的抽样平均误差 $\mu_{\bar{X}}=\sqrt{\frac{\sigma^2}{n}\left(1-\frac{n}{N}\right)}$,

抽样成数的抽样平均误差 $\mu_P=\sqrt{\frac{P(1-P)}{n}\left(1-\frac{n}{N}\right)}$

三、类型抽样

(一) 概念

类型抽样又称分类抽样或分层抽样,是先将全及总体按某一标志分成若干个类型组,使组内各单位的标志值比较接近,组间的标志值差异较大,然后在各组内分别按随机原则抽取若干单位共同组成一个样本。类型抽样是先分类、再抽样,将分类和随机性原则相结合。

一般来说,设总体被分为 k 类(组、层),$N_1,N_2,\cdots,N_k$ 为各类型组的单位总数,$n_1,n_2,\cdots,n_k$ 是各类型组中抽取的样本数,则 $\sum N_k=N$,$\sum n_k=n$ 。若样本容量 n 一定,应如何在各层中分配样本容量n_k 呢?下面将介绍样本容量在各层中的基本分配方法。

(二) 类型抽样抽取单位的方法

1. 等比例类型抽样

由于我们假设各类型组的单位数为N_k 已知,那么单位数多的类型组应多抽一些,单位数少的类型组应少抽一些,这样可以保证样本单位在总体中的分布比较均匀。因此,可以按总体各类型组的单位数占总体单位数的比例都相等的方式抽取样本单位,即$\frac{n_1}{N_1}=\frac{n_2}{N_2}=\cdots=\frac{n_k}{N_k}=\frac{n}{N}$,这种抽选样本单位的方法称为等比例类型抽样。总体各类型组中的样本单位数为:

$$N_k \times \frac{n}{N}$$

等比例的类型抽样，适合于总体单位的数量标志值比较均匀、差异程度不大的情形。

2. 不等比例类型抽样

当总体各类型组中单位的标志变动度较大时，要根据各类型组的特征抽选样本单位，对标志变动程度大的组应多抽取样本单位，而标志变动程度小的组，抽取的单位数应少一些。这种抽取样本单位的方法为不等比例类型抽样，各类型组中应选取的单位数为：

$$n_k = \frac{N_k \times \sigma_k}{\sum N_k \times \sigma_k} \times n$$

不等比例的类型抽样，适合于总体单位的数量标志值不均匀、差异程度较大的情形。

(三) 类型抽样的特点

类型抽样具有以下特点：

(1) 提高了样本对总体的代表性。类型抽样是先分类，再抽样，可以保证总体中每一类的个体都能被抽中，样本单位的分布比较充分，代表性较好。

(2) 降低了影响抽样平均误差的总体方差。类型抽样，将相同的个体分成一类，每一类中，总体单位的差异性较小，这样就可以降低总体方差。

(3) 该方法适用于总体情况复杂，各单位之间差异较大，单位数较多的情况。

(四) 抽样平均误差

(1) 重复抽样时

总体平均数的抽样平均误差：

$$\mu_{\bar{x}} = \sqrt{\frac{\overline{\sigma_k^2}}{n}}$$

式中，$\overline{\sigma_k^2} = \frac{\sum N_k \sigma_k^2}{N}$ 或 $\frac{\sum n_k \sigma_k^2}{n}$

总体成数的抽样平均误差：

$$\mu_p = \sqrt{\frac{\overline{P(1-P)}}{n}}$$

式中，$\overline{P(1-P)} = \frac{\sum P_k(1-P_k)N_k}{N}$ 或 $\frac{\sum P_k(1-P_k)n_k}{n}$

(2) 不重复抽样时

总体平均数的抽样平均误差：

$$\mu_{\bar{x}} = \sqrt{\frac{\overline{\sigma_k^2}}{n}\left(1-\frac{n}{N}\right)}$$

总体成数的抽样平均误差：

$$\mu_P=\sqrt{\frac{P(1-P)}{n}\left(1-\frac{n}{N}\right)}$$

在实际工作中，由于未知总体方差，常用样本方差代替。

[例7.7] 某地区有10 000户家庭，按城市和农村户比例，按不重复抽样方法抽取1 000户，进行电脑拥有量的调查，资料如表7.6所示。试以80%的概率推断该地区家用电脑拥有户比重的范围。

表7.6 电脑拥有量的调查

家庭户分类	分类代码	抽样户数	电脑拥有户比重(%)
城市	1	300	40.0
农村	2	700	1.5

解：$N=10\ 000, n=1\ 000, n_1=300, n_2=700, p_1=40\%, p_2=1.5\%$

$F(t)=80\%$，查表7.4可得，$t=1.28$

$$p=\frac{0.4\times300+0.015\times700}{1\ 000}=13.05\%$$

$$\overline{p_k(1-p_k)}=\frac{0.4\times0.6\times300+0.015\times0.985\times700}{1\ 000}=8.3\%$$

$$\mu_p=\sqrt{\frac{0.083}{1\ 000}\times\left(1-\frac{1\ 000}{10\ 000}\right)}=0.07\%$$

$$\Delta_p=t\mu_p=1.28\times0.07\%=0.89\%$$

p的区间估计为：$13.05\%-0.89\%\leqslant P\leqslant13.05\%+0.89\%$

即 $12.16\%\leqslant P\leqslant13.94\%$

故该地区电脑拥有户比重的范围为12.16%～13.94%，作出这一推断的可靠程度是80%。

四、等距抽样

(一) 概念

等距抽样也叫系统抽样或机械抽样。假设全及总体的单位数为N，样本容量为n，先将全及总体的所有单位按一定顺序排列，并分成单位数相等的n段，每一段包含K个单位，$K=\frac{N}{n}$，然后，在第一段中随机抽取一个样本单位，用a表示，间隔k个单位在第二段中抽取第二个单位，用$a+k$表示，再间隔k个单位在第三段中抽取第三个单位，用$a+2k$表示，这样下去，直到抽取n个单位为止的抽样调查的组织方式，称为等距抽样。例如，从5 000名大学生中抽选1%，即50名进行调查，可将大学生按学号排序，分成50个组，每组100人，若从第一组中随机选取一个单位，比如 0020 号，则第二个单位就是 0120 号，第三个单位就是 0220 号，……，最后一个是 4920 号。也可将大学生按姓氏笔画顺序排队，然后等间隔地抽取样本。

从以上概念可知，等距抽样是不重复抽样，严格地说，它也是一种分层抽样，通常可以保证被抽出的样本较均匀地分布在总体中，以提高样本单位的代表性，从而降低了抽样误差、提高了抽样推断的可靠程度。

要组织一次等距抽样，必须解决好两个问题：一个是全及总体单位应如何排序，另一个是如何抽选第一个样本单位。不难理解，这两个问题对等距抽样非常重要。

（二）全及总体单位的排序方式

全及总体单位有两种排序方式：按无关标志排序和按有关标志排序。

1. 按无关标志排序

按无关标志排序是指用于排序的标志与所调查的项目指标没有直接关系。如，调查职工生活水平时，职工按姓氏笔画排序；对某单位职工进行健康状况调查时，按工号排序；调查产品质量时，产品按入库顺序排序；人口调查时按身份证号码排序等都属于按无关标志排序。按无关标志排序可保证总体的随机性，使全及总体单位的排序方式完全符合随机原则，不受主观人为因素的影响，适用于对总体的情况了解不多的情形。

2. 按有关标志排序

按有关标志排序是指用于排序的标志与所调查的项目指标有直接关系。如，对某单位职工进行健康状况调查时，按年龄排序；调查居民的消费支出情况时，按收入排序；调查耕地的产出量时，按往年的平均亩产量排序等都属于按有关标志排序。按有关标志排序，适合于已经掌握总体简单情况的情形。

（三）等距抽样抽取样本单位的方法

等距抽样是将全及总体单位按一定的标志排队后，等间隔地抽取样本单位，以构成样本。只要将第一个样本单位确定了，随后的样本单位自然而定，因而样本单位的选取取决于第一个样本单位如何确定。

1. 随机起点等距抽样

在 N 和 n 一定时，抽样间隔为 $K=N/n$（设为整数），在第一组内，随机抽取一个样本单位，序号为 a，则第二个样本单位的序号为 $a+k$，第三个为 $a+2k$，……，第 n 个为 $a+(n-1)k$。这种抽选样本单位的方法称为随机起点等距抽样。随机起点等距抽样保证了样本分布的均匀性和代表性，当总体是按无关标志排序时，随机起点等距抽样能避免产生系统误差，而当总体按有关标志排序时，随机起点等距抽样会产生系统性误差。

2. 对称等距抽样

设在第一组中随机抽取一个样本单位，序号为 a，则在第二组中与第一个样本单位对称的位置抽取第二个样本单位，序号为 $2k-a$，在第三组中与第二组样本单位对称的位置抽取第三个样本单位，序号为 $2k+a$，以此类推，直到抽取 n 个样本单位为止。对称等距抽样适合于总体单位的标志值具有一定的周期性情况，可避免引起系统性误差。

3. 半距起点等距抽样

当总体单位按有关标志值排队时,一般不是按随机起点抽取样本单位,而是抽取各组中点位置上的单位组成样本。设第一组中点位置上的样本单位序号为$\frac{k}{2}$,则第二个样本单位是$k+\frac{k}{2}$,……,第n个样本单位是$(n-1)k+\frac{k}{2}$。这种抽选样本单位的方法称为半距起点等距抽样。当排序标志与调查内容有关时,处于中间位置上的单位的标志值就代表了这一组所有单位标志值的中间水平,因此,最有代表性。

半距起点等距抽样在大规模社会经济调查中被广泛应用,取得了令人满意的效果。但是,半距起点等距抽样的局限性也非常明显,首先,随机性不明显,当总体排队确定后,样本单位也随之确定;其次,半距起点等距抽样只能抽取一个样本,抽样的利用率太低。

(四) 抽样平均误差

等距抽样是不重复抽样,按不重复抽样原理计算抽样平均误差。

(1) 无关标志排序时,等距抽样近似于简单随机抽样,按简单随机抽样误差公式计算

$$\mu_{\bar{x}}=\sqrt{\frac{\sigma^2}{n}\left(1-\frac{n}{N}\right)}$$

$$\mu_P=\sqrt{\frac{P(1-P)}{n}\left(1-\frac{n}{N}\right)}$$

(2) 有关标志排序时,等距抽样近似于类型抽样,采用分层抽样公式计算

$$\mu_{\bar{x}}=\sqrt{\frac{\overline{\sigma_k^2}}{n}\left(1-\frac{n}{N}\right)}$$

$$\mu_p=\sqrt{\frac{\overline{P(1-P)}}{n}\left(1-\frac{n}{N}\right)}$$

[**例 7.8**] 为了推断15块地玉米今年的平均亩产,按去年的亩产量排序,如表7.7所示。进行半距起点等距抽样抽选3块地,序号分别是3,8,13。经过实割实测各地块,平均亩产为$\overline{x_3}=405$千克,$\overline{x_8}=410$千克,$\overline{x_{13}}=480$千克,试以80%的概率对这15块地的平均亩产进行区间估计。

表7.7 15块地玉米亩产量排序

组号	1					2					3				
地块序号	1	2	3	4	5	6	7	8	9	10	11	12	13	14	15
去年亩产(千克)	340	350	355	360	375	385	395	400	410	420	430	440	460	465	480
平均亩产(千克)	356					402					455				

解:$N=15$,$n=3$,$F(t)=80\%$,$t=1.28$

(1) 计算样本平均数：$\bar{x}=\dfrac{405+410+480}{3}=431.67$(千克)

(2) 计算各组组内方差：

$$\sigma_1{}^2=\frac{(340-356)^2+(350-356)^2+(355-356)^2+(360-356)^2+(375-356)^2}{5}=134$$

$$\sigma_2{}^2=\frac{(385-402)^2+(395-402)^2+(400-402)^2+(410-402)^2+(420-402)^2}{5}=146$$

$$\sigma_3{}^2=\frac{(430-455)^2+(440-455)^2+(460-455)^2+(465-455)^2+(480-455)^2}{5}=320$$

(3) 计算平均组内方差：$\overline{\sigma_k^2}=\dfrac{134+146+320}{3}=200$

(4) 抽样平均误差和极限误差：

$$\mu_{\bar{x}}=\sqrt{\frac{200}{3}\times\left(1-\frac{3}{15}\right)}=7.3,\Delta_{\bar{x}}=1.28\times7.3=9.34$$

$$431.67-9.34\leqslant\overline{X}\leqslant431.67+9.34$$

即 $422.33\leqslant\overline{X}\leqslant441.01$

所以以 80%的概率推断平均亩产为 422.33～441.01 千克。

(五) 等距抽样的适用范围和局限性

等距抽样适用于以下几种情形：第一，总体由自然顺序排列形成，如流水线上生产的产品有自然的产品生产编号、车辆牌照的编号、人的身份证号、职工的工号、家庭的门牌号等。第二，大规模的抽样调查。第三，调查人员的素质不太高时。

等距抽样的局限性：第一，当总体单位按有关标志排序时，容易产生系统性偏差。第二，若抽样间隔与想象的周期性变化相一致时，系统性因素会对抽样估计带来偏差，难以保证抽样调查的质量。

等距抽样是实际工作中应用较多的方法，目前我国城乡居民收支等调查，都是采用这种方式。

五、整群抽样

(一) 概念

前文介绍的抽样方式，都是一个一个的抽选样本单位，如果全及总体单位数较多，也较分散时，这会增加抽样的负担。对此，我们可以采取整群抽样的组织方式。

整群抽样是将全及总体单位按某种标志划分成 R 个群(组、类)，然后按简单随机抽样抽选 r 个群，对抽中的群内的所有单位都进行调查，这种抽样方法称为整群抽样。整群抽样的抽样单元是群(组、类)，每次抽中的是一个群(组)，是全及总体的一个小的子总体。例如：要了解上海市中小学推进素质教育，学生减负的情况，可以按学校抽样，对抽得学校的所有学生进行全面调查；要调查开学第一天学生的出勤率，可以按班级抽样，对抽中班级进行出勤率的全面调查;要进行人口调查,可以按居委会抽样,对抽中的居委会的所有人员进行调查。这些调查的组织方式都是整群抽样。

(二) 样本单位的选取

整群抽样样本单位的选取分两步。

第一,对所研究的全及总体按某种标志划分成若干个群,如 R 个。并对多个群进行编号,对要调查的社会经济现象,通常采用现象本身自然存在的群,而不是人为地把各个单位重新构成群,这种自然存在的群,以社会经济现象中现存的各组织形态、集团、区域、行政区划等为特征。

第二,采用简单随机抽样或分层抽样的方式,抽取 r 个样本群。这 r 个样本群中的所有单位即整群抽样的样本单位。

(三) 抽样平均误差

1. 影响整群抽样平均误差的因素

(1) 样本群数 r。r 越大,误差越小,r 越小,误差越大。抽样平均误差与样本群数反向变化。

(2) 群间方差。群间方差是各群间的平均差异程度。对整群抽样而言,由于选中群的群内所有单位要进行全面调查,因而,群内方差不影响抽样误差,影响抽样平均误差的是群间方差。群间方差越小,抽样误差越小;群间方差越大,抽样误差越大。抽样平均误差与群间方差同向变化。

(3) 抽样方法。整群抽样是不重复抽样,按不重复抽样计算抽样平均误差。

2. 抽样平均误差

$$\mu_{\bar{x}}=\sqrt{\frac{\delta_{\bar{x}}{}^{2}}{r}\left(\frac{R-r}{R+1}\right)},\mu_{P}=\sqrt{\frac{\delta_{P}{}^{2}}{r}\left(\frac{R-r}{R-1}\right)}$$

式中,$\delta_{\bar{x}}^2$ 为总体平均数群间方差;$\delta_p{}^2$ 为总体成数群间方差。

$$\delta_{\bar{x}}{}^{2}=\frac{\sum_{i=1}^{R}(\overline{X_i}-\overline{X})^2}{R},\overline{X_i}\text{ 为总体各群的平均数。}$$

$$\delta_{p}^{2}=\frac{\sum_{i=1}^{R}(P_i-P)^2}{R},P_i\text{ 为总体各群的成数 。}$$

[例 7.9] 某工厂生产某种电子元件,在连续生产 720 小时中,每隔 4 小时抽取 1 小时的全部产品加以检查,根据抽样资料计算结果,产品平均使用寿命为 1 200 小时,群间方差为 60 小时^2,计算平均数的抽样误差,并以 95%的可靠程度推断该批电子元件的平均使用寿命。

解:$\bar{x}=1\ 200,\delta_{\bar{x}}^{2}=60,R=720,r=\frac{720}{24}=30,F(t)=95\%$,查表 7.4 得,$t=1.96$

$$\mu_{\bar{x}}=\sqrt{\frac{\delta_{\bar{x}}^{2}}{r}\left(\frac{R-r}{R-1}\right)}=\sqrt{\frac{60}{30}\times\left(\frac{720-30}{720-1}\right)}=1.385(\text{小时})$$

平均使用寿命：$\bar{x}-t\mu_{\bar{x}}\leqslant\overline{X}\leqslant\bar{x}+t\mu_{\bar{x}}$

即 $1\,200-1.96\times1.385\leqslant\overline{X}\leqslant1\,200+1.96\times1.385$

$$1\,197.29\leqslant\overline{X}\leqslant1\,202.72$$

（四）整群抽样的适用范围和局限性

1. 整群抽样的适用范围

（1）总体单位数很多，分布很广且缺乏包括全部总体单位的抽样框时，可采用整群抽样。

（2）当总体是由一些情况相同，结构类似的较复杂群体所组成时，可采用整群抽样。

（3）当调查费用和调查时间比较紧张时，可采用整群抽样，减少抽样次数，省时省力。

在群间差异性不大或者不适宜单个抽选调查样本的情况下，可采用整群抽样。

2. 整群抽样的局限性

样本单位比较集中，影响抽样单位在全及总体中的平均分布，因此，在同等样本单位数的条件下，整群抽样的误差通常大于简单随机抽样、分层抽样和等距抽样。要解决这一问题，只有多抽取几个群，而这又会增加调查的费用。

六、多阶段抽样

（一）概念

多阶段抽样也叫多级抽样或阶段抽样，是指对全及总体单位的整个抽样过程分为两个或更多个阶段进行，先从总体中抽选若干个大的样本群，也叫第一阶段单位，然后，从被抽中若干大的单位群中，抽选较小的样本单位，这种抽样调查的组织方式称为多阶段抽样。例如，中央电视台进行全国性的电视节目收视率调查时，通常是先抽几个省，然后从抽中的省中抽取若干个城市，从抽中的城市中，再抽取若干个县、村，最后再抽至户；国家统计局要调查全国零售商品的销售情况，常常也是先抽取几个省，从抽中的省中抽取若干个城市，这些抽样方式都是多阶段抽样。多阶段抽样在大规模的社会调查中应用广泛。

又如，按照国家统计局制定的《2005 年全国 1％人口抽样调查抽样工作细则》要求，调查样本的抽取将分两阶段进行：第一阶段是抽取居（村）委会调查样本单位；第二阶段是抽取具体的被调查户，在上海市，要求调查的总人数为 52 万人。上海市已抽中的第一阶段的居（村）委会调查样本单位涉及全市 19 个区县中的 231 个乡、镇、街道，再在其中确定了 963 个村（居）委会。在试点调查阶段，上海市 1％人口抽样调查第一阶段的样本单位是普陀、宝山、松江三区，每个区各抽一个村（居）委会内的一个调查小区，每个调查小区约 85 户、250 人左右。三个调查小区共调查约 750 人。2005 年 8 月 19 日，上海市 1％人口抽样调查试点的三个调查小区已经正式确定为普陀区长寿路街道锦绣居委会、宝山区高境镇共和三村居委会、松江区岳阳街道黑鱼弄居委会。

第二阶段抽取的 52 万人将在被抽中的村（居）委会内抽取。按国家规定，抽样的方法是首先将已抽中的963个村(居)委会中的所有常住人口按每250人左右再分为若干个“调查小区”,再在每个被抽中的村(居)委会各抽取2～3个“调查小区”,上海市总共将抽取约2 150个“调查小区”。被抽中的“调查小区”内的所有常住人口和调查时点时的在沪人口都将接受调查。

(二) 样本单位的选取

多阶段抽样分为两阶段抽样和三阶段以上的抽样,以两阶段抽样为例叙述样本单位的选取。第一,对全及总体按某一标志分成 R 个群,每群包含 M_i 个单位,并且对群进行编号。第二,按简单随机抽样,从 R 个群中,抽取 r 个群,此为第一阶段抽样。第三,从选出的 r 个群中,分别按简单随机抽样各抽取 m_i 个单位,以构成样本,此为第二阶段抽样。多阶段抽样的抽样阶段数不宜多,一般以两到三阶段为宜。在多阶段抽样中,前几阶段的抽样,都类似整群抽样,最后一阶段的抽样类似于简单随机抽样、分层抽样和等距抽样。每一个阶段都存在代表性误差。

(三) 抽样平均误差

我们以两阶段抽样为例,叙述抽样平均误差的计算。

设总体单位数为 N,分成 R 个群,每个群包含的单位数为 M_i,$i=1,2,\cdots,R$。$N=\sum_{i=1}^{R} M_i$。

第一步,抽选 r 个群,$r<R$,r 为第一阶段样本数。

第二步,从 r 个群中,分别抽取 m_j 个样本单位,$j=1,2,\cdots,r$,则 $\sum_{j=1}^{r} m_j=n$。

特例:若 $M_1=M_2=\cdots=M_i=M$,则 $m_1=m_2=\cdots=m_j=m$

$$rm=n$$

$$\mu_{\bar{x}}=\sqrt{\frac{\delta_{\bar{x}}^2}{r}\left(\frac{R-r}{R-1}\right)+\frac{\overline{\sigma_i^2}}{rm}\left(\frac{M-m}{M-1}\right)}$$

$$\mu_P=\sqrt{\frac{\delta_P^2}{r}\left(\frac{R-r}{R-1}\right)+\frac{\overline{P_i(1-P_i)}}{rm}\left(\frac{M-m}{M-1}\right)}$$

式中,$\delta_{\bar{x}}^2$ 为总体平均数的群间方差;$\overline{\sigma_i^2}$ 为总体各群群内方差的平均数;δ_P^2 为总体成数的群间方差;$\overline{P_i(1-P_i)}$ 为总体成数的平均群内方差。

[例7.10] 某学院有30个班,每班有学生50人,现采用二阶段抽样方法对学生每周参加文体活动的时间进行调查。从30个班中随机抽取6个班,从抽取的6个班中,每班抽出5人进行调查,资料如表7.8所示,试以95.45%的精确度估计该院学生每周参加文体活动的时间。

表 7.8　抽选学生的文体活动时间情况

单位：小时

选中班号	时间	平均时间	$(x_i-\bar{x}_i)^2$	$(\bar{x}_i-\bar{x})^2$
Ⅰ	10 6 7 8 8	7.8	4.84 3.24 0.64 0.04 0.04	0.01
小计	39		8.80	
Ⅱ	7 5 5 9 9	7.0	0.00 4.00 4.00 4.00 4.00	0.81
小计	35		16.00	
Ⅲ	10 8 8 8 10	8.8	1.44 0.64 0.64 0.64 1.44	0.81
小计	44		4.80	
Ⅳ	9 8 7 11 6	8.2	0.64 0.04 1.44 7.84 4.84	0.09
小计	41		14.8	
Ⅴ	5 8 6 7 8	6.8	3.24 1.44 0.64 0.04 1.44	1.21
小计	34		6.80	
Ⅵ	9 10 6 10 9	8.8	0.04 1.44 7.84 1.44 0.04	0.81
小计	44	10.80		
总计	237	47.4		3.74

解：$R=30 \quad r=6 \quad M=50 \quad m=5 \quad F(t)=95.45\% \quad t=2$

$$\bar{x}=\frac{1}{r}\sum_{i=1}^{r}\overline{X}_i=\frac{1}{6}\times 47.4=7.9(\text{小时})$$

$$\bar{x}_i=\frac{1}{m_j}\sum_{j=1}^{m}X_{ij},i=1,2,\cdots,6。$$

$$s_i^2=\frac{1}{m-1}\sum_{j=1}^{m}(x_{ij}-\bar{x}_i)^2,i=1,2,\cdots,6。\delta_{\bar{x}}^2=\frac{1}{r}\sum_{i=1}^{r}(x_{ij}-\bar{x})^2=\frac{3.74}{6}=0.623$$

$$\bar{s}_i^2=\frac{\sum_{i=1}^{r}s_i^2}{r}=2.58$$

$$\mu_{\bar{x}}=\sqrt{\frac{\delta_{\bar{x}}^2}{r}\left(\frac{R-r}{R-1}\right)+\frac{\bar{s}_i^2}{rm}\left(\frac{M-m}{M-1}\right)}$$

$$=\sqrt{\frac{0.623}{6}\times\left(\frac{30-6}{30-1}\right)+\frac{2.58}{30}\times\left(\frac{50-5}{50-1}\right)}=0.406(\text{小时})$$

$$\Delta_{\bar{x}}=t\,\mu_{\bar{x}}=2\times 0.406=0.812(\text{小时})$$

$$\bar{x}-\Delta_{\bar{x}}\leqslant\overline{X}\leqslant\bar{x}+\Delta_{\bar{x}},$$

$$7.9-0.812\leqslant\overline{X}\leqslant 7.9+0.812$$

即 $7.088\leqslant\overline{X}\leqslant 8.712$

所以，该学院学生每周参加文体活动的时间为 7.09～8.7 小时。作出这一推断的可信程度是 95.45%。

(四) 多阶段抽样的适用范围和局限性

多阶段抽样适用于：①调查面非常广，并且不占有过去的历史资料，无法或很难获得一个包括所有总体单位的抽样框时，或总体范围太大无法抽取样本时，须采用多阶段抽样。②有现成的行政区划、地理范围、或组织系统可作为划分多阶段的依据时，常采用多阶段抽样。多阶段抽样可节约人力、物力。

多阶段抽样的局限性：每个阶段都会产生抽样误差，同等条件下多阶段抽样的效率一般低于其他形式的随机抽样的效率，见表 7.9 所示。

表 7.9　三种抽样方法的比较

组织形式	样本群	样本单位	同等样本容量的精度	提高精度的方法
分层抽样	抽取全部	抽取部分	高于简单随机抽样	扩大层间差异
整群抽样	抽取部分	抽取全部	低于简单随机抽样	缩小群间差异，增加群数
两阶段抽样	抽取部分	抽取部分	介于整群抽样和简单随机抽样之间	减少一阶段样本群的群间差异，尽量多抽取一阶段样本群

第五节 必要样本容量的确定

一、必要样本容量的含义

抽样调查既要做到省时省力，又要提高精度，保证推断的可靠性，在抽样方式确定的前提下，增加样本容量是提高精度的好方法。但是，这会多花费调查费用。减少样本容量，可节省调查费用，这又会影响抽样推断的效果。况且，调查费用与调查精度不是严格的线性关系，而是一种非线性关系，如果花费75%的费用能够达到98%的精度，就没有必要再花费25%的费用以提高2%的精度。因此，在抽样调查之前，确定合理的样本容量非常重要。所谓必要样本容量是指在一定的抽样组织方式之下，为了确保抽样推断的精度和效果，所必需的最低的样本容量。

影响必要样本容量的因素有以下几种。

(1) 抽样推断的可靠度和精度($F(t)$)

推断的可靠度和精度越高，要求样本含有的总体信息就越多，只有增加样本容量，才能满足高精确度的要求。因此，推断的可靠度和精度越高，所需要的样本容量越多；反之，则越少。必要样本容量与抽样推断的可靠度同向变化。

(2) 总体各单位标志值的差异程度(标准差)

总体单位标志值的差异程度越大，为了抵消这种差异，反映总体的一般特征，需要的样本容量就越多；反之，总体单位标志值的差异程度越小，为了抵消这种差异，需要的样本容量就越少。必要样本容量与总体单位标志值的差异程度同向变化。

(3) 允许的极限误差的大小

极限误差是抽样推断时可接受的误差范围，极限误差越大，抽样推断的精度要求不高，需要的样本容量越少；极限误差越小，抽样推断的精度要求越高，需要的样本容量越大。必要样本容量与抽样推断的允许误差反向变化。

(4) 抽样方法

在同样的精度和可靠度的要求下，重复抽样比不重复抽样所需要的样本容量多。因为重复抽样有可能抽到相同的个体单位，这样，样本容量相同时，重复抽样的样本含有的样本信息会减少。因此，为了满足抽样精度的要求，重复抽样必须抽取的样本容量大于非重复抽样的样本容量。

(5) 抽样的组织方式

一般情况下，简单随机抽样比类型抽样和机械抽样抽取的样本单位数多；按有关标志排序的等距抽样方式比无关标志排序的等距抽样方式所抽取的样本单位少。整群抽样比单个抽样需要抽取的样本单位多。

下文分别就简单随机抽样、类型抽样、等距抽样和整群抽样的组织形式介绍必要样本容量的计算公式。

二、必要样本容量的计算公式

(一) 简单随机抽样的必要样本容量

抽样推断的指标不同,必要样本容量也不一样,我们用$n_{\bar{x}}$和n_p分别表示抽样平均数$\bar{x}$和抽样成数 p 的必要样本容量。

1. 重复抽样时

(1) $\bar{x}$ 的必要样本容量

因为 $\Delta_{\bar{x}}=t\mu_{\bar{x}}=t\sqrt{\dfrac{\sigma^2}{n}}$

所以 $\Delta_{\bar{x}}^2=t^2\times\dfrac{\sigma^2}{n}$　　　　所以 $n=\dfrac{t^2\sigma^2}{\Delta_{\bar{x}}{}^2}$

所以 $n_{\bar{x}}=n=\dfrac{t^2\sigma^2}{\Delta_{\bar{x}}{}^2}$

(2) 抽样成数 P 的必要样本容量

因为 $\Delta_p=t\mu_p=t\sqrt{\dfrac{p(1-p)}{n}}$

所以 $\Delta_p^2=t^2\times\dfrac{p(1-p)}{n}$　　　　所以 $n=\dfrac{t^2p(1-p)}{\Delta_p}$

所以 $n_p=n=\dfrac{t^2p(1-p)}{\Delta_p}$

2. 不重复抽样时

(1) $\bar{x}$ 的必要样本容量

因为 $\Delta_{\bar{x}}=t\mu_{\bar{x}}=t\sqrt{\dfrac{\sigma^2}{n}\left(1-\dfrac{n}{N}\right)}$

所以 $\Delta_{\bar{x}}^2=t^2\times\dfrac{\sigma^2}{n}\left(1-\dfrac{n}{N}\right)$

所以 $n=\dfrac{Nt^2\sigma^2}{\Delta_{\bar{x}}^2N+t^2\sigma^2}$

所以 $n_{\bar{x}}=n=\dfrac{Nt^2\sigma^2}{\Delta_{\bar{x}}{}^2N+t^2\sigma^2}$

(2) P 的必要样本容量

因为 $\Delta_p=t\mu_p=t\sqrt{\dfrac{p(1-p)}{n}\left(1-\dfrac{n}{N}\right)}$

所以 $\Delta_p^2=t^2\times\dfrac{p(1-p)}{n}\left(1-\dfrac{n}{N}\right)$

$n=\dfrac{Nt^2p(1-p)}{\Delta_p^2N+t^2p(1-p)}$

所以 $n_p=n=\dfrac{Nt^2p(1-p)}{\Delta_p^2N+t^2p(1-p)}$

（二）类型抽样的必要样本容量

1．重复抽样时

（1）$\bar{x}$的必要样本容量：

因为 $\Delta_{\bar{x}}=t\,\mu_{\bar{x}}=t\sqrt{\dfrac{\overline{\sigma^2}}{n}}$

所以 $\Delta_{\bar{x}}^2=t^2\times\dfrac{\overline{\sigma^2}}{n}$　　　所以 $n=\dfrac{t^2\,\overline{\sigma^2}}{\Delta_{\bar{x}}}$

所以 $n_{\bar{x}}=n=\dfrac{t^2\,\overline{\sigma^2}}{\Delta_{\bar{x}}}$

（2）P 的必要样本容量

因为 $\Delta_{\bar{x}}=t\,\mu_p=t\sqrt{\dfrac{\overline{p(1-p)}}{n}}$，

所以 $n=\dfrac{t^2\,\overline{p(1-p)}}{{\Delta_p}^2}$

所以 $n_p=n=\dfrac{t^2\,\overline{p(1-p)}}{{\Delta_p}^2}$

2．不重复抽样时

（1）$\bar{x}$的必要样本容量：

因为 $\Delta_{\bar{x}}=t\,\mu_{\bar{x}}=t\sqrt{\dfrac{\overline{\sigma^2}}{n}\left(1-\dfrac{n}{N}\right)}$

所以 $\Delta_{\bar{x}}^2=t^2\times\dfrac{\overline{\sigma^2}}{n}\left(1-\dfrac{n}{N}\right)$，所以 $n=\dfrac{t^2N\,\overline{\sigma^2}}{\Delta_{\bar{x}}^2N+t^2\,\overline{\sigma^2}}$

所以 $n_{\bar{x}}=n=\dfrac{t^2N\,\overline{\sigma^2}}{\Delta_{\bar{x}}^2N+t^2\,\overline{\sigma^2}}$

（2）P 的必要样本容量：

因为 $\Delta_p=t\,\mu_p=t\sqrt{\dfrac{\overline{p(1-p)}}{n}\left(1-\dfrac{n}{N}\right)}$

所以 $\Delta_p^2=t^2\times\dfrac{\overline{p(1-p)}}{n}\left(1-\dfrac{n}{N}\right)$

所以 $n=\dfrac{t^2N\,\overline{p(1-p)}}{\Delta_p^2N+t^2\,\overline{p(1-p)}}$

所以 $n_p=n=\dfrac{t^2N\,\overline{p(1-p)}}{\Delta_p^2N+t^2\,\overline{p(1-p)}}$

（三）等距抽样的必要样本容量

等距抽样类似于分层抽样，只不过等距抽样中，每个层或每个类型只抽一个样本单位，当事先掌握了总体方差和总体成数时，可采用类型抽样公式计算等距抽样的必要样本容量；当事先

没有掌握总体方差和总体成数 P 时,可采用简单随机抽样公式计算等距抽样的必要样本容量。

(四) 整群抽样的必要样本容量

整群抽样每次抽取的是一个群,群中的所有样本单位都要进行调查。因此,对整群抽样而言,要计算必须抽取的样本群数 r。由于整群抽样一般为不重复抽样,所以按不重复抽样公式计算抽取的必要样本群数。

$\bar{x}$ 的必要样本群数: $$r_{\bar{x}}=\frac{t^2\delta^2R}{R\Delta_{\bar{x}}^2+t^2\delta^2}$$

P 的必要样本群数: $$r_p=\frac{t^2\delta^2R}{R\Delta_p^2+t^2\delta^2}$$

在必要样本容量的计算中,都要用到总体指标 δ^2 和 P。一般而言总体指标都是未知的。在实际工作中,可以有三种解决的办法。

(1) 根据以往的经验资料而定。

(2) 先进行试验调查,根据试验调查的资料而定。

(3) 根据过去相类似的调查资料而定。如果由若干个同一总体的方差或 P 的资料,应从中选取最大的方差作为计算必要样本容量的依据。当总体成数 P 的资料未知时,也可用使成数方差 $P(1-P)$的最大值为 0.25 代替。若一次抽取样本,要同时对总体平均数或成数进行推断,按照上文的公式可分别计算出$n_{\bar{x}}$和 n_p,一般情况下$n_{\bar{x}}\neq n_p$,这时为了满足要求,要在两个必要样本容量中选取较大的一个,以便一次抽样可以同时满足两种需要。

[例 7.11] 过去的调查资料显示,甲产品质量标准差不超过 2 克,要求极限误差不超过 0.2 克,可靠程度为 95.45 %,试确定在简单随机重复抽样条件下,必须抽取的样本容量。

解:$\sigma=2,\Delta_{\bar{x}}=0.2,F(t)=95.45\%$,查表 7.4 得,$t=2$

所以$n_{\bar{x}}=\frac{t^2\sigma^2}{\Delta_{\bar{x}}}=\frac{4\times4}{0.04}=400$(个)

所以必须抽取的样本容量为 400 个。

[例 7.12] 一批电子产品共有 10 000 件,随机抽取 100 件进行质量检测,检测结果有 10 件不合格。如果允许误差缩小$\frac{1}{3}$,推断的概率保证程度为 95.45%,用重复抽样和非重复抽样的方法分别需要从总体中抽取多少件产品进行调查?

解:$p=\frac{10}{100}=10\%,F(t)=95.45\%,t=2$

(1) 重复抽样时,必要样本容量的计算

$$\Delta_p=t\sqrt{\frac{p(1-p)}{n}}=2\times\sqrt{\frac{0.9\times0.1}{100}}=6\%$$

当允许误差缩小$\frac{1}{3}$时,必要样本容量为:

$$n_p=\frac{t^2p(1-p)}{\Delta_p^2}=\frac{2^2\times0.9\times0.1}{\left(1-\frac{1}{3}\right)^2\times0.06^2}=\frac{8\ 100}{36}=225(\text{件})$$

(2) 不重复抽样时，必要样本容量的计算

$$\Delta_p = t\sqrt{\frac{p(1-p)}{n}\left(1-\frac{n}{N}\right)} = 2\times\sqrt{\frac{0.9\times0.1}{100}\times\left(1-\frac{100}{10\ 000}\right)} = 5.97\%$$

当允许误差缩小$\frac{1}{3}$时，必要样本容量为：

$$n_p = \frac{Nt^2p(1-p)}{N\Delta_p^2 + t^2p(1-p)} = \frac{10\ 000\times2^2\times0.9\times0.1}{10\ 000\times\left(1-\frac{1}{3}\right)^2\times0.059\ 7^2 + 2^2\times0.9\times0.1} = 224(\text{件})$$

从例题中可看出，不重复抽样的样本容量的计算相对较复杂，有时，为了计算的简便，可以用下面的近似公式计算不重复抽样的必要样本容量：

$$n = \frac{n_0}{1+\frac{n_0}{N}}$$

式中，n_0 为重复抽样条件下的必要样本容量。

本章小结

1. 抽样调查是收集原始资料的最基本方法，是社会经济现象研究中应用最广泛、作用最重要的调查方法。

2. 全及总体、全及指标；抽样总体、抽样指标；抽样方式；抽样平均误差是抽样调查中的几个基本概念。

3. 抽样调查的根本目的是为了对总体的相关数量特征作出有一定概率保证程度的推断。

4. 抽样平均误差是所有样本实际误差的平均数，是进行抽样推断的基础，衡量了抽样调查的质量。

5. 根据不同的组织方式，抽样调查可以是：简单随机抽样、分层抽样、等距抽样、整群抽样和多阶段抽样。不同的抽样组织方式，有不同的适用范围和特点，抽样平均误差的计算也不一样。

6. 必要的样本容量能够满足抽样推断的最基本要求。一定条件下，如何确定必要的样本容量是搞好抽样调查技术的一项基本技巧。

7. 熟练掌握抽样调查的基本知识有助于提高你的数据收集能力。

重要词汇

抽样调查、样本、抽样方法、抽样误差、全及指标、样本指标、抽样平均误差、抽样极限误差、概率度、抽样估计、点估计、区间估计、抽样调查的组织方式、必要样本容量。

练习题

一、思考题

1. 非随机抽样调查与随机抽样调查有哪些异同点?
2. 抽样误差与一般的调查误差有什么不同?
3. 样本指标与总体指标有何区别与联系?
4. 分层抽样和等距抽样有何异同点?
5. 如何组织整群抽样和多阶段抽样?
6. 影响必要样本容量的因素有哪些?
7. 点估计和区间估计有何不同?
8. 怎样推断总体指标?

二、单项选择题(每题只有一个正确答案)

1. 抽样误差是(　　)。

A. 登记性误差　　B. 代表性误差　　C. 系统性误差　　D. 随机误差

2. 抽样平均误差反映了样本指标与总体指标之间的(　　)。

A. 实际误差　　B. 调查误差

C. 可能误差的范围　　D. 误差的一般水平

3. 进行抽样调查时,必须遵循的基本原则是(　　)。

A. 可靠性原则　　B. 随机原则

C. 灵活性原则　　D. 准确性原则

4. 进行重复随机抽样,为使抽样误差减少 75%(平均数的抽样误差),抽样单位数必须(　　)。

A. 是原来的 16/9 倍　　B. 是原来的 4/3 倍

C. 是原来的 4 倍　　D. 是原来的 16 倍

5. 在其他条件不变时,如果允许误差缩小为原来的 1/2,则样本容量(　　)。

A. 扩大为原来的 4 倍　　B. 扩大为原来的 2 倍

C. 缩小为原来的 1/2 倍　　D. 缩小为原来的 1/4 倍

6. 影响类型抽样平均误差的方差是(　　)。

A. 组间方差　　B. 组内方差　　C. 总方差　　D. 允许误差

7. 对一批产品按不重复抽样方法,抽取 200 件进行调查,其中废品 8 件,已知样本容量是产品总量的 $\frac{1}{20}$,当 $F(t)=95.45\%$时,不合格率的抽样极限误差是(　　)。

A. 1.35%　　B. 1.39%　　C. 2.70%　　D. 2.78%

8. 一次抽样调查,同时对总体平均数和总体成数进行推断,计算两个样本容量 $n_{\bar{x}}=220.5$,$n_p=408.02$,样本容量应为(　　)。

A. 220　　B. 408　　C. 221　　D. 409

9. 在重复抽样的情况下,假定抽样单位数增加 3 倍(其他条件不变),则抽样平均误差变为原来的(　　)。

A. $\frac{1}{2}$　　B. $\frac{1}{3}$　　C. $\sqrt{3}$倍　　D. 2 倍

10. 对 400 名大学生抽取 19%进行不重复抽样调查,优等生的比重为 20%,推断概率是 0.954 5,优等生比重的抽样极限误差为(　　)。

A. 4.0%　　B. 4.13%　　C. 9.18%　　D. 8.26%

11. 抽样比例是(　　)。

A. 比例相对指标　　B. 比较相对指标

C. 强度相对指标　　D. 结构相对指标

12. 抽样调查中,无法消除的误差是(　　)。

A. 登记性误差　　B. 随机误差　　C. 责任性误差　　D. 系统性误差

13. 某城市电信网100次的通话记录表明,通话平均时间为4分钟,标准差是2分钟,概率保证度是95.45%,那么通话平均持续时间的抽样极限误差是(　　)。

A. 0.2　　B. 0.4　　C. 0.28　　D. 0.14

14. 简单随机重复抽样中,如果抽样平均误差减少20%,抽样单位数将(　　)。

A. 增加18%　　B. 减少18%　　C. 减少56%　　D. 增加56%

15. 扩大抽样误差的范围,则抽样推断的可靠程度会(　　)。

A. 提高　　B. 降低　　C. 不变　　D. 无法确定

三、多项选择题(每题至少有2个正确答案)

1. 影响抽样平均误差的因素有(　　)。

A. 总体标志变异程度　　B. 样本容量　　C. 抽样方法

D. 抽样方式　　E. 抽样条件

2. 提高推断的可靠程度,可以采用的办法有(　　)。

A. 扩大估计值的误差范围　　B. 缩小估计值的误差范围

C. 增大概率　　D. 降低概率度

E. 增加样本容量

3. 抽样估计的抽样平均误差(　　)。

A. 是不可避免要产生的　　B. 是可以通过改进调查方法消除的

C. 是可以事先计算的　　D. 只有调查结束之后才能计算

E. 其大小是可以控制的

4. 影响必要样本容量的因素有(　　)。

A. 极限误差　　B. 抽样平均数的大小　　C. 抽样方法

D. 标准差大小　　E. 概率度大小

5. 抽样调查的主要目的是(　　)。

A. 对调查单位作深入研究　　B. 用样本指标来推断全及总体的指标

C. 计算和控制误差　　D. 广泛运用数学的方法

E. 对现象总体进行科学的估计和判断分析

6. 等距抽样(　　)。

A. 又称机械抽样　　B. 又称多阶段抽样　　C. 比整群抽样的误差要大

D. 可以按有关标志排序和无关标志排序

E. 常用有三种方法,即随机起点等距抽样、半距起点等距抽样和随机起点对称等距抽样

7. 在简单重复随机抽样条件下,欲使误差范围缩小$\frac{1}{2}$,其他条件不变,则样本容量必须(　　)。

A. 增加2倍　　B. 增加3倍　　C. 增加到4倍

D. 减少2倍　　E. 减少3倍

8. 按组织方式不同,抽样调查有(　　)。

A. 纯随机抽样　B. 等距抽样　C. 类型抽样

D. 整群抽样　E. 不重复抽样和重复抽样

9. 要提高抽样推断的精确度,可采用的方法有(　　)。

A. 增加样本数目　B. 减少样本数目　C. 改善抽样的组织方式

D. 缩小总体被研究标志的变易程度　E. 改善抽样的方法

10. 总体平均数的准确值(　　)。

A. 等于全部可能样本平均数的平均数

B. 通过抽样调查可以推算出来

C. 等于样本平均数加一个抽样平均误差

D. 等于样本平均数减一个抽样平均误差

E. 通过抽样调查推算不到

11. 简单随机重复抽样平均误差减少 50%,抽样单位数将(　　)。

A. 为原来的 3 倍　B. 增加 2 倍　C. 为原来的 4 倍

D. 增加 3 倍　E. 减少 1/2

12. 在不重复抽样中,抽样单位数从 5%增加到 25%,则抽样平均误差(　　)。

A. 增加 5%　B. 增加 25%　C. 减少 25%

D. 减少 60.3%　E. 减少约 60%

13. 全面调查和抽样调查都存在的误差是(　　)。

A. 系统性误差　B. 登记性误差　C. 责任性误差

D. 代表性误差　E. 技术性误差

14. 抽样调查与其他非全面调查的区别主要在于(　　)。

A. 抽样调查是专门组织的非全面调查

B. 抽样调查是根据随机性原则抽取调查单位

C. 抽样调查可根据部分单位的实际资料对全部总体单位的数量特征作出具有一定概率保证度的推断

D. 抽样推断产生的误差可事先计算并加以控制

E. 抽样调查的单位少,调查的范围小

15. 重复抽样的特点是(　　)。

A. 每次抽样时,总体单位数保持不变

B. 每次抽样时,总体单位数逐渐减少

C. 各单位被抽中的机会在各次抽选中相等

D. 各单位被抽中的机会在各次抽选中不等

E. 各次抽样相互独立

四、计算题

1. 一批商品,共有 20 000 件,随机抽取 200 件检验其质量,发现有 20 件不合格。试按重复抽样和不重复抽样分别计算该批产品合格率的抽样平均误差。

2. 对某厂生产的一批彩色电视机,按不重复抽样方法抽取 1%的产品进行质量检验,抽查结果如表 7.10 所示,试计算抽样平均误差。

表 7.10　质量检验结果

正常工作时间(千小时)	电视机(台)
6～8	15
8～10	30
10～12	50
12～14	40
14～16	9
合计	144

3. 某厂生产了 100 万个零件,用简单随机抽样方式不重复抽取 1 000 个零件进行检验,测得废品 20 件,如果以 99.73%的概率保证进行抽样推断,试对该厂生产的这种零件的废品率做点估计和区间估计。

4. 某大学对入学新生的近视率进行抽样调查,规定允许误差不超过 30%,概率保证为 95%。如果该校已经掌握了过去三年新生的近视率分别为 66.15%、66.50%、68.20%,试根据以上资料确定这次调查至少要抽选多少名学生?

5. 某大学有学生 15 000 人,近年资料表明,学生的人均月生活费用为 500 元,均方差为 5 元。要求采用不重复抽样方法调查学生人均月生活费用,问应抽取多少人才能以 95%的概率保证最大估计误差不超过 2 元?

6. 一批电视机有 10 000 台,在出厂前需进行质量抽查,现随机无放回地从中抽取 425 台进行测试,发现有 5 台不合格,问这批电视机的合格率估计为多少?

7. 某地农村种植小麦 150 万亩,在秋收前随机抽查 100 亩,测得小麦的平均亩产量为 500 千克,标准差 10 千克。试以 0.954 5 的概率保证,推断该地区小麦的平均亩产量和总产量的可能范围。

8. 对一批产品按不重复抽样方法,随机抽取 200 件,其中废品 8 件。已知抽样是产品总量的 4%,当概率为 95.45%时,可否认为这批产品的废品率不超过 5%?

五、综合题

1. 某高校有 10 000 名大学生,分为 20 个系,现从中准备抽取 200 名大学生,调查大学生每月的基本生活费支出,如果由你来组织这次调查,你将如何组织抽样?(费用问题暂不考虑)

2. 上海地区为了估计本地区家庭的收入、支出情况,需要作 5 000 户家庭的抽样调查。是采用简单随机抽样还是采用分层抽样?请讲述你的理由。

第八章

相关与回归

本章学习目的

理解统计相关关系的基本含义。学习统计相关关系的各种表现形式。会计算线性相关系数。熟练掌握最小平方法(最小二乘法)。了解统计相关分析与回归分析的联系和区别。能够判定回归方程的优劣,以及分析某些特殊的曲线回归问题。

第一节　相关分析

一、现象之间的关系

在自然界和社会现象中,客观事物之间总是存在着千丝万缕的联系,相互依赖,相互制约。可以说,没有任何一种事物能够绝对孤立的存在。

社会经济现象中,客观事物之间的联系更加广泛和普遍,如产品的生产和消费相互依赖;农业生产的粮食产量和施肥量有关联;父母亲的职业对子女的职业有影响;天气晴朗时,人的情绪多半会高昂;利率影响汇率、外汇储备与国际贸易等。这些现象之间都存在着相互联系。更有甚者,美国联邦储备银行的研究分析师克里斯蒂·恩格和经济学家迈克尔·奥扬对人的长相和收入进行了跟踪研究,他们的结论是:高大、苗条、美貌者的收入较长相一般的人高。研究表明:如果以普通长相者的收入为基准,那么,长相不及普通长相的人收入要比基准数低9%;相反,容貌姣好者的收入要比基准数高出5%。这种情况,在中国同样存在,高校毕业生在毕业前夕,纷纷走进美容院,做各种美容手术,目的就是为了能够获得一份高收入的工作。美国还有一位学者的研究表明,一个家庭的经济状况跟家庭中孩子犯错误时,被父母亲打屁股的次数和严重程度有关联,家庭经济条件比较优越的孩子,犯错误时,被父母亲打屁股的次数较少,挨打的程度较轻。而家庭经济困难的孩子,犯错误时,被父母亲打屁股的次数也较多,挨打的程度较重。

据统计,血型与运动项目有关联。日本《朝日周刊》报道,在日本人整体中,A型血的人数最多，占总人口的 39%。但是，参加 2008 年北京奥运会的日本运动代表团中 O 型血的人数最多，占选手总数的 38%。研究表明，O 型血更为活跃和积极，目标明确，特别是在带有激烈竞争和格斗要素的项目中，O 型血的选手往往较显眼。A 型血的选手重视协调性，适合团队活动，所以在球类运动中 A 型血的人数较多。AB 型的人具有冷静的分析力，感觉敏锐，适合高尔夫球之类的运动。可见，客观事物总是有着各种各样的联系。

对于客观事物之间的相互联系，我们可以通过数量关系表现出来，一方面可以掌握它们相互联系的形式，深刻认识事物之间的发展规律，另一方面，也可以用于事物发展规律的预测。

依据事物之间相互联系的具体情况，事物之间的相互联系可以区分为两种不同的类型。

（一）函数关系

函数关系描述的是事物之间存在着的严格的依存关系。如果用变量来代表不同的事物，那么，函数关系表现的就是变量之间的确定性关系。在函数关系中，对于某一个变量的每一个数值，都有唯一的另一个变量的确定值与之相对应，并且这种对应关系可以用一个精确的数学方程式表达出来。例如，圆的半径和面积的关系，给定半径的值，圆的面积是唯一确定的；长方形的面积与长和宽的关系，给定长方形的长和宽，长方形的面积和周长唯一确定；自由落体运动中，物体下落的距离与所需时间之间的关系；出租车费用与行驶里程数的关系；商品销售额与销售量和销售价格之间的关系等。函数关系的特点是：当其中一个变量值确定后，另一个变量值完全可以由数学方程式求解出来。换句话说，函数关系是一种简单的相互依存关系，再没有其他的现象与它们有关联了。数学研究的内容涵盖了各种各样的函数关系。

（二）统计相关关系

统计相关关系描述的是事物之间存在着的不确定的依存关系。如果用变量来代表不同的事物，那么，统计相关关系表现的就是变量之间的不确定性关系。在相关关系中，对于某一个变量的每一个数值，都有另一个变量的多个值与之相对应，并且这种对应关系只可以用一个近似的数学方程式表达出来。例如，家庭的消费支出与家庭收入之间的关系，家庭收入并不是唯一影响家庭消费支出的因素，还有家庭人口数、消费习惯、家庭抚养的人口数、人情往来等因素；人的身高与体重之间的关系，身高影响体重，但不是唯一的，还有遗传因素、饮食习惯、生活方式、职业等因素影响体重；学习时间与考试分数之间的关系，考试分数不是由学习时间唯一决定的，考试成绩还受到考试状态、试卷的难易、阅卷评分标准、同时参加考试的人的相对水平等因素的影响。

《纽约时报》2009 年 5 月 9 日发布的经济合作与发展组织（OECD）的研究报告表明，国民吃饭的速度越快，国民经济增长速度也越快，而且胖子越多的国家，经济发展越快。这表明国民吃饭速度和胖子人数与经济发展有一定的统计相关关系。

统计相关关系的特点是：当其中一个变量值确定后，另一个变量的取值不唯一，其取值在一个区间内变化。换句话说，相关关系是一种复杂的相互依存关系，还有其他的现象与它们有关联，这些现象没有在相关关系中表现出来。

二、相关关系的特点

根据前文的叙述,相关关系是客观事物之间存在着的数值不确定的依存关系,在自然界和社会经济活动中,相关关系广泛的存在着。为了更好地理解相关关系,我们需要把握相关关系的特点。

(一) 相关关系是客观事物之间确实存在的数量上的依存关系

由于客观事物总是相互依赖、相互制约的,因而它们在数量变化上必然存在相互依赖的关系。例如,就学习时间和考试分数而言,学习的时间越长,对学习内容的理解和把握越深刻、越透彻,考试分数相应越高,反之亦然。又如,吸烟易得某种肺病,通常情况下,吸烟越多,得某种肺病的概率越高;身材高大的人,体重也相应较重;容貌姣好的人,更容易引起人们的注意和喜爱,能够找到较好的工作;工资收入稳定时,消费支出将有所增长等。

在相关关系中,通常用变量表示客观事物数量上的变化。根据研究的目的,常常把相关关系中的变量分成两类:自变量和因变量。自变量一般不受其他因素的影响,在相互依存中处于主导地位,自变量的变化决定和影响因变量的变化,自变量是主动的,因变量是被动的。一般用 x 表示自变量,y 表示因变量,如果有多个自变量影响因变量的变化,可以用 $x_1, x_2, \cdots, x_{n-1}, x_n$ 分别表示自变量。

(二) 相关关系的数量关系值是不确定的

在相关关系中,对于自变量的一个值,可以有多个因变量的值与之对应,换句话说,一个自变量的值,对应的是因变量值的变化区间。如人的身高与体重,身高一样的人,体重可以完全不同;相同的施肥量,粮食产量完全不同;学习一样努力的人,考试结果有很大的差异;对相同的病情,医生采用同样的诊断治疗方法,治疗效果因人而异。因此,相关关系的数量关系值无法唯一确定。

(三) 相关关系中,除自变量外,因变量还受其他因素的影响

导致相关关系的数量关系值不确定的原因是,因变量还要受到其他因素的影响。如呼吸道疾病与吸烟有关系,但是,影响呼吸系统疾病的因素还有工作场所的环境、家族遗传、体质状况、生活习惯等。容貌可以影响工作,但是,工作还受到年龄、性别、学历、资历、工作能力等因素的影响。宏观经济调控政策受到许多主客观经济因素的影响。上市公司股票的价格不仅受到公司经营状况的影响,还受到上市地、监管部门的政策、公司未来的发展潜力、市场整体状况、企业生命周期、行业周期、产业政策等因素的影响。

相关关系是非常普遍的事物之间的依赖关系,与函数关系既有联系,又有区别。函数关系是一种特殊的相关关系,相关关系是一种广泛的、一般的、普遍的事物之间的联系。在研究相关关系时,通常要用函数关系式表达事物之间的相关关系,以增加人们对相关关系的认识和了解。

三、相关关系的种类

社会现象中的事物是复杂多样的,事物之间的统计相关关系也是多种多样的,依据不同

的标准,可以把统计相关关系进行如下分类。

(一) 依据自变量个数的多少,相关关系可分为单相关和复相关

只涉及一个自变量的相关关系,称为单相关;涉及两个或两个以上自变量的相关关系,称为复相关。单相关是最简单的一种相关关系,只研究一个最重要的自变量对因变量的影响。如只考虑原料成本与产品价格的相关性;只考虑施肥量与粮食产量的相关性;只研究家庭收入与家庭消费支出的相关性;只研究汇率对出口贸易的影响等。复相关是比较复杂的相关关系,研究两个或两个以上的自变量对因变量的影响,如研究原料成本、人工成本、竞争因素与产品价格的相关性;考虑施肥量、种子、土地肥力等因素与粮食产量的相关性;研究家庭收入、家庭人口数、消费偏好、物价变动与家庭消费支出的相关性;研究汇率、竞争因素、产品成本、经济政策、贸易伙伴国的经济政策对出口贸易的影响等。

(二) 依据相关关系的表现形态,相关关系可分为线性相关和非线性相关

如果自变量与因变量之间的数量变化关系近似地表现为一条直线,这种相关关系称为线性相关。线性相关表现为相等的自变量增量引起的因变量的变化量也大致相等。如果自变量与因变量之间的数量变化关系近似地表现为一条曲线,这种相关关系称为非线性相关或曲线相关。曲线相关表现为相等的自变量增量引起的因变量的变化量不全相。曲线相关主要有二次曲线、指数曲线、对数曲线、双曲线等。在客观现象中,线性相关只是特例,非线性相关才是普遍现象。

(三) 依据相关关系的变化方向,相关关系可分为正相关和负相关

相关关系表现为现象之间在发展变化上的相互依赖关系,如果自变量和因变量的发展变化是同向的,即自变量值的增加或减少,能够引起因变量值的增加或减少,这种相关关系就称为正相关。例如,商品的价格与供给量的相关关系,价格高的商品,生产者愿意生产得更多;价格低的商品,生产者只愿意生产少量的产品,甚至会不生产。一般而言,商品价格与利润同向变化,价格越高的商品,利润相应越高,价格与利润正相关。

澳大利亚悉尼大学和堪培拉大学的研究人员对近 2 万名澳大利亚人的收入与健康状况进行研究,他们发现“个子高带来薪水高”,身高与工资正相关。对男性而言,身高每增加 10 厘米,每小时薪水就相应提高 3%;而女性仅提高 2%。对于高于平均身高 178 厘米的澳大利亚男性来说,每增加 5 厘米身高带来的工资上涨相当于增加一年的工资。

如果自变量和因变量是反向变化的,即自变量值的增加或减少,能够引起因变量值的减少或增加,这种相关关系就称为负相关。例如,商品的价格与需求量的相关关系,价格高的商品,人们的有效需求低;价格低的商品,人们的有效需求高。贵重商品或奢侈品,价格很高,需求量更低。成本越高的商品,利润越低,利润与成本是负相关的。空气中二氧化硫的含量越高,空气质量越差,二氧化硫的含量与空气质量负相关。

(四) 依据相关关系的密切程度,相关关系可分为完全相关、不完全相关和不相关

相关关系中,自变量的变化会引起因变量的不确定性变化,我们根据自变量与因变量之间数量联系的紧密程度,可以将相关关系分为完全相关、不完全相关和不相关。所谓完全相

关,就是指函数关系,除了研究的自变量以外,没有任何其他的因素影响因变量的变化。完全相关的现象在现实社会中并不多见。不完全相关就是指一般的相关关系。如果自变量和因变量之间各自独立,互不影响,就称为不相关。完全相关和不相关是相关关系的两个极端情形,不完全相关是相关关系的一般情形。现实社会中的绝大多数现象都是介于完全相关和不相关之间的。

以上相关关系的各种形式可以用图形表示出来,如图 8－1 所示。

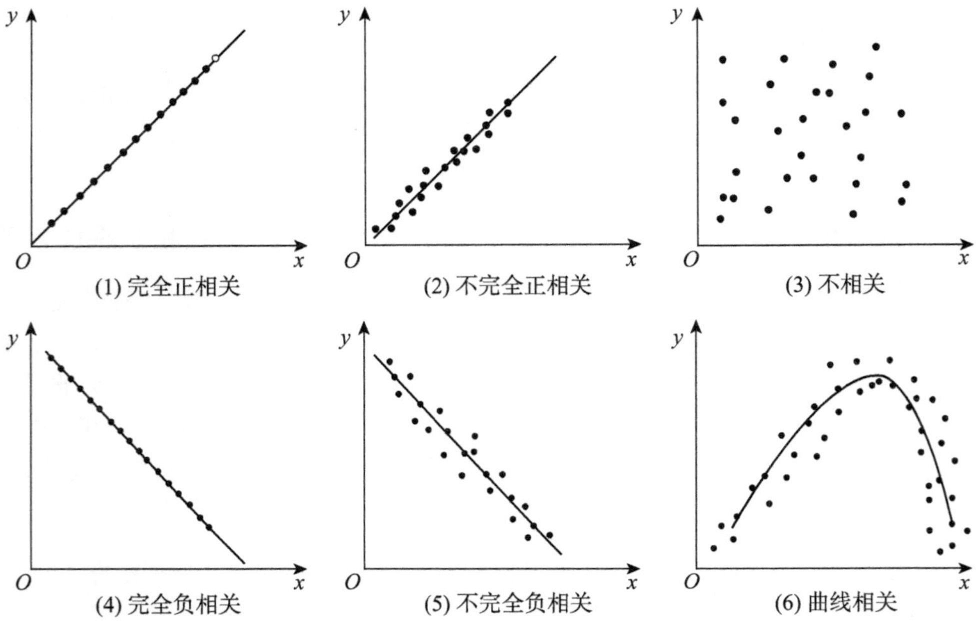

图 8－1　相关关系的各种形式

四、相关分析的主要内容

相关关系是社会经济现象中普遍存在的数量依存关系,相关分析的目的就是要分析现象之间是否存在统计相关关系,如果现象之间存在统计相关关系,就要揭示相关关系的表现形态,探求相关关系的数学形式,掌握相关关系的发展规律,了解相关关系的密切程度,预测相关关系的发展趋势,解决实际的社会经济问题。具体而言,相关分析的内容主要有以下四点。

1. 判断客观事物之间是否存在相关关系,以及相关关系的表现形态

这是进行相关分析的第一步,为了达到这个目的,我们需要收集客观事物发展变化的基本数据,也就是样本。有了客观事物发展变化的样本数据,利用散点图和相关表可以直观地判断客观事物之间是否存在相关关系,以及相关关系的表现形态。只有现象之间确实存在相关关系,才有进一步分析研究的必要。

2. 确定相关关系的密切程度

这是相关分析的第二步。通过第一步,我们已经掌握了现象之间相关关系的表现形态,有必要对相关关系的密切程度进行定量分析,对比较密切的相关关系需要做进一步的分析研究,而密切程度一般的或较弱的相关关系,无需花费力气。我们可以用线性相关系数来定

义或说明相关关系的密切程度。

3. 探求相关关系的数学模型

这是相关分析的第三步，对于已经确定相关表现形态和关系密切的客观现象，我们应该利用科学的方法测定出它们之间近似的数学方程式，把自变量和因变量之间的数量变化关系用近似的数学方程式表示出来，给定自变量的变化，可以预测出因变量的变化。利用这种相关关系的数学方程式作出的预测，可以作为制订计划，作出决策的依据。

4. 对测定出的数学模型进行显著性检验

一般来说，相关关系数学方程式的测定是利用最小平方法，只要有足够的样本数据，总是可以用最小平方法找出变量之间的数学模型，但是该模型是否符合实际情况，是否有效，需要从统计上进行显著性检验，只有通过显著性检验的数学模型才是符合实际情况、有利用价值的模型。相关分析数学模型的显著性检验包括两部分内容，一是模型相关性的显著性检验，是利用统计方法对建立的数学模型方程式的合理性进行显著性检验；二是自变量对因变量影响的显著性检验，在已经建立的数学模型中，自变量对因变量的影响是否显著，可以作为判断某个自变量与因变量相关关系强弱的依据。只有同时通过两种显著性检验的数学模型才是我们所需要的、有效的数学模型。

第二节　简单线性相关分析

简单线性相关分析，是研究两个变量之间的线性相关性，只考虑一个自变量对因变量的影响。简单线性相关分析的内容主要有：线性相关关系的判断方法，相关密切程度的定量测定，相关系数的计算和应用等主要内容。

一、线性相关关系的判定

要研究现象之间的相关性，一般先做定性分析，然后再做定量计算。所谓定性分析，就是依据基本经济理论、专业知识和实际工作经验，对现象之间是否具有相关性以及相关的表现形态进行逻辑分析、理论判断，只有定性分析表明具有相关性的现象，才有进行定量计算的必要。要对现象之间的相关性进行定量计算，必须对客观现象进行多次观察或试验，取得一定量的观察数据，作为样本，再利用科学的方法，对相关性作出判断。假设 x 为自变量，y 为因变量，对 x 和 y 分别做 n 次观察，取得的观察数据分别是 (x_1,y_1)，(x_2,y_2)，(x_3,y_3)，…，(x_{n-1},y_{n-1})，(x_n,y_n)。如何根据这些观察数据，对 x 与 y 之间的相关性作出判断，主要有两种方法。

1. 相关表

所谓相关表，是在定性分析的基础上，把观察取得的原始数据，按某一个变量值的大小顺序，成对排列在一张表上，以观察它们之间的相互关系。

例如，某地区 2008—2015 年的人均收入和耐用消费品销售额资料如表 8.1 所示，这就是一张简单相关表。

表 8.1　人均收入与耐用消费品销售额的相关表

序号	年份	人均收入(万元)	耐用消费品销售额(万元)
1	2008	3.0	80
2	2009	3.2	82
3	2010	3.4	85
4	2011	3.5	90
5	2012	3.8	100
6	2013	4.0	120
7	2014	4.5	140
8	2015	5.2	145

由表 8.1 的观察数据可以看出,人均收入与耐用消费品的销售额有明显的线性正相关关系,随着人均收入的增长,耐用消费品的销售额也在增长。而且,从理论上讲,当一个地区的人均收入增加了,耐用消费品的消费也会增加。因此,定性分析也可以表明,人均收入与耐用消费品的消费额有正相关关系。

简单相关表制作方便,适合于样本观察数据较少的情形,当观察数据很多的时候,必须对变量值进行分组,以制作分组相关表。编者以为,现代计算机技术非常发达,对于观察数据比较多的情形,完全可借助于计算机完成,无需手工绘制相关表,因此,对于分组相关表的制作,不再赘述。

2. 相关图

所谓相关图,是在定性分析的基础上,将成对的观察数据描在平面直角坐标图上,通过图形中点的分布情况,判断相关关系的表现形态和密切程度。

相关图的横坐标表示自变量,纵坐标表示因变量,成对的观察数据在图中表现为不同的点,因此,相关图也称为散点图。根据表 8.1 的数据,以人均收入为自变量,耐用消费品的销售额为因变量,利用 Excel 制作相关图,如图 8-2 所示。

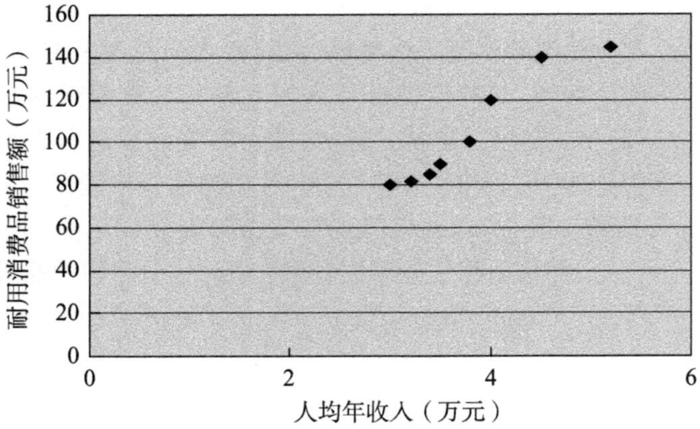

图 8-2　人均收入与耐用消费品销售额的相关图(散点图)

相关图制作简单,形象直观,根据图中点的分布情况,很容易判断相关关系的表现形态和相关的密切程度,是相关关系判断最常用的方法。图 8-2 直观地表明,人均收入与耐用消费品销售额具有较强的正相关关系。更值得注意的是,Excel 为我们提供了制作散点图的快捷方式，相关图应该是判断相关关系的常用基本方法。

二、线性相关系数

相关图只能反映两个变量之间的相关关系及其表现形态，无法计量相互关联的密切程度。度量相关关系的密切程度也是相关分析的基本内容之一。著名统计学家卡尔·皮尔逊(1857—1936 年)设计了一个用于测定两个变量之间线性相关程度和相关方向的指标：简单线性相关系数(r)。

简单线性相关系数(r)的基本计算公式为：

$$r=\frac{\sum(x-\bar{x})(y-\bar{y})}{\sqrt{\sum(x-\bar{x})^2}\sqrt{\sum(y-\bar{y})^2}}$$

式中，$\bar{x}=\frac{1}{n}\sum x$；$\bar{y}=\frac{1}{n}\sum y$ 。

$\sigma_{xy}^2=\frac{1}{n}\sum(x-\bar{x})(y-\bar{y})$ 为变量 x 与 y 的协方差，它度量了 x 与 y 相关联的密切程度和方向 。

$\sigma_x=\sqrt{\frac{1}{n}\sum(x-\bar{x})^2}$ 为 x 的标准差，它度量了自变量 x 取值的离散程度。

$\sigma_y=\sqrt{\frac{1}{n}\sum(y-\bar{y})^2}$ 为 y 的标准差，它度量了因变量 y 取值的离散程度。

因此，相关系数 r 也可以用下面的公式计算：

$$r=\frac{\sigma_{xy}^2}{\sigma_x\sigma_y}$$

这一公式称为相关系数的积差法计算公式。

下面以表 8.1 中的数据为例，说明相关系数的计算过程，根据计算公式，列表进行计算，见表 8.2。

表 8.2 相关系数计算表

序号	x	y	$x-\bar{x}$	$(x-\bar{x})^2$	$y-\bar{y}$	$(y-\bar{y})^2$	$(x-\bar{x})(y-\bar{y})$	xy
1	3.0	80	−0.8	0.64	−25.25	637.56	20.2	240
2	3.2	82	−0.6	0.36	−23.25	540.56	13.95	262.4
3	3.4	85	−0.4	0.16	−20.25	410.06	8.1	289
4	3.5	90	−0.3	0.09	−15.25	232.56	4.58	315
5	3.8	100	0	0	−5.25	27.56	0	380
6	4.0	120	0.2	0.04	14.75	217.56	2.95	480
7	4.5	140	0.7	0.49	34.75	1 207.56	24.33	630
8	5.2	145	1.4	1.96	39.75	1 580.06	55.65	754
合计	30.6	842	—	3.74	—	4 853.48	129.76	3 350.4

根据表 8.2 中的数据，

$$\bar{x}=\frac{1}{8}\sum x=\frac{30.6}{8}=3.825\approx 3.8,\quad \bar{y}=\frac{1}{8}\sum y=\frac{842}{8}=105.25$$

$$r=\frac{\sum(x-\bar{x})(y-\bar{y})}{\sqrt{\sum(x-\bar{x})^2}\sqrt{\sum(y-\bar{y})^2}}=\frac{129.76}{\sqrt{3.74}\times\sqrt{4\,853.48}}=\frac{129.76}{134.73}=0.963$$

这表明人均收入与耐用消费品销售额的相关系数为 0.963，它们之间具有高度的正相关性。

上述计算相关系数的公式中，必须先计算各个变量的算术平均数，通常情况下，变量的算术平均数都是非整数，这就使得相关系数的计算比较繁琐。为了便于计算相关系数，可以用下面的简捷公式：

$$r=\frac{n\sum xy-\sum x\sum y}{\sqrt{n\sum x^2-(\sum x)^2}\sqrt{n\sum y^2-(\sum y)^2}}$$

式中，n 为数据对的个数。

[例 8.1] 某地区历年的人均收入和人均支出资料如表 8.3 所示，试计算相关系数，并说明相关的程度。

表 8.3 某地区的人均收入和人均支出

年份	人均收入 x(千元)	人均支出 y(千元)	x^2	y^2	xy
2011	4	3	16	9	12
2012	5	4	25	16	20
2013	7	5	49	25	35
2014	9	6	81	36	54
2015	15	12	225	144	180
合计	40	30	396	230	301

解：列表计算：$\sum x=40$，$\sum y=30$，$\sum x^2=396$，$\sum y^2=230$，$\sum xy=301$

$$r=\frac{n\sum xy-\sum x\sum y}{\sqrt{n\sum x^2-(\sum x)^2}\sqrt{n\sum y^2-(\sum y)^2}}$$

$$=\frac{5\times 301-40\times 30}{\sqrt{5\times 396-40^2}\times\sqrt{5\times 230-30^2}}=\frac{305}{\sqrt{380}\times\sqrt{250}}=\frac{305}{19.49\times 15.81}=\frac{305}{308.14}=0.989\,8$$

该地区的人均收入和人均支出的相关系数是 0.989 8，高度正相关。

由此可见，利用相关系数的简便计算方法，可以使相关系数的计算简便容易。一般情况下，我们应该用相关系数的简便计算法，计算相关系数。

现代计算机技术的发展，统计分析软件的发明，使得相关系数的计算异常方便。实际应用中，多用专业的统计分析软件计算相关系数。Excel 也提供了基本的统计分析方法，利用

Excel可以方便地进行统计相关分析，计算相关系数。

三、线性相关系数的性质和应用

1. 线性相关系数的性质

简单线性相关系数r说明了两个变量之间现象相关的方向和密切程度，r具有如下的性质。

(1) $-1\leqslant r\leqslant 1$，或$|r|\leqslant 1$。

(2) $r>0$，表示x与y正相关；$r<0$，表示x与y负相关。

(3) $|r|$越大，说明x与y的相关性越强；反之亦然。

(4) $r=0$，说明x与y之间不存在线性相关关系，但是，无法确定是否存在其他形态的相关关系。

(5) $r=1$时，说明x与y完全正线性相关；$r=-1$时，说明x与y完全负线性相关。完全线性相关关系就是函数关系。

2. 线性相关系数的应用

线性相关系数对于度量变量之间的线性相关程度具有重要的意义，但是，在具体应用时，有如下的判别标准。

(1) $|r|\leqslant 0.3$时，一般认为，变量之间不存在相关性。

(2) $0.3<|r|\leqslant 0.5$时，变量之间有低度的相关性。

(3) $0.5<|r|\leqslant 0.8$时，变量之间有显著的相关性。

(4) $|r|>0.8$时，变量之间有高度的相关性。

相关分析可用于研究客观现象之间的因果关系、共变关系和依存关系，实际应用非常广泛。例如，在分析人均收入与奢侈品销售额之间的关系时，变量之间的因果相关性非常明确，人均收入是因，奢侈品销售额是果，人均收入的变化，影响和决定奢侈品销售额的变化。又如，在分析同行业中两个公司股票价格之间的相关关系时，两种股票价格同时受共同的经济、政治及社会因素的影响，即二者受共同因素的影响，但是又互相联系，因此，它们之间的相关关系是一种共变关系。再如，农业科学家在研究粮食亩产量与施肥量和浇水量之间的相关关系时，也要分析施肥量和浇水量之间的相关关系，显然，施肥量和浇水量之间既没有明确的因果关系，也没有明确的共变关系，它们之间的相关关系仅仅是一种数量上的依存关系。需要注意的是，在应用相关分析研究社会经济现象之间的关系时，若没有充分的理论依据做支撑，不要轻易地将相关关系解释为因果关系或共变关系。

第三节　简单线性回归分析

通过相关分析，我们可以知道变量之间相关变动的方向、相关关系的表现形态和相关关系的密切程度。对于具有显著相关性的变量，我们还希望能够进行因果分析，明确自变量和因变量，探求自变量与因变量相关形态的数学模型，以数学模型表示变量之间的关系，在变量的因果变化中，根据自变量的变化，预测或推断因变量的变化，为编制计划、进行预测和决策提供依据。在相关分析的基础上，探求变量之间相关的数学模型，对数学模型进行检验，并用于预测的内容,更具有实际应用价值和意义,这种统计分析方法称为回归分析。本节介绍有关线性回归分析的基本内容。

一、回归分析的概念

"回归"一词最早是由英国生物学家 F. Galton 在研究人体身高的遗传问题时首先提出来的。Galton 研究发现,子女的身高有向人体身高中心回归的特点。现代回归分析虽然沿用了"回归"一词,但是内容已有很大的变化,它是一种应用于许多领域的广泛的分析研究方法,在经济理论研究和实证研究中发挥着重要的作用。

回归分析是相关分析的深入,是在相关分析的基础上,更加深入地研究现象之间的数量依存关系。相关分析无法告知变量中的自变量和因变量,更无法根据某个变量的变化推算另一个变量的变化。通过相关分析,我们只可以了解现象之间相关的方向和关联的密切程度。在相关分析的基础上,对具有显著相关性的变量之间的一般关系进行测定,明确自变量和因变量,确定一个相关的数学表达式,以便于进行估计或预测,在现实的经济研究中更加重要。这种统计分析法称为回归分析。

根据自变量个数的多少,回归分析有一元回归分析和多元回归分析。只有一个自变量的回归分析称为一元回归分析;两个或两个以上自变量的回归分析称为多元回归分析。一元回归分析主要研究某一个重要的自变量对因变量的影响,并建立自变量对因变量的数学关系式;多元回归分析主要研究两个或两个以上的自变量对因变量的影响,建立多个自变量对因变量的数学关系式。回归分析建立的数学关系式也称为回归模型。

根据建立回归模型的函数形式,回归分析有线性回归分析和非线性回归分析。自变量和因变量具有线性相关关系时,建立的回归模型为线性数学表达式;自变量和因变量具有非线性相关关系时,建立的回归模型为非线性的数学关系式。回归分析的原理既适合于一元回归和多元回归,也适合于线性回归和非线性回归。

二、相关分析与回归分析的关系

相关分析与回归分析都是最常用的统计分析方法,它们之间既有联系,又有区别。相关分析研究的是客观现象之间是否有相互联系的关系,如果有的话,那是什么样的关系?关系的密切程度如何?在相关分析中,代表客观事物的变量之间是对等的,它们都是随机变量,我们没有必要明确哪个变量为主,哪个变量为辅,是哪个变量的变化引起其他变量的变化。另外,如果用相关系数表明相关关系的密切程度,对两个变量而言,我们只能计算出一个相关系数。而回归分析是在相关分析的基础上,对具有相关性的变量建立回归方程,以回归方程表示变量之间的关系,对回归方程进行显著性检验,并可利用回归方程进行预测和控制。需要特别指出的是,在回归分析中,我们必须根据经济理论知识和实践经验,在客观现象中明确主次关系,判断哪个变量是因,哪个变量是果,以原因变量为自变量,结果变量为因变量,建立回归方程。因果变量选取的不同,建立的回归方程也大不相同。因此,对两个变量而言,我们可以建立两个回归方程,分别从不同的角度表明现象之间的关系。

(1) 相关分析是基础,回归分析是在相关分析的基础之上,探求变量之间的数学模型,并且对数学模型的有效性进行统计检验。

(2) 相关分析中的变量是对等的,没有主次之分;而回归分析中,必须明确自变量和因变量,变量之间是不对等的。相关系数只有一个,而回归方程可以有多个(多元回归)。

三、一元线性回归分析

只有一个自变量,且自变量和因变量之间具有线性相关关系,这样的回归分析称为一元线性回归分析,或简单回归分析。一元线性回归分析的步骤如下。

(1) 根据研究的目的和基本经济理论,明确自变量,用 x 表示;因变量,用 y 表示。

(2) 对自变量和因变量进行 n 次观察或试验,取得 n 组数据 (x_1,y_1),(x_2,y_2),(x_3,y_3),…,(x_{n-1},y_{n-1}),(x_n,y_n)。

(3) 建立 y 关于 x 的线性回归模型,$y=a+bx+\varepsilon$,x 是影响 y 的重要因素,是自变量,ε 是除 x 以外影响 y 的所有因素。在回归分析模型中,ε 称为随机扰动项,称 $\hat{y}=\hat{a}+\hat{b}x$ 为变量 x 与 y 的回归方程,其中,$\hat{a}$ 称为回归方程的截距,$\hat{b}$ 为回归方程的斜率,且未知,$\hat{a}$、$\hat{b}$ 统称为回归系数。$\hat{a}$ 表示当自变量为 0 时,因变量 y 的取值,$\hat{b}$ 表示自变量 x 对因变量 y 的贡献,说明当自变量 x 变动一个单位时,因变量 y 的平均变化量。

(4) 利用最小平方法确定回归方程中的回归系数 $\hat{a}$ 和 $\hat{b}$。

(5) 对回归方程的有效性进行检验。

四、回归系数的计算

假设对自变量 x 的 n 个观察值,$x_1,x_2,\cdots,x_n$,依据回归方程 $\hat{y}=\hat{a}+\hat{b}x$,可得到 n 个回归值 $\hat{y}_1,\hat{y}_2,\cdots,\hat{y}_n$,最小平方法的基本原理是:

$$\sum(y-\hat{y})^2=\text{最小值}$$

也即,

$$\sum(y-\hat{a}-\hat{b}x)^2=\text{最小值}$$

在上述方程式中,x 和 y 是已知的,$\hat{a}$ 和 $\hat{b}$ 是未知的,要使函数取得最小值,必须分别对 $\hat{a}$ 和 $\hat{b}$ 求导数,并令导数为 0,得到关于回归系数 $\hat{a}$ 和 $\hat{b}$ 的标准方程组,解此方程组,即可求得回归系数 $\hat{a}$ 和 $\hat{b}$。

$$\begin{cases}\sum y=n\hat{a}+\hat{b}\sum x\\ \sum xy=\hat{a}\sum x+\hat{b}\sum x^2\end{cases},$$

所以

$$\begin{cases}\hat{b}=\dfrac{n\sum xy-\sum x\sum y}{n\sum x^2-\left(\sum x\right)^2}\\ \hat{a}=\bar{y}-\hat{b}\bar{x}\end{cases}$$

[例 8.2] 表 8.4 是几个地区的国内生产总值和财政收入的统计资料,要求:

(1) 计算国内生产总值和财政收入的相关系数;

(2) 建立国内生产总值与财政收入的线性回归方程。

表 8.4　几个地区的国内生产总值和财政收入

国内生产总值(亿元)	财政收入(亿元)
2.2	0.8
2.4	0.9
2.5	1.0
2.7	1.2
2.9	1.4
3.0	1.5
15.7	6.8

解:根据表 8.4 中的数据,分别计算相关系数和回归系数,计算过程列成表 8.5。

表 8.5　计算相关系数和回归系数

国内生产总值 x(亿元)	财政收入 y(亿元)	xy	x^2	y^2
2.2	0.8	1.76	4.84	0.64
2.4	0.9	2.16	5.76	0.81
2.5	1.0	2.50	6.25	1.00
2.7	1.2	3.25	7.29	1.44
2.9	1.4	4.06	8.41	1.96
3.0	1.5	4.50	9.00	2.25
15.7	6.8	18.22	41.55	8.1

(1) 国内生产总值 x 与财政收入 y 的相关系数为:

$$r=\frac{n\sum xy-\sum x\sum y}{\sqrt{n\sum x^2-(\sum x)^2}\sqrt{n\sum y^2-(\sum y)^2}}$$

$$=\frac{6\times 18.22-15.7\times 6.8}{\sqrt{6\times 41.55-15.7^2}\times\sqrt{6\times 8.1-6.8^2}}=0.994\ 1$$

(2) 假设国内生产总值与财政收入的回归方程式为:$\hat{y}=\hat{a}+\hat{b}x$

$$\begin{cases}\hat{b}=\dfrac{n\sum xy-\sum x\sum y}{n\sum x^2-(\sum x)^2}=\dfrac{6\times 18.22-15.7\times 6.8}{6\times 41.55-15.7^2}=0.911\\ \hat{a}=\bar{y}-b\bar{x}=\dfrac{6.8}{6}-0.911\times\dfrac{15.7}{6}=-1.250\ 5\end{cases}$$

所求回归方程为:　$\hat{y}=-1.250\ 5+0.911x$

根据国内生产总值和财政收入的相关系数 0.994 1,可判断它们具有高度的正线性相关性。

由回归方程可看出,当国内生产总值为零时,财政收入为-1.250 5 亿元,即政府需要筹措资金,以支付财政支出;国内生产总值每增加 1 亿元,财政收入就平均增加 0.911 亿元,国内生产总值与财政收入高度正相关，国内生产总值对财政收入的贡献非常大，这与理论分析完全一致，说明计算的相关系数和建立的线性回归方程符合客观实际。

五、估计标准误差

根据前文的介绍，只要有两个变量的一组样本观察值，不管它们的相关性如何，我们都可以利用最小平方法求得线性回归方程中的回归系数，得到它们之间的回归方程。但是，如何判定回归方程的优劣也是我们必须面对的客观问题。从科学研究和实际效果来看，建立了回归模型后，根据自变量的观察值，利用建立的回归方程，可以得到因变量的观察值，这种观察值称为回归值，或因变量的理论值。一个理想的回归方程，应该使因变量的实际观察值和回归值相等。但是，由于数据的误差和其他因素的影响，实际观察值和回归值总是存在误差的。这种误差越小，表明回归方程越精确，估计标准误差就是用来衡量回归方程优劣标准的一个统计指标。

估计标准误差是衡量因变量的实际值与回归值离差一般水平的统计分析指标，可以反映回归直线代表性的好坏。回归方程越精确，因变量的回归值与实际值的误差就越小，估计标准误差就越小，反之亦然。对一元线性回归方程而言，估计标准误差的计算有下面两种方法。

1. 根据因变量的实际观察值和回归值计算估计标准误差

$$S_y=\sqrt{\frac{\sum(y-\hat{y})^2}{n-2}}$$

式中，S_y为估计标准误差；n 为观察数据的个数；y 为因变量的实际观察值；$\hat{y}$ 是根据回归方程计算出的因变量的理论值，即回归值。

从估计标准误差 S_y的计算公式可看出，估计标准误差与标准差有相同的理论意义。由于回归值是根据回归方程计算的，而回归系数 $\hat{a}$ 和 $\hat{b}$ 是根据实际观察值计算的，所以丧失了两个自由度。

S_y越小，说明 y 的实际值与回归值越接近，回归直线的代表性越好；S_y值越大，说明 y 的实际值与回归值越偏离，回归直线的代表性越不好；$S_y=0$，说明 y 的实际值与回归值没有偏差，回归值完全正确。

这里介绍的 S_y的计算是最基本的理论方法，但是比较繁琐，必须按回归直线先计算出因变量 y 的回归值 $\hat{y}$，为了便于计算，我们可以利用下面的公式。

2. 根据回归系数 $\hat{a}$ 和 $\hat{b}$ 计算估计标准误差 S_y

回归直线确定以后，我们可以利用回归系数 a 和 b 直接计算估计标准误差 S_y。

$$S_y=\sqrt{\frac{\sum y^2-\hat{a}(\sum y)-\hat{b}(\sum xy)}{n-2}}$$

例如，根据表 8.5 中的数据资料，有 $\hat{a}=-1.250\,5$，$\hat{b}=0.911$，$n=6$

$\sum y=6.8$，$\sum y^2=8.1$，$\sum xy=18.22$，所以有：

$$S_y=\sqrt{\frac{\sum y^2-\hat{a}\sum y-\hat{b}\sum xy}{n-2}}=\sqrt{\frac{8.1+1.2505\times 6.8-0.911\times 18.22}{6-2}}=0.045$$

S_y很小，说明建立的回归方程较有代表性。

关于回归方程代表性的好坏还有其他的统计指标和统计方法可以运用，而回归方程的显著性检验，因为要用到推断统计、假设检验的基本知识，本书不做介绍。

六、判定系数

估计标准误差可以用来衡量回归方程的好坏，反映回归方程的拟合程度，当数据个数较多、数据本身很复杂的时候，估计标准误差的计算很繁琐。如果没有计算工具或计算软件，估计标准误差的计算容易出差错。

假设 $SST=\sum(y_i-\bar{y})^2$，它表示因变量 y 与其观察值的平均值之间偏差的平方和，称为总偏差平方和。显然，SST 由两部分组成：一部分是由于自变量 x 与因变量 y 之间的线性关系造成的偏差，记为 $SSR=\sum(\hat{y}-\bar{y})^2$，称 SSR 为回归平方和；另一部分是除了自变量与因变量的线性关系影响之外的所有其他因素的变化造成的偏差，记为 $SSE=\sum(y_i-\hat{y})^2$，称 SSE 为残差平方和。我们有：

$$SST=SSR+SSE$$

回归方程的拟合程度取决于回归平方和 SSR 占总偏差平方和 SST 的比例，这一比例越大，说明回归方程的拟合程度越好，回归方程的代表性越好，用这样的回归方程预测因变量的变化，预测结果较准确。我们称 R^2 为判定系数或决定系数，也称为拟合优度。计算公式为：

$$R^2=\frac{SSR}{SST}$$

R^2的理论含义是：它度量了在因变量取值的总偏差中能被因变量与自变量之间的线性关系所解释的比例。R^2越大，说明在因变量的总偏差中能够被自变量与因变量的线性相关关系所解释的比例越大，回归方程的拟合程度越高。R^2的取值为 0～1，我们可以依据上述公式计算 R^2。一般来说，R^2也等于线性相关系数的平方。

从前文的介绍中可以看出，判定系数与估计标准误差在数量上是反向的变化关系。对于相同的回归变量，用估计标准误差和判定系数来判断回归方程的拟合程度，所得到的结论是一致的。

七、相关系数 r 和估计标准误差 S_y 的关系

相关系数说明了变量之间相关关系的密切程度，相关系数的绝对值越大，说明它们之间的关系越密切。估计标准误差说明了回归方程代表性的好坏，估计标准误差越大，说明回归方程的代表性越不好。因此，相关系数和估计标准误差之间具有一定的关系。我们不加证明地介绍相关系数和估计标准误差的关系：

$$r=\sqrt{\frac{\sigma_y^2-S_y^2}{\sigma_y^2}}=\sqrt{1-\frac{S_y^2}{\sigma_y^2}}$$

依然利用表 8.5 中的数据资料，有：

$$\sigma_y^2=\overline{y^2}-\bar{y}^2=\frac{8.1}{6}-\left(\frac{6.8}{6}\right)^2=0.064$$

$$S_y^2=0.001\ 25$$

所以，$r=\sqrt{1-\frac{S_y^2}{\sigma_y^2}}=\sqrt{1-\frac{0.001\ 25}{0.064}}=0.991\ 2\approx 0.99$，扣除计算过程中的误差因素和小数位数的差别，这里计算出的相关系数同前文的基本一致。因此，实际过程中可以根据计算出的相关系数来推算估计标准误差：

$$S_y=\sigma_y\sqrt{1-r^2}$$

很显然，相关系数和估计标准误差在数值大小上成反向变化的关系。相关系数的绝对值越大，说明自变量和因变量的相关性越强，回归直线的代表性越好，回归值与实际值的偏差越小；估计标准误差也越小；相关系数的绝对值越小，说明自变量和因变量的相关性越弱，回归直线的代表性较差，回归值与实际值的偏差较大，估计标准误差也越大。相关系数为±1 时，说明自变量和因变量完全相关，回归直线的代表性最好，回归值与实际值没有偏差，估计标准误差为 0。相关系数为 0 时，说明自变量和因变量不存在线性相关关系，回归直线的代表性最差，回归值与实际值的偏差最大，估计标准误差等于因变量的标准差。

八、相关系数 r 与回归系数 $\hat{b}$ 之间的关系

相关系数 r 反映了变量之间相关的密切程度和相关的方向，回归系数 $\hat{b}$ 说明了自变量对因变量的影响程度。相关系数 r 的绝对值越大，变量之间的相关性越强，回归系数 $\hat{b}$ 的绝对值越大，自变量对因变量的影响越大。因此，这两个指标之间具有密切的联系。

(1) 相关系数 r 与回归系数 $\hat{b}$ 具有相同的符号。即如果 $r>0$，那么 $\hat{b}>0$；如果 $r<0$，那么 $\hat{b}<0$；如果 $r=0$，那么 $\hat{b}=0$，反之亦然。这种关系很容易从相关和回归的理论意义中推导出来。

(2) 相关系数 r 与回归系数 $\hat{b}$ 有如下的数量关系：$r=\hat{b}\frac{\sigma_x}{\sigma_y}$。对固定的变量观察值而言，自变量 x 与因变量 y 的标准差是确定的值，因而 r 的值与 $\hat{b}$ 的值同向变化，r 的值越大，$\hat{b}$ 的值越大；r 的值越小，$\hat{b}$ 的值越小；$r=0$，$\hat{b}=0$。反之亦然。

[例 8.3]　已知 $\sigma_x^2=25$，$\sigma_y=6$，$r=0.9$，$\hat{a}=2.8$，试根据上述资料，建立 y 关于 x 的直线回归方程。

解：$\hat{b}=r\frac{\sigma_y}{\sigma_x}=0.9\times\frac{6}{5}=1.08$

所以，直线回归方程为：$\hat{y}=\hat{a}+\hat{b}x=2.8+1.08x$

这说明，自变量 x 每增减变化一个单位，因变量 $\hat{y}$ 平均增减变化 1.08 个单位。

九、回归方程的应用

通过回归分析建立的回归方程,说明了自变量和因变量之间的数量变化关系,刻画了自变量对因变量的影响,使人们深刻地认识了客观现象之间的依存关系。不仅如此,我们还可以利用建立的回归方程,通过控制自变量以达到对因变量的变化进行预测和控制的目的。预测和控制是回归分析模型最重要的应用。

如果已经建立的回归方程为:$\hat{y}=\hat{a}+\hat{b}x$,那么,根据回归方程,给定自变量 x 的取值 x_0,可以由方程计算出因变量 y 的值 $\hat{y}_0$:

$$\hat{y}_0=\hat{a}+\hat{b}x_0$$

一元线性回归方程中,只考虑了一个自变量 x 对因变量 y 的影响,忽略了其他因素对因变量的影响,因此,根据回归方程确定的因变量的值,实际上是不够精确的,只是一个粗略的值,它度量了 x 取值的一般水平。解决这一问题的最好办法,是给出因变量 y 取值的变化区间,但是这要用到概率论的知识,我们不便叙述。

[例 8.4] 某地高校的教育经费和在校学生数如表 8.6 所示,试计算:(1) 回归系数,建立回归直线方程;(2) 估计标准误差;(3) 如果教育经费为 500 万元,试估计在校生的规模。

8.6 某地高校教育经费 x 与在校学生数 y

教育经费 x(万元)	在校学生数 y(万人)
316	11
343	16
373	18
393	20
418	22
455	26
2 298	112

解:列表计算。根据已知资料,将计算过程列入表 8.7。

表 8.7 计算过程

教育经费 x(万元)	在校生数 y(万人)	xy	x^2	y^2
316	11	3 476	99 856	121
343	16	5 488	117 649	256
373	18	6 714	139 129	324
393	20	7 860	154 449	400
418	22	9 196	174 724	484
455	26	11 375	207 025	625
2 298	112	44 109	892 832	2 210

（1）计算回归系数，$\hat{b}=\dfrac{n\sum xy-\sum x\sum y}{n\sum x^2-(\sum x)^2}=\dfrac{6\times 44\ 109-2\ 298\times 112}{6\times 892\ 832-(2\ 298)^2}=0.095\ 5$

$$\hat{a}=\bar{y}-\hat{b}\bar{x}=\frac{\sum y}{n}-\hat{b}\frac{\sum x}{n}=\frac{112}{6}-0.095\ 5\times\frac{2\ 298}{6}=-17.91$$

所以，直线回归方程 $\hat{y}=\hat{a}+\hat{b}x=-17.91+0.095\ 5x$

（2）计算估计标准误差：

$$S_y=\sqrt{\frac{\sum y^2-\hat{a}\sum y-\hat{b}\sum xy}{n-2}}=\sqrt{\frac{2\ 210+17.91\times 112-0.095\ 5\times 44\ 109}{6-2}}=0.937$$

（3）当教育经费为 500 万元时，在校学生数 y 为：

$$\hat{y}=\hat{a}+\hat{b}x=-17.91+0.095\ 5\times 500=29.84\text{（万人）}$$

第四节 多元线性回归分析

前文介绍了简单线性回归分析，只考虑一个自变量对因变量的影响。实际上，影响因变量的因素有很多。例如，影响家庭消费支出的因素主要是家庭人均收入，其次，还有家庭中老人和孩子数、家庭人员的年龄结构、家庭的消费习惯等。又如，要研究人民币汇率的走势，就要考虑当前的国际国内宏观经济形势、人民币利率、国家的宏观经济政策、国际国内的经济监管等因素。要研究房产的价格，就要考虑房屋的建筑成本、区位地段、楼层、朝向、结构、开发商的资质、物业公司的服务水平等多种因素。这样，因变量就与多个自变量有关，因此，需要进一步研究多元线性回归问题。

一、多元线性回归模型

假设 $x_1,x_2,x_3,\cdots,x_{n-1},x_n$，都是影响因变量 y 的因素，并且它们与 y 之间有线性相关关系，因而，我们可以利用一元线性回归的原理，建立多元线性回归模型：$y=a+b_1x_1+b_2x_2+b_3x_3+\cdots+b_{n-1}x_{n-1}+b_nx_n+\varepsilon$，$\varepsilon$ 是随机扰动项或误差项。

称 $\hat{y}=\hat{a}+\hat{b}_1x_1+\hat{b}_2x_2+\hat{b}_3x_3+\cdots+\hat{b}_{n-1}x_{n-1}+\hat{b}_nx_n$ 为多元线性回归方程。式中，$\hat{a}$ 为截距，表示当各自变量的取值为 0 时，因变量 y 的平均取值。$\hat{b}_1,\hat{b}_2,\hat{b}_3,\cdots,\hat{b}_{n-1},\hat{b}_n$ 都是未知的回归系数，分别表示各自变量对因变量 y 的影响程度。

对自变量和因变量连续观察 m 次，取得 m 组观察数据：

$$(y_1,x_{11},x_{21},x_{31},\cdots,x_{n1}),(y_2,x_{12},x_{22},x_{32},\cdots,x_{n2}),\cdots,(y_m,x_{1m},x_{2m},\cdots,x_{nm})$$

利用最小平方法的原理：$\sum(y-\hat{y})^2=$ 最小值，分别对 $\hat{a},\hat{b}_1,\hat{b}_2,\hat{b}_3,\cdots,\hat{b}_{n-1},\hat{b}_n$ 求导数，并令导数为零，得到 $n+1$ 个方程组成的方程组：

$$\begin{cases}\sum y = m\hat{a} + \hat{b}_1 \sum x_1 + \hat{b}_2 \sum x_2 + \cdots + \hat{b}_n \sum x_n \\ \sum x_1 y = \hat{a} \sum x_1 + \hat{b}_1 \sum x_1^2 + \hat{b}_2 \sum x_1 x_2 + \cdots + \hat{b}_n \sum x_1 x_n \\ \sum x_2 y = \hat{a} \sum x_2 + \hat{b}_1 \sum x_1 x_2 + \hat{b}_2 \sum x_2^2 + \cdots + \hat{b}_n \sum x_2 x_n \\ \cdots \\ \sum x_n y = \hat{a} \sum x_n + \hat{b}_1 \sum x_1 x_n + \hat{b}_2 \sum x_2 x_n + \cdots + \hat{b}_n \sum x_n \end{cases}$$

只要解出方程组中的 $n+1$ 个未知数 $\hat{a}, \hat{b}_1, \hat{b}_2, \hat{b}_3, \cdots, \hat{b}_{n-1}, \hat{b}_n$，就可求得多元线性回归方程。

$$\hat{y} = \hat{a} + \hat{b}_1 x_1 + \hat{b}_2 x_2 + \hat{b}_3 x_3 + \cdots + \hat{b}_{n-1} x_{n-1} + \hat{b}_n x_n$$

二、多元线性回归估计标准误差

和一元线性回归分析一样，只要有足够的观察值，我们总是可以利用最小平方法求解出回归系数，得到回归方程。但是，回归方程代表性的好坏必须进行检验。多元回归估计标准误差就是检验多元回归方程代表性好坏的统计分析指标。其计算公式为：

$$S_y = \sqrt{\frac{\sum (\hat{y} - y)^2}{m - n - 1}}$$

式中，S_y 表示多元回归估计标准误差；m 表示数据组的个数；n 表示自变量的个数；$\hat{y}$ 是按回归方程计算出的回归值。

三、复相关系数

前文介绍了衡量两个变量线性相关程度的简单线性相关系数，对于多元线性相关分析而言，我们同样可以衡量因变量 y 与 n 个自变量 x 之间关系的密切程度，这就是复相关系数。复相关系数是简单相关系数的引伸，其含义和性质完全相同。复相关系数的计算方法与单相关系数也大致相同。一般地，复相关系数的计算公式如下：

$$r = \sqrt{\frac{\sum (\hat{y} - \bar{y})^2}{\sum (y - \bar{y})^2}} = \sqrt{1 - \frac{S_y^2}{\sigma_y^2}}$$

式中，S_y^2 是多元线性回归的估计标准误差；σ_y^2 是因变量的方差。

通常情况下，复相关系数 r 介于 0 与 1 之间，r 的值越大，说明相关性越强；r 的值越小，说明相关性越弱；r 为 0，说明 y 与各变量之间没有相关性。对多元线性回归分析而言，其复相关系数 r 与估计标准误差同样具有反向的变化关系，估计标准误差越小，复相关系数越大；估计标准误差越大，复相关系数越小；估计标准误差等于 0，复相关系数等于 1。通过上文的公式可以看出，复相关系数与估计标准误差可以相互推导出来。

下面以二元回归分析为例，介绍多元线性回归方程的求解过程和步骤。

[例 8.5]　某百货公司对销售额、广告费支出和营业员等级的变化进行了严格的统计。根据过去的经验和理论判断，销售额 y(单位：百万元)与广告费支出 x_1(单位：万元)和营业员等级 x_2 存在线性相关关系。试依据表 8.8 的资料建立销售额 y 与广告费支出 x_1 和营业员等级 x_2 之间的线性回归方程。

表 8.8　销售额 y 与广告费支出 x_1 和营业员等级 x_2 的统计资料

y	7	12	17	20
x_1	4	7	9	12
x_2	1	2	5	8

解：设 $\hat{y}=\hat{a}+\hat{b}_1x_1+\hat{b}_2x_2$

根据上述资料，列表计算回归系数，见表 8.9

表 8.9　列表计算回归系数

y	x_1	x_2	y^2	$x_1{}^2$	$x_2{}^2$	x_1y	x_2y	x_1x_2
7	4	1	49	16	1	28	7	4
12	7	2	144	49	4	84	24	14
17	9	5	289	81	25	153	85	45
20	12	8	400	144	64	240	160	96
合计 56	32	16	882	290	94	505	276	159
平均 14	8	4	220.5					

依据多元回归的标准方程组，有：

$$\begin{cases}\sum y=m\hat{a}+\hat{b}_1\sum x_1+\hat{b}_2\sum x_2\\ \sum x_1y=\hat{a}\sum x_1+\hat{b}_1\sum x_1^2+\hat{b}_2\sum x_1x_2\\ \sum x_2y=\hat{a}\sum x_2+\hat{b}_1\sum x_1x_2+\hat{b}_2\sum x_2^2\end{cases}$$

所以有 $\begin{cases}56=4\hat{a}+\hat{b}_1\times32+\hat{b}_2\times16\\ 505=\hat{a}\times32+\hat{b}_1\times290+\hat{b}_2\times159\\ 276=\hat{a}\times16+\hat{b}_1\times159+\hat{b}_2\times94\end{cases}$

解此标准方程组可得：$\hat{a}=0.644\ 4$，$\hat{b}_1=1.661\ 0$，$\hat{b}_2=0.016\ 9$

所以，要求解的二元线性回归方程为：

$$\hat{y}=0.644\ 4+1.661x_1+0.016\ 9x_2$$

根据此回归方程，可以得到因变量(销售额)的回归值 $\hat{y}$，见表 8.10。

表 8.10 销售额的回归值

y	x_1	x_2	$\hat{y}$	$y-\hat{y}$	$(y-\hat{y})^2$
7	4	1	7.305	−0.305	0.093
12	7	2	12.305	−0.305	0.093
17	9	5	15.678	1.322	1.748
20	12	8	20.712	−0.712	0.507

下面计算估计标准误差：

$$S_y=\sqrt{\frac{\sum(y-\hat{y})^2}{4-3}}=\sqrt{2.441}=1.562\ 4$$

再计算复相关系数：

$$r=\sqrt{1-\frac{S_y^2}{\sigma_y^2}}=\sqrt{1-\frac{2.441}{24.5}}=0.948\ 7$$

由此可见，百货公司的销售额与广告费支出及营业员的级别有高度的正相关性，其中广告费支出对销售额的影响大于营业员的级别对销售额的影响，要想扩大销售额，增加广告费投入不失为一种明智而有效的办法。

多元线性回归同样可以用于对因变量的预测和控制，实际中，多元线性回归应用得更为广泛。现代计算机技术已经能够解决更加复杂的多元回归问题。

第五节　可线性化的曲线回归

前文介绍的都是线性回归，因变量和自变量之间具有线性相关关系。实际经济问题中，许多客观事物之间不具有线性相关关系，而是非线性相关关系，即曲线相关。比如，上市公司的股票价格与公司的经营业绩并不是完全的线性相关；商品的销售价格与生产成本也不是线性相关的关系；绝大多数的社会现象之间都具有曲线相关的关系。曲线相关比较复杂，一般地，我们将曲线回归进行某种变换，变成线性相关，可以利用线性回归的原理和方法进行研究。本节主要介绍可以线性化的曲线回归问题。

一、二次曲线(抛物线)

二次曲线的数学方程式为：$\hat{y}=\hat{a}x^2+\hat{b}x+\hat{c}$

式中，$\hat{a}$、$\hat{b}$、$\hat{c}$ 是未知的回归系数。曲线的形状如图 8-3 所示。当 $\hat{a}>0$ 时，如图 8-3(a)所示；当 $\hat{a}<0$ 时，如图 8-3(b)所示。

我们将二次曲线的方程式做如下的数学变换：

令 $x^2=x_1$，$x=x_2$

那么，原始方程就变化成：$\hat{y}=\hat{a}x_1+\hat{b}x_2+\hat{c}$，我们利用二元线性回归方程就可求得回归系数

$\hat{a}$、$\hat{b}$、$\hat{c}$，进而得到二次曲线的回归方程。

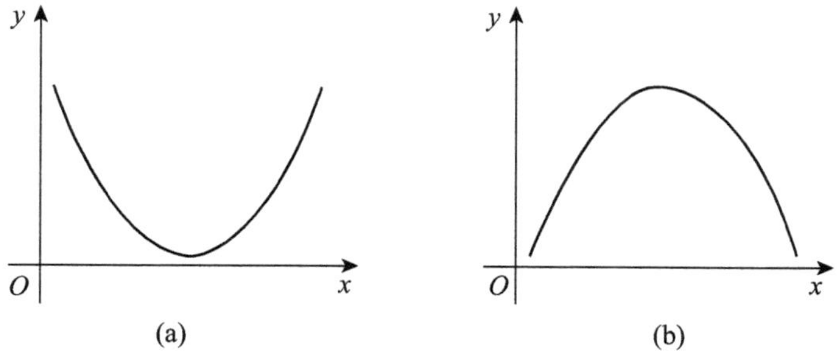

图 8-3　二次曲线图

二、指数曲线

指数曲线的数学方程式为：

$$\hat{y}=\hat{\alpha}e^{\hat{\beta}x}$$

式中，$\hat{\alpha}$，$\hat{\beta}$ 为未知的回归系数，如图 8-4 所示。

对上式做对数变换，原方程变化为：$\ln\hat{y}=\ln\hat{\alpha}+\hat{\beta}x$

令 $\ln y=y'$，那么，$y'=\ln\hat{\alpha}+\hat{\beta}x$，利用一元线性回归分析的原理，就可以求出指数曲线方程中的回归系数。

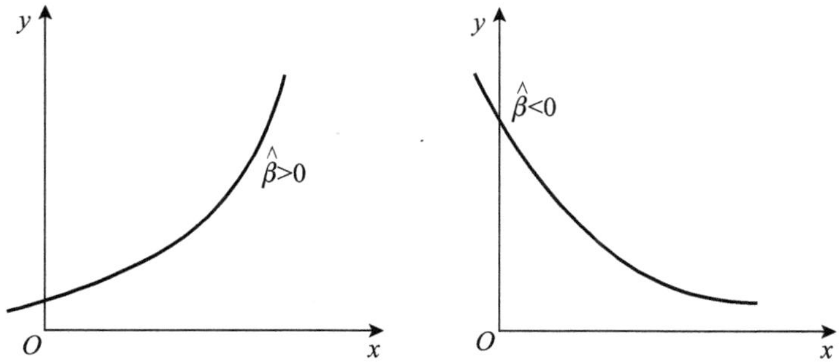

图 8-4　指数曲线图

三、幂函数

幂函数曲线的数学方程式为：

$$\hat{y}=\hat{\alpha}x^{\hat{\beta}}$$

式中，$\hat{\alpha}$，$\hat{\beta}$ 为未知的回归系数，如图 8-5 所示。

对上式做对数变换，原始方程变化为：$\ln\hat{y}=\ln\hat{\alpha}+\beta\ln\hat{x}$，

令 $y'=\ln y$，$x'=\ln x$，那么，$y'=\ln\hat{\alpha}+\hat{\beta}x'$，再利用简单线性回归原理，就可以求出未知的回归系数。

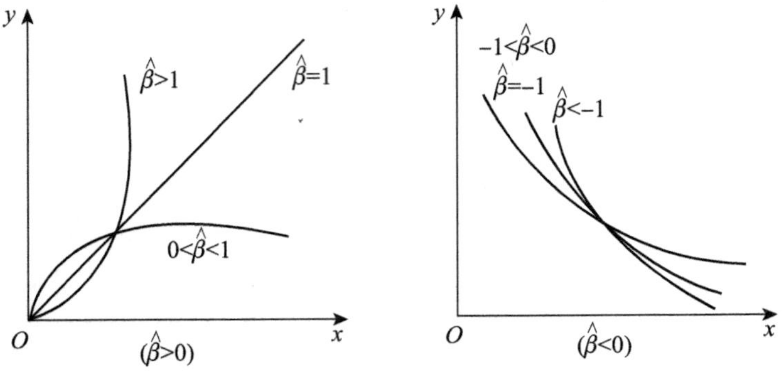

图 8-5 幂函数图

四、双曲线

双曲线函数的数学方程式为：

$$\hat{y}=\frac{x}{\hat{\alpha}x+\hat{\beta}}$$

式中，$\hat{\alpha}$，$\hat{\beta}$ 为未知的回归系数，如图 8-6 所示。

对上式做如下的变换；令 $y'=\frac{1}{y}$，$x'=\frac{1}{x}$，那么，$y'=\hat{\alpha}+\hat{\beta}x$，利用一元线性回归分析的原理，可以求解双曲函数中的回归系数。

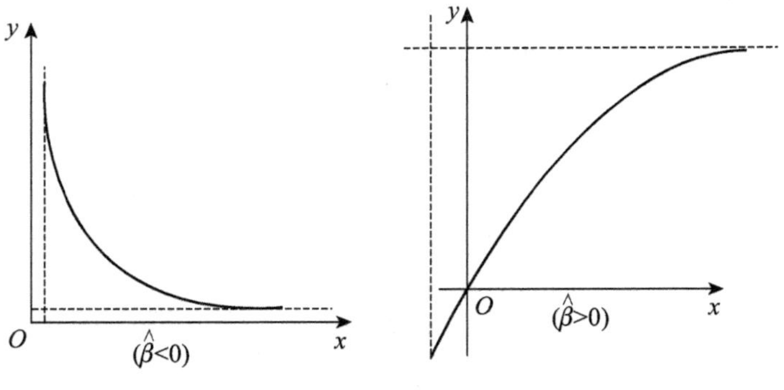

图 8-6 双曲线图

五、对数函数

对数函数的数学方程式是：

$$\hat{y}=\hat{\alpha}+\hat{\beta}\ln x$$

式中，$\hat{\alpha}$，$\hat{\beta}$ 为未知的回归系数，如图 8-7 所示。

令 $\ln x=x'$，则上式变为：$\hat{y}=\hat{\alpha}+\hat{\beta}x'$，利用一元线性回归分析的原理来求解对数函数中的回归系数。

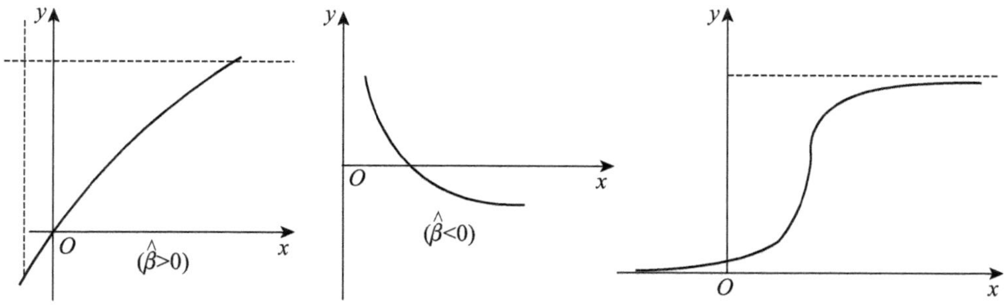

图 8-7　对数函数图

六、多项式回归

多项式函数的数学表达式为：$y=\hat{\alpha}+\hat{\beta}_1 x+\hat{\beta}_2 x^2+\hat{\beta}_3 x^3+\cdots+\hat{\beta}_n x^n$。

令 $x=x_1, x^2=x_2, x^3=x_3, \cdots, x^n=x_n$，则上式变为：

$$\hat{y}=\hat{\alpha}+\hat{\beta}_1 x_1+\hat{\beta}_2 x_2+\hat{\beta}_3 x_3+\cdots+\hat{\beta}_n x_n$$

利用多元线性回归分析的原理和方法可以求解多项式回归中的回归系数。

[例 8.6]　某地区历年来的工业增加值和投资总额的统计资料如表 8.11 所示，试用双曲线描述工业增加值和投资额之间的相关关系。

表 8.11　某单位的投资资料　（单位：亿元）

序号	增加值	投资额	序号	增加值	投资额
1	5.23	0.016	9	9.35	0.031
2	5.63	0.015	10	9.82	0.034
3	5.94	0.016	11	10.63	0.034
4	6.35	0.019	12	11.71	0.035
5	6.88	0.025	13	13.06	0.044
6	7.53	0.029	14	14.13	0.056
7	7.96	0.028	15	15.16	0.062
8	8.68	0.028	16	16.92	0.066

解：根据上述数据，用 Excel 作出增加值 y 与投资额 x 的散点图如图 8-8 所示。

建立双曲线的回归方程式：$\hat{y}=\dfrac{x}{\hat{\alpha}x+\hat{\beta}}$，式中 $\hat{\alpha}$，$\hat{\beta}$ 为未知的回归系数。

令 $y'=\dfrac{1}{y}$，$x'=\dfrac{1}{x}$，那么，$y'=\hat{\alpha}+\hat{\beta}x'$，然后利用一元线性回归方程的方法和原理，求解未知的回归系数，列表计算，如表 8.12 所示。

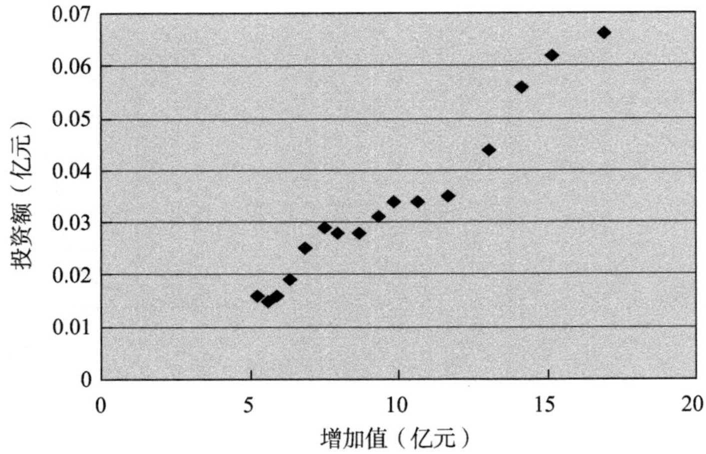

图 8-8 增加值与投资额的散点图

表 8.12 回归系数的计算

序号	x	y	x'	y'	x'^2	$x'y'$
1	5.23	0.016	0.19	62.50	0.036	11.83
2	5.63	0.015	0.18	66.67	0.032	12.00
3	5.94	0.016	0.17	62.50	0.028	10.63
4	6.35	0.019	0.16	52.63	0.026	8.42
5	6.88	0.025	0.15	40.00	0.023	6.00
6	7.53	0.029	0.13	34.48	0.017	4.48
7	7.96	0.028	0.13	35.71	0.017	4.64
8	8.68	0.028	0.12	35.71	0.014	4.29
9	9.35	0.031	0.11	32.25	0.012	3.55
10	9.82	0.034	0.10	29.41	0.010	2.94
11	10.63	0.034	0.09	29.41	0.008	2.65
12	11.71	0.035	0.09	28.57	0.008	2.57
13	13.06	0.044	0.08	22.73	0.006	1.82
14	14.13	0.056	0.07	17.86	0.005	1.25
15	15.16	0.062	0.07	16.12	0.005	1.13
16	16.92	0.066	0.06	15.15	0.004	0.91
合计	154.98	0.538	1.90	581.71	0.251	79.16

根据一元线性回归的原理：

$$\hat{\beta}=\frac{n\sum x'y'-\sum x'\sum y'}{n\sum x'^2-(\sum x')^2}=\frac{16\times 79.16-1.9\times 581.71}{16\times 0.251-1.9^2}=397.32$$

$$\hat{\alpha}=\bar{y}'-\hat{\beta}\bar{x}'=\frac{581.71}{16}-397.32\times\frac{1.9}{16}=-11.32$$

所以 $\hat{y}'=-11.32x+397.32$

因此，所要求的回归方程是：

$$\hat{y}=\frac{x}{-11.32x+397.32}$$

本章小结

1. 相关分析和回归分析是常用的基本统计分析方法。

2. 线性相关系数度量了社会经济现象之间线性相关的形态和关系密切程度。

3. 相关分析可以解决社会经济现象之间是否具有相关性，以及相关的表现形式和相互联系的紧密程度问题。

4. 回归分析是在相关分析的基础上，对变量之间的相互关系形式做进一步的研究，力求用一个数学模型来表达它们之间的相互关系。这个数学模型就是回归方程。

5. 最小平方法是求解线性回归方程中回归系数的基本方法。

6. 估计标准误差能够衡量回归方程的代表性。估计标准误差越大，方程的代表性越差；估计标准误差越小，方程的代表性越好。判定系数也是度量回归方程拟合程度的统计指标，判定系数越大，说明回归方程拟合效果越好，判定系数越小，说明回归方程拟合效果越差。

7. 多元线性回归和可以线性化的曲线回归与一元线性回归的原理相同。

重要词汇

函数关系、相关关系、相关系数、正相关、负相关、完全相关、不相关、线性相关、曲线相关、回归分析、回归系数、最小平方法、线性回归、曲线回归、估计标准误差、判定系数、多元回归。

练习题

一、思考题

1. 什么是相关关系？什么是函数关系？
2. 相关关系有哪几种类型？
3. 相关系数和回归系数各有什么含义？有何关系？
4. 相关分析与回归分析有何区别和联系？
5. 如何度量回归方程的回归效果？
6. 相关系数与估计标准误差有何关系？
7. 如何求解一元线性回归方程中的回归系数？
8. 相关系数与一元线性回归的回归系数有何关系？

二、单项选择题(每题只有一个正确答案)

1. 当某一变量按一定数值变化时，另一个变量也近似地按固定数值变化，这表明这两个变量之间有(　　)。

A. 完全相关关系　B. 复相关关系　C. 直线相关关系　D. 没有相关关系

2. 相关系数 r 的取值范围是(　　)。

A. $-\infty<r<\infty$　B. $-1\leqslant r\leqslant 1$　C. $-1<r<1$　D. $0\leqslant r\leqslant 1$

3. 当所有的观察值都落在回归直线 $\hat{y}=a+bx$ 上时,x 与 y 之间的相关系数是(　　)。

A. $r=0$　B. $r=1$　C. $r=-1$　D. $r=\pm 1$

4. 年劳动生产率 x(单位:千元)和工人工资 y(单位:元)之间的回归方程为 $\hat{y}=200+83x$,这意味着年劳动生产率每提高 1 000 元,工人工资(　　)。

A. 增加 83 元　B. 平均增加 83 元　C. 减少 83 元　D. 增加 283 元

5. 相关系数 r 与回归系数 b 之间的关系可以表达为(　　)。

A. $r=b\dfrac{\sigma_x}{\sigma_y}$　B. $r=b\dfrac{\sigma_y}{\sigma_x}$　C. $r=b\dfrac{\sigma_x}{S_y}$　D. $r=b\dfrac{S_y}{\sigma_y}$

6. 如果相关系数 $r=1$,则表明(　　)。

A. 全部观察值和回归值都不相等　B. 回归方程的代表性较差

C. 变量之间正相关　D. 变量之间完全正相关

7. 下面的几个回归方程中,肯定错误的是(　　)。

A. $\hat{y}=38+8.9x, r=0.89$　B. $\hat{y}=-10+1.9x, r=0.96$

C. $\hat{y}=25-67x, r=0.98$　D. $\hat{y}=-42-23.89x, r=-0.92$

8. 从变量之间相关的表现形式看,相关可分为(　　)。

A. 正相关与负相关　B. 直线相关和曲线相关

C. 单相关和复相关　D. 完全相关和不相关

9. 估计标准误差是反映(　　)。

A. 相关系数代表性的指标　B. 相关关系的指标

C. 回归直线的代表性指标　D. 回归系数代表性的指标

10. 某种商品的价格上涨,商品的销售量就会下降,则商品价格与销售量之间存在(　　)。

A. 不相关　B. 负相关　C. 正相关　D. 无法判断

11. 若回归直线方程中的系数 $\hat{b}=0$,则相关系数(　　)。

A. $r=1$　B. $r=-1$　C. $r=0$　D. $r>0$

12. 下列不属于相关关系的现象是(　　)。

A. 利率与汇率　B. 储蓄与投资

C. 利率与利息　D. 电视机产量与鸡蛋产量

13. 研究人员发现,举重运动员的体重与他能举起的质量之间的相关系数为 0.6,则(　　)。

A. 体重越重,运动员平均能举起的质量越大

B. 平均来说,运动员能举起其体重 60%的质量

C. 如果运动员体重增加 10 千克,则可多举 6 千克

D. 举重能力的 60%归因于其体重

14. 如果两个变量之间完全相关,则以下结论正确的是(　　)。

A. 相关系数 $r=0$　B. 判定系数 $R^2=1$

C. 回归系数 $\hat{b}$ 大于 0　D. 回归系数 $\hat{b}$ 等于 1

15. 下列关系中属于负相关的有(　　)。

A. 居民收入与服务消费支出

B. 居民收入与文化消费支出

C. 居民收入与耐用消费品支出

D. 居民收入与食品消费支出在总消费支出中的比重

三、多项选择题(每题至少有两个正确答案)

1. 下列现象存在相关关系的有(　　)。

A. 家庭收入增长,则消费也增长

B. 圆的半径越大,则圆的面积也越大

C. 一般来说,一个国家的文化素质越高,则国民的平均寿命也越长

D. 一般来说,施肥量增加,农作物的收获率也增加

E. 体积随温度升高而膨胀,随压力加大而缩小

2. 如果两个变量 x 与 y 之间的相关系数等于 1,那么(　　)。

A. 观察值和理论值的离差不存在

B. y 的所有理论值同它的平均值一致

C. x 与 y 之间存在函数关系

D. x 与 y 之间完全正相关

E. x 与 y 不相关

3. 相关系数 r 与回归系数 $\hat{b}$(　　)。

A. 回归系数 $\hat{b}$ 大于 0,则相关系数 r 也大于 0

B. 回归系数 $\hat{b}$ 小于 0,则相关系数 r 也小于 0

C. 回归系数 $\hat{b}$ 大于 0,则相关系数 r 小于 0

D. 回归系数 $\hat{b}$ 小于 0,则相关系数 r 大于 0

E. 回归系数 $\hat{b}$ 等于 0,则相关系数 r 也等于 0

4. 若相关系数 $r<0$,在方程 $\hat{x}=\hat{b}+\hat{a}y$ 中,有(　　)。

A. $\hat{b}$ 可以是正数

B. $\hat{b}$ 可以是负数

C. $\hat{a}$ 可以是正数

D. $\hat{a}$ 可以是负数

E. $\hat{b}$ 可以是 0

5. 相关系数与估计标准误差(　　)。

A. 变化方向一致

B. 各自完全独立变化

C. 变化方向相反

D. 有时变化方向一致,有时变化方向相反

E. 二者都受因变量的标准差的影响

6. 根据同样的观察资料,在相关分析和回归分析中(　　)。

A. 只能计算一个相关系数

B. 可以计算两个相关系数

C. 只能配合一个回归方程

D. 可以配合两个回归方程

E. 回归方程的配合和相关系数的确定都与自变量和因变量的确定无关

7. 当两个客观现象完全相关时,下列中正确的是(　　)

A. $r=1$

B. $r=0$

C. $r=-1$

D. $S_y=0$

E. $S_y=1$

8. 如果两个变量之间的相关系数 $r=0.273$,这表明它们之间存在着(　　)。

A. 高度相关关系

B. 低度相关关系

C. 低度负相关关系

D. 高度正相关关系

E. 基本不相关关系

9. 在线性回归分析中,确定直线回归方程的两个变量必须是(　　)。

A. 一个是自变量,另一个是因变量

B. 均为可控制变量

C. 具有对等关系

D. 一个是随机变量,另一个是可控制变量

E. 都是随机变量

10. 相关关系是指客观现象之间的(　　)。

A. 严格的数量变化依存关系

B. 不严格的数量依存关系

C. 函数关系之外的变量依赖关系

D. 任意两个变量之间的关系

E. 有内在关系的但不严格的数量依存关系

11. 反映线性回归方程拟合优劣程度的指标有(　　)。
A. 相关系数　B. 回归系数　C. 估计标准误差
D. 判定系数　E. 回归方程的截距

12. 相关系数 $r=0$ 时,表明两个变量之间是(　　)。
A. 可能完全不相关　B. 可能是曲线相关
C. 肯定不会线性相关　D. 肯定不会是直线相关
E. 肯定是曲线相关

13. 如果两个变量 x 与 y 高度相关,则下列论述正确的有(　　)。
A. 相关系数趋近于 1　B. 判定系数趋近于 1
C. 估计标准误差趋向于 0　D. 估计标准误差趋向于无穷大
E. 回归系数趋向于 1

14. 如果两个变量之间没有线性相关关系,则(　　)。
A. 相关系数为 0　B. 判定系数为 0
C. 回归系数 $\hat{b}=0$　D. 估计标准误差为 0
E. 估计标准误差等于 1

15. 若变量 x 的值增大时,变量 y 的值则减小,相关点的分布呈现直线状,这表明两个变量(　　)。
A. 正相关　B. 负相关　C. 弱负相关
D. 强负相关　E. 线性相关

四、计算题

1. 50 名同学的数学成绩的标准差是 8.25 分,计算机成绩的标准差是 7.8 分,数学成绩和计算机成绩的协方差为 62 分。依据上述资料,计算两种成绩的相关系数,并对它们相关的方向和程度作出解释。

2. 某地区 10 户家庭的收入和食品支出(元/天)的统计数据如表 8.13 所示。

表 8.13　某地区 10 户家庭的收入和食品支出资料　单位(元/天)

收入 x	200	300	330	400	150	130	260	380	350	430
食品支出 y	70	90	80	110	50	40	80	100	90	100

要求:(1)画出散点图;(2)计算相关系数;(3)建立直线回归方程。

3. 某种产品的产量与单位成本的统计资料如表 8.14 所示。

表 8.14　某种产品的产量与单位成本统计资料

产量(千件)	单位成本(元/件)	产量(千件)	单位成本(元/件)
2	73	3	73
3	72	4	69
4	71	5	68

要求:(1)计算相关系数,并判断其相关的方向和程度;(2) 建立直线回归方程;(3) 当产量达到 7 000 件时,单位成本是多少?

4. 已知 $\sum x = 1\,890$, $\sum y = 31.1$, $\sum x^2 = 5\,355$, $\sum y^2 = 174$, $\sum xy = 9\,318$, $n = 7$

试以 x 为自变量,y 为因变量,计算线性回归方程。

5. 已知 $\sigma_x=5$, $\sigma_y^2=36$, $r=0.92$, $a=3.75$,

试计算:(1) y 对 x 的回归方程;(2) 估计标准误差;(3) 判定系数。

6. 某农场通过试验取得早稻收获量与春季降雨量和温度的统计数据如表 8.15 所示。

表 8.15 早稻收获量与春季降雨量和温度的统计数据

收获量 y(千克/公顷)	1 500	2 300	3 000	4 500	4 800	5 000	5 500
降雨量 x_1(mm)	25	33	45	105	110	115	120
温度 x_2(℃)	6	8	10	13	14	16	17

试确定早稻收获量对春季降雨量和温度的二元线性回归方程,计算估计标准误差,并说明回归系数的实际含义。

7. 已知 $n=6, \sum x=21, \sum y=426, \sum x^2=79, \sum y^2=30\ 268, \sum xy=1\ 481$

要求:(1)计算相关系数;(2) 建立 y 对 x 的回归直线方程;(3) 计算估计标准误差。

8. 某地区 2011—2015 年人均月收入和商品销售额资料如表 8.16 所示,要求:

(1) 以人均月收入为自变量,商品销售额为因变量,建立回归直线方程;

(2) 如果 2016 年,该地区的人均月收入估计达到 8 240 元,利用回归方程推算 2016 年该地区的商品销售额。

表 8.16 某地区 2011—2015 年人均月收入和商品销售额资料

年份	人均月收入(元)	商品销售额(万元)
2011	4 800	2 200
2012	6 000	3 000
2013	6 400	2 800
2014	6 800	3 200
2015	7 600	4 000

附录 8-1

利用 Excel 软件计算相关系数

附表 8.1 是 1995—2004 年我国全社会固定资产投资额和财政收入(单位:亿元),我们利用 Excel 软件的数据分析功能计算它们的相关系数。

附表 8.1 1995—2004 年我国全社会固定资产投资额和财政收入 (单位:亿元)

年份	固定资产投资额	财政收入	年份	固定资产投资额	财政收入
1995	20 019.26	6 242.20	2000	32 917.73	13 395.23
1996	22 974.03	7 407.99	2001	37 213.49	16 386.04
1997	25 318.00	8 651.14	2002	43 499.91	18 903.64
1998	28 406.17	9 875.95	2003	55 566.61	21 715.25
1999	29 854.71	11 444.08	2004	70 073.00	25 718.00

资料来源:中国国家统计局,http://www.stats.gov.cn

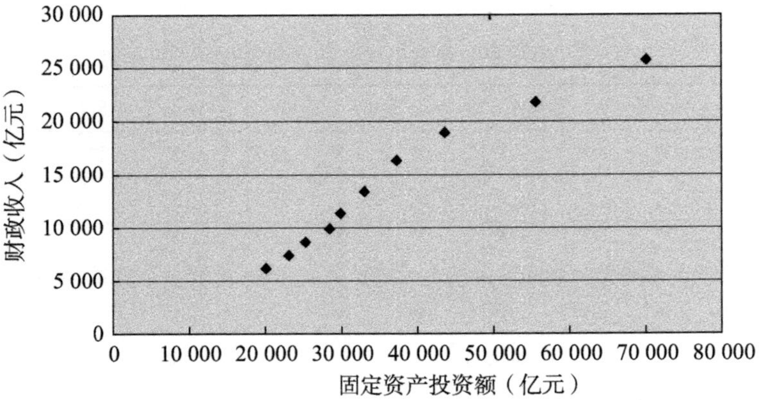

附图 8－1　固定资产投资额与财政收入的散点图

(1) 首先，将表中的数据输入到 Excel 中的 A1:C13 区域，利用 Excel 的图表向导功能作出如附图 8－1 所示的散点图，从散点图可以看出，全社会固定资产投资额与财政收入线性相关，并且是线性正相关。

(2) 其次，利用 Excel 计算固定资产投资额与财政收入的相关系数。

第一步，点击"工具"菜单中的"数据分析"。

第二步，在"数据分析"对话框中，选择"相关系数"，并点击"确定"。

第三步，在相关系数对话框中的"输入区域"框中输入"B2:C11"，在"分组方式"框中点击"列"，在"输出区域"框中输入"A14"，最后，点击"确定"。Excel 会立即给出计算的相关系数。如附表 8.2 所示。

附表 8.2　相关系数　(单位:亿元)

	A	B	C
1	年份	固定资产投资额	财政收入
2	1995	20 019.26	6 242.2
3	1996	22 974.03	7 407.99
4	1997	25 318	8 651.14
5	1998	28 406.17	9 875.95
6	1999	29 854.71	11 444.08
7	2000	32 917.73	13 395.23
8	2001	37 213.49	16 386.04
9	2002	43 499.91	18 903.64
10	2003	55 566.61	21 715.25
11	2004	70 073	25 718

	列 1	列 2
列 1	1	
列 2	0.977 931	1

显然，全社会固定资产投资额与财政收入的相关系数是 0.9779，高度正相关。

附录 8－2

利用 Excel 软件计算回归系数

仍然利用附表 8.1 中的资料，以全社会固定资产投资额为自变量，财政收入为因变量，建立财政收入对全社会固定资产投资额的简单线性回归方程。

第一步，将数据输入到“A1:C11”。

第二步，点击“工具”菜单中的“数据分析”。

第三步，在“数据分析”对话框中，选择“回归”，并点击“确定”。

第四步，在“回归”对话框中的 y 值“输入区域”框中输入“C2:C11”，在 x 值“输入区域”框中输入“B2:B11”，在“输出区域”框中输入“E2”，点击“线性拟合图”，最后，点击“确定”，Excel 立即给出回归分析的结果，如附表 8－3 所示，回归方程是：$\hat{y}=-807.109+0.404\ 028x$；$r=0.977\ 9$；$R^2=0.956\ 3$

附表 8.3　回归分析的结果

SUMMARY OUTPUT

回归统计	
Multiple R	0.977 931
R Square	0.956 349
Adjusted R Square	0.950 892
标准误差	1 445.095
观 测 值	10

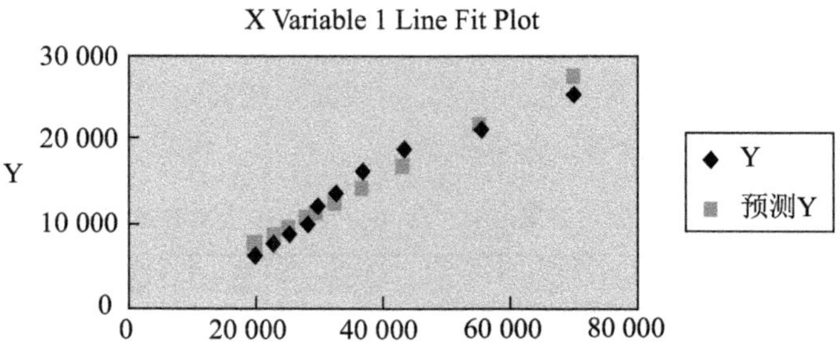

方差分析

	df	SS	MS	F	Significance F
回归分析	1	3.66E+08	3.66E+08	175.270 2	1.01E−06
残差	8	16 706 407	2 088 301		
总计	9	3.83E+08			

	Coefficients	标准误差	t Stat	P－value	Lower 95%	Upper 95%
Intercept	−807.109	1 206.384	−0.669 03	0.522 309	−3 589.03	1 974.816
X Variable 1	0.404 028	0.030 518	13.238 97	1.01E−06	0.333 653	0.474 402

Residual Output

(续表)

观测值	预测 y	残　差				
1	7 281.223	−1 039.02				
2	8 475.032	−1 067.04				
3	9 422.06	−770.92				
4	10 669.77	−793.816				
5	11 255.02	189.064 1				
6	12 492.56	902.669 6				
7	14 228.17	2 157.874				
8	16 768.05	2 135.587				
9	21 643.33	71.918 36				
10	27 504.31	−1 786.31				

附录 8－3

利用 Excel 软件制作散点图、判断相关性

附表 8.4 是 1990—2003 年上海市的财政收入和用于教育的财政支出，以此为例，介绍用 Excel 制作散点图的基本步骤。

附表 8.4　1990—2003 年上海市的财政收入和用于教育的财政支出

年份	教育的财政支出(亿元)	财政收入(亿元)
1990	11.35	284.36
1991	12.48	324.66
1992	14.93	340.13
1993	20.06	439.53
1994	31.21	615.91
1995	39.44	702.46
1996	49.89	873.76
1997	63.59	1 070.95
1998	76.01	1 146
1999	84.27	1 390.58
2000	93.79	1 752.7
2001	111.06	1 995.62
2002	116.07	2 202.25
2003	131.37	2 828.87

资料来源：上海市统计局，http://www.stats－sh.gov.cn

第一步，将上述数据输入到 Excel 中的“A1:C15”中，并用鼠标选中“B1:C15”。

第二步，点击“图表向导”，在“图表向导—4 步骤之 1—图表类型”对话框中，选择“标准类型”中的“XY 散点图”，再选定一种“子图表类型”，并点击“下一步”。

第三步，在“图表向导—4 步骤之 2—图表源数据”对话框中，直接点击“下一步”。

第四步，在“图表向导—4 步骤之 3—图表选项”对话框中，点击“标题”，在“数值(X)轴”框中输入“教育的财政支出”，在“数值(Y)轴”框中输入“财政收入”，点击“图例”，取消“显示图例”，散点图”，并点击“下一步”。

第五步，在“图表向导—4 步骤之 4—图表位置”对话框中，选择“作为其中的对象插入”，并点击“完成”。Excel 立即给出散点图。如附图 8-2 所示。从散点图可以看出上海市教育的财政支出与财政收入高度正相关。

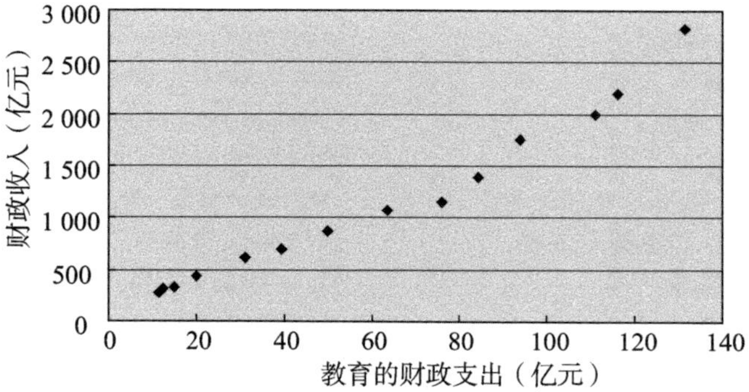

附图 8-2　教育的财政支出与财政收入散点图

附　录

常用英汉统计词汇

A

Abnormal　异常的，不正常的
Absolute amount　绝对量
Absolute deviation　绝对偏差
Absolute error　绝对误差
Absolute frequency distribution　绝对频数分布
Absolute frequency　绝对频数，绝对次数
Absolute magnitude　绝对量
Absolute number　绝对数
Absolute value　绝对值
Accident error　偶然误差
Accumulated frequency　累积频数
Accuracy　精确度，准确度
Actual frequency　实际频数，实际次数
Actual quantities　实物量
Age structure　年龄构成(结构)
Aggregate index　综合指数
Aggregate　综合，总计
Aggregate output　总产量，生产量
Aggregative weighted Index　综合加权指数
Amount　总数
Amount of increment　增量，增值
Analysis of data 分析资料
Analysis of time series　时间序列分析
Analytical method by index　指数分析法
An average annual growth rate　年平均增长率
Anivariate　单个变量
Annual　年报
Annual average　年平均数
Annual growth rate　年增长率
Annual increment　年增量
Annual report　年报
Annual returns　年报表
Applied statistics　应用统计学
Arithmetic average index number　算术平均指数
Arithmetic average　算术平均数
Arithmetic mean method　算术平均法
Arithmetic mean　算术平均数
Arithmetic weighted mean　加权算术平均数
Arrange，Arrangement　排列，整理
Attribute　品质，属性
Attribute date　品质资料，属性资料
Average　平均数
Average deviation　平均差
Average index number　平均指数
Average rate of increase　平均增长率
Average speed of development　平均发展速度
Average value　平均值

B

Bar chart　条形图
Base number　基数
Base of an index　指数基期
Base period　基期
Base period weight　基期权数
Base value　基值
Base year　基年
Basic statistics　基本统计学，基础统计学
Basic survey　基本调查
Bias　偏性，偏差，偏倚
Biometry，Biostatistics　生物统计学
Block chart，Block diagram　方块图，方柱图
Broken line graph　折线图
Bulk sample　大样本

C

Cartogram　统计图
Categorical　类型的，类别的
Categorical form　分类表
Census　普查
Census day　普查日，清查日

Census enumerator　普查员
Census method　普查法
Census of population　人口普查
Census table　普查表
Central tendency　集中趋势
Chain index number　环比指数
Chronological average　序时平均数
Chronological series　时间序列,时间数列
Class boundary　组限
Class frequency　组次数
Classification　分组、分类
Classification statistics　分类统计,分组统计
Class　组
Class index　类指数
Class interval　组距
Class limits　组限
Class lower limit　组下限
Class mean　组平均数
Class midpoint 组中点
Class mid-value　组中值
Class number　组数
Class of equal width　等距组
Class of unequal width　不等距组
Class upper limit　组上限
Class width　组距
Cluster　整群
Cluster random sampling　整群随机抽样
Cluster sample　整群样本
Cluster sampling　整群抽样
Coefficient　系数
Coefficient of average deviation　平均差系数
Coefficient of correlation　相关系数
Coefficient of mean deviation　平均差系数
Coefficient of regression　回归系数
Coefficient of standard deviation　标准差系数
Coefficient of variability　离散系数
Coefficient of variability(or coefficient of variation)　变异系数
Collateral　间接,次要
Collateral date　间接资料,次要资料
Collection of date　资料收集
Column　纵行,纵栏
Column chart　柱形图,直条图
Combinative table　组合表
Completely correlation　完全相关
Complete survey　全面调查
Constituent ratio　构成比,结构相对数
Consumer price index　消费者价格指数
Continuous　连续的
Correction number　校正数
Correction value　校正值
Correlation　相关,联系
Correlation analysis　相关分析
Correlation coefficient　相关系数
Cost index number　成本指数
Cost index　成本指数
Critical value　临界值
Cumulating down　向下累计
Cumulating up　向上累计
Cumulative　累计的、渐增的
Cumulative frequency　累积频率
Cumulative frequency　累计次数

D

Daily report,Daily return　日报
Data　资料
Date handling　资料处理,数据处理
Date processing　资料处理,数据处理
Decumulative　frequency　以上累加次数
Degree of confidence　可信度,置信度
Degree of dispersion　离散程度
Degrees variability　差异度
Descriptive statistics　描述统计学
Deviation　离差,变差,偏差
Discrete　离散的
Discrete variable　离散变量
Dispersion tendency　离中趋势
Distribution　分布、分配
Double sampling　重复抽样
Doughnut chart　环形图
Dynamic series　动态数列,时间数列,时间序列
Dynamic statistics　动态统计

E

Economic census　经济普查
Equation of linear regression　线性回归方程
Error　误差
Error mean square　均方误差
Error mean　平均误差
Error of sampling　抽样误差
Extreme value　极值

F

Fixed base index　定基指数
Fixed base period　固定基期
Fixed weight　固定权数
Frequency　频数,次数,频率
Frequency distribution　频数分布,次数分布

G

General index number　总指数
General mean　一般平均数
Geometric average　几何平均数
Geometric mean method　几何平均法
Geometric mean　几何平均数
Given period　计算期
Grand mean　总平均数
Group index number　类指数,组指数
Grouped data　分组资料
Grouping interval　组距
Grouping system　分组体系
Growth rate　增长率

H

Harmonic average　调和平均数
Harmonic mean　调和平均数
Histogram　直方图

I

Incomplete survey　非全面调检
Increment　增长量,增值
Increment rate　增长率
Independent variable　自变量
Index　指数,指标
Index budget　费用指数,预算指数
Index number formula　指数公式
Index number of physical volume　物量指数
Index number of prices　物价指数
Index number of quantity　数量指数
Index number of retail prices　零售物价指数
Index number with fixed base period　定基指数
Index number　指数
Index system　指数体系
Indicator　指标
Individual difference　个体差异
Individual index number　个体指数
Individual price Index　个体价格指数
Individual quantity index　个体物量指数
Inferential statistics　推断统计学,推理统计学
Inferior limit　下限
Initial data　原始数据
Inquiry　调查时期
Inspection of data　检查资料
Intercept　截距
Interval estimation　区间估计
Interval scale　定距尺度
Inverse correlation　负相关

K

Kurtosis coefficient 峰度系数

L

Laspeyre index　拉斯贝尔指数
Least square method　最小二乘法
Left-skewed　左偏
Level of measurement　衡量尺度
Linear chart　线图
Linear correlation　直线相关
Linear regression equation　直线回归方程
Linear regression　直线回归
Link index number　环比指数
Link relative　环比
Lower limit　下限

M

Maximum value　最大值,极大值
Mean　平均数
Mean annual rate of increase　平均每年增长率
Mean deviation　平均差,均差
Mean error　平均误差
Mean of population　总体平均数
Mean square deviation　均方差
Mean square error　均方误差
Mean value　平均值
Median　中位数
Median age　年龄中位数
Median class　中位数组
Method　方法
Method of average　平均法
Method of grouping　分组法
Method of least square　最小二乘法
Method of moving average　移动平均法
Method of weighted mean　加权平均法

Method of weighting 加权法
Mid-point of class 组中值
Mid-value of class 组中值
Minimum value 最小值,极小值
Modal class 众数组
Modal group 众数所在组
Modal value 众数值
Mode 众数,众值
Monthly report 月报
Moving average method 移动平均法
Moving average 移动平均数
Multi-state sampling 多阶段抽样,多阶抽样

N

National accounting analysis 国民经济核算分析
National accounting data 国民经济核算资料
National accounts 国民核算,国民账户
National economic accounting 国民经济核算
National economic budget 国民经济预算
National population census 全国人口普查
Negative correlation 负相关
Negative-skewed 负偏
Net domestic product 国内生产净值
Net national product 国民生产净值
No correlation 无相关
Nominal scale 定类尺度
Non-linear correlation 非线性相关
Normal distribution 正态分布
Normal population 正态总体
Number of population unit 总体单位数

O

Observed unit 观察单位
Observed value 观察值
Open class 开口组
Ordinal scale 定序尺度
Original data 原始资料
Overall population 总体

P

Parameter 参数
Partial increment 净增量
Passche's index 派许指数
Percentage 百分数,百分率
Percentile 百分位数
Percent 百分数,百分率
Physical indicator 实物指标
Physical volume units 实物单位
Pie chart 饼图
Planning of survey 调查计划
Point estimate 点估计值
Point estimation 点估计
Population 总体,人口,母体
Population mean 总体均数
Population parameters 总体参数
Population rate 总体率
Population variance 总体方差
Position average 位置平均数
Positive correlation 正相关
Positive-skewed 正偏
Price index number 物价指数
Primary data 原始资料,初级资料
Principle of least square 最小二乘原理
Proportion 比,比率
Proportional sampling 比例抽样
Proportional stratified sampling 比例分层抽样
Purchasing managers index 制造业采购经理指数

Q

Qualitative 质的
Qualitative data 质量资料
Qualitative series 质量数列
Quality control 质量控制
Quality index number 质量指数
Quantitative 量的
Quantitative data 定量数据
Quantitative measure 数量测量
Quantity index number 物量指数、数量指数
Quartile 四分位数
Quartile Deviation 四分位差
Questionnaire 调查表
Questionnaire design 调查表设计

R

Random 随机
Random digits 随机数字
Random error 随机误差
Random numbers table 随机数目表
Random sample 随机样本
Random sampling 随机抽样
Random sampling error 随机抽样误差
Random variable of continuous type 连续的随机

变量
Random variable 随机变量
Range 全距,极差
Rate 率
Rate of change 变化率,变动率
Rate of expansion 发展率
Rate of growth 增长率
Rate of natural increase 自然增长率
Ratio 比
Ratio scale 定比尺度
Regression 回归
Regression analysis 回归分析
Regression coefficient 回归系数
Regression equation 回归方程
Relative frequency 相对次数
Relative number 相对数
Relative ratio 比较相对数
Replication 重复
Respondent 调查对象,被调查者
Retail price index 商品零售价格指数
Right-skewed 右偏
Rolling average 移动平均数,继动平均数

S

Sample 样本
Sample average 样本均值
Sample data 样本数据
Sample error 样本误差
Sample mean 样本平均数
Sample size 样本容量,样本大小
Sample standard deviation 样本标准差
Sampling 抽样
Sampling error 抽样误差
Sampling process 抽样过程
Sampling scheme with replacement 重复抽样方案
Sampling scheme without replacement 不重复抽样方案
Sampling survey 抽样调查
Sampling variance 抽样方差
Sampling with replacement 重复抽样,退回抽样
Sampling without replacement 不重复抽样,不退回抽样
Scatter diagram 散点图
Schedule 表式,调查表
Season 季节分析
Seasonal adjustment 季节调查
Seasonal fluctuation 季节变动
Seasonal index 季节指数
Sector 部门
Sector accounts 部门账户
Secular change 长期变化
Secular trend 长期趋势
Secular trend line 长期趋势线
Sequence 序列
Series 数列
Series of index number 指数数列
Series of means 平均数数列
Series of variation 变量数列
Share price indexes 股票价格指数
Simple arithmetic mean 简单算术平均数
Simple average 简单平均数
Simple cluster sampling 简单整群抽样
Simple correlation 简单相关
Simple deviate 标准偏离
Simple deviation 标准偏差
Simple geometric mean 简单几何平均数
Simple harmonic mean 简单调和平均数
Simple index number 简单指数
Simple random sampling 简单随机抽样
Simple regression 简单回归
Simple table 简单表
Single-valued estimate 单值估计
Skewed distribution 偏斜分布
Square deviation 方差
Standard deviation 标准差
Standard error of estimate 标准估计误差
Standard error 标准误差
Standard normal distribution 标准正态分布
Statistic 统计量
Statistical control 统计控制
Statistical graph 统计图
Statistical index 统计指数
Statistical indicator 统计指标
Statistical inference 统计推断
Statistical table 统计表
Stem and leaf display 茎叶图
Stochastic variable 随机变量
Stratified sampling 分层抽样
Subject-matter 普查项目,调查项目
Sum 和,总数,总额,合计
Sum of squares 平方和
Sum of squares about regression 回归平方和

Sum of squares between groups　组间平方和
Summary table　总表，摘要表，一览表
Summation　总数
Super limit　上限
Survey　调查
Survey analysis　调查分析
Survey period　调查时期
Survey programme　调查方案
Survey questionnaire　调查提纲，调查表
Survey sampling　抽样调查
Survey unit　调查单位
Symmetry　对称
System　系统，体系
System of material product balance (MPS)　物质产品，平衡体系
System of national account　国民账户体系
Systematic error　系统误差
Systematic sampling　系统抽样

T

Table　表，表格
Table format　表的式样，表的构造
Table number　标号
Tabular　表格
Tabular form　表格形式
Tabular presentation　列表
The mean growth rate　平均增长速度
Theoretical frequency　理论频数
Theoretical number　理论数
Time series analysis　时间数列分析
Total index number　总指数
Total value of farm output　农业总产量
Total value of industry output　工业总产量
Total value of production　生产总值
Total value of products　产品总价值，总产值
Treatment　处理
Trend analysis　趋势分析
Trend curve　趋势曲线
Trend cycle　趋势循环
Trend equation　趋势方程
Typical investigation　典型调查
Typical survey　典型调查

U

Unclassified　未分类，未分组
Ungrouped　未分组
Ungrouped data　未分组资料
Upper boundary　上限
Upper class limit　组上限
Upper limit　上限

V

Value added　增加值
Value added of farm　农业增加值
Value index　价值指数
Value index number　价值
Value of all product　产品总值
Value of the extreme　极端值
Variable　变量，变数
Variable weight　可变权数，变动权数
Variance　方差，均方
Variation coefficient　变异系数
Velocity of development　发展速度
Velocity of increase　增长速度

W

Weight　权，权数
Weighted aggregative index　加权综合指数
Weighted aggregative price index　加权综合物价指数
Weighted arithmetic mean　加权算术平均数
Weighted average　加权平均值
Weighted geometric mean　加权几何平均数
Weighted index number　加权指数
Weighted mean　加权平均数
With replacement　放回、重复
Without replacement　不放回、不重复

Y

Yield　产量，收获量

Z

Zero correlation 零相关 、不相关

参考答案

第一章

一、思考题(略)

二、单项选择题

1. A 2. A 3. C 4. C 5 C 6. A 7. A 8. C 9. A 10. D 11. D 12. A 13. C 14. C 15. C

三、多项选择题

1. ACE 2. ABCDE 3. BCD 4. ACDE 5. ABC 6. ABC 7. ACE 8. BCDE 9. ACE 10. BC 11. ABE 12. ABCDE 13. ABDE 14. AD

四、综合题

1. 需要以下统计指标:企业利润总额、企业职工总人数、企业总产量、企业总成本、产品销售量、产品销售收入、企业的市场份额等。

2. 总体是:全体应届毕业生。总体单位是:每一位应届毕业生。

品质标志:毕业生的签约单位、毕业生的籍贯、毕业生的姓名、专业。

数量标志:毕业生的年龄、签约单位的月工资、毕业生的身高、毕业生的家庭人口数。

质量指标:毕业生的就业率、毕业生的工作岗位。

数量指标:毕业生总人数、毕业生分布的行业数。

3.(1) 这项调查研究的总体是:外资金融机构从业者。(2)“月收入”是定量变量。(3)“信用卡支付方式”是定性变量。

第二章

一、思考题(略)

二、单项选择题

1. C 2. B 3. B 4. C 5. C 6. D 7. D 8. C 9. D 10. D 11. B 12. A 13. D 14. D 15. A

三、多项选择题

1. BCE 2. BCE 3. BCD 4. ACD 5. BCD 6. ABCD 7. AE 8. AD 9. ACD 10. BCE 11. ACE 12. BCDE 13. ABC 14. BCDE 15. ABC

四、综合题

(1) 应采用重点调查、典型调查和抽样调查相结合的调查方式。(2) 调查对象是标准时点上,上海市所有的互联网金融企业。调查单位是标准时点上,上海市每一家互联网金融企业。(3) 调查项目有:互联网金融企业的基本信息,包括企业名称、注册资本金、法人代表、主营业务、管理团队、风控机制等。(4) 利用调查表收集资料。(5) 应编制单一表。

第三章

一、思考题(略)

二、单项选择题

1. A 2. B 3. C 4. C 5. C 6. C 7. A 8. A 9. A 10. B 11. C 12. B 13. D 14. A 15. A

三、多项选择题

1. ABC 2. ABCDE 3. CD 4. ACE 5. ACE 6. BCE 7. BCD 8. BCD 9. ADE 10. ABCDE
11. BC 12. ABC 13. ABDE 14. BD

四、计算题

1. 按成绩分组,编制成下表所示的分配数列。

50 名同学的考试成绩分配数列

按成绩分组(分)	人数(人)
40～50	1
50～60	4
60～70	11
70～80	17
80～90	11
90～100	6
合计	50

直方图和折线图略。

2. 按完成生产定额的百分比分组,编制成下表所示的分配数列。

完成生产定额(%)	人数(人)
80～100	5
100～120	21
120～140	11
140～160	3
合计	40

直方图和折线图略。

3. 20 名工人的月工资分成如下表所示的分配数列。

按月工资分组(元)	人数(人)
5 000～6 000	4
6 000～7 000	10
7 000～7 500	6
合计	20

4. 按年龄分组的单项数列如下表所示。

按年龄分组(岁)	人数(人)
16	2
17	8
18	15
19	5
20	5
21	3
22	2
合计	40

按年龄分组的组距数列如下表所示。

按年龄分组(岁)	人数(人)
16～18	10
18～20	20
20～23	10
合计	40

第四章

一、思考题(略)

二、单项选择题

1. B 2. D 3. C 4. B 5. B 6. A 7. C 8. A 9. A 10. C 11. B 12. A 13. B 14. A 15. D

三、多项选择题

1. ABD 2. BCD 3. ABC 4. BDE 5. AB 6. BC 7. BCDE 8. ABD 9. ACE 10. ACDE 11. ABC 12. ABCD 13. BCDE 14. ABC 15. ACD

四、计算题

1. 根据指标之间的关系,将计算结果列入下表

	2015 年		2014 年实际完成(万元)	2015 年比 2014 年增长(%)
	实际完成(亿元)	比重(%)		
国内生产总值	500		476.19(2)	5
其中:第一产业	150(1)	30	145	3.45(3)
第二产业	203.14(4)	40.63(5)	192	5.8
第三产业	146.86(6)	29.37(7)	139.19	5.51(8)

计算公式:

$(1)=500\times 30\%=150$

$(2)=\dfrac{500}{1+5\%}=\dfrac{500}{1.05}=476.19$

$(3)=\dfrac{150-145}{145}=\dfrac{5}{145}=3.45\%$

$(4)=192\times(1+5.8\%)=203.14$

$(5)=\dfrac{203.14}{500}=40.63\%$

$(6)=500-150-203.14=146.86$

$(7)=\dfrac{146.86}{500}=29.37\%$

$(8)=\dfrac{146.86-139.19}{139.19}=5.51\%$

2. 劳动生产率计划完成程度$=\dfrac{\text{实际完成数}}{\text{计划任务数}}=\dfrac{1+10\%}{1+8\%}=\dfrac{110}{108}=101.85\%$

3. 设计划规定比去年增长 x,根据题意有:

$\dfrac{1+5\%}{1+x}=103\%\Rightarrow 1+x=\dfrac{1.05}{1.03}=1.019\ 4\Rightarrow x=0.019\ 4=1.94\%$

因此,计划规定比去年增长 1.94%。

4. (1) 该企业五年累计计划完成情况$=\dfrac{2\ 000+2\ 300+\cdots+850}{12\ 000}=\dfrac{12\ 850}{12\ 000}=107.08\%$

(2) 2 000+2 300+…+800=12 000(台)

所以,该公司提前一个季度完成累计产量计划。

(3) 第四年的第三季度、第四季度,第五年的第一季度和第二季度的产量为:

700+750+750+800=3 000(台),达到了计划规定的任务要求,所以,提前半年完成最后一年的产量计划。

5.(1) 结果相对指标:

2015 年,该地区消费额占国民收入的比重$=\frac{410}{520}=78.85\%$

该地区积累额占国民收入的比重$=\frac{110}{520}=21.15\%$

比例相对指标:

消费∶积累=420∶110=3.82∶1

(2) 人均国民收入$=\frac{\text{国民总收入}}{\text{年平均人口数}}=\frac{520}{3\ 250}=1\ 600$(元/人)

6. 比较相对指标:

2014 年:

$\frac{\text{甲国钢产量}}{\text{乙国钢产量}}=\frac{3\ 000}{5\ 000}=60\%$　　$\frac{\text{甲国人口数}}{\text{乙国人口数}}=\frac{6\ 000}{7\ 143}=84\%$

2015 年:

$\frac{\text{甲国钢产量}}{\text{乙国钢产量}}=\frac{3\ 300}{5\ 250}=63\%$　　$\frac{\text{甲国人口数}}{\text{乙国人口数}}=\frac{6\ 000}{7\ 192}=83.43\%$

强度相对指标:

2014 年:甲国人均钢产量$=\frac{3\ 000}{6\ 000}=0.5$(吨/人)

乙国人均钢产量$=\frac{5\ 000}{7\ 143}=0.7$(吨/人)

2015 年:甲国人均钢产量$=\frac{3\ 300}{6\ 000}=0.55$(吨/人)

乙国人均钢产量$=\frac{5\ 250}{7\ 192}=0.73$(吨/人)

动态相对指标:

甲国钢产量的动态相对指标$=\frac{3\ 300}{3\ 000}=1.1=110\%$

乙国钢产量的动态相对指标$=\frac{5\ 250}{5\ 000}=1.05=105\%$

甲国人口数的动态相对指标$=\frac{6\ 000}{6\ 000}=1=100\%$

乙国人口数的动态相对指标$=\frac{7\ 192}{7\ 143}=1.006=100.6\%$

7. 次数最大的是 87,对应的工人技术等级为 4 级,所以,众数=4 级

全部工人数=325 人,中点为 325/2=162.5,所以,中点为第 162 个和第 163 个;第 162 个和第 163 个工人的技术等级都是 4 级,所以,中位数是 4 级。

8. 五年的年平均利率是$\sqrt[5]{(1+9\%)\times(1+10\%)\times(1+12\%)\times(1+14\%)\times(1+20\%)}-1=1.1293-1=12.93\%$

9. 三个企业的平均利润率 $=\frac{\sum m}{\sum \frac{1}{x}m}=\frac{50+60+80}{\frac{50}{0.07}+\frac{60}{0.1}+\frac{80}{0.12}}=\frac{190}{1\ 980.95}=9.6\%$

10.(1) 45 最大,众数在 600~800 这一组中,

$$Mo = L + \frac{\Delta_1}{\Delta_1 + \Delta_2} \times d = 600 + \frac{45-20}{(45-20)+(45-25)} \times (800-600)$$

$$= 600 + \frac{25}{25+20} \times 200 = 600 + 111.11 = 711.11(\text{元})$$

中点位置=100/2=50,中位数在 600～800 这一组中,

$$Me = L + \frac{\frac{\sum f}{2} - S_{Q_{m-1}}}{f_m} \times d = 600 + \frac{50-20}{45} \times (800-600)$$

$$= 600 + 133.33 = 733.33\ (\text{元})$$

(2) 组中值=500,700,900,1 100

$$\bar{x} = \frac{\sum xf}{\sum f} = \frac{500 \times 20 + 700 \times 45 + 900 \times 25 + 1\,100 \times 10}{20+45+25+10} = \frac{75\,000}{100} = 750$$

$$AD = \frac{\sum |x - \bar{x}| f}{\sum f} = \frac{250 \times 20 + 50 \times 45 + 150 \times 25 + 350 \times 10}{100}$$

$$= \frac{14\,500}{100} = 145$$

$$\text{平均差系数} = \frac{AD}{\bar{x}} = \frac{145}{750} = 19.33\%$$

$$\sigma^2 = \frac{\sum (x-\bar{x})^2 f}{\sum f} = \frac{250^2 \times 20 + 50^2 \times 45 + 150^2 \times 25 + 350^2 \times 10}{100} = 31\,500$$

(3) $\sigma = \sqrt{31\,500} = 177.48$

$$V_\sigma = \frac{\sigma}{\overline{X}} = \frac{\sqrt{31\,500}}{750} = \frac{177.48}{750} = 0.236\,6 = 23.66\%$$

第五章

一、思考题(略)

二、单项选择题

1. B　2. C　3. C　4. C　5. A　6. B　7. A　8. C　9. A　10. D　11. B　12. D　13. A　14. B　15. B

三、多项选择题

1. ABC　2. BCD　3. ACD　4. ACD　5. ACDE　6. ABCDE　7. DE　8. ACDE　9. ABC　10. ABD
11. BCE　12. ABCDE　13. ABCE　14. ABCDE　15. ABCDE

四、计算题

1. 该地区 2015 年的年平均人口数为:

$$\bar{a} = \frac{\sum \frac{a_i + a_{i+1}}{2} f_i}{\sum f_i} = \frac{\frac{21.65+21.76}{2} \times 6 + \frac{21.76+21.35}{2} \times 2 + \frac{21.35+21.50}{2} \times 4}{6+2+4}$$

$$= \frac{259.04}{12} = 21.59(\text{万人})$$

2. 该商业银行 2015 年上半年的储蓄存款平均余额是:

$$\bar{a} = \frac{\frac{a_1}{2} + a_2 + a_3 + \cdots + a_{n-1} + \frac{a_n}{2}}{n-1} = \frac{\frac{8\,123}{2} + 8\,135 + 8\,124.5 + 8\,231.2 + 8\,234 + 8\,119.5 + \frac{8\,115}{2}}{6}$$

$$= \frac{48\,963.2}{6} = 8\,160.53(\text{万元})$$

全年的储蓄存款余额是：

$$\bar{a}=\frac{\frac{a_1}{2}+a_2+a_3+\cdots+a_{n-1}+\frac{a_n}{2}}{n-1}$$

$$=\frac{\frac{8\ 123}{2}+8\ 135+8\ 124.5+\cdots+8\ 291+8\ 291.2+\frac{8\ 295}{2}}{12}=\frac{98\ 520.8}{12}=8\ 210.07(\text{万元})$$

3.(1)该企业 2015 年上半年工业总产值的平均发展水平是：

$$\bar{a}=\frac{\sum a}{n}=\frac{245+268+279+295+322+346}{6}=\frac{1\ 755}{6}=292.5(\text{万元})$$

工业总产值的增长量见下表。

月份		1	2	3	4	5	6
总产值(万元)		245	268	279	295	322	346
增长量(万元)	逐期		23	11	16	27	24
	累计		23	34	50	77	101
平均增长量(万元)	20.2						

(2) 工业总产值的速度指标见下表。

月份		1	2	3	4	5	6
总产值(万元)		245	268	279	295	322	346
发展速度(%)	定基		109	114	120	131	141
	环比		109	104	106	109	107
	平均		107				
增长速度(%)	定基		9	14	20	31	41
	环比		9	4	6	9	7
	平均		7				

(3) 第一季度的月平均劳动生产率是：

$$\bar{c}=\frac{\bar{a}}{\bar{b}}=\frac{\frac{\sum a}{n}}{\frac{\frac{b_1}{2}+b_2+\cdots+b_{n-1}+\frac{b_n}{2}}{n-1}}=\frac{245+268+279}{\frac{1\ 980}{2}+2\ 180+2\ 230+\frac{2\ 295}{2}}=\frac{792}{6\ 547.5}$$

$=0.120\ 962$(万元 / 人) $=1\ 209.62$(元 / 人)

第二季度的月平均劳动生产率是：

$$\bar{c}=\frac{\bar{a}}{\bar{b}}=\frac{\frac{\sum a}{n}}{\frac{\frac{b_1}{2}+b_2+\cdots+b_{n-1}+\frac{b_n}{2}}{n-1}}=\frac{295+322+346}{\frac{2\ 295}{2}+2\ 319+2\ 397+\frac{2\ 385}{2}}=\frac{963}{7\ 056}$$

$=0.136\ 479$(万元 / 人) $=1\ 364.79$(元 / 人)

4.(1)第一季度非生产人员比重是：

$$\bar{c}=\frac{\bar{a}}{\bar{b}}=\frac{\left(\frac{a_1}{2}+a_2+\cdots+a_{n-1}+\frac{a_n}{2}\right)/(n-1)}{\left(\frac{b_1}{2}+b_2+\cdots+b_{n-1}+\frac{b_n}{2}\right)/(n-1)}=\frac{\frac{724}{2}+716+680+\frac{692}{2}}{\frac{4\ 000}{2}+4\ 040+4\ 045+\frac{4\ 075}{2}}$$

$$=\frac{2\ 104}{12\ 122.5}=17.36\%$$

第二季度非生产人员比重是：

$$\bar{c}=\frac{\bar{a}}{\bar{b}}=\frac{\left(\frac{a_1}{2}+a_2+\cdots+a_{n-1}+\frac{a_n}{2}\right)/(n-1)}{\left(\frac{b_1}{2}+b_2+\cdots+b_{n-1}+\frac{b_n}{2}\right)/(n-1)}=\frac{\frac{692}{2}+685+666+\frac{660}{2}}{\frac{4\ 075}{2}+4\ 072+4\ 080+\frac{4\ 095}{2}}=\frac{2\ 027}{12\ 237}=16.56\%$$

第一季度非生产人员比重大于第二季度非生产人员比重。

(2) 上半年非生产人员比重是：

$$\bar{c}=\frac{\bar{a}}{\bar{b}}=\frac{\left(\frac{a_1}{2}+a_2+\cdots+a_{n-1}+\frac{a_n}{2}\right)/(n-1)}{\left(\frac{b_1}{2}+b_2+\cdots+b_{n-1}+\frac{b_n}{2}\right)/(n-1)}=\frac{17.36\%+16.56\%}{2}=16.96\%$$

5. $a_0=12.78$ 亿元，$a_5=25$ 亿元

社会商品零售额每年平均增长量是：

$$\bar{a}=\frac{a_n-a_0}{n}=\frac{25-12.78}{5}=2.44\text{(亿元)}$$

6. 年平均销售利润率是：

$$\bar{c}=\frac{\bar{a}}{\bar{b}}=\frac{\frac{\sum a}{n}}{\frac{\sum b}{n}}=\frac{\sum bc}{\sum b}=\frac{300\times30\%+350\times35\%+380\times33\%+410\times38\%}{300+350+380+410}=\frac{493.7}{1\ 440}=34.28\%$$

7. $a_0=5,\bar{x}=116\%,a_n=40$

$$a_n=a_0\bar{x}^n,40=5\times(1.16)^n\Rightarrow n\ln1.16=\ln8$$

$$n=\frac{\ln8}{\ln1.16}=\frac{2.079}{0.148\ 4}=14.009\ 4=14.01\text{(年)}$$

8. (1) 5 日时距扩大法的采煤量和平均每日采煤量见下表。

日期	1—5 日	6—10 日	11—15 日	16—20 日	21—25 日	26—30 日
产量(吨)	1 498	1 540	1 566	1 615	1 685	1 744
日平均产量(吨)	299.6	308.0	313.2	323.0	337.0	348.8

(2) 5 日移动平均采煤量见下表。

日期	5 日移动平均(吨)	日期	5 日移动平均(吨)	日期	5 日移动平均(吨)
1	—	11	314.4	21	335.0
2	—	12	316.0	22	335.8
3	299.6	13	313.2	23	337.0
4	299.2	14	309.6	24	338.8
5	300.0	15	311.4	25	340.8
6	302.0	16	313.4	26	344.0
7	304.2	17	315.6	27	346.4
8	308.0	18	323.0	28	348.8
9	310.0	19	332.2	29	—
10	312.8	20	333.4	30	—

9. (1) 各期的逐期增长量大致相等，该地区彩色电视机的销售量具有线性上升趋势。

(2) $n=6$,时间 t 的取值为$-5,-3,-1,1,3,5$。

设趋势线的方程为:$\hat{y}=\hat{a}+\hat{b}t$

$$\hat{a}=\frac{\sum y}{n}=\frac{68+71+75+79+84+88}{6}=\frac{465}{6}=77.5$$

$$\hat{b}=\frac{\sum ty}{\sum t^2}=\frac{-5\times 68-3\times 71-1\times 75+1\times 79+3\times 84+5\times 88}{(5^2+3^2+1^2)\times 2}$$

$$=\frac{143}{70}=2.04$$

所以 $\hat{y}=\hat{a}+\hat{b}t=77.5+2.04t$ 为所求的趋势线方程

2018 年时,$t=11$

所以 $\hat{y}_{2018}=77.5+2.04\times 11=99.97$(万台)

10.(1) 用按月平均法计算汗衫、背心销售量的季节比率见下表(单位:件)。

月份	1	2	3	4	5	6	7	8	9	10	11	12
2012 2013 2014 2015	12 18 16 17	17 22 24 22	44 60 66 69	68 92 90 96	111 142 150 155	225 240 255 265	210 199 240 250	85 97 130 133	42 55 78 85	22 30 50 50	17 18 25 26	13 15 19 20
同月总和	63	85	239	346	558	985	899	445	260	152	86	67
月平均	15.75	21.25	59.75	86.5	139.5	246.25	224.75	111.25	65	38	21.5	16.75
季节比率(%)	18.06	24.37	68.53	99.21	160	282.43	257.77	127.59	74.55	43.58	24.66	19.21

总的月平均数=4 185/48=87.19

(2) 用移动平均趋势剔除法计算季节比率(略)。

第六章

一、思考题(略)

二、单项选择题

1.C 2.B 3.D 4.C 5.C 6.B 7.D 8.B 9.D 10.A 11.D 12.D 13.D 14.D 15.D

三、多项选择题

1.ABCD 2.CD 3.ABDE 4.AC 5.CDE 6.ABC 7.BCD 8.CD 9.ABCD 10.ADE
11.ACD 12.ABCD 13.ABCDE 14.ACDE

四、计算题

1.(1) 个体数量指数:

$$I_{q甲}=\frac{q_1}{q_0}=\frac{5\ 500}{5\ 000}=1.1=110\% \qquad I_{q乙}=\frac{q_1}{q_0}=\frac{3\ 600}{3\ 000}=1.2=120\%$$

个体价格指数:

$$I_{p甲}=\frac{p_1}{p_0}=\frac{25}{20}=1.25=125\% \qquad I_{p乙}=\frac{p_1}{p_0}=\frac{28}{25}=1.12=112\%$$

(2) 数量总指数:

$$k_q=\frac{\sum q_1p_0}{\sum q_0p_0}=\frac{5\ 500\times 20+3\ 600\times 25}{5\ 000\times 20+3\ 000\times 25}=\frac{200\ 000}{175\ 000}=114.29\%$$

(3) 价格总指数:

$$k_p=\frac{\sum q_1p_1}{\sum q_1p_0}=\frac{5\ 500\times25+3\ 600\times28}{5\ 500\times20+3\ 600\times25}=\frac{238\ 300}{200\ 000}=119\%$$

2. $$k_p=\frac{\sum p_1q_1}{\sum p_0q_1}=\frac{\sum p_1q_1}{\sum\frac{1}{\frac{p_1}{p_0}}}=\frac{60+20+120}{\frac{60}{1.04}+\frac{20}{0.97}+\frac{120}{1.06}}=\frac{200}{57.69+20.62+113.21}=\frac{200}{191.52}=104.4\%$$

3.(1) 拉氏销售量指数：

$$k_q=\frac{\sum q_1p_0}{\sum q_0p_0}=\frac{36\times1.1+20\times8.0+16\times2.2}{30\times1.1+20\times8.0+14\times2.2}=\frac{234.8}{223.8}=104.9\%$$

拉氏价格指数：

$$k_p=\frac{\sum q_0p_1}{\sum q_0p_0}=\frac{30\times1.5+20\times10+14\times2.5}{30\times1.1+20\times8.0+14\times2.2}=\frac{280}{223.8}=125.11\%$$

(2) 帕氏销售量指数：

$$k_q=\frac{\sum q_1p_1}{\sum q_0p_1}=\frac{36\times1.5+20\times10+16\times2.5}{30\times1.5+20\times10+14\times2.5}=\frac{294}{280}=105\%$$

帕氏价格指数：

$$k_p=\frac{\sum q_1p_1}{\sum q_1p_0}=\frac{36\times1.5+20\times10+16\times2.5}{36\times1.1+20\times8.0+16\times2.2}=\frac{294}{234.8}=125\%$$

4. 贸易额指数 $=\frac{\sum p_1q_1}{\sum p_0q_0}=\frac{4\ 000+700+600}{3\ 600+400+600}=\frac{5\ 300}{4\ 600}=115.22\%$

贸易额上升了 15.22%，绝对数增加了 5 300 − 4 600 = 700(万元)

价格指数：$k_p=\frac{\sum p_1q_1}{\sum\frac{1}{\frac{p_1}{p_0}}\times p_1q_1}=\frac{4\ 000+700+600}{\frac{4\ 000}{0.5}+\frac{700}{0.875}+\frac{600}{1.505}}=\frac{5\ 300}{9\ 198.67}=57.62\%$

价格下降了 42.38%，贸易额减少了 5 300 − 9 198.67 = −3 898.67(万元)

销售量指数：$k_q=\frac{115.22\%}{57.62\%}=199.97\%$

700=(−3 898.67)+4 598.67

销售量上升了 99.97%，使贸易额增加了 4 598.67 万元。

5. 基期全厂的劳动生产率 $=\frac{\sum x_0f_0}{\sum f_0}=\frac{1\times100+0.9\times95}{100+95}=\frac{185.5}{195}=0.951\ 3$(吨/人)

报告期全厂的劳动生产率 $=\frac{\sum x_1f_1}{\sum f_1}=\frac{1.2\times140+0.95\times100}{100+140}=\frac{263}{240}=1.095\ 83$(吨/人)

劳动生产率指数 $=\frac{1.095\ 83}{0.951\ 3}=1.151\ 9=115.19\%$，劳动生产率增长了 15.19%。

各车间劳动生产率的变化对全厂劳动生产率的影响，即固定构成指数为：

$$\frac{\frac{\sum x_1f_1}{\sum f_1}}{\frac{\sum x_0f_1}{\sum f_1}}=\frac{\frac{1.2\times140+0.95\times100}{240}}{\frac{1\times140+0.9\times100}{240}}=\frac{1.095\ 83}{0.958\ 3}=1.143\ 5=114.35\%$$

各车间生产工人数的变化对全厂劳动生产率的影响，即结构影响指数为：

$$\frac{\dfrac{\sum x_0 f_1}{\sum f_1}}{\dfrac{\sum x_0 f_0}{\sum f_0}} = \frac{\dfrac{1\times 140+0.9\times 100}{240}}{\dfrac{1\times 100+0.9\times 95}{195}} = \frac{0.958\ 3}{0.951\ 3} = 1.007\ 4 = 100.74\%$$

综合来看：

从相对数上：1.151 9＝1.143 5×1.007 4

从绝对数上：1.095 83－0.951 3＝(1.095 83－0.958 3)＋(0.958 3－0.951 3)

6. 出口总值指数＝1＋35.2%＝135.2%＝出口价格指数×出口商品物量指数

＝(1＋15%)×出口商品物量指数

出口商品物量指数$=\dfrac{135.2\%}{115\%}=117.57\%$

进口总值指数＝1＋20%＝120%＝进口价格指数×进口商品物量指数

＝(1－10%)×进口商品物量指数

进口商品物量指数$=\dfrac{120\%}{90\%}=133.33\%$

7. 国内生产总值＝年平均人口数×劳动生产率

国内生产总值指数＝年平均人口数指数×劳动生产率指数

(1＋16%)＝(1＋2%)×劳动生产率指数

劳动生产率指数$=\dfrac{116\%}{102\%}=113.73\%$

劳动生产率提高了 13.73%。

8. 材料总消耗量＝产量(q)×单耗(p)

材料总消耗量指数 $=\dfrac{\sum p_1 q_1}{\sum p_0 q_0}=\dfrac{1\ 350\times 21+600\times 6}{1\ 200\times 20+500\times 8}=\dfrac{31\ 950}{28\ 000}=114.11\%$

材料总消耗上升了 14.11%，绝对数增加了 31 950 － 28 000 ＝ 3 950(千克)

产量指数：$k_q=\dfrac{\sum q_1 p_0}{\sum q_0 p_0}=\dfrac{1\ 350\times 20+600\times 8}{1\ 200\times 20+500\times 8}=\dfrac{31\ 800}{28\ 000}=113.57\%$

产量上升了 13.57%，使得材料消耗量增加了 31 800 － 28 000 ＝ 3 800(千克)

单耗指数：$k_p=\dfrac{\sum p_1 q_1}{\sum p_0 q_1}=\dfrac{31\ 950}{31\ 800}=100.47\%$

单耗上升了 0.47%，使得材料消耗量增加了 31 950－31 800＝150(千克)

综合来看：

从相对数上：114.11%＝113.57%×100.47%

从绝对数上：3 950＝3 800＋150

9. 国内生产总值＝社会劳动者人数×社会劳动生产率

国内生产总值指数＝社会劳动者人数指数×社会劳动生产率指数

$\dfrac{863.2}{709.8}=\dfrac{627.6}{649.4}$×社会劳动生产率指数

1.216 1＝0.966 4×社会劳动生产率指数

社会劳动生产率指数＝125.84%

基期的劳动生产率$=\dfrac{709.8}{649.4}=1.093$(亿元/万人)

报告期的劳动生产率$=\frac{863.2}{627.6}=1.375$(亿元/万人)

国内生产总值上升了21.61%,绝对数增加了863.2−709.8=153.4(亿元),社会劳动者人数减少了627.6−649.4=−21.8(万人),使得国内生产总值减少了627.6×1.093−709.8=−23.83亿元;社会劳动生产率提高了25.84%,使得国内生产总值增加了863.2−627.6×1.093=177.23(亿元)。

综合来看:

从相对数上:121.61%=96.64%×125.84%

从绝对数上:153.4=(−23.83)+177.23

10.(1) 总成本=公司产量(q)×平均单位成本(p)

总成本指数=公司产量指数×平均单位成本指数

产量指数$=\frac{72\ 000}{55\ 000}=130.91\%$,产量上升了30.91%,使得总成本增加了

$(q_1-q_0)\times p_0=(72\ 000-55\ 000)\times 41.63=70.77$(万元)

公司平均单位成本指数$=\frac{36.2}{41.63}=86.96\%$,公司平均单位成本下降了13.04%,使得总成本减少了$(p_1-p_0)\times q_1=(36.2-41.63)\times 72\ 000=-39.096$(万元)

(2) 平均单位成本指数$=\frac{\bar{x}_1}{\bar{x}_0}=\frac{36.2}{41.63}=86.96\%$,平均单位成本降低了13.04%,绝对数减少了36.2−41.63=−5.43(元)。

产量结构影响指数 $=\dfrac{\dfrac{\sum q_1p_0}{\sum q_1}}{\dfrac{\sum q_0p_0}{\sum q_0}}=\dfrac{40.83}{41.63}=98.08\%$,产量下降了1.92%,使得平均单位成本减少了40.83 − 41.63 = −0.8(元)

单位成本固定构成指数 $=\dfrac{\dfrac{\sum p_1q_1}{\sum q_1}}{\dfrac{\sum p_0q_1}{\sum q_1}}=\dfrac{36.2}{40.83}=88.66\%$,单位成本降低了11.34%,使得平均单位成本减少了36.2 − 40.83 = −4.63(元)

综合来看:

从相对数上:86.96%=98.08%×88.66%

从绝对数上:(−5.43)=(−0.8)+(−4.63)

(3) 总成本指数$=\frac{260}{228}=114.04\%$,总成本上升了14.04%,绝对数增加了260−228=32(万元)

$$产量指数=\frac{\sum q_1p_0}{\sum q_0p_0}=\frac{12\ 000\times 45+60\ 000\times 40}{228}=\frac{294}{228}=128.95\%$$

产量上升了28.95%,使得总成本增加了294 − 228 = 66(万元)

$$单位成本指数=\frac{\sum q_1p_1}{\sum q_1p_0}=\frac{260}{12\ 000\times 45+60\ 000\times 40}=\frac{260}{294}=88.44\%$$

单位成本降低了11.56%,绝对数减少了260 − 294 = −34(万元)

综合来看:

从相对数上:114.04%=128.95%×88.44%

从绝对数上:32=66+(−34)

(4) 影响公司总成本的三个因素分别是各分厂的产量、单位成本和公司的平均单位成本。由于各分厂产量上升，使得总成本增加了 66 万元；由于各分厂单位成本的下降，使得总成本减少了 34 万元；平均单位成本降低了 13.04%，绝对数减少了 36.2−41.63=−5.43(元)。

第七章

一、思考题(略)

二、单项选择题

1. D　2. D　3. B　4. D　5. A　6. A　7. C　8. D　9. A　10. D　11. D　12. B　13. B　14. D　15. A

三、多项选择题

1. ABCD　2. ACE　3. ACE　4. ACDE　5. BE　6. ADE　7. BC　8. ABCD　9. CE　10. ACD　11. CD　12. DE　13. BCE　14. BCD　15. ACE

四、计算题

1. $N=20\ 000, n=200, n_1=20, p=\frac{n_1}{n}=\frac{20}{200}=0.1, q=0.9$

重复抽样时，$\mu_p=\sqrt{\frac{pq}{n}}=\sqrt{\frac{0.1\times 0.9}{200}}=0.021\ 2=2.12\%$

非重复抽样时，$\mu_p=\sqrt{\frac{pq}{n}\left(1-\frac{n}{N}\right)}=\sqrt{\frac{0.1\times 0.9}{200}\times\left(1-\frac{200}{20\ 000}\right)}=0.021\ 1=2.11\%$

2.

正常工作时间(千小时)(组中值 x)	电视机(台)
7	15
9	30
11	50
13	40
15	9
合计	144

$$\bar{x}=\frac{\sum xf}{\sum f}=\frac{7\times 15+9\times 30+11\times 50+13\times 40+15\times 9}{144}=\frac{1\ 580}{144}=10.97(\text{千小时})$$

$$\sigma^2=\frac{\sum(x-\bar{x})^2 f}{\sum f}$$

$$=\frac{(7-10.97)^2\times 15+(9-10.97)^2\times 30+(11-10.97)^2\times 50+(13-10.97)^2\times 40+(15-10.97)^2\times 9}{144}$$

$$=\frac{663.91}{144}=4.61(\text{千小时})^2$$

$$\mu_{\bar{x}}=\sqrt{\frac{\sigma^2}{n}\left(1-\frac{n}{N}\right)}=\sqrt{\frac{4.61}{144}\times(1-1\%)}=0.178=17.8\%$$

3. $N=100$ 万个，$n=1\ 000$ 个，$n_1=20$ 个，$F(t)=99.73\%, t=3$

$p=\frac{n_1}{n}=\frac{20}{1\ 000}=2\%, q=1-2\%=98\%$

该厂生产的废品率的点估计值为 2%。

$\mu_p=\sqrt{\frac{pq}{n}\left(1-\frac{n}{N}\right)}=\sqrt{\frac{0.02\times 0.98}{1\ 000}\times\left(1-\frac{1\ 000}{1\ 000\ 000}\right)}=0.44\%$

该厂生产的废品率的区间估计值为：

$p-t\mu_p\leqslant P\leqslant p+t\mu_p$，

$2\%-3\times0.44\%\leqslant P\leqslant2\%+3\times0.44\%$

即 $0.68\%\leqslant P\leqslant3.32\%$

4. $\Delta p=30\%, F(t)=95\%, t=1.96, p_1=66.15\%, p_2=66.5\%, p_3=68.2\%$

$p_1q_1=0.661\,5\times0.338\,5=0.223\,9, p_2q_2=0.665\times0.335=0.227\,8,$

$p_3q_3=0.682\times0.318=0.216\,9$,其中,$p_2q_2=0.227\,8$ 最大

$$n=\frac{t^2pq}{\Delta p}=\frac{1.96^2\times0.227\,8}{0.09}=9.72=10(\text{名})$$

5. 不重复抽样时

$$n_{\bar{x}}=\frac{Nt^2\sigma^2}{N\Delta_{\bar{X}}^2+t^2\sigma^2}=\frac{15\,000\times(1.96)^2\times5^2}{15\,000\times(2)^2+1.96^2\times25}=\frac{1\,440\,600}{60\,096.04}=23.97=24(\text{个})$$

6. $N=10\,000, n=425, n_1=5, p=\frac{n_1}{n}=\frac{5}{425}=1.18\%$,合格品率$=1-1.18\%=98.82\%$。

所以,该批电视机的合格品率估计为 98.82%。

7. $N=150$ 万亩,$n=100, \bar{x}=500, \sigma=10, F(t)=0.954\,5, t=2$

$$\mu_{\bar{x}}=\sqrt{\frac{\sigma^2}{n}}=\sqrt{\frac{10^2}{100}}=1, \Delta\bar{x}=t\mu_{\bar{x}}=2\times1=2$$

$$\bar{x}-\Delta_{\bar{x}}\leqslant\overline{X}\leqslant\bar{x}+\Delta_{\bar{x}}$$

所以,平均亩产量的可能范围是:$500-2\leqslant\overline{X}\leqslant500+2$

即 $498\leqslant\overline{X}\leqslant502$

总产量是$\sum X=N\overline{X}$,所以总产量的可能范围是:

$N(\bar{x}-t\mu_{\bar{x}})\leqslant N\overline{X}\leqslant N(\overline{X}+t\mu_{\bar{x}})$

$150\times498\leqslant N\overline{X}\leqslant150\times502$

即 $74\,700\leqslant N\overline{X}\leqslant75\,300$

8. $n=200, n_1=8, \frac{n}{N}=4\%, F(t)=0.954\,5, t=2$

$$p=\frac{8}{200}=4\%, q=1-4\%=96\%$$

$$\mu_p=\sqrt{\frac{pq}{n}(1-\frac{n}{N})}=\sqrt{\frac{0.04\times0.96}{200}\times(1-4\%)}=0.013\,58=1.36\%$$

废品率的范围是:

$P-t\mu\leqslant P\leqslant P+t\mu$,

$0.04-2\times1.36\%\leqslant P\leqslant0.04+2\times1.36\%$

即 $1.28\%\leqslant P\leqslant6.72$

五、综合题

1. 应该用"等比例的分层抽样"方法组织抽样调查。组织方式是:将全体在校大学生按所属的系别分为20个系(层),在每个系里分别按等比例的简单随机抽样方法,抽取个体组成样本。即 $N_1+N_2+N_3+\cdots+N_{20}=10\,000$,在每个系里分别随机抽取 $n_1, n_2, n_3, \cdots, n_{20}$,同时满足 $n_1+n_2+n_3+\cdots+n_{20}=200$,

并且,$\frac{n_1}{N_1}=\frac{n_2}{N_2}=\frac{n_3}{N_3}=\cdots=\frac{n_{20}}{N_{20}}=\frac{200}{10\,000}$

2. 应采用"三阶段抽样和分层抽样相结合"的方法组织抽样调查工作。先按上海市的行政区划,将上海市的所有家庭分成10个"行政区",在每个"行政区"中按简单随机抽样方式,抽取若干个"街道",获得第一阶段的样本单位。在抽中的样本"街道"中,再按简单随机方式,抽取若干个"居委会",获得第二阶段的样本单位。在抽中的"居委会"中,再按简单随机抽样方式,抽取一定量的家庭数,获得第三阶段的样本单位。将所有抽中的第三阶段样本单位组合成最终的样本。

这种抽样组织方式,可以保证样本具有充分的代表性,提高抽样调查的质量和效果。

第八章

一、思考题(略)

二、单项选择题

1.C　2.B　3.D　4.B　5.A　6.D　7.C　8.B　9.C　10.B　11.C　12.D　13.A　14.B　15.D

三、多项选择题

1.ACE　2.ACD　3.ABE　4.ABDE　5.CE　6.AD　7.ACD　8.BE　9.AD　10.BCE　11.CD　12.ABCD　13.ABC　14.ABC　15.BDE

四、计算题

1. 设数学成绩为 x，计算机成绩为 y，它们之间的相关系数为 r，则：

$\sigma_x = 8.25, \sigma_y = 7.8, \sigma_{xy}^2 = 62$

$$r = \frac{\sigma_{xy}^2}{\sigma_x \sigma_y} = \frac{62}{8.5 \times 7.8} = 0.935$$

计算结果表明，数学成绩与计算机成绩高度正相关。

2.(1)散点图(略)

(2) 相关系数 $= r = \dfrac{\sum (x-\bar{x})(y-\bar{y})}{\sqrt{\sum (x-\bar{x})^2}\sqrt{\sum (y-\bar{y})^2}} = 0.950\,9 = 0.951$

相关系数表明，它们之间存在高度正相关关系。

(3) 根据线性回归方程求解回归系数

$$\hat{b} = \frac{n\sum xy - \sum x \sum y}{n\sum x^2 - \left(\sum x\right)^2} = 0.202$$

$\hat{a} = \bar{y} - \hat{b}\bar{x} = 21.73$

所以，线性回归方程是：$\hat{y} = \hat{a} + \hat{b}x = 21.73 + 0.202x$

3.(1)设自变量是产量为 x，因变量是单位成本为 y；

相关系数 $r = \dfrac{n\sum xy - \sum x \sum y}{\sqrt{n\sum x^2 - \left(\sum x\right)^2}\sqrt{n\sum y^2 - \left(\sum y\right)^2}} = -0.91$

(2) $\hat{b} = \dfrac{n\sum xy - \sum x \sum y}{n\sum x^2 - \left(\sum x\right)^2} = -1.82$

$\hat{a} = \bar{y} - \hat{b}\bar{x} = 77.37$

$\hat{y} = \hat{a} + \hat{b}x = 77.37 - 1.82x$

(3) 当产量达到 7 000 件时，$\hat{y} = \hat{a} + \hat{b}x = 77.36 - 1.82 \times 7 = 64.62$(元/件)

4. 根据已知条件，有：

$$\hat{b} = \frac{n\sum xy - \sum x \sum y}{n\sum x^2 - \left(\sum x\right)^2} = \frac{7 \times 9\,318 - 1\,890 \times 31.1}{7 \times 5\,355 - 1\,890^2} = \frac{6\,447}{-3\,534\,615} = -0.001\,8$$

$$\hat{a} = \bar{y} - \hat{b}\bar{x} = \frac{\sum y}{n} - \hat{b}\frac{\sum x}{n} = \frac{31.1}{7} + 0.001\,8 \times \frac{1\,890}{7} = 4.93$$

所以，线性回归方程是：$\hat{y} = \hat{a} + \hat{b}x = 4.93 - 0.001\,8x$

5.(1) 根据已知条件，

$$r = \hat{b}\frac{\sigma_x}{\sigma_y} \Rightarrow 0.92 = \hat{b} \times \frac{5}{6} \Rightarrow \hat{b} = 1.104$$

所以，y 对 x 的回归方程是：$\hat{y} = \hat{a} + \hat{b}x = 3.75 + 1.104x$

(2) $S_y=\sigma_y\sqrt{1-r^2}=6\times\sqrt{1-0.92^2}=6\times\sqrt{0.1536}=2.35$

(3) 判定系数 $r^2=0.92^2=0.8464\approx0.85$

6.(1) 设降雨量为 x_1,温度为 x_2,设回归方程为:$\hat{y}=\hat{a}+\hat{b}_1x_1+\hat{b}_2x_2$

根据多元回归分析,有:

$$\begin{cases}\sum y=n\hat{a}+\hat{b}_1\sum x_1+\hat{b}_2\sum x_2\\ \sum x_1y=\hat{a}\sum x_1+\hat{b}_1\sum x_1{}^2+\hat{b}_2\sum x_1x_2\\ \sum x_2y=\hat{a}\sum x_2+\hat{b}_1\sum x_1x_2+\hat{b}_2\sum x_2^2\end{cases}$$

$\hat{a}=-0.394,\hat{b}_1=14.92,\hat{b}_2=218.45$

回归方程为:$\hat{y}=-0.39+14.92x_1+218.45x_2$

(2) 估计标准误差为:$S_y=\sqrt{\dfrac{\sum y^2-\hat{a}\sum y-\hat{b}\sum xy}{n-2}}=174.29$

(3) x_1的回归系数是14.92,这说明降雨量每增加1毫米,收获量平均增加14.92千克/公顷;x_2的回归系数是218.45,这说明温度每增加1℃,收获量平均增加218.45千克/公顷。

7.(1) 相关系数为:

$$r=\frac{n\sum xy-\sum x\sum y}{\sqrt{n\sum x^2-\left(\sum x\right)^2}\sqrt{n\sum y^2-\left(\sum y\right)^2}}=\frac{6\times1481-21\times426}{\sqrt{6\times79-21^2}\times\sqrt{6\times30268-426^2}}$$

$$=\frac{-42}{65.95}=-0.637$$

(2) 回归直线方程为:$\hat{y}=\hat{a}+\hat{b}x$

$$\hat{b}=\frac{n\sum xy-\sum x\sum y}{n\sum x^2-\left(\sum x\right)^2}=\frac{6\times1481-21\times426}{6\times79-21^2}=-\frac{60}{33}=-1.82$$

$$\hat{a}=\bar{y}-\hat{b}\bar{x}=\frac{\sum y}{n}-\hat{b}\frac{\sum x}{n}=\frac{426}{6}+1.82\times\frac{21}{6}=77.37$$

$$\hat{y}=\hat{a}+\hat{b}x=77.37-1.82x$$

(3) $S_y=\sqrt{\dfrac{\sum y^2-\hat{a}\sum y-\hat{b}\sum xy}{n-2}}=\sqrt{\dfrac{30268-77.37\times426+1.82\times1481}{6-2}}$

$$=\sqrt{\frac{3.8}{4}}=0.975$$

8.(1)设回归直线方程为:$\hat{y}=\hat{a}+\hat{b}x$

$$\hat{b}=\frac{n\sum xy-\sum x\sum y}{n\sum x^2-\left(\sum x\right)^2}=0.601$$

$$\hat{a}=\bar{y}-\hat{b}\bar{x}=\frac{\sum y}{n}-\hat{b}\frac{\sum x}{n}=-756.716$$

$$\hat{y}=\hat{a}+\hat{b}x=-756.716+0.601x$$

(2) $r=\dfrac{n\sum xy-\sum x\sum y}{\sqrt{n\sum x^2-\left(\sum x\right)^2}\sqrt{n\sum y^2-\left(\sum y\right)^2}}=0.951$

(3) 如果2016年时,人均月收入为8 240元,则商品销售额为:

$$\hat{y}=-756.716+0.601\times8240$$

$$=4193.43(\text{万元})$$

参考文献

[1] 贾俊平，谭英平．应用统计学．北京：中国人民大学出版社，2008.

[2] 袁卫，庞皓，曾五一，贾俊平．统计学习题与案例．北京：高等教育出版社，2006.

[3]《社会经济统计学原理教科书》编写组．社会经济统计学原理教科书．北京：中国统计出版社，1992.

[4] 贾俊平，等．统计学．北京：中国人民大学出版社，2000.

[5] 袁卫，等．统计学．北京：高等教育出版社，2000.

[6] 李连友，等．统计学原理・经济统计应用．北京：法律出版社，1995.

[7] 夏南新．新概念统计学．北京：中国财政经济出版社，2000.

[8] 黄良文．社会经济统计学原理．北京：中国统计出版社，1996.

[9] 施锡铨．抽样调查的理论和方法．上海：上海财经大学出版社，1996.

[10] 李心愉．应用经济统计学．北京：北京大学出版社，1999.

[11] 徐国祥，王德发．新中国统计思想史．上海：上海财经大学出版社，1999.

[12] 柯惠新，等．调查研究中的统计分析方法．北京：北京广播学院出版社，1992.

[13] 李洁明，等．统计学原理．上海：复旦大学出版社，2003.

[14] 钱伯海，黄良文．统计学．成都：四川人民出版社，1992.

[15] 陈允明．国民经济统计概论．北京：中国人民大学出版社，1995.

[16] 栗方忠．统计学原理标准化题型习题集．大连：东北财经大学出版社，2001.

[17] 郭国锋．国民经济统计概论自学考试题解．北京：中华工商联合出版社，1996.

[18] 徐国祥．指数理论及指数体系研究．上海：上海财经大学出版社，1999.